U0481024

新发展阶段
农村主流意识形态建设研究

邓有根　蒋永穆◎著

四川大学出版社
SICHUAN UNIVERSITY PRESS

图书在版编目（CIP）数据

新发展阶段农村主流意识形态建设研究 / 邓有根，蒋永穆著. -- 成都 : 四川大学出版社, 2024.7

ISBN 978-7-5690-6719-4

Ⅰ. ①新… Ⅱ. ①邓… ②蒋… Ⅲ. ①农村-社会意识形态-研究-中国 Ⅳ. ①D64

中国国家版本馆 CIP 数据核字（2024）第 053662 号

书　　名：新发展阶段农村主流意识形态建设研究

Xinfazhan Jieduan Nongcun Zhuliu Yishi Xingtai Jianshe Yanjiu

著　　者：邓有根　蒋永穆

选题策划：杨　果

责任编辑：陈克坚

责任校对：杨　果

装帧设计：裴菊红

责任印制：李金兰

出版发行：四川大学出版社有限责任公司

地址：成都市一环路南一段 24 号（610065）

电话：（028）85408311（发行部）、85400276（总编室）

电子邮箱：scupress@vip.163.com

网址：https://press.scu.edu.cn

印前制作：四川胜翔数码印务设计有限公司

印刷装订：成都金龙印务有限责任公司

成品尺寸：170mm×240mm

印　　张：18.75

字　　数：350 千字

版　　次：2024 年 9 月 第 1 版

印　　次：2024 年 9 月 第 1 次印刷

定　　价：95.50 元

扫码获取数字资源

四川大学出版社微信公众号

前　言

高度重视意识形态建设、高度重视农村工作，是中国共产党执政兴国的优良传统。新中国成立以来，党领导全国各族人民沿着社会主义道路不懈奋斗的进程，正是始终注重加强意识形态建设、持续推进农村思想道德建设的进程。

新发展阶段是全面建成小康社会、实现第一个百年奋斗目标之后，“乘势而上开启全面建设社会主义现代化国家新征程、向第二个百年奋斗目标进军”① 的阶段。在 2020 年 10 月召开的党的十九届五中全会上，以习近平同志为核心的党中央作出了我国将进入新发展阶段的重大战略判断。在中国共产党成立 100 周年之际，我国已全面建成小康社会，历史性地解决了绝对贫困问题。在党的二十大报告中，习近平强调：“从现在起，中国共产党的中心任务就是团结带领全国各族人民全面建成社会主义现代化强国、实现第二个百年奋斗目标，以中国式现代化全面推进中华民族伟大复兴。”② 站在新的更高历史起点上，全面建成社会主义现代化强国，最艰巨最繁重的任务仍然在农村。

当前，国际环境日趋复杂，不稳定性、不确定性明显增加，经济全球化遭遇逆流，世界进入动荡变革期。应对风险挑战，构建新发展格局，需要切实加强农村主流意识形态建设，加快推进农村塑形塑魂，推进农村移风易俗，培育现代乡风文明。

新发展阶段下的农村主流意识形态建设，是理论和实践的统一、历史与现实的结合、传承与创新的协同。新发展阶段农村主流意识形态建设，其目的在于凝聚广大人民群众谋发展、促改革、保安全的广泛共识，促进和确保党的意

---

① 习近平．论把握新发展阶段、贯彻新发展理念、构建新发展格局［M］．北京：中央文献出版社，2021：415.

② 习近平．高举中国特色社会主义伟大旗帜　为全面建设社会主义现代化国家而团结奋斗——在中国共产党第二十次全国代表大会上的报告［M］．北京：人民出版社，2022：21.

志和主张、社会主义核心价值观、社会主义公序良俗等在农村得到有效贯彻，提升人民群众的获得感、幸福感、安全感，为应对百年未有之大变局，实现“两个一百年”奋斗目标，凝聚磅礴动力和奠定坚实的民意基础。

整体而言，当前我国农村主流意识形态建设成绩突出，已发生全局性、根本性转变，但离党的要求和人民的期待仍有一定距离。其中出现的一些问题，既有党的意识形态工作在个别领域仍不实不牢不紧的原因，也有当前我国农村经济、社会、文化、民生等各方面相对发展还不充分的原因，还有马克思主义中国化、时代化依然存在一些薄弱环节的原因。因此要客观总结和有效吸收中国共产党领导农村主流意识形态建设的经验和教训，全面分析和把握新发展阶段农村主流意识形态建设面临的机遇和挑战，进一步明确发展目标和努力方向：推进新发展阶段中国特色社会主义“五位一体”总体布局和“四个全面”战略布局在广大农村地区更加深入实施，促进中国特色社会主义优越性在广大农村社会得到更加广泛的体现，确保广大农村地区始终成为党执政兴国的坚实基础，提升广大农村社会和谐、经济发展、文化繁荣、民生进步、乡风文明的整体水平。

而要达到这些目标，就需要对新发展阶段农村主流意识形态建设的理论予以整体把握，包括对马克思主义经典作家关于农村主流意识形态建设的主要论述进行系统归纳和提炼，对新中国成立以来我国推进农村主流意识形态建设的历史进程进行全面回顾，对主流意识形态的概念、内涵、表现形式、构成内容、实现途径等进行理论梳理，以及对主流意识形态与农村主流意识形态建设表与里、共性与个性的相互关系予以明确。在此基础上明确农村主流意识形态具有的显著特征：相对稳定性、相对弱质性、相对滞后性、相对被动性、相对复杂性。以此作为理论基础，展开对新发展阶段农村主流意识形态建设实践路径的系统探讨。

按照以上思路，本书主体内容分为八章。

第一章是对新发展阶段农村主流意识形态建设研究的概述，主要就本书的选题出发点、选题意义、研究方法、可能的创新点和不足之处做出说明和归纳，以及对该选题目前国内外研究成果进行整体梳理。

第二章为农村主流意识形态建设概念界定与理论基础，通过对主流意识形态、新发展阶段等概念进行界定和辨析，以及对马克思主义经典作家关于主流意识形态的重要论述进行系统梳理，从整体上为本书的理论构建奠定基础。

第三章为新中国成立以来农村主流意识形态建设的整体进程，通过简要展现社会主义革命和建设时期、改革开放和社会主义现代化建设时期、中国特色社会主义新时代三个时期中国共产党领导广大人民群众推进农村主流意识形态建设的波澜壮阔的历史进程和取得的巨大成就，从中探索总结和客观审视党领导农村主流意识形态建设的主要特征、成功经验和现实启示，确保本书对历史演进的整体把握。

第四章为新发展阶段农村主流意识形态建设的环境分析，通过对其已有的坚实基础、面临的复杂形势和更高要求进行系统阐述和论证，特别是对信息化、网络化背景下农村主流意识形态面临的挑战进行深入分析，以此明确问题与现状、机遇与可能、困难与挑战，从而为新发展阶段农村主流意识形态建设的努力方向作了有效铺垫。

第五章为新发展阶段农村主流意识形态建设的基本架构，主要对新发展阶段农村主流意识形态建设的基本原则、主要特征，以及建设的主体构成、内容明确等进行客观理性架构，其中内容明确部分包括内容表现的明确、内容构成的明确、内容实现一般路径的明确。本章通过对基本框架进行整体建构，为后续具体实践路径的探讨提供有力支撑。

第六、七、八章为新发展阶段农村主流意识形态的具体实践路径，分别从牢牢掌握意识形态建设领导权、不断增强意识形态建设管理权和全面提升意识形态话语权三个方面来具体推动农村主流意识形态建设，以此体现本书研以致用、以资有方的落脚点。

第六章主要从提升意识形态理论科学水平、压紧压实农村主流意识形态建设主体责任、持续加强党的作风建设三个大的方面予以重点考量，确保党对农村主流意识形态建设的有效领导，坚定农村主流意识形态建设的正确方向。

第七章主要立足不断增强农村主流意识形态的管理权这一目标，从坚定导向、巩固和发展阵地、提升资源管理、有效应对风险挑战四个方面进行综合阐述，构建起支撑农村主流意识形态管理权的四维体系。

第八章主要从全面提升新发展阶段农村主流意识形态的话语权角度，通过提高新发展阶段农村主流意识形态建设的基础力、吸引力、文化浸染力，以及提升当代农村网络工作的引领力等方面进行论述，以此丰富新发展阶段农村主流意识形态话语权的实践路径。

本书对主流意识形态相关理论问题的整理和提炼，对农村主流意识形态建设的特殊性和重要性的理论阐述，对农村主流意识形态历史进程的梳理，以及对新发展阶段背景下农村主流意识形态建设实践路径的整体建构，具有一定的理论价值和现实意义。

目　录

第一章　新发展阶段农村主流意识形态建设研究概述

意识形态工作是党的一项极端重要的工作，事关党的前途命运，事关国家长治久安，事关民族凝聚力和向心力，是确保中国特色社会主义伟大事业不断向前发展的重要前提，一刻也不能放松和削弱。习近平总书记强调："思想防线被攻破了，其他防线就很难守住。我们必须把意识形态工作的领导权、管理权、话语权牢牢掌握在手中，任何时候都不能旁落，否则就要犯无可挽回的历史性错误。"① 作为百年大党，坚持敢于斗争，发扬斗争精神，增强斗争本领，高度重视意识形态工作，注重凝聚起全党全国人民的意志和力量，是党的百年奋斗凝结的宝贵历史经验。党的二十大明确把"建设具有强大凝聚力和引领力的社会主义意识形态"② 作为全面建设社会主义现代化国家的一项重要任务，突出强调要巩固壮大奋进新时代的思想舆论，塑造主流舆论新格局。

农为邦本，本固邦宁。作为我国意识形态建设的重要组成部分，农村主流意识形态建设状况对确保农村社会稳定、促进农业发展，提高农民群众的获得感、幸福感、安全感具有十分重要的意义，对我国新型工业化、信息化、城镇化、农业现代化的发展也有着重大的影响作用。

新中国成立之初，以毛泽东为代表的老一辈无产阶级革命家非常重视通过彻底开展土地改革、提高农民文化素质和生活水平来调动广大农民群众保家卫国、发展生产、改天换地的积极性和热情，增强他们对新生人民政权的拥护和信任。在改革开放之初，邓小平基于当时农民占我国总人口比重超过 80%的情况，强调"农村不稳定，整个政治局势就不稳定"③。20 世纪 70 年代末，始

---

① 中共中央党史和文献研究院．习近平关于总体国家安全观论述摘编［M］．北京：中央文献出版社，2018：100.

② 习近平．高举中国特色社会主义伟大旗帜　为全面建设社会主义现代化国家而团结奋斗——在中国共产党第二十次全国代表大会上的报告［M］．北京：人民出版社，2022：43.

③ 邓小平．邓小平文选：第 3 卷［M］．北京：人民出版社，1993：237.

于农村分田到户试点的改革开放，极大解放和发展了社会生产力，切实提升了广大农村群众的生活水平，有效展示了中国共产党领导的先进性，以及我国社会主义制度的优越性，中国面貌发生了翻天覆地的变化，社会主义制度获得了广大农村群众的衷心拥护。党的十八大以来，围绕社会主要矛盾变化发展特点，以习近平同志为核心的党中央作出了到2020年全面建成小康社会的庄严承诺。经过艰苦卓绝的努力，我们终于在中国共产党成立100周年之际如期取得了脱贫攻坚战的全面胜利，历史性地解决了绝对贫困的问题，广大农村群众的获得感、幸福感、安全感得到极大提升，这为新发展阶段农村主流意识形态建设的深入推进奠定了坚实基础。

诚如习近平总书记所言："不发展有不发展的问题，发展起来有发展起来的问题，而发展起来后出现的问题并不比发展起来前少，甚至更多更复杂了。"① 客观而言，在全面建成小康社会之后，虽然已解决了绝对贫困问题，但离实现农村社会治理现代化和共同富裕的目标还有不小的差距，农村民生保障还有不少短板，城乡二元结构所导致的一些社会不平等现象依然存在，部分农村地区还客观存在基层组织弱化、社会组织动员能力不足等问题。农村主流意识形态建设仍然面临诸多风险和挑战，一些农村地区原有的邻里道德约束和舆论约束场能持续衰退，天价彩礼、人情攀比、薄养厚葬、大操大办、铺张浪费等现象背后体现的拜金主义、利己主义、享乐主义等腐朽思想，既是对社会公德、道义、法律的漠视，也是对我国爱国主义、集体主义、社会主义等主流意识形态的冲击。近年来一些农村地区封建迷信活动活跃、非法宗教活动抬头等问题，更需要引起有关方面的高度重视。

笔者从2018年开始，就对四川、江西、海南等地多个农村进行了持续的调研。在调研中笔者发现，一些农村群众把农村地区存在的非法宗教传播、聚众赌博、封建迷信等问题仅仅看成是应该得到尊重的某些人的个人爱好和合理需求，其判断明显存在着扭曲和偏差。调研中还发现，少数地区对优良家风和睦邻友好关系建设必要性和紧迫性的认识还存在不足，一些群众认为自家过好就行，其他的就事不关己高高挂起。还有一些地区的农村群众对发展村集体经济、完善村民议事制度、巩固家庭联产承包责任制等的重要性认识也是扭曲的，不少群众认为村集体经济可有可无、自家土地归自家、村民议事是形式。一些群众在参加村民大会、进行村"两委"换届投票等重要的公共治理活动时，其公民意识、法治意识、权利意识还存在较大不足。笔者在调研中还明显

① 习近平. 习近平谈治国理政：第2卷 [M]. 北京：外文出版社，2017：82.

感受到随着时代的发展、网络技术和传播技术的迭代更新，部分农村群众受到社会贫富分化、城乡社会差别、农民职业歧视等网络负面资讯的影响较深，面对网络诈骗、网络造谣、过度娱乐等现象有着比较普遍的焦虑感和不安全感，个体对于幸福感、获得感、安全感的真实体验还有待提升。

上面这些问题，有的已经存在了较长时间，有的是最近几年才出现的新问题，其中有些已然成为影响和制约我国农村经济社会健康发展的突出问题。而且在新发展阶段，一些新的情况和新的问题也将相继产生，这需要社会各方广泛重视和积极应对。

习近平总书记指出，我国的现代化是“人口规模巨大的现代化，是全体人民共同富裕的现代化，是物质文明和精神文明相协调的现代化，是人与自然和谐共生的现代化，是走和平发展道路的现代化”①。如何有效地解决发展不平衡不充分的问题，更好地推进乡村振兴和农业农村现代化进程，确保广大农村群众的思想观念、精神面貌、文明风尚、行为规范，更好地适应新发展阶段的要求，不断增强农业农村发展活力，是需要学界认真思考和研究的重要问题。特别是在万物互联时代，如何切实加强网络文明建设，发展积极健康的网络文化，引导广大农村群众科学用网、理性表达，提升甄别虚假错误信息和抵制错误言论的意识和能力，防范各类网络诈骗和保护个人信息，共同营造风清气正的网络空间，共同维护来之不易的社会发展良好局面，是当前农村社会需要高度重视的问题。

作为我国意识形态建设的重要组成板块，农村的主流意识形态问题是影响政权稳固和社会文明进步程度的一个重要变量。不少干部群众和专家学者呼吁，在中国特色社会主义现代化建设不断发展、农村社会现代化进程深入推进、城乡利益格局深度调整的新发展阶段背景下，要更加重视农村精神文明建设，准确把握我国农村主流意识形态的特点和规律、影响要素和参与主体特征、发展目标和具体办法，持续用力消除存量问题，积极稳妥解决增量问题；要更加注重用社会主义先进文化来浸润农村社会，更好发挥社会主义核心价值观在凝聚共识、统一思想、振奋精神、促进团结上的突出作用，不断促进农村物质文明和精神文明相协调，巩固和提升广大农村群众的获得感、幸福感和安全感；要切实巩固马克思主义在农村意识形态领域的指导地位，夯实广大农村群众团结奋斗的共同思想基础，使全体人民在理想信念、价值理念、道德观念

① 习近平. 论把握新发展阶段、贯彻新发展理念、构建新发展格局［M］. 北京：中央文献出版社，2021：474.

上紧紧团结在一起，共同维护我国意识形态领域的安全稳定局面。如何达到这些目标，需要学界予以持续地关注和不断地探索。

第一节　研究背景及意义

一、研究背景

意识形态是实现国家利益的重要手段，是确保国家安全的重要屏障，是巩固党的执政地位的重要思想基础。我国主流意识形态是以马克思主义为理论指导的社会主义意识形态，起着维护社会稳定、引领社会发展、促进社会变革的重要作用。其中，农村的主流意识形态建设对于确保农村稳定繁荣、促进农业安全发展、实现社会和谐稳定具有重要意义。

（一）农村主流意识形态建设受到越来越多的关注

时代是问题之母。基于强烈问题意识，当下农村主流意识形态建设受到的关注度越来越高。党的十八大以来，中央高度重视守好农村意识形态主阵地，加强农村思想道德建设，推进乡风文明建设，注重将培育文明乡风、良好家风、淳朴民风作为改进党的宣传工作、确保意识形态安全、推进乡村振兴战略的重要环节。

围绕培育和践行社会主义核心价值观这一目标，党的十八大报告指出，要“用社会主义核心价值体系引领社会思潮、凝聚社会共识”[①]。党的十九大明确，要“更好构筑中国精神、中国价值、中国力量，为人民提供精神指引”[②]。党的十九届四中全会强调，要“坚持和完善繁荣发展社会主义先进文化的制度，巩固全体人民团结奋斗的共同思想基础”[③]。党的二十大则进一步明确，

① 胡锦涛．坚定不移沿着中国特色社会主义道路前进　为全面建成小康社会而奋斗——在中国共产党第十八次全国代表大会上的报告［M］．北京：人民出版社，2012：31.

② 习近平．决胜全面建成小康社会　夺取新时代中国特色社会主义伟大胜利——在中国共产党第十九次全国代表大会上的报告［M］．北京：人民出版社，2017：23.

③ 中国共产党第十九届中央委员会第四次全体会议文件汇编［M］．北京：人民出版社，2019：42.

要“巩固全党全国各族人民团结奋斗的共同思想基础，不断提升国家文化软实力和中华文化影响力”①。

乡村振兴，乡风文明是保障。2018 年 1 月公布的《中共中央国务院关于实施乡村振兴战略的意见》强调，要“提升农民精神风貌，培育文明乡风、良好家风、淳朴民风，不断提高乡村社会文明程度”②。该意见还明确了四个努力的方向：一是加强农村思想道德建设，二是传承发展提升农村优秀传统文化，三是加强农村公共文化建设，四是开展移风易俗行动。2018 年 7 月 6 日，中央全面深化改革委员会第三次会议审议通过《关于建设新时代文明实践中心试点工作的指导意见》，明确提出要通过载体创新、形式创新、内容创新，牢固占领农村思想文化阵地，推动乡村全面振兴。经过几年来各地的积极创新实践，新时代文明实践中心建设取得了突出效果。2021 年 6 月 1 日起开始实施的《中华人民共和国乡村振兴促进法》，以法律的形式规定了各级人民政府在开展新时代文明实践活动、丰富农民文化体育生活、繁荣农村文化市场、建设文明乡村等方面的主体责任。2021 年 7 月出台的《关于新时代加强和改进思想政治工作的意见》，强调要加强农村精神文明和思想道德建设，从多个方面明确了弘扬时代新风、移风易俗、抵制腐朽落后文化侵蚀等具体举措，提出了“培养有理想、有道德、有文化、有纪律的新时代农民”③ 的目标。2022 年 5 月，中共中央印发《乡村建设行动实施方案》，明确将深入推进农村精神文明建设作为其中一项重点任务。2022 年 11 月，中共中央印发的《乡村振兴责任制实施办法》进一步将加强农村精神文明建设，引导农民群众听党话、感党恩、跟党走；推进城乡精神文明建设融合发展，推动形成文明乡风、良好家风、淳朴民风明确为地方党委和政府乡村振兴的主要责任。在此背景下，按照中央决策部署，继续深入推进农村主流意识形态建设，具有重要的现实意义。

（二）农村主流意识形态建设依然任重道远

党的十八大以来，农村意识形态工作的一些方向性、根本性、全局性的重大问题得到了妥善解决和较好处理，主流意识形态的引导力和掌控力、开放性和包容性得到进一步增强，但农村主流意识形态依然面临不少风险和挑战，一

---

① 习近平．高举中国特色社会主义伟大旗帜　为全面建设社会主义现代化国家而团结奋斗——在中国共产党第二十次全国代表大会上的报告［M］．北京：人民出版社，2022：43.

② 中共中央国务院关于实施乡村振兴战略的意见［M］．北京：人民出版社，2018：16－17.

③ 中共中央国务院印发《关于新时代加强和改进思想政治工作的意见》［N］．人民日报，2021－07－13（2）.

定程度上依然面临着“消解”和“分化”、“淡化”和“弱化”的风险。一些农村地区出现的拜金主义、享乐主义、个人主义、封建迷信等腐朽糟粕思想，以及天价彩礼、人情攀比、铺张浪费等歪风邪气还没得到标本兼治。一些地区基层党委政府的威信和社会主义法治建设的成效仍有待进一步增强，广大农村地区社会公序良俗、集体观念、大局意识有待巩固和提高，“钱袋子鼓起来了，脑袋却空白了”“人心散，什么都不好办，推开门都是问题”的情况在某些地区还客观存在，还有极少数农村地区的地下宗教活动和违法犯罪问题需要予以高度重视。以新时代文明实践中心建设为重要抓手的乡村文化振兴，在具体实践中还面临着特色发展衔接不够、理论发展与实践工作互相促进不足、资源供需匹配不足和部分资源闲置率较高等问题。

还需重视的是，目前基层党政机关在推进农村意识形态建设时，由于在认识、方法、话语、渠道、队伍、力量等多方面还存在或多或少的问题和不足，导致农村主流意识形态建设工作实践中有理说不出、说了传不开、传开叫不响的现实状况频频出现，如何充分利用群众身边好的案例、好的做法和风尚来促进潜移默化、成风化俗，还存在不少短板弱项。

特别是在数字化、网络化、信息化时代，农村社会开放程度越来越高，广大农村社会早已不再是单独封闭的社会存在体，群众诉求表达方式和信息接收方式更加多元多样，来自城市和国外的各种负面信息的扩散速度大幅提高，冲击社会公平、正义、诚信、法治的舆情事件影响面之广前所未有，农村群体事件酝酿发酵周期大幅缩短。而且随着抖音、快手等各大娱乐APP，淘宝、京东、拼多多等网购APP，以及虎牙、YY、微视、探探等聊天室和直播间的广泛运用，过度娱乐、透支消费、爱好庸俗、精神空虚的现象在一些农村群众生活场景中更加常见。甚至一些农村群众沉迷于网络赌博、网络游戏、网络聊天中不能自拔，传统的家庭美德和淳朴民风受到较大冲击，一些农村群众在纷纷扰扰的世界中逐渐迷失了方向，个别人的世界观、人生观、价值观发生了扭曲。

在此情况下，根据我国农村实际情况，有效促进新发展阶段农村主流意识形态建设，具有突出的现实意义。

（三）农村主流意识形态的研究略显不够

学界普遍认为，当前农村主流意识形态建设存在的问题，是我国社会快速转型发展的过程中，农民分散性和流动性日益加强、农村社会阶层不断分化、农村各种利益表达更加多元的体现。而农村思想政治工作、农村主流意识形态工作的一些方面赶不上趟、对不上卯、使不上劲的状况，则进一步加重了问题的程度。

有学者认为，以上这些问题集中表现为农村意识形态工作“形强实弱”的现象突出，其中，思想认识不到位，农村基层组织建设重视不够、主流意识分散化，主导信仰有淡化倾向、规则意识受潜规则冲击、意识形态领域存在拿来主义现象是原因所在。[①] 也有学者认为其原因在于农村宣传思想工作形式主义还很浓，主要采取单一性、强制性、口号式、说教式的灌输和教育方式，宣传工作脱离实际，与农民切身利益不能紧密挂钩，造成利益沟通的缺乏。同时，农村社会基层组织功能弱化、原有宣传教育和动员机制组织松散，农民群众的意愿和诉求，以及基层的意见和声音难以得到全面收集和准确反馈也是问题的重要原因。[②] 还有学者从新中国成立以来我国农村主流意识形态建设主要是通过农村的各类组织来推进的经验来分析当前的困境，认为当前我国农民的组织化水平不高，各类农民组织“官办色彩较浓厚、缺乏组织建设带头人”[③] 是影响农村意识形态阵地巩固的重要因素。

相比于整体层面的主流意识形态，抑或意识形态的整体研究，当前学界对农村主流意识形态的研究略显不够。其一，对农民工、失地农民、返乡农民、农村留守儿童、农村“空巢”老人的生活状况和心理状况的研究较多，对马克思主义与意识形态、意识形态建设的当代价值等的研究也有很多，但对农村主流意识形态建设的基础性研究比较缺乏，特别是对农村主流意识形态建设的体系、结构、要素、参与主体，乃至价值遵循和路径选择，整体性的研究有待丰富。其二，对中华优秀传统文化、红色文化、集体文化、法治文化的传承和弘扬，以及对农村思想政治教育、农村社会主义核心价值观的践行等方面的研究成果丰富，但对农村主流意识形态建设与现代乡村社会和传统农耕文明的系统关系的研究较少，对农村主流意识形态建设的特殊性关注还不够，从我国农村社会发展的历史演进和当下农情民情来进行辩证分析的研究还存在一些不足。其三，虽然很多专家学者围绕改革农村土地制度、户籍制度、集体经济制度，以及提升农村基本公共服务质量和农村社会治理能力等方面展开了大量研

---

① 参见：张要登．农村意识形态领域存在的突出问题与对策研究［J］．中国集体经济，2014（34）：4－6．

② 参见：郭学旺，贾绘泽．论我国农村意识形态宣传中的公共沟通问题［J］．山西师大学报（社会科学版），2012（2）：15．

③ 高中建，李晓峰．农民主流意识形态塑造的组织化研究［J］．河南师范大学学报（哲学社会科学版），2020（6）：34．

究，并将这些方面作为影响农村主流意识形态建设的重要变量予以必要关注，但暂未将这些因素作为农村主流意识形态建设的一个有机整体来进行系统深入研究。其四，相比于传统的农村思想宣传工作，在城乡一体化和乡村振兴战略深入推进，以及城镇化、信息化水平不断提升的背景下，如何改进当下农村思想宣传工作机制，提升工作效能，培养积极健康、向上向善的网络文化，做强网上正面宣传，以此促进农村主流意识形态建设，确保农村意识形态安全，目前的研究也存在薄弱环节。

而对新发展阶段背景下，引领广大农民群众朝着第二个百年奋斗目标前进，为实现农业农村现代化凝聚人心、聚集力量，并从中找出新发展阶段农村主流意识形态建设与以往相比的不同点和特殊点，目前学界对这方面的研究仍处于起步状态。

二、研究意义

习近平总书记多次强调："社会治理的重心必须落到城乡社区，社区服务和管理能力强了，社会治理的基础就实了。"① 没有农村主流意识形态建设的有效推进，就难以实现农村社会治理水平的有效提升，并最终将影响农村社会的和谐稳定和繁荣。

本书根据党的十八大以来加强意识形态工作的总体要求，结合党的十九大提出的实施乡村振兴战略的目标任务，按照党的十九届五中全会和党的二十大提出的坚持马克思主义在意识形态领域的指导地位，提高社会文明程度，推动形成适应新时代要求的思想观念、精神面貌、文明风尚、行为规范，改善人民生活品质，提高社会建设水平的目标要求，立足新发展阶段这一叙事时代背景，通过简要梳理新中国成立以来中国共产党在各个历史发展阶段领导农村主流意识形态建设的做法、经验、存在问题及教训，重点着眼新发展阶段农村主流意识形态建设的主体构成、价值遵循、目标导向、路径选择等的系统研究，希望能够一定程度上推进探索符合中国国情、适合当代农村社会实际的农村主流意识形态建设道路，从而具有一定学术价值和研究意义。

一是可在一定程度上促进农村主流意识形态基础理论研究。本书基于马克思主义意识形态理论来观照当下农村主流意识形态建设，结合群际交往理

① 中共中央文献研究室．习近平关于全面深化改革论述摘编［M］．北京：中央文献出版社，2014：101.

论、利益协调理论、思想政治教育理论对农村主流意识形态建设涉及的实践主体和参与客体、制约因素等进行系统研究，对农村意识形态建设的时代特征、目标导向、主要内容、实践路径等进行理性研讨，将在一定程度上深化对农村主流意识形态的规律认识和把握。

二是可在一定程度上促进农村主流意识形态建设实践。本书着眼于促进农村主流意识形态建设实践，通过农村田野调查、历史纵向对比、理论分析等方法，系统缕析目前我国农村主流意识形态建设存在的问题和背后的原因，对相关部门开展农村实践工作将具有一定的现实价值。具体而言，有以下四点：其一，有助于促进对当前农村主流意识形态建设时代背景、工作现状、存在不足的准确认识；其二，有助于找准促进农村主流意识形态建设的着力点，提升农村意识形态风险科学预警和危机处理水平，确保农村社会的健康稳定发展；其三，有助于提升乡村治理现代化水平，通过对农村主流意识形态建设的主要影响因子和行为主体进行系统研究，能够对如何弘扬农耕文明优秀传统和社会主义先进文化，如何促进美丽乡村建设，产生一定指导意义；其四，有助于深化农村主流意识形态建设本身所应该具有的过程与方法、工具与手段、态度与价值、当下与长远、理想与现实等之间内在关联的研究，助推农村主流意识形态建设沿着更好造福广大农村群众的方向开展。

三是具有一定的研究范式突破意义。本书不局限于当下的农村社会现状来思考和讨论农村主流意识形态，而是基于历史和现实相结合、城乡融合发展的角度，基于意识形态与经济社会文化科技相结合的角度来研究问题，并结合思想政治教育学、现代传播学等相关学科，以及利益协调、群际交往等方面理论来进行研究，对农村意识形态该如何系统深入开展研究，具有突破单一学科及某一理论的局限，拓宽研究视野和研究领域的积极作用。

第二节　国内外研究现状

一、国内研究现状

国内学界对于意识形态和主流意识形态的研究，特别是对于我国当下主流意识形态受到的挑战和冲击、意识形态建设面临难题和困境的研究成果丰富，且近年来各类研究成果呈现持续增长的可喜态势。以“主流意识形态”为篇名的学术期刊论文在2012年首次突破百篇以来，依然保持了较快的增长势头，目前基本以每年两百余篇的数量在递增（数据截至2023年12月31日）。其具体增幅见图1-1。

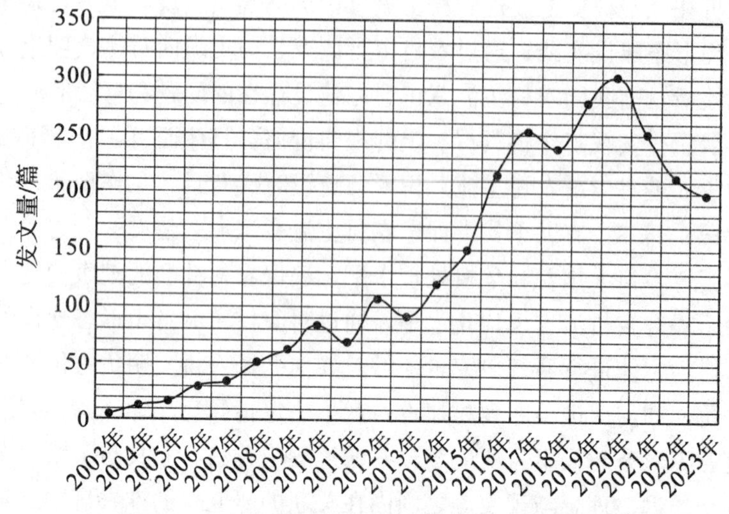

图1-1　以“主流意识形态”为篇名的论文增长①

截至2023年12月31日，以“主流意识形态”为题名的博士论文已达到28篇。具体见表1-1。

表1-1　以“主流意识形态”为题名的博士论文②

序号	篇名	作者	授位单位	授位年份
1	《移动互联时代大学生主流意识形态引领力研究》	张梓琪	中国矿业大学	2022
2	《新中国初期（1949—1956）主流意识形态构建研究》	吴荣军	扬州大学	2021
3	《新时代主流意识形态话语体系建设研究》	高嘉遥	东南大学	2021
4	《互联网时代我国主流意识形态话语权建设研究》	郭　军	中央财经大学	2021
5	《新媒体时代主流意识形态安全研究》	王　喆	吉林大学	2020
6	《新时代中国主流意识形态建设研究》	王　娟	武汉大学	2020

① 数据来源：中国知网
② 数据来源：中国知网

续表1－1

序号	篇名	作者	授位单位	授位年份
7	《基于大数据的网络空间主流意识形态传播研究》	刘　培	中国矿业大学	2020
8	《新时代我国大学生主流意识形态认同研究》	张　良	南京师范大学	2020
9	《马克思资本逻辑批判与我国主流意识形态建设研究》	单军伟	云南大学	2020
10	《新时代大学生主流意识形态认同研究》	李小玲	华东师范大学	2020
11	《央视春节联欢晚会主流意识形态传播研究》	叶长安	西南财经大学	2019
12	《我国主流意识形态建设视域下传承弘扬中华优秀传统文化研究》	周颜玲	山东大学	2019
13	《当代中国网络场域主流意识形态引领研究》	赵　炜	中共中央党校	2018
14	《当代中国主流意识形态网络话语权建设研究》	张改凤	西南交通大学	2018
15	《新形势下我国主流意识形态建设问题研究》	张潇文	南京大学	2017
16	《当代中国主流意识形态与国家安全观的共生关系研究》	高宏强	内蒙古大学	2017
17	《新媒体环境下我国主流意识形态安全研究》	蔡泉水	南昌大学	2016
18	《中国主旋律影视剧表达主流意识形态研究》	杜　芳	大连理工大学	2015
19	《媒介话语中的“群众路线”——〈人民日报〉报道对主流意识形态的呈现》	陈博威	武汉大学	2015
20	《消费主义影响下我国主流意识形态建设研究》	余保刚	南京师范大学	2015
21	《西方经济思想对我国主流意识形态的影响及其启示》	肖继军	中南大学	2014
22	《主流意识形态语境中的中国对外文化交流——以英文版〈中国文学〉研究为中心》	林文艺	福建师范大学	2014
23	《新中国主流意识形态话语体系变迁及发展研究——基于〈人民日报〉核心话语嬗变的分析》	姚朝华	复旦大学	2014

续表1－1

序号	篇名	作者	授位单位	授位年份
24	《提升当代社会主流意识形态认同度研究》	邹庆华	哈尔滨工程大学	2014
25	《多元文化背景下当代中国主流意识形态建设研究》	张　一	陕西师范大学	2013
26	《阶层分化视阈下我国主流意识形态安全问题研究》	王　翼	南京航空航天大学	2013
27	《中国网络媒介的主流意识形态建设研究》	王爱玲	大连理工大学	2012
28	《当前我国主流意识形态认同问题研究——以维护社会秩序稳定为出发点》	姜地忠	吉林大学	2009

国内对农村主流意识形态建设的研究文献内容主要集中在四个方面：一是关于意识形态和主流意识形态的研究，二是关于农村主流意识的研究，三是关于农村思想政治教育的研究，四是关于当代农村社会发展的研究。这些文献对于本书的深入研究具有重要意义。

（一）关于意识形态和主流意识形态的研究

国内学者对意识形态的研究成果很多，大概可以分成以下几个研究热点。

一是对马克思主义意识形态理论历史演进和功能的研究，如童世骏的《意识形态新论》（2006），俞吾金的《意识形态论》（2009），侯慧勤的《马克思主义意识形态论》（2011），《马克思、恩格斯、列宁、斯大林论意识形态》（2012），余一凡的《从马克思到列宁："社会主义意识形态"的确立》（2012），赵勇的《社会主义意识形态功能研究》（2012），石云霞的《马克思恩格斯意识形态理论的历史发展研究》（2012），戈士国的《重构中的功能叙事——意识形态概念变迁及其实践意蕴研究》（2013），申文杰的《马克思主义意识形态政治功能及实现形式研究》（2015），张志丹的《阶级意识：马克思意识形态概念的精神实质》（2015），《马克思主义意识形态学论纲》（2018），孙兰英及王彦淳的《马克思意识形态理论的转进逻辑探微》（2022），王庆超的《马克思意识形态理论的三重维度与当代价值》（2023），等等。这些成果对马克思主义意识形态理论的发展进程进行了系统梳理，深化了马克思主义意识形态原理的研究，对主流意识形态在凝聚人心、形成共识、促进社会和谐、降低社会治理成本、维护社会公平正义等诸多方面的功能作用予以充分肯定，同时也客观审视了我国主流意识形态理论建构中存在的不足。如张志丹在《马克思主义意识形态学论纲》（2018）中就认为，当前我国意识形态理论研究在思想史、文本研究、交叉研究、学科综合借鉴等方面仍存在较大不足，“当代意识形态研究尚且处于‘前学科’状态，缺乏以学科建设意识来重新框定、厘清研究的主旨，亟待立乎其大，从大处落墨，构建具有总体性、系统性、整合性的马克思主义意识形态学”[①]。

二是对中国社会意识形态的变迁、发展轨迹进行的研究。此类研究对我国当代社会主流意识形态变化的内在规律和特点的梳理与总结具有参考价值，如刘友女的《结构视域下中国主导意识形态研究》(2015)、张志丹的《十八大以来意识形态工作的创新研究》(2017) 和《改革开放以来我国主流意识形态的创新》(2019)、何美的《改革开放以来我国主流意识形态建设的多维推进》(2020)、肖唤元和刘雨欣的《新中国成立以来主流意识形态话语的历史性嬗变与新时代展望》(2022)、刘光远的《百年来中国共产党意识形态建设基本经验新探》(2022)、张传泉的《中国共产党构建意识形态话语权的理论基础、光辉历程及宝贵经验》(2023) 等。其中，肖唤元、刘雨欣认为，新中国成立以来的主流意识形态话语经历了三个阶段：革命话语与建设话语相互交织、建设话语与改革话语相互嵌入、全面深化改革话语与中华民族伟大复兴话语相得益彰的阶段。[②] 燕连福和李婧的《新中国 70 年主流意识形态传播的历史演进、主要经验及发展指向》(2019) 指出，新中国成立 70 年来，我国主流意识形态传播经历了改造式、动员式、开放式、交互式传播四次变迁，积累了宝贵的历史经验：坚持党对意识形态传播的全面领导（传播主体）、坚持以围绕党的中心工作为基本遵循（传播内容）、坚持以宣传教育和文化活动为主要形式（传播方式）、坚持正面宣传与应对交锋相结合（传播策略）。[③] 这一观点也得到了不少学者的呼应，如张志丹认为，要丰富和发展当代中国马克思主义，就必须“坚守基本意识形态相对不变，推进操作性意识形态的创造性重构、现代化变革和时代性转型”[④]。而刘少杰通过分析意识形态变迁历程，提出政治意识形态安全的根基在于社会认同，当代中国社会分化和改革变迁所造成的社会秩序认同、社会身份认同降低以及社会道德风尚低下等问题，需要主流意识形态抓住从单位传播向社会传播、感性传播向理性传播的转变思路，通过提高网络社

---

① 张志丹. 马克思主义意识形态学论纲 [J]. 理论与评论，2018 (3)：65.

② 参见：肖唤元，刘雨欣. 新中国成立以来主流意识形态话语的历史性嬗变与新时代展望 [J]. 马克思主义理论教学与研究，2022 (1)：149－151.

③ 参见：燕连福，李婧. 新中国 70 年主流意识形态传播的历史演进、主要经验及发展指向 [J]. 马克思主义理论学科研究，2019 (6)：41.

④ 张志丹. 我国主流意识形态创新研究 [J]. 当代世界与社会主义，2020 (5)：41.

会传播能力，来应对转型期的政治意识形态安全挑战。①

三是对马克思主义中国化发展成果被大众接受并以此改造中国社会的研究。如赵继伟《马克思主义意识形态接受论》(2009)、聂立清《我国当代主流意识形态认同研究》(2010)、侯惠勤《马克思的意识形态批判与当代中国》(2010)、王永贵《马克思主义意识形态理论与当代中国实践研究》(2013)、王永贵和李栗燕《我国意识形态建设视阈中的马克思主义大众化研究》(2014)、郭国祥《马克思主义意识形态理论中国化、时代化、大众化研究》(2014)、史小宁《马克思主义视域中意识形态批判及其功能研究》(2016)、吴荣军《新中国初期（1949—1956）主流意识形态构建研究》(2021)、徐剑雄《国家主流意识形态建设的文化生态机理、现状和路径》(2021) 等。这些成果大都认为在坚定马克思主义理论指导地位的同时，需要坚持历史唯物主义与理想主义的内在统一，坚持理论和实践的统一，把握时代话语权和意识形态领导权，积极培育社会主义核心价值观，构建社会主义核心价值体系，以此有力地应对意识形态领域的各种风险挑战。如徐剑雄认为，当前文化生态中的文化污染、文化入侵、文化失衡等不和谐现象是阻碍当代中国主流意识形态建设的不利因素，通过繁荣社会主义文化、发展文化产业、改善文化民生，可以开辟当代中国主流意识形态建设的文化生态路径。②

四是基于信息化、网络化时代特点，探索主流意识形态大众化、时代化、智能化发展的研究。不少学者从当前盛行的视觉文化、图像传播、网络文化、感性接受等现实角度，对主流意识形态大众接受的时代特点、现实困境和破局出路进行了深度研究，对如何促进意识形态的时代化、大众化、生活化接受提出了许多建议。如王斌、马俊峰的《主流意识形态图像传播的三重逻辑》(2020) 认为，需要从价值、现实和实践三重视野来把握主流意识形态的图像传播，通过坚定主流意识形态的一元主导地位、提升消费产品的传播价值、提升图像传播的媒介素养来克服当代图像传播“去中心化”、碎片化等带来的主流意识形态“主导权偏离、话语权旁落、传播力弱化的现实困境”③ 的问题。杨美新、郭燕萍则认为，提升微博、微信等网络社交平台“网络圈群”的主流意识形态认同，需要从加强转码引导、创新叙事方式、优化内容建设、坚持科学灌输等方面综合推进，并且在具象认知、情感共鸣、主流引领、互动交往等

---

① 参见：刘少杰. 当代中国意识形态变迁 [M]. 北京：中央编译出版社，2012：246-268.

② 参见：徐剑雄. 国家主流意识形态建设的文化生态机理、现状和路径 [J]. 江苏社会科学，2021 (5)：24-29.

③ 王斌，马俊峰. 主流意识形态图像传播的三重逻辑 [J]. 教育理论与实践，2020 (34)：10.

方面形成和巩固认同度。[①] 李晓阳则从主流意识形态的视觉化传播、感性化传播、生活化传播等不同角度，对新时代主流意识形态建设的实践路径进行系统论述。在《新时代主流意识形态生活化传播的路径探析》（2020）一文中，李晓阳认为，主流意识形态传播要有效深入普通群众的日常生活、认知图式和实践活动之中，要与大众的价值意愿、叙述习惯、生活历程有效连接，确保主流意识形态的传播“由宏大转变为具体、由抽象转变为通俗和由枯燥转变为生动”[②]。

此外，针对如何在虚拟现实、人工智能、全息媒体、万物互联的社会潮涌下有效化解泛娱乐化、去中心化、去权威化，以及人工算法精准“投食”的负面影响、注意力分散和社会分层加剧带来的“信息茧房”效应等问题，以及如何坚守网络主流意识形态阵地，确保网络空间意识形态安全，学界的研究成果有很多，如张志安和汤敏的《论算法推荐对主流意识形态传播的影响》（2018）、夏梦颖和徐家林的《算法型信息分发的隐私风险及法律对策》（2020）、张治中的《网络空间意识形态安全治理体系研究》（2022）。这些成果基于对技术和算法在逻辑维度、内容维度和功能维度给用户带来的各类隐私风险和价值观的影响，以及由此造成的对意识形态的虚化和冲击，强调要制度化约束网络平台过分逐利而侵害用户权益、规避法律责任等行为，要对算法操控背后的资本力量和政治力量，以及网络巨头的扩张和对社会权力结构的影响等，予以高度重视和有效应对。张改凤、林伯海因此强调，新时代提升我国主流意识形态，需要“给资本套上社会主义笼头”，要在“网络空间运用政治权力来引导和超越资本力量，将信息技术资本的强劲动力与社会主义发展有效结合起来”[③]。

而于慧敏和耿步健的《从“娱乐至死”到理性回归：网络舆论场主流意识形态话语权提升》（2019）、苏宏元的《5G时代舆论生态变化与舆论引导新范式》（2020）、罗丽琳等的《大数据提升网络主流意识形态引领力研究》（2020）、金瑶梅和徐志军的《短视频时代主流意识形态话语权建构面临的挑战及其应对》（2020）、黄子鑫的《短视频线上传播主流意识形态的意义与原则》

① 参见：杨美新，郭燕萍．网络圈群中的主流意识形态认同：价值、藩篱与实现路径［J］．湖南科技大学学报（社会科学版），2021（6）：154．

② 李晓阳．新时代主流意识形态生活化传播的路径探析［J］．中共石家庄市委党校学报，2020（5）：31．

③ 张改凤，林伯海．“给资本套上社会主义笼头”——当代中国主流意识形态网络话语权问题再审视［J］．理论导刊，2017（4）：22．

(2020)、张丽红的《互联网时代我国主流意识形态建设面临的挑战及对策研究》(2020)、张爱军的《后微博时代视域下主流意识形态发展的机遇、挑战与改进》(2020)、张兰的《虚拟社会中主流意识形态话语权提升问题研究》(2020)、王贤和卿彭丽的《技术现象学视域下的舆论引导与主流意识形态引领》(2020)、范洁和张志丹的《人工智能时代意识形态工作面临的机遇与挑战》(2020)、李红革和黄家康的《弹幕文化对主流意识形态的风险挑战及其应对策略》(2022)、刘伟闫和曼卿的《数字化赋能主流意识形态传播的基本维度及创新路径》(2022)等成果，则在一定程度上从不同角度对新时代主流意识形态面临的新情况新挑战进行了分析和思考。如李超民在《全媒体视域下主流意识形态传播及其风险防范研究》(2020)一文中就指出，在全媒体信息时代，媒介分众化、内容碎片化、传播多元化等特征，都给传播的主客体、内容、方式和管理的时代化发展带来了现实挑战，因此必须“把握新时代主流意识形态工作的新要求，牢牢把握意识形态领导权，落实全媒体发展战略，充分发挥全媒体综合优势，创新意识形态管理方法，营造良好网络舆论生态环境”①。管秀雪则认为，应对算法推荐的潜在风险，需要“以立体化传播矩阵引领算法、以主流价值导向驾驭算法、以技术性力量反制算法、以法治规范规制算法”②。

五是对我国主流意识形态与包括各类社会思潮在内的非主流意识形态的竞合关系，以及如何巩固主流意识形态地位的研究。如王国敏和李玉峰的《挑战与回应：坚守马克思主义在意识形态领域的主流地位》(2007)指出，当前新自由主义、民主社会主义和“新左派”思潮对我国社会主义主流意识形态的冲击力最大，需要通过“加强马克思主义在意识形态领域的指导地位、拓宽主流价值的阶级支撑、夯实主流意识形态的经济基础、建立意识形态之间的对话机制、培育社会主义核心价值观”③ 等举措来应对挑战和冲击。其他如王永贵的《影响我国主流意识形态建设的西方主要意识形态透视》(2007)、孙君恒等的《中国主流社会意识形态研究》(2007)、郑冬芳和许春玲主编的《冲击我国主流意识形态稳定错误思潮剖析》(2010)、张骥等的《马克思主义意识形态引领多样化社会思潮若干问题研究》(2013)、艾四林和王明初主编的《社会主义主流意识形态与当今中国社会思潮》(2014)、姚建军的《主流意识形态建设与社

① 李超民. 全媒体视域下主流意识形态传播及其风险防范研究 [J]. 晋阳学刊，2020 (5)：83.

② 管秀雪. 算法推荐赋能主流意识形态话语权构建的风险及应对 [J]. 学习论坛，2022 (6)：69.

③ 王国敏，李玉峰. 挑战与回应：坚守马克思主义在意识形态领域的主流地位 [J]. 马克思主义研究，2007 (11)：74.

会整合研究》(2016) 等成果大多通过对主流意识形态建设面临的形势和存在的问题进行分析和梳理，以此给出实践层面的参考。侯惠勤、张志丹等学者指出，必须从历史唯物主义的立场出发，紧扣意识形态的政治性内核，把握住阶级意识是意识形态的精神内核这一突出特点，切实解决好、维护好社会主义意识形态指导思想的先进性和代表性，使意识形态具有科学性、真理性、真实性和先进性，以此确保马克思主义意识形态变革主导权。[①][②] 刘友女等学者则认为要优先解决好意识形态主体结构的先进性和大众化的问题[③]，从而呈现出学界对问题切入点及实践路径着力点的不同区分。

学界对这方面的研究中很大一部分是围绕如何实现和巩固主流意识形态的领导权、话语权和管理权来展开的。这方面的资料很多，且绝大多数研究成果基本遵循"现状—问题—对策"的视角，因而此类研究成果虽众说纷纭，但仍殊途同归，在理念创新、方式创新、话语创新等方面呈现出较大的共鸣。另一个研究理路则是侧重对非主流意识形态的认知研究。如金伟、张思嘉认为，新型媒体是当前非主流意识形态的最主要传播途径，其中学术交流是重要途径、课程教学是便捷途径、社会交往和文化交流是隐性途径。[④] 王传礼的《论非主流意识形态治理的基本途径》(2017)、文洁贤的《当代中国非主流意识形态的新动向》(2019) 等成果则论述了新时代我国非主流意识形态所呈现的群体年轻化、表象多样化、诉求政治化、传播网络化等特点，主张积极作为、敢于斗争，通过综合运用批判、对话、引领的方式，促进主流与非主流的良性互动，尽可能地使非主流意识形态以积极的状态呈现。

六是从全球化视野，立足当代中国主流意识形态与西方社会的冲突角度来进行研究。如张骥的《中国文化安全与意识形态战略》(2010)、王永贵的《经济全球化与我国社会主义主流意识形态建设研究》(2010)、孟庆顺等的《全球化时代世界意识形态流派述评》(2010)、申小翠的《全球主义批判与当代中国意识形态建设》(2011)、董德和侯惠勤的《"9·11"以来美国对华意识形态输出战略浅论》(2012)、王雯姝和刘洋的《党的十八大以来海外学者关于中国主流意识形态研究的新趋向及其启示》(2019)、刘洋和黄栋梁的《文明形态的意识形

① 参见：侯惠勤，等. 马克思主义意识形态论 [M]. 南京：南京大学出版社，2011：502—525.

② 参见：张志丹. 历史唯物主义视阈中的意识形态功能主义批判 [J]. 福建论坛（人文社会科学版），2018 (3)：116—117.

③ 参见：刘友女. 结构视域下中国主导意识形态研究 [M]. 上海：复旦大学出版社，2015：172—176.

④ 参见：金伟，张思嘉. 当前我国非主流意识形态的传播途径与发展特点 [J]. 学校党建与思想教育，2017 (2)：49.

态博弈及其全球效力》(2023)、佘学军和李银兵的《冲突与调适：跨文化交流的意识形态性》(2023)等，这些成果对全球化背景下如何确保主流意识形态安全，如何有效应对西方文化霸权和意识形态渗透，如何利用全球化扩大我国文化对外影响力，如何实现我国社会主义意识形态建设价值合理性与历史必然性的统一、合目的性与合规律性的统一，进行了很好的研究，对本书有重要参考价值。如林滨指出："全球化搭建了意识形态发展的舞台，也形成了意识形态较量的战场，'趋同'与'求异'的对立统一构成了意识形态发展的动力，其内隐着文明的冲突与秩序的重构。"[①] 郑永年则从中国和平崛起的角度，阐释了在国内普及和弘扬理性民族主义，有效应对新保守主义的冲击，增强我国社会主义核心价值观与人类社会开放、共享，以此提升自身文化软实力、构建"新型大国关系"的重要性。[②] 刘洋、黄栋梁则进一步指出中国共产党领导创造的人类文明新形态以文明多样平等、文明多维共进等话语表述重塑了当今世界文明话语，赋予了文明新的意识形态，为全球向好向善发展提供了中国力量。[③]

（二）关于农村主流意识形态的研究

截至 2023 年 12 月 31 日，以"农村意识形态"为篇名的期刊论文有 70 余篇，硕士论文有十余篇，但没有以"农村意识形态"为篇名的博士论文。整体来看，这类研究主要围绕农村的马克思主义信仰弱化、社会阶层分化、贫富差距拉大、基层治理弱化、社会风气恶化、享乐主义和个人主义蔓延、规则意识和法治意识淡薄、普遍的功利性信教以及农村地区地下宗教活动活跃等问题展开，对农村意识形态受政权威信、土地政策、城市文化、宗教迷信活动、传统习俗、农村文化教育等多重影响的研究也比较多，对农村主流意识形态建设的参与主体和主要影响因素的探讨也有所涉及。

其他文献方面，基于农村主流意识形态内在特点进行分析，以此确保问题解决的有效性，是研究的一个重要范式。如张丽《基于受众理论的农村主流意识形态传播有效策略探究》(2014)一文对农民作为接受主体的思维特点、接受模式和信息交流方式进行分析，指出农民的主流意识形态认同具有更加感

---

① 林滨．当代意识形态的发展与"文化化"[J]．教学与研究，2011（4）：31.

② 参见：郑永年．大格局：中国崛起应该超越情感和意识形态［M］．北京：东方出版社，2014：81-97.

③ 参见：刘洋，黄栋梁．文明形态的意识形态博弈及其全球效力［J］．思想理论战线，2023（5）：47.

性、更加不平衡，且实践滞后于认知的几个特点，因而主流意识形态的传播功能、传播内容和传播方式要与农民群众的心理需求、心理特点相契合。[①] 程伟的《我国农村主流意识形态建设面临的问题及其对策》（2012）则指出，农村意识形态领域存在的唯心主义有神论思想蔓延滋长、农民群众精神文化生活较为贫乏、农村文化市场供给不足等现实情况，需要通过加强农村基层党建、加强社会主义核心价值观建设，以及加强农村文化建设等综合举措予以有效解决。[②]

从文献来看，加强社会主义核心价值观建设、加强党的基层组织建设、加强农村文化建设、促进农村经济发展、加强农村信息化建设这五大举措，基本能概括现有大多数研究成果中给出的对策。如高中建和李晓峰的《农民主流意识形态塑造的组织化研究》（2020）一文认为针对我国农民组织官办色彩浓厚、缺乏组织建设带头人等问题，可以通过提高农民的组织化水平、提升农村社会组织的公共文化服务能力、加大对农村社会组织的支持力度等举措来逐步解决。[③] 赵仁青和张德化则提出要通过彰显农村日常生活人民指向性本色、坚守农村意识形态构建的实践性立场、增强农村意识形态构建工作的批判性、优化涉农网络空间环境的纯洁性等一系列举措来应对当前农村意识形态工作的问题和困境。[④]

此外，还有不少研究成果从主体发展、公共沟通、信息传播、网络安全等角度来探讨农村主流意识形态。如牟成文在《关于目前我国主流意识形态在我国农村建构的思考》（2009）中指出，“‘主流’还必须站在‘非主流’或者群体意识形态的角度进行换位思考，因为农民群众的利益观往往蕴涵在‘非主流’或者群体意识形态之中”[⑤]，因而要尊重农民主体的意志并根据个体性、差异性的实际情况，发挥主流意识形态的诱导和范导功能，通过维护农民群众利益、树立执政者良好形象、促进农村意识整合，以“怀柔”的方式，变单向灌输为灵活开展。贾绘泽和郭学旺在《论公共沟通与我国农村主流意识形态宣

---

① 参见：张丽．基于受众理论的农村主流意识形态传播有效策略探究［J］．经济研究导刊，2014（10）：23－25.

② 参见：程伟．我国农村主流意识形态建设面临的问题及其对策［J］．河南社会科学，2012（8）：37－39.

③ 参见：高中建，李晓峰．农民主流意识形态塑造的组织化研究［J］．河南师范大学学报（哲学社会科学版），2020（6）：34－36.

④ 参见：赵仁青，张德化．新时代农村意识形态的日常生活化构建［J］．重庆交通大学学报（社会科学版），2020（6）：12.

⑤ 牟成文．关于目前我国主流意识形态在我国农村建构的思考［J］．社会主义研究，2009（6）：84.

传》(2013)中提出，应通过创新公共沟通理念、培养公共沟通队伍、畅通公共沟通渠道、创新公共沟通方式，使党的声音和国家政策有效传达到农村，使农民群众的呼声和诉求在公共政策中得到有效体现。[①] 徐建飞在《“五W”传播模式下农村场域传播主流意识形态研究》(2014)中从受众角度来分析农村主流意识形态的认同问题，认为需要通过组建好专业理论宣传队伍、发展好农村经济、提高农民修养、实现好维护好农民的理论和实践诉求、分类施教、构建大众话语体系、丰富主流意识形态渠道媒介等措施来促进农村的主流意识形态传播。[②]

以上研究成果对促进农村主流意识形态建设提出了不同且具有针对性的建议，但也客观存在系统性不足、历史参照性不强等问题。而且在研究农村主流意识形态建设与全面建成小康社会、乡村振兴等最新变化形势上还略显不足，对农村主流意识形态建设的价值遵循视野仍不够开阔，也较少从中国传统农耕文化、中国传统哲学等多个角度来统合开展，故而研究成果的说服力还略显单薄。

（三）关于农民思想政治教育的研究

新中国成立以来，农民思想政治教育一直受到党和政府高度重视，学界对其研究也取得丰硕成果。经过文献梳理，大体可认为我国农民思想政治教育的研究主要侧重于以下三个方面。

一是对新中国农民思想政治教育工作实践的研究，如冯成君的《农村思想政治工作新探》(2001)、刘建荣的《新时期农村道德建设研究》(2004)、荆惠民主编的《新农村思想政治工作创新典型50例》(2006)、高岳仑和唐明勇主编的《中国共产党农民思想政治工作的理论和实践》(2009)、文成国等的《生命线：新时期农村思想政治工作漫谈》(2011)等。这些成果的共同点在于理论与实践相结合，对农村思想政治工作如何取得实际效果进行研究。其中，贾本乾的《新时期农村思想政治工作研究》(2002)一书对21世纪农村思想政治教育进行了展望，并着重论述了农村思想政治教育的地位与作用、方针与原则，以及方法与途径等问题。

二是从历史发展沿革和经验教训的角度，对农村思想政治教育进行研究。

---

① 参见：贾绘泽，郭学旺．论公共沟通与我国农村主流意识形态宣传［J］．广西社会科学，2013（5）：5.

② 参见：徐建飞．“五W”传播模式下农村场域传播主流意识形态研究［J］．内蒙古社会科学，2014（6）：145.

史论结合，以史为鉴，是这些成果的共同特点。如张蔚萍主编的《中国共产党思想政治工作发展史》（2004）、李光辉主编的《中国共产党思想政治工作史论》（2005）、夏伟东的《中国共产党思想道德建设史略》（2006）、张耀灿的《中国共产党思想政治工作史论》（2008）、余俊丽的《建国以来中共农民思想政治教育工作基本经验与探索》（2019）、杜金金和张晓明的《中国共产党农民思想政治教育的百年发展进程与基本经验》（2022）等，都从中国共产党思想政治工作的历史发展角度来梳理发展的阶段和特点，其中有部分文献对新中国成立初期实行的土地改革、改革开放初期实行的家庭联产承包责任制、21世纪初的农村税费改革等重大历史事件促进思想政治工作的突出效果进行了客观研究。此外，王艳成和龚志宏的《中国共产党农民社会主义教育50年》（2003），对新中国成立后农村的社会主义教育，以及历次农村"社教"运动的必要性、主要措施和存在问题进行了一定的总结和体现。[①] 李德芳和杨素稳主编的《中国共产党农村思想政治教育史》（2007）则从早期中国共产党人对农民问题的探索出发，将新中国成立初期到社会主义新农村建设时期的农村思想政治教育实践历程划分为十个阶段进行系统梳理，并总结出四条基本经验：必须用马克思主义理论武装农民、必须紧密围绕党的中心工作、必须紧密联系群众、必须注意加强农村党员干部教育。[②] 而这四条基本经验，在其他学者的研究成果中也基本是作为共识性的存在。

三是从农民信仰选择和心理趋向角度进行的研究。如程贵铭的《当代中国农民社会心理研究》（2000）从农民的政治态度、政治参与、法律意识与行动，农民的职业观念、家庭观念、消费观念、婚育观念，以及农民的道德观念和道德实践、农民的思维特点、农民的需要和利益出发，对改革开放以来我国农民独立人格和主体意识提升的历史必然性进行了概述，并指出"农村的发展、农民的态度和农民的行为，离不开需要和利益，也可以说需要和利益的问题，是中国农民问题的核心"[③]。而乌丙安的《中国民间信仰》（1996）、王晶的《中国农民信仰问题研究》（2004）、赵树凯的《农民的政治》（2011）、祁雪瑞的《中国农民的政治参与》（2011）、龚上华的《农民政治意识分化与政府治理创新研究》（2014）、卢春龙和严挺的《中国农民政治信任的来源》（2016）等成

---

① 参见：王艳成，龚志宏．中国共产党农民社会主义教育50年［M］．开封：河南大学出版社，2003：94－109．

② 参见：李德芳，杨素稳．中国共产党农村思想政治教育史［M］．北京：中国社会科学出版社，2007：256－261．

③ 程贵铭，朱启臻．当代中国农民社会心理研究［M］．北京：首都师范大学出版社，2000：16．

果则将农村群众的群体差异性和政治需求的差异性、农民政治参与的有效性与合法性、政府的维权和赋权、农民的利益与感受等结合起来，就如何实现对农民的政治信仰、政治信任和政治参与进行有效引导和干预，并以此实现社会治理参与主体之间的互动、优化治理的新格局进行了恰当的研究。

（四）关于当代中国农村社会发展的研究

对中国农村社会发展问题的研究一直是“三农”研究领域的重点，当代学界对此的研究亦取得了丰硕成果。本书所涉及的相关文献主要在四个方面展开了研究：一是对当前农村社会发展现状及其问题的研究；二是对农村治理现代化和农村基层政权建设的研究；三是对精准扶贫、乡村振兴背景下的农村主流意识形态建设的研究；四是对农村价值观建设的研究，包括法治建设、道德建设、公民意识、社会主义核心价值观等方面。

关于当前农村社会发展现状及其问题的研究，受益于我国社会学的发展，学界研究颇丰，如贺雪峰的《新乡土中国》《治村》《乡村的前途》，温铁军的《解读苏南》《三农问题与世纪反思》《“三农”与“三治”》（中国经济问题丛书），以及贾德裕和周晓虹的《现代化进程中的中国农民》（1998）、曹锦清的《黄河边的中国》（2000）、袁银传的《小农意识与中国现代化》（2000）、朱启臻的《农业社会学》（2009）、钟宏宝的《农村社会学》（2010）、梁鸿的《中国在梁庄》（2010）、阎海军的《崖边报告：乡土中国的裂变记录》（2015）、陈锡文的《读懂中国农业农村农民》（2018）。对于我国农村社会由熟人社会向半熟人社会过渡，由封闭式社会向开放式社会发展，由离土不离乡向离土又离乡发展，以及由此而来的人地关系、社群关系、组织关系、生活关系的变化，以及农村社会控制、社会动员、生产组织、社会保障、私人空间进入、乡土文化的发掘、农业文化遗产保护传承等方面的研究，学界的成果和认识是深入和全面的。如袁银传的《小农意识与中国现代化》（2008）对小农的文化心理、社会心理与社会意识进行了细致分析，指出了小农意识的生成土壤和小农意识的“二律背反”结构，以及小农的双重人格模式，对中国传统小农意识的多子多福等价值目标、中庸循环等思维方式、世俗化多神崇拜的宗教心理，以及小农意识与平均主义、皇权主义、民粹主义的关系进行了细致分析。①

关于农村治理现代化和农村基层政权建设问题，主要成果如张厚安和徐勇等的《中国农村政治稳定与发展》（1995）、王铭铭和王斯福的《乡土社会的秩

---

① 参见：袁银传．小农意识与中国现代化［M］．武汉：武汉出版社，2008：44－60＋125－127．

序、公正与权威》（1997）、王振耀的《中国村民自治理论与实践探索》（2000）、贺东航的《中国村民自治制度“内卷化”现象的思考》（2007）、李增元的《村民自治到社区自治：农村基层民主治理的现代转型》（2014）、王燕燕主编的《三农问题与乡村治理》（2015）、赵秀玲的系列年度报告《中国基层治理发展报告》（2015、2016、2017）、福建农林大学课题组等编著的《居危思危：国家安全与乡村治理》（2016）、魏后凯和杜志雄主编的《中国农村发展报告》（2016—2023年）、贺雪峰的《乡村治理的社会基础》（2020）、贾玉娇的《情境、结构与逻辑：基层社会治理内卷化之困的系统分析》（2022）。这些成果对当代乡村治理“内卷化”[①] 现象有清晰的认识，对制约当代乡村治理进步之人的因素、制度的因素、组织的因素、法律的因素等进行了解释。如张良在《资源下乡、行动者博弈与基层治理内卷化》（2021）中分析村庄精英俘获资源的治理内卷化问题，认为村庄精英偏好以权谋利、亲族博弈反复纠缠、村庄精英构建项目信息差序扩散机制、对村庄精英利己行为的弱约束机制等是资源下乡带来基层治理内卷化的内在根源。[②] 陈柏峰在《去道德化的乡村世界》（2010）、《熟人社会：村庄秩序机制的理想型探究》（2011）、《乡村基层执法的空间制约与机制再造》（2020）、《基层社会治理模式的变迁与挑战》（2020）等系列文章中剖析了农村社会出现的“性工作的去道德化”和“混混的职业化”这两种边缘化的获取利益的工作现象，指出我国农村社会存在的社会治理困境和主流意识形态所遇到的冲击，以及其背后伦理观和价值观的扭曲[③]，并针对当前乡村治理空间在权力运行维度上呈现出权力分布分散、权力密度较低、权力强度较弱、执法外部成本较高等问题，提出要在完善和发展网格化治理的同时，更加科学有效和长远地“建立均衡的权利和责任体系，帮助社会公众树立正确的权利和责任观念，实现权利与义务、责任的平衡”[④]。

有关精准扶贫和乡村振兴背景下农村主流意识形态建设的专门研究成果相对较少，且多在精准扶贫和乡村振兴的大背景下夹杂叙述，这方面主要有刘奇的《问道乡村振兴》（2023）、龚建国等主编的《乡村振兴论》（2023）、温铁军

---

① 本书的“内卷化”主要是指政治变革发展的非理想状态所导致的没有实际发展或增长。这一概念由美国学者杜赞其（Prasenjit Duara）于1996年在《文化、权力与国家》一书中首次提出，之后为我国学界所广泛使用于对政治、经济、社会领域的改革困局的描述，如贺东航的《中国村民自治制度“内卷化”现象的思考》（《经济社会体制比较》，2007年第6期，第100～105页）。

② 参见：张良. 资源下乡、行动者博弈与基层治理内卷化［J］. 华南农业大学学报（社会科学版），2021（5）：118.

③ 参见：陈柏峰. 去道德化的乡村世界［J］. 文化纵横，2010（3）：93－97.

④ 陈柏峰. 基层社会治理模式的变迁与挑战［J］. 学习与探索，2020（9）：46.

和张孝德的《乡村振兴十人谈——乡村振兴战略深度解读》(2018)、冯俊锋的《乡村振兴与中国乡村治理》(2017)、李艳蒲等的《乡村振兴与美丽乡村建设》(2018)等。这些成果以唯物主义世界观和方法论为基础，对农村经济社会的发展与农村社会意识形态建设之间的内在关联做了较好的阐述，对通过大力推动乡村振兴战略、建设美丽乡村，以此夯实乡村德治基础、践行贯彻社会主义核心价值观、深化农村主流意识形态建设的做法予以积极的评价。

此外还有一些关于“三农”的学术成果中涉及农村主流意识形态建设方面的内容，如陆学艺的《当代中国农村与当代中国农民》(1991)和《“三农论”——当代中国农业、农村、农民研究》(2002)、吴敏先的《中国共产党与中国农民》(2000)、潘逸阳的《农民主体论》(2002)、孙津的《中国农民与中国现代化》(2004)、杜润生的《杜润生自述：中国农村体制变革重大决策纪实》(2005)、徐勇的《中国农民的政治认知与参与》(2012)、邓大才的《中国农民的选择：从行动到方法》 (2020)、吕虹的《中国乡村社会田野调查》(2022)。这些成果集中反映了我国乡村社会治理水平、农村土地制度、城乡融合程度、农村社会公共服务发展水平对农村群众的政治观念、生活态度、情感认同、行为规范等有着重要作用，是影响农村主流意识形态建设质量及方向的重要方面。

综合而言，“新发展阶段农村主流意识形态建设”这一论题虽然目前还没有专门的学术研究成果，但其中涉及的有关农村主流意识形态演进、我国主流意识形态的特点及规律、农村思想政治教育的历史经验及教训、农村思想政治传播和宣传教育理论、社会主义核心价值观在农村的传播等方面的内容，都有相关文献可参考。而对新发展阶段背景下农村社会道德风尚的养成、乡风文明的厚植、共同价值的凝聚所需要的科技要素、人文要素、资金要素、价值理念要素等的系统性研究，目前相应的成果还比较少，对于如何处理好农村文化教育和道德涵养的理想与现实之间的矛盾，健全和发挥农民群众自我管理、自我教育、自我约束的体制机制等方面的问题，目前的研究也还存在一定不足。

笔者认为，每一个社会发展到一定程度，都需要有相对应的主流意识形态与之相互适应和相互促进。新发展阶段的农村经济社会发展，也需要在意识形态领域予以呼应，以此体现时代要求，回应时代声音。因而新发展阶段背景下的农村主流意识形态建设，需要在始终坚持马克思主义中国化的理论指导、始终确保农村主流意识形态的中国特色社会主义发展方向的根本前提下，深耕农民生活，找准新发展阶段的历史方位，准确把握这一历史发展节点的要求和趋势，明确新发展阶段农村主流意识形态建设的主体构成、基本原则、主要方式、主要特征，围绕掌握新发展阶段农村主流意识形态的领导权、管理权、话语权进行理论探索和实践创新，以此在纷繁复杂、多元多变的时代中，确保农村主流意识形态建设方向明、思路清、效果好。而这些正是本书的着力点所在。

二、国外研究现状

国外就本书所涉及的意识形态、主流意识形态、农村主流意识形态的研究具有时间跨度长和涉及面广泛的特点，限于文献所及和本人专业能力，本书仅做简要梳理。

（一）国外意识形态研究的整体态势

对意识形态的研究，国外研究成果非常丰富，且相当深入。马克思与恩格斯合著的《德意志意识形态》全文于1932年正式出版以后，西方对马克思意识形态理论的研究达到了一个高峰。对此，英国学者大卫·C. 麦克里兰（David C. McClelland）在《意识形态》一书中进行了相关的总结。值得关注的是，以格奥尔格·卢卡奇（György Lukács）、安东尼奥·弗朗切斯特·葛兰西（Antonio Francesco Gramsci）、路易·皮埃尔·阿尔都塞（Louis Pierre Althusser）为代表的西方马克思主义学者对意识形态理论的研究有了很大的发展。特别是葛兰西提出了意识形态文化领导权的概念，将马克思主义意识形态理论的研究推到了新的高度。

在意识形态理论发展演变的研究方面，斯洛文尼亚学者斯拉沃热·齐泽克（Slavoj Žižek）的《图绘意识形态》，选取了包括他自己以及皮埃尔·布尔迪厄（Pierre Bourdieu）、雅各·拉康（Jacques Lacan）、路易·皮埃尔·阿尔都塞、特里·伊格尔顿（Terry Eagleton）等十余位学者有关意识形态的论述，对西方意识形态的演进经过作了较好的展示。

在意识形态的功能作用和演进机制的研究方面，德国学者卡尔·曼海姆（Karl Mannheim）的《意识形态与乌托邦》系统阐述了意识形态与乌托邦的密切联系和细微区别，英国学者约翰·B. 汤普森（John B. Thompson）在《意识形态与现代文化》等著作中对意识形态的解释功能和批判功能进行了研究，当代美国政治学家迈克尔·G. 罗斯金（Michael G. Roskin）在《政治科学》中对何为意识形态、主要的意识形态，以及意识形态的起源、关键概念、功能作用、分类等多个方面作了详细的研究阐述。英国学者乔治·拉雷恩

(Jorge Larrain) 在《马克思主义与意识形态：马克思主义意识形态论研究》等著作中基于资本主义社会主要矛盾，揭示了意识形态对于理解资本和雇佣关系之间矛盾的作用，指出意识形态“既是资本—雇佣劳动矛盾再生产的结果，又是它的前提”①，而且意识形态的作用就是为其提供“旗帜”，掩盖和阻止矛盾、置换冲突，防止矛盾通过阶级斗争体现出来，或将阶级矛盾的动机神圣化，从而将阶级斗争表现为不同政见之间易变的冲突，并造成主要矛盾冲突的模糊化和根本利益对抗关注度的降低与被转移。

对于农村意识形态建设的重要性，美国哈佛大学政治学教授塞缪尔·菲利普斯·亨廷顿 (Samuel Phillips Huntington) 从农民与革命的角度指出：“谁控制了农村，谁就控制了整个国家。”② 亨廷顿认为，城市永远是反对派的发祥地，而农村的角色是可变的，既可以是稳定的源泉，也可以是革命的源泉。

对于农民思想意识和行为的特点，西方学者的研究呈现出较大的分歧，其中典型的有以匈牙利学者卡尔·波兰尼 (Karl Polanyi)、俄国学者恰亚诺夫 (Чаянов，A.) 为代表的实用主义所强调的“生存的小农”，以及以美国学者西奥多·W. 舒尔茨 (Theodore W. Schultz)、美国学者塞缪尔·L. 波普金 (Samuel L. Popkin) 为代表的新古典经济学家所提出的“理性的小农”。此外还有以德国学者马克思·韦伯 (Max Weber)、荷兰学者 J. H. 伯克 (J. H. Booke) 为代表的“非理性小农”的观点。这些分歧的背后，其实有着共同的认识：面对来自市场的、工业的、自然的外界影响和冲击，小农并不是被动地接受事实和承受损失，而是会基于综合利弊的考量作出相应的取舍。区别只不过在于，是从经济利益的角度来取舍，还是从道义、道德、宗教信仰的角度来平衡，或是两者均衡考虑。以美国学者詹姆斯·C. 斯科特 (James C. Scott)、印度学者阿马蒂亚·森 (Amartya Sen) 为代表的国外学者对小农在经济和社会压迫面前的应对和反应、对强权的稀释和应对、对政权所造成的压力，以及如何保障小农的民生权益和促进小农的民主权利等方面的研究，对于提高对农民生存权、发展权的重视，防止农村集体抗议等风险事件的爆发、尊重农民意愿，重视提高农民物质生活水平和保障社会公平、促进农民摆脱贫困，有很好的参考价值。

对社会主义意识形态的研究方面，20 世纪 50 年代以后，西方学者对该方

---

① 乔治·拉雷恩. 马克思主义与意识形态：马克思主义意识形态论研究 [M]. 张秀琴，译. 北京：北京师范大学出版社，2013：171.

② 塞缪尔·亨廷顿. 变革社会中的政治秩序 [M]. 李盛平，杨玉生，等译. 北京：华夏出版社，1988：285.

面的研究多散见在历史终结论、社会主义消亡论等各种批判之中，如美国前总统理查德·米尔豪斯·尼克松（Richard Milhous Nixon）的《真正的战争》、丹尼尔·贝尔（Daniel Bell）的《意识形态的终结》、弗朗西斯·福山（Francis Fukuyama）的《历史的终结及最后之人》、安德鲁·文森特（Andrew Vincent）的《现代政治意识形态》、乔治·拉雷恩的《马克思主义与意识形态：马克思主义意识形态论研究》等。但与此同时，有不少西方学者也明确表达对意识形态终结论的反对和批判，如大卫·C. 麦克里兰在《意识形态》一文中就对此予以否定。

总的来说，国外对意识形态和主流意识形态的概念、特征、功能发挥等方面的研究是比较深刻的，对后现代社会、信息化时代的意识形态新特征，以及不同社会形态下农民的行为偏好和意识形态特征也有较多的研究，而且形成了法兰克福学派、伦敦学派等多个专注于研究意识形态诸问题的学术性团体及流派，推动了意识形态研究的不断发展。但由于西方学界对中国研究的相对滞后性，目前西方学界对新时代中国农村主流意识形态的研究还比较少，特别是对经济全球化、网络化、智能化背景下，中国传统农村社会转型中的意识形态问题的探讨成果还难得一见。而且由于西方资本主义社会的农村发展形态、农业呈现形式、农民群际交往方式和政治生活环境等都与我国具体情况存在很大的不同，所以对西方马克思主义农村主流意识形态建设理论的选择，需要根据具体情况加以化用。

（二）国外关于主流意识形态研究的有益参考

第一，主流意识形态作为一个具有强大社会综合功能的理性语言系统，有追求同一性的自身动力和拒绝批判、固执、缺乏反思性的内在倾向。

一方面，为了追求存在感和认同，人的意识和思维本身就有着谋求同一性的动能。美国学者丹尼尔·贝尔指出："每个社会都设法建立一个意义系统，人们通过它们来显示自己与世界的联系。"① 他认为，离开这种系统，人就会因丧失意义而陷入迷茫、困惑和空虚。与此相似，德国学者西奥多·W. 阿多诺（Theodor W. Adorno）指出，人类活动和思维具有同一性的固有特点，具有与统治的意识形态看齐、与所谓的社会价值评估模式看齐的内在动能，作为

① 丹尼尔·贝尔. 资本主义文化矛盾［M］. 赵一凡，蒲隆，任晓晋，译. 北京：生活·读书·新知三联书店，1989：197.

意识形态的同一性功能，就在于通过大众传媒、文化工业来达到对社会的控制。①

另一方面，意识形态作为一种理性话语，具有客观主义的缺陷，缺乏反思性。美国学者约·埃尔斯特（Jon Elster）认为意识形态是一组“隶属于某种更为一般化的具有偏见的信念群”②，而对这些信念和价值观的考察，需要在一定的社会或群体里通过广泛怀有的信念体系来进行，只有被一个规模较大的群体所秉持和信服的理念和价值观才是主流意识形态。美国学者阿尔文·W.古尔德纳（Alvin W. Gouldner）认为，“与神话和宗教依靠传统和权威来实现理论和实践的统一的特征是完全不同的”③，所有现代化意识形态的基本语法规则都是理论和实践基于理性话语为中介的统一。现代化意识形态是以唤起公众的政治行动作为实践目的的符号系统，社会群体和个人都倾向于在对外保持理性和对己部分理性的情况下，保持对自身理性局限的沉默从而使自身不至于成为批判性反思的主体。

第二，要用统治阶级的意识形态体系来实现对国家意识形态机器的掌握和领导，但主流意识形态不会是统治阶级意识形态的纯粹呈现，也不可能是单纯的构成。

法国学者路易·皮埃尔·阿尔都塞认为，意识形态国家机器既包括由国家直接垄断和控制的国家机器，如军队等暴力国家机器，也包括不是由国家直接垄断和控制的国家机器，如宗教、教育、工会、大众传媒、文化艺术和体育活动等。阿尔都塞强调，这些非国家垄断的国家机器，甚至有可能与政府唱反调的工会等组织，都是维护国家政权的有力工具，是国家机器的一个附属部分，对于政权来说都非常重要，问题关键在于这些国家机器怎么样发挥作用。“任何一个阶级如果不在掌握政权的同时对意识形态国家机器并在这套机器中行驶其领导权的话，那么它的政权就不会持久。”④ 希腊原共产党员尼科斯·波朗查斯（Nicos Poulantzas）认为，在资本主义国家中，统治阶级会运用意识形态的特殊方式，并且各类国家机器不以一种严格的政治统治形式来掩盖阶级剥

① 参见：陈燕. 阿多诺意识形态理论探析［J］. 求索，2007（2）：135－137.

② Jon Elster. Sour Grapes［M］. New York：Cambridge University Press，1983：141.

③ 王晓升，等. 西方马克思主义意识形态理论［M］. 北京：社会科学文献出版社，2009：266－267.

④ 路易·阿尔都塞. 哲学与政治：阿尔都塞读本［M］. 陈越，编译. 长春：吉林人民出版社，2003：338.

削，“在这种国家机构中，一切行事看起来好像并没有阶级‘斗争’的存在”[①]。这是因为在现实生活中，占统治地位的意识形态需要反映、吸收和融合社会各个不同阶层的声音和主张，要体现各阶层之间的平衡，所以占统治地位的意识形态，必须是“反映了在一个社会形态中统治阶级和被统治阶级之间的具体政治关系”[②]。

第三，需要尊重个体差异，关注群体的无意识、自我意识和人的文化身份。

日本禅学大师铃木大拙（Suzurki Teitaro Daisetz）和美国学者埃里希·弗洛姆（Erich Fromm）认为：“意识代表社会人，代表着人生于其中的历史处境之种种限制。无意识则代表着普遍的天性，代表着整个的人。”[③] 并且，弗洛姆认为人的各种无意识是形成人对于生存问题产生各种不同答案的基础。从弗洛姆的分析我们可以大致得知，无意识体现的是完整和全面的人，体现的是人的真正本性，包含着人的本能、欲望、情感、性格、自我意识、理想、自由自觉活动等。英国学者乔治·拉雷恩认为：“我们谈论身份时，通常暗含了某种持续性、整体的统一以及自我意识。”[④] 而且在大多数时候，除非我们感到既定的生活方式受到了威胁，否则这些自我意识都被视为理所当然的。拉雷恩还指出，文化身份是可塑的、动态的、有差异的，不能用共同价值来掩盖差异，否则“构建文化身份话语过程中会很容易带上意识形态色彩”[⑤]。因而要高度重视社会群体的思想观念、群体身份界定。

第四，应客观认识主流意识形态认同的欺骗性和虚假性，重视发挥语言、逻辑、社会禁忌、历史传统的“社会过滤器”作用。

埃里希·弗洛姆认为：“除非经验能进入这个过滤器，否则经验就不能成为意识。”[⑥] 人的经验要成为一种意识，必须与一定的社会观念形态和规范系

---

① 尼科斯·波朗查斯．政治权力与社会阶级［M］．叶林，王宏周，马清文，译．北京：中国社会科学出版社，1982：204.

② 尼科斯·波朗查斯．政治权力与社会阶级［M］．叶林，王宏周，马清文，译．北京：中国社会科学出版社，1982：221.

③ 铃木大拙，埃里希·弗洛姆．禅与心理分析［M］．孟祥森，译．北京：中国民间文艺出版社，1986：165.

④ 乔治·拉雷恩．意识形态与文化身份：现代性和第三世界的在场［M］．戴从容，译．上海：上海教育出版社，2005：195.

⑤ 乔治·拉雷恩．意识形态与文化身份：现代性和第三世界的在场［M］．戴从容，译．上海：上海教育出版社，2005：223.

⑥ 埃里希·弗洛姆．在幻想锁链的彼岸——我所理解的马克思和弗洛伊德［M］．张燕，译．长沙：湖南人民出版社，1986：120-121.

统相结合，也就是经过“社会过滤器”来予以规范。而且只有通过语言、逻辑和社会禁忌的三重过滤和压抑，个体的思想、情感和经验才可能成为社会意识的有机组成。在这种情况下，个体的个性化意识已经转变为社会无意识了，个人也就被塑造成了社会所希望的样子，社会秩序也才能得以稳定和巩固。美国学者约·埃尔斯特进一步指出：“对于成功来说，意识形态偏见是必要的而不是充分的；并且成功不能反过来解释偏见。”① 作为一个成功的意识形态，它的广泛接受根本在于契合了社会的普遍利益需求，能通过有效“过滤”，使其具有内在逻辑的一致性，符合自身的逻辑标准和历史传统，同时还具有和外在社会经济结构的一致性，能给绝大多数人带来好处，但这并不就意味着意识形态的“成功”。

同时，普通群众在接受主流意识形态，顺从社会制度的同时，也并不意味着社会个体内在都承认该意识形态所承载的价值。统治者应客观认识到意识形态认同的虚假性和欺骗性，不要想当然地迷信于自己的意识形态工作，不要以为自己所推行的制度和推崇的价值观体系被人们内在接受了。詹姆斯·C. 斯科特在《农民的道义经济学》(1976)、《弱者的武器》(1986)、《统治与抵抗的艺术》(1992) 等著作中，对东南亚农村暴力反抗的原因进行了分析，认为农村社会生存空间、社会公正感、伦理道德的被压迫和侵犯，是造成农村社会动乱的重要因素，而农民为了避免公开集体反抗带来的风险，在表面常规的顺从的同时，通过“用嘲笑、粗野、讽刺、不服从的小动作，用偷懒、装糊涂、反抗者的相互性、不相信精英的说教，用坚定强韧的努力对抗无法抗拒的不平等”②。英国学者特里·伊格尔顿认为：“人们之所以驯服地默认某种无道的社会制度，绝不一定是因为他们服服帖帖地内化了这个制度的价值。”③ 在社会生活中每个人都是矛盾体和冲突的存在，都必须压抑本能和控制自我，人们说出某一种意见时往往表达的不是自己的意见。伊格尔顿还指出，意识形态没有历史，任何统治者都努力地将自己所推崇的价值和理念标榜成为理所当然和合理的，“意识形态经常以‘当然!’或者‘那还用说!’的面目出现”④。因此要破除意识形态的欺骗性和虚假性，就要使社会个体获得能确保个人主体自主性

---

① Jon Elstr. Making Sense of Marx [M]. Cambridge: Cambridge University Press, 1985: 484.

② 詹姆斯·C. 斯科特. 弱者的武器 [M]. 郑广怀，张敏，何江穗，译. 南京：译林出版社，2011：426.

③ 特里·伊格尔顿. 历史中的政治、哲学、爱欲 [M]. 马海良，译. 北京：中国社会科学出版社，1999：100.

④ 特里·伊格尔顿. 历史中的政治、哲学、爱欲 [M]. 马海良，译. 北京：中国社会科学出版社，1999：88－89.

和自觉性的“解放知识”，即科学与知识，而且要保持社会语言的多样性、体系的开放性和认识的清醒。

这启示我们，在寻求和塑造农村社会意义系统同一性的同时，要重视虚假的、虚无的意识系统对农村社会带来的不稳定和冲击，必须以强有力的意义系统来确保农村社会的生命力，以发展好维护好农民群众的根本利益来促进社会广泛认同的最大实现，以及确保农村社会各项制度的有效实施。

第五，要重视统治和德治结合，保障群众利益，培养知识分子，增强社会普遍认同。

葛兰西认为霸权主要体现在“统治”和“智识与道德的领导权”两个方面。“意识形态领导权”正是文化霸权的实质，要让组织外的人在“同意”或“强制”的作用下自愿接受“领导”，以“同意”为基础才能实现社会的稳定和发展。同时，还需要通过发展生产力和科学技术，丰富社会物质产品供给，提高工人和农民的福利水平，以及通过对家庭、学校、社团、大众传媒等市民社会场所进行文化渗透和控制等途径，使广大市民接受统治阶级的世界观、价值观，接受教育和习惯养成，以此来实现社会稳定与发展。

葛兰西还特别强调，“知识分子便是统治集团的‘代理人’，所行使的是社会霸权和政治统治的下级职能”①，知识分子应当是“专家＋政治家”②，一个社会想要变得稳定，其中一个关键就是要培养和发展知识分子。葛兰西认为：“任何在争取统治地位的集团所具有的最重要的特征之一，就是它为同化和‘在意识形态上’征服传统知识分子在作斗争，该集团越是同时成功地构造其有机的知识分子，这种同化和政府便越快捷、越有效。”③

第六，重视科技进步的负面效应，把握好技术使用度的问题。

现代社会的发展和科技的进步，为主流意识形态建设带来的影响是多元而复杂的。德国学者尤尔根·哈贝马斯（Jürgen Habermas）的《作为“意识形态”的科学与技术》、美国学者赫伯特·马尔库塞（Herbert Marcuse）的《单向度的人——发达工业社会意识形态研究》等著作的一个共同点就是都认为科学技术是一种意识形态，随着现代科技的进步，意识形态建设往往会陷入“技

---

① 安东尼奥·葛兰西．狱中札记［M］．曹雷雨，姜丽，张跣，译．北京：中国社会科学出版社，2000：7.

② 安东尼奥·葛兰西．狱中札记［M］．曹雷雨，姜丽，张跣，译．北京：中国社会科学出版社，2000：5.

③ 安东尼奥·葛兰西．狱中札记［M］．曹雷雨，姜丽，张跣，译．北京：中国社会科学出版社，2000：5－6.

术统治论”的境地。赫伯特·马尔库塞等认为，在发达的工业社会中，“技术成了社会控制和社会团结的新的、更有效的、更令人愉快的形式”[①]，科学技术已成为实施全面控制的意识形态，意识形态已不再具有独立性的外观，大量的消费品和大众娱乐的作用发挥让意识形态融入并渗透到了社会生活的本身。

尤尔根·哈贝马斯指出，在现代资本主义社会，技术扩展时代为政权的意识形态建设提供了便捷途径，但现代社会技术和科技的进步具有双重性。一方面，科技作为一种生产力，协助实现了人对自然的统治；另一方面，作为一种新的意识形态，科技转化为一种政治力量而实现了人对人的统治，“第一位的生产力——国家掌管着的科技进步本身——已经成了〔统治的〕合法性的基础。〔而统治的〕这种新的合法性形式，显然已经丧失了意识形态的旧形态”[②]。尤尔根·哈贝马斯进一步指出，只有在理性人的交往理性、德性和民主的约束下，现代科学技术才能避免话语霸权滥用以及意识形态化，而国家通过社会补偿政策、按劳分配原则、福利保障制度等，可以有效避免社会混乱，促进个体交往，重建社会信任。[③]

（三）国外相关主流意识形态研究方法的借鉴意义

与当代中国特色社会主义理论相比，虽然西方意识形态理论存在着研究视角、话语体系等众多的不同，且“西方马克思主义者未能坚持将理论建立在唯物史观的基础上，未能持守严格意义上的马克思主义意识形态观”[④]，并将意识形态批判逐渐转向了哲学文化领域的抽象批判，最终导致了研究气质的悲观化和研究范式的学院化，但其理论研究对我国社会主义意识形态建设具有拓展思路及路径借鉴的作用，也对农村主流意识形态建设具有积极的参考价值。

一是推进跨学科研究。西方学界将主流经济学方法论与马克思主义经济学相结合，运用计量法、模型法等方式，深化对资本主义农业大生产背景下农业资本聚集与农业效益、城乡要素配置效率等方面的研究。尤其是关于现代资本主义对农业资源的过度开发、对土地肥力的过分掠夺、对城市对乡村及工业对农业的掠夺、农业资本过度集中导致农业生产过剩等方面内容，如保罗·A.

---

① 赫伯特·马尔库塞. 单向度的人：发达工业社会意识形态研究 [M]. 刘继，译. 上海：上海译文出版社，2008：6.

② 尤尔根·哈贝马斯. 作为“意识形态”的技术与科学 [M]. 李黎，郭官义，译. 上海：学林出版社，1999：69.

③ 参见：尤尔根·哈贝马斯. 作为“意识形态的”技术与科学 [M]. 李黎，郭官义，译. 上海：学林出版社，1999：60.

④ 王庆卫. 西方马克思主义文学批评中的意识形态批评探析 [J]. 文学评论，2018 (5)：21.

巴兰（Paul A. Baran）、保罗·M. 斯威齐（Paul M. Sweezy）等的研究成果，对我国农村主流意识形态建设具有一定参考价值。

二是对消费主义的研究。国外对日常消费主义的批判，对消费主义背后的资本逐利性，以及消费主义对劳动者自由意志与生活空间的侵占，对社会和个人自由吞噬等方面的研究，取得了丰富的成果。如本·阿格尔（Ben Agger）将“消费异化”现象称为“真正自由的苍白反映”；让·鲍德里亚（Jean Baudrillard）、皮埃尔·布迪厄（Pierre Bourdieu）对符号消费的研究，指出个体的消费具有维持和展示其群体特征、阶层地位，以及群体认同的需要，因而消费者实际上很多时候并不是消费自己真正想要的商品，而是不自觉地成为商品消费的附属品，表面的消费平等、“病态”消费、攀比消费等行为由此可找到理论解释。

三是对生活场景的研究。关于资本主义意识形态的生活化宰制，国外学者认为，通过对居民社区空间的布局、穷人区富人区的设置、城乡景观打造、精英文化与大众文化的区分等群体间差异的设置、默许乃至鼓励，在达到对社会规则和社会秩序进行规范的同时，也造成了群体之间社会默契的整体性褫夺，并加剧了生活空间的碎片化，从而会破坏群体的共同生活场域。

四是对当代网络技术文化催眠作用的研究。乔治·拉雷恩、曼纽尔·卡斯特（Manuel Castells）、斯科特·麦奎尔（Scott McQuire）等认为，当代资本与网络媒介及虚拟文化相结合，将实现对城乡生活的全面操纵。当前日趋完善和先进的数字化传播媒体，正以更加便捷和黏着的方式，通过琐碎的、无聊的、夸张化的、娱乐化的开放形式向社会大众的日常生活进行全面渗透，并将个体及其社会关系统统纳为网络媒体领域的俘虏，从而促进了统治阶级的政治意图的掩饰，“客观上将人们的注意力转移到稀薄的幻象和超现实世界”①，进而实现对群众注意焦点的转移和社会矛盾的降维，完成对统治阶级压迫与剥削行径以及社会阶层不平等的掩饰。

五是对资本扩张与生态保护矛盾的研究。美国学者詹姆斯·奥康纳（James O'Connor）认为，西方世界存在着“资本的自我扩张和自然界的自身有限性之间的矛盾”②。由于全球资本主义的“成本外在化”，受利润驱使，人与自然的“异化”和对生态环境的破坏难以避免，而且环境压力也会大量地转

① 乔治·拉雷恩. 意识形态与文化身份：现代性和第三世界的在场［M］. 戴从容，译. 上海：上海教育出版社，2005：162.

② 詹姆斯·奥康纳. 自然的理由——生态学马克思主义研究［M］. 唐正东，臧佩洪，译. 南京：南京大学出版社，2003：440.

移到第三世界国家，这正是造成当前全球环境问题的重大因素。因此需要控制过度生产，倡导合理消费，限制过度消费。此外，美国学者斯文·贝克特（Sven Beckert）、唐纳德·沃斯特（Donald Worster）等还研究了资本主义私有制农业生产造成异化和导致阶级冲突、生态环境恶化等相关问题。

通过简单罗列以上西方意识形态理论，我们可梳理出促进农村主流意识形态建设的一些重要的理论参考。

其一，应丰富和促进农村主流意识形态建设的意义系统，确保意识形态多样性呈现、生动性表达、生活化体现，以此避免意识形态建设的空虚感和虚无状态。

其二，应更加关注农村社会群体的思想观念、身份界定的认同，以及农村社会群体的语言、逻辑和习俗等问题，让农村社会群众有足够的认同感和存在感。

其三，应客观看待现代社会的科技进步，在进行新闻宣传和舆论引导的时候，要拿捏好度的问题，避免因对科技和技术的过度使用而造成对人的“精神奴役”，更应避免技术错用和滥用。

其四，应高度重视农村知识分子和社会精英在意识形态建设中的重要作用，抓好现代农村统战工作，建强农村基层党组织，并且要培养和发展知识分子队伍，提高社会普遍对传统农耕文明的好感，以及对现代农村社会的接受度和认同感。

其五，不应以追求农村主流意识形态建设的纯粹性、单一性为目标，也不应以人群的顺从和归化为目标。执政党不能迷信和自满于自身所主张和推行的意识形态的实际效果，应以价值观的科学性、价值系统的解释力、制度建设的进步性、人群的实际接受为重点，突出意识形态及其价值体系对人群心理的抚慰和弥合功能，以及主流意识形态对社会其他意识的“过滤”功能。

第三节　研究框架和方法

一、研究思路

本书从问题出发，通过研究新发展阶段背景下农村主流意识形态建设存在的体制、机制、技术等方面的问题，确保研究的针对性。

本书通过理论集成，在科学运用马克思主义理论的基础上，对研究新发展阶段背景下农村主流意识形态建设所涉及的思想政治教育理论、宣传理论、群际交往理论、利益协调理论等进行有机整合和吸收借鉴，实现本课题理论支撑的有效性。

本书从历史发展的整体进程出发，将中国共产党领导农村主流意识形态建设的过程分为三个阶段：社会主义革命和建设时期、改革开放和社会主义现代化建设时期、中国特色社会主义新时代。这三个阶段的主要经验和做法，是指导本书推陈出新的历史基础，其中存在的问题和不足，是本书实践导向的重要参考。党的十八大以来我国政治、经济、社会、文化、生态等方面所取得的成绩和实现的发展，以及在脱贫攻坚过程中推进农村精神扶贫和乡风文明建设，在实施美丽乡村建设、乡村文化振兴、促进中华优秀传统文化创造性转化和创新性发展、弘扬社会主义核心价值观等方面取得的成效和仍然存在的问题，则是本书进行深化探讨的现实依据。

本书认为，推动新发展阶段农村主流意识形态建设，需要立足社会主义现代化建设新征程，立足实现第二个百年奋斗目标的时空背景；需要科学全面把握我国农村、农民、农业的历史发展特点和时代特征，贯彻新发展理念，构建新发展格局，始终坚持党对农村工作的全面领导、始终坚持以人民为中心的发展理念、始终坚定新时代农村意识形态工作的实践导向，充分体现好贯彻好农村主流意识形态建设的科学性、人民性、整体性、发展性的特点和要求；需要综合运用好价值引领、理论指导、实践引导和生活浸染的多种方法，切实加强对农村主流意识形态建设的主体和内容，以及机制和方法的有效掌握，始终牢牢把握农村主流意识形态的领导权、管理权和话语权，确保农村主流意识形态建设的高质量发展。

按照本书的整体结构设置，问题解决的前提是对新发展阶段农村主流意识形态的主体构成、基本原则、主要方式、主要特征等核心要点和关键认知进行缕析和明确，以此为基础，明确本书解决问题的三个具体实践路径。首先是牢牢掌握农村主流意识形态发展的领导权。其次是全面提升主流意识形态工作的管理权。根据时代发展和科技进步的需要，通过创新工作体系、提高科学预警和风险处置能力等途径来达成此项目标。最后是全面提升农村主流意识形态的话语权。根据主流意识形态传播、接受的实际情况，通过增强意识形态的基础力、吸引力、引领力等来达到此项目标。

二、研究方法

本书主要研究方法有以下几种。

（一）文献研究法

本书对新发展阶段农村主流意识形态的研究，主要梳理了四个方面的文献：一是经典著作，包括《马克思恩格斯选集》《列宁选集》《毛泽东选集》等；二是习近平新时代中国特色社会主义思想理论著作和习近平总书记的系列重要讲话，如《习近平谈治国理政》一、二、三卷，习近平总书记在庆祝中国共产党成立100周年大会上的讲话，习近平总书记在省部级主要领导干部学习贯彻党的十九届五中全会精神专题研讨班上的讲话，《中共中央关于制定国民经济和社会发展第十四个五年规划和二〇三五年远景目标的建议》等；三是相关学术期刊、报纸和学位论文；四是部分外文资料。

（二）理论与实践相结合的方法

本书对新发展阶段农村主流意识形态建设的论述，既着眼于理论的梳理和文献的运用，也注重对农村意识形态建设实践进行思考和分析。在本书写作的准备阶段，笔者和所在团队对四川省井研县、南部县、蓬安县、营山县4个县11个村进行了472份田野调研。笔者还曾在2015年12月至2017年5月期间，担任四川省蓬安县黄金桥村驻村第一书记，长时间工作生活在农村，在助力扶贫工作的同时，也积累了大量的调研数据和案例素材，确保了本书理论与实践相结合的紧密度。

（三）逻辑与历史相一致的方法

本书基于对主流意识形态的概念与理论的梳理和辨析，通过对中国共产党领导农村主流意识形态建设的历史进程进行梳理和总结，明确各阶段的主要做法、主要经验、主要成就，以及存在的问题，从而为新发展阶段农村主流意识形态建设的导向和标准、特点和要求、方式和规律的探讨进行必要积淀，为新发展阶段农村主流意识形态建设的整体建构提供历史参考和逻辑论证。

（四）学科交叉研究的方法

本书对农村主流意识形态建设的研究，是以马克思主义基本原理和中国特色社会主义理论体系为指导，借鉴吸收意识形态理论、现代传播学等相关理论，涉及政治经济学、社会学、哲学等多学科相关知识为基础展开的，以此呈现本书多学科、多维度研究的系统完整格局。

第四节　可能的创新点

创新是学术研究的核心要义。本书对新发展阶段农村主流意识形态建设的研究，可能的创新点主要有以下几方面：

第一，分析和总结了主流意识形态的概念和特征，并将意识形态与主流意识形态进行了必要的区分，突出了农村主流意识形态之于主流意识形态的相对稳定性、相对弱质性等特征。

第二，对农村主流意识形态发生作用的途径和方式、发展延伸的内在机理、运行的影响因素等进行了探讨，对新发展阶段农村主流意识形态的基本原则、主要特征、主体构成、内容构成、主要路径等方面的系统梳理和构架，具有一定的新颖性和开创性。

第三，综合构建了新发展阶段农村主流意识形态建设领导权、管理权、话语权建设的整体格局，探讨了加强党的建设、提升主体参与、发挥渠道作用、塑造良好群像、创新工作机制、提升风险预警和处置水平等举措的必要性和可能性，在一定程度上实现了该领域研究的向前发展。

第四，本书对全球化、网络化、智能化背景下如何科学使用现代网络技术、现代传播技术来深化农村主流意识形态建设，促进县级融媒体建设、管好用好新媒体等亦有一定的探索和思考。

第二章　农村主流意识形态建设概念界定与理论基础

新发展阶段背景下的农村主流意识形态建设，离不开坚实的理论基础。系统梳理和提炼马克思、恩格斯、列宁对主流意识形态的主要观点和关键论述，以及梳理和提炼历代中国共产党主要领导人对该领域的理论发展成果，由此丰富本论题的理论参考并构建本论题坚实的理论架构，具有重要意义。

第一节　主要概念界定

本书关于“新发展阶段农村主流意识形态建设”涉及的主要概念，主要为主流意识形态的概念及内涵，其与农村主流意识形态的联系和区分，以及对新发展阶段这一特殊概念的界定。

一、主流意识形态

虽然在中央重要会议和重要文件中，主流思想舆论、主流舆论、主流价值、主流媒体等的表述并不鲜见，如在2019年1月25日举行的中共十九届中央政治局第十二次集体学习上，习近平总书记强调，要做大做强主流舆论，要“建成新型主流媒体，扩大主流价值影响力版图，让党的声音传得更开、传得更广、传得更深入”[①]。在2019年3月18日召开的学校思想政治理论课教师座谈会上的讲话中，习近平总书记明确提到了“主流意识形态”，指出：“要坚持

① 习近平．习近平谈治国理政：第3卷［M］．北京：外文出版社，2020：319.

建设性和批判性相统一，传导主流意识形态，直面各种错误观点和思潮。”[①]但“主流意识形态”这一学界常说常用的词语却很少在中央正式文件中使用。之所以存在这一问题，与主流意识形态的概念界定、功能发挥范围等研究的多元异质和难以确定不无关联，也和目前学术界对于意识形态概念、功能、转型、非意识形态化等多个研究热点还需突破和深入有关。

（一）主流意识形态的概念界定及核心认知

作为相对于非主流意识形态、反主流意识形态而言的学术话语，学界对主流意识形态的概念界定，会因研究视角的不同而有所区别。

一是从社会普遍接受和认可的角度来界定。如聂立新认为主流意识形态是被社会大众广泛认同，被多数社会成员实际接受，在人群中形成了强大的心理倾向，在社会中凝结了浓郁的舆论氛围的意识形态。[②]

二是从政党和政府倡导的角度来界定。如牟成文认为，主流意识形态的核心是政治意识形态，是追求一元的，是被国家或执政党所倡导的，被政府或统治阶级所认可的，它关联社会政治经济文化生活等方方面面的价值观念、心理认知、理论学说等，其前途是成为群体意识形态。[③]

三是从社会接受和政党倡导相结合的角度来界定。季广茂认为，所谓“主流”，包含两个方面的含义：“第一，它无论在深度上还是广度上，都对社会公众发生着强烈的影响；第二，它常常依靠政治权威维持自己的影响力。”[④] 李向国和李晓红认为，主流意识形态是在社会中占统治地位和主导地位的意识形态，是统治阶层的意识形态，以马克思主义为指导的社会主义意识形态就是当代中国的主流意识形态。[⑤]

四是从政治、经济、社会、生活等综合角度来界定。邹庆华认为：“主流意识形态是指在某一社会中占统治地位的阶级、阶层和社会集团基于自身利益以及对社会关系自觉反映而形成的思想理论体系，它是在意识形态斗争和文化竞争中形成的必然结果，它力求被大多数社会成员所接受并形成强大的舆论氛

---

① 习近平．习近平谈治国理政：第3卷［M］．北京：外文出版社，2020：331．

② 参见：聂立新．我国当代主流意识形态认同研究［M］．北京：人民出版社，2010：19．

③ 参见：牟成文．关于目前我国主流意识形态在我国农村建构的思考［J］．社会主义研究，2009（6）：82-85．

④ 季广茂．意识形态［M］．桂林：广西师范大学出版社，2005：23．

⑤ 参见：李向国，李晓红．主流意识形态建设新论：中国特色社会主义理论体系指导地位研究［M］．北京：人民出版社，2013：2．

围和心理倾向。”①

通过以上对主流意识形态不同角度的概念梳理和辨析，本书明确：主流意识形态是一个相对于“支流”和相对于非主流意识形态而言的存在，是动态的、非一劳永逸的存在，是在竞争中发展和树立起来的，合乎经济基础和社会大众需要的上层建筑。

其一，其本质是政治性，是为执政党认可、为国家机器所接受的一种意识形态。

其二，其表象是社会性，是为广大人民群众普遍接受的一种社会意识形态。

其三，其主要呈现是各种社会思潮和社会精神，是一种具有时代性、现实性、群体性、阶级性、变动性等显著特征的社会精神文化。

由此，本书对主流意识形态作出如下概念界定：主流意识形态是受到统治阶级或执政党认同和支持的，在一定时期内居于社会生活主导地位的意识形态，是国家意志在社会生活中的突出体现。当代中国，主流意识形态是马克思主义和中国特色社会主义理论体系在社会中的集中体现，是被广大群众接受和认同的国家意志。具体而言，主流意识形态就是广大人民群众对中国特色社会主义道路、理论、制度、文化，以及中国共产党的执政地位的普遍认可，是对社会主义核心价值观、社会主义精神文明的普遍接受，是对党和国家的大政方针和出台的政策法规的支持拥护。这一概念主要有四个核心认知：

其一，鲜明的政治属性。其是为统治阶级和国家政权认同和支持、体现国家意志、服务国家政治生活、聚焦政权巩固的意识形态。

其二，鲜明的社会属性。其是国家意志占据社会主导地位，国家所倡导的法律法规、政策、道德、文化等为广大社会群众所接受、认同和拥护，实现国家意志社会化的意识形态。

其三，鲜明的历史属性。其既不是一成不变的固化存在物，更不是变动不居的随意存在物，其外在的文化、制度和话语等表现形式会因政治需要和时代发展而不断变化。

其四，显著的功能作用。主流意识形态一旦形成，可以使社会成员之间形成统一的意志、目标和行动，能有效指导社会群体的价值判断、行为取舍、利害权衡。具体而言，其功能主要体现在五个方面：显著的政治功能，能为政权有效提供政治合法化功能、政治动员功能、政治论证功能和政治团结功能；明

① 邹庆华. 提升当代社会主流意识形态认同度研究 [D]. 哈尔滨：哈尔滨工程大学，2014：23.

显的经济功能，有利于克服“搭便车”的问题，能规范社会团体之间的关系，并在一定程度上解决非市场机制的资源配置问题，从而直接影响经济发展；重要的文化功能，能促进文化价值导向、文化身份培育、文化整合凝聚；强大的社会功能，是推进社会道德教化、社会心理抚慰、社会价值引领、社会冲突化解，以及对不合理的社会存在进行必要的论证、解释、辩护、纾解，以此化解社会矛盾、安抚社会心理、促进社会共识、提升社会道德水平、加强社会控制力的重要工具；显著的生态功能，基于共同的社会认识和法律约束，主流意识形态能促进生态文明建设。

通过概念及核心认知，我们可以梳理出主流意识形态建设的主要目标和主要内涵：一是广大人民群众对中国特色社会主义道路、理论、制度、文化的认同，二是广大人民群众对中国共产党的执政地位的普遍认可，三是广大人民群众对社会主义核心价值体系的普遍接受，四是广大人民群众对党和国家的大政方针和政策法规的支持拥护。而从执政兴国的角度来归纳，可以将主流意识形态建设的主要目标更加凝练地归结于实现“两个巩固”（巩固马克思主义在意识形态领域的指导地位，巩固全党全国人民团结奋斗的共同思想基础）、增进“三感”（获得感、幸福感、安全感）、坚定“四个自信”（中国特色社会主义道路自信、理论自信、制度自信、文化自信）。

（二）主流意识形态主要构成及层级划分

客观而言，主流意识形态是一个多层次复合的思想观念体系，具有如万花筒般的无所不包的外延。

1. 主流意识形态主要表现形式

意识形态国家机器依托其理论体系、制度体系、话语体系、强力体系，在经济、政治、文化、法律、宗教等各领域，借助教育、法律、惩戒、礼仪等各种手段，实现对现实社会和网络虚拟空间的有效引领，确保向各社会群众灌输、解释、辩护统治阶级意志和主张，以此促进社会群众了解并接受当下政治生活的核心观念和执政党的执政理念，形成和保持对现有政权及执政党积极正面的社会心理，提高社会群众对现有社会制度、社会生活、社会现状的满意度和接受度，并且促进社会群众形成符合政权所期望的那种相对稳定的心理预期、社会性格、社会意识和社会无意识。

2. 主流意识形态作用发挥主要载体

按照中共中央于2015年出台的《党委（党组）意识形态工作责任制实施

办法》，以及 2020 年修订的实施办法，意识形态主要载体可相对划分为四类：理论学习阵地（包括党校、行政学院、干部学院和社会主义学院）、科研阵地（包括各类社科研究机构和思想文化类学会协会等社团，各类报告会、研讨会、讲座论坛等）、思想舆论阵地（包括各类新闻媒体和网络媒体、自媒体、微信群等）、教育文化阵地（包括高等学校、中小学、职业学校和民办学校，以及各类出版物和文艺阵地、文艺组织、文艺队伍、文艺作品、各类演艺场所、博物馆、陈列馆、展览馆、宗教及宗教思想传播、对外文化交流和学术交流、非政府组织及基金会等）。具体而言，主流意识形态正是通过理论传播、思想教育、学校教学、学术研讨、舆论引导、娱乐休闲等社会化、大众化的方式和途径，来实现对广大群众生活方方面面的价值渗透和观念灌输。

3. 主流意识形态构成分层

对于其构成分层，学界观点存在一定分歧，如韩源主张分为三个层次，即“价值理想、理论学说、政策主张三个层次”①，朱仁显等则从价值、理念、符号三个层次对意识形态进行结构分析②。张志丹将意识形态的构成分为战略层面和策略层面两个层次。前者主要包括基本价值观、方法论、信仰、现存制度、终极目的等，后者主要包括的是具体目标、实现手段、主要举措、具体路径等。③ 本书基于以上对概念、表现形式和作用发挥载体的分析，主张将主流意识形态构成简要分为四个层次。

（1）价值理念。这一层次属于主流意识形态中最核心、最本质、最稳定的存在，是回答何以为“真”的东西，如马克思主义指导思想、社会主义本质属性、共产主义理想追求、我国的国体政体等，是需要长期坚持和持续巩固的根本所在，集中体现了马克思主义理论的真理性、我国社会主义制度的优越性、中国共产党的先进性，以实现对社会大众的价值引领。

（2）理论学说。这一层次属于主流意识形态中相对稳定的高度凝练的指导性层面，是回答何以为“善”的东西，是以哲学思想、道德准则、法律制度、经济学说、文艺理论等观念形态对我国社会主义性质、执政党性质、社会主义先进文化，以及对共产党执政规律、社会主义建设规律、人类社会发展规律予以科学论证、合理阐释和创新发展，以实现对社会大众的理论指导。

---

① 韩源．论马克思主义意识形态的结构转型［J］．党政研究，2005（8）：7.

② 参见：朱仁显，罗家旺．新时代主流意识形态坚持“以人民为中心”思想的生成逻辑——基于一种结构性视角的分析［J］．江苏行政学院学报，2020（4）：107.

③ 参见：张志丹．新时代主流意识形态创新的方法论探微［J］．黑龙江社会科学，2018（2）：129—136.

（3）政策主张。这一层次属于主流意识形态中相对活跃和开放，具有高度包容性和自洽性的操作性层面，是服务于第一层次和第二层次巩固发展的具体政策实施、舆论导向、文化引导、技术更新、方法创新等，是回答何以“能”的问题，如推进中国特色社会主义事业发展的“五位一体”总体布局和“四个全面”战略布局，集中体现了我国社会主义主流意识形态建设内容的丰富性、策略的灵活性、效果的整体性，以实现对社会生活的实践引导。

（4）日常语言符号。这一层次属于主流意识形态中最直接、最鲜活多样的表达，是回答何以“美”的问题，是主流意识形态建设的最基本单元和最基本形式。马克思在《政治经济学批判（1857—1858 年手稿）》中明确指出：“语言本身是一定共同体的产物，同样从另一方面说，语言本身就是这个共同体的存在，而且是它的不言而喻的存在。”[①] 澳大利亚学者安德鲁·文森特也指出，意识形态“深深地烙印在我们的语言和文化中”[②]，社会大众的语言符号表达情况，能直观地体现出社会大众对国家、政党和社会的具体评价，而意识形态国家机器也正是通过各种语言符号载体和媒介（如报纸杂志、电影、电视、广播、微视频等），以广大群众喜闻乐见、时髦便捷的形式，生动鲜活、爱听能懂的语言，潜移默化、春风化雨的节奏来灌输、解释和辩护其意志和主张，从而实现对社会生活的有效浸染。

这四个层次的关系由内到外呈现出“稳定—相对稳定—相对活跃—活跃”的圈层格局，契合了主流意识形态建设所需要体现的“坚守政治底线—坚持理论创新—促进政策引导—实现生活养成”的实践格局，符合主流意识形态建设由知到行、由理论到实践、由理想到现实、由少数到多数、由稳定到发展这一辩证发展的演进过程，能体现主流意识形态的政治属性、社会属性、历史属性的特点，能较好解释积极的社会心理和社会情绪表达、相对稳定的心理预期和无意识建立及巩固的路径（如图 2-1 所示）。

---

① 中共中央马克思恩格斯列宁斯大林著作编译局．马克思恩格斯选集：第 2 卷［M］．北京：人民出版社，2012：742.

② 安德鲁·文森特．现代政治意识形态［M］．袁久红，等译．南京：江苏人民出版社，2005：10.

层级	状态	特征	目标	作用	参与主体
内层价值理念 →	稳定 →	核心、本质 →	真 →	价值引领 →	马克思主义理论家
理论学说 →	相对稳定 →	高度凝练和自洽 →	善 →	理论指导 →	执政党、理论研究者等
政策主张 →	相对活跃 →	包容性、自洽性 →	能 →	实践引导 →	党政领导干部、意识形态工作者等
外层日常语言符号 →	活跃 →	鲜活多样 →	美 →	生活浸染 →	普通群众、各类社会组织等

图 2-1　主流意识形态构成与层级划分

由于普通社会群众、各类企事业单位、各类社会组织、各类社会精英，以及广大党员干部和各类基层党组织、各级政府服务机构等是主流意识形态建设的绝大多数参与主体，这就注定了主流意识形态建设的最大作用力场是人民群众的日常社会生活，因此需要依托政治话语、学术话语向生活话语、大众话语的有效转换，需要借助新闻媒体、网络通信、影视文艺作品、课堂教学、娱乐休闲等形态，紧扣人民群众生活化、大众化、仪式化、视觉化、趣味化的接受实际来有效推进。

（三）主流意识形态的特征

基于以上对主流意识形态的概念和核心认知，可以梳理出主流意识形态的主要特点。总的来讲，一个社会的主流意识形态一般都会具有阶级性（或利益性）、群体性（或大众性）、社会性（或生活性）、历史性（或继承性）、变动性（或灵活性）等特点。具体而言，主流意识形态具有以下四个主要特征。

一是主流意识形态的本质是阶级性。一般意义上讲，主流意识形态是在国家或社会占统治地位、主导地位或指导地位的意识形态，是统治阶级意志在思想观念体系上的集中反映。与此同时，由于主流意识形态作为意识形态，抑或是主导意识形态的生活化和社会化的体现，难以避免地会出现社会生活多样化和公众需求多元化的实际情况与政府及执政者的意志、主张、倡导所追求一元化之间存在落差与距离的情况。在此情况下，培养和增强主流意识形态向主导意识形态靠拢、转化、接纳的动能，增强社会广大群众对国家、政权、制度、文化的信任感和支持度，促进主流意识形态与国家意志相互协调、靠拢、转化和吸收，有其必要性。而不加克制、引导、规范和疏解的社会意识和社会思潮则很有可能与政权主导的意识形态逆向而行。姚建军就指出："随着时代的进步，文化的变迁，经济基础的变化提高，主流意识形态会发生相应的变化甚至质变。"[1] 其典型案例就是苏联在勃列日涅夫和戈尔巴乔夫执政时期，广大民众的社会意识对苏共所主导的意识形态的尖锐对立和极大消解，最终导致苏共执政地位的丧失和苏联的轰然解体。

二是主流意识形态是一主多元的客观存在。当代社会结构的复杂性、群体利益表达的多元性、信息接收来源的广泛性、个体选择和发展的差异性，以及群体对社会的民主、法治、公平、正义、政党形象和政府行为的认可度和感知度的差异，对社会贫富差距、职业待遇差距、地域发展差距、民族发展差距等的忍耐度的差异等主客观因素，决定了意识形态作为一个变化发展的客观存在，任何国家和执政党对现实社会生活的统摄都不可能只有一套理论、一个声音、一个价值，任何一个社会也都客观地存在着意识形态的主流与非主流之分。同时，由于忌惮因思想混乱、价值体系及观念激烈冲突、群际行为无所适从等导致社会动荡不安，每个国家的统治阶级和执政党都会选择将求同存异、扩大社会共识、实现主流意识形态的一元主导作为努力方向，并且会"利用掌握的资源去传播自己认同的意识形态并扩大为主流意识形态，或主流意识形态改变为国家意识形态"[2]。而社会群体在某些方面能取得共识的同时，在另一些领域及方面上的价值判断、行为偏好则会因各种因素的区别而呈现出更多的社群特征，从而决定了主流意识形态领域往往以多声部交杂为其一般状态，而其中的主音调、主旋律是否突出和响亮，有赖于诸多条件和因素。

三是主流意识形态相互交融的应用场景。在我国现行政治生态和政治制度框架内，作为政治场景、社会场景、个人生活场景的交融汇合体，"主流"的语义场和作用场域主要是社会，用"主流"一词来加以标识的意识形态理应是社会层面的意识形态。实际上，就我国当前国情而言，无论是执政理念、政治制度、主流文化等，马克思主义中国化理论和中国特色社会主义意识形态都是处于绝对优势地位的。只有在社会层面，在社会意识形态的谱系中，才能更加具体地体现出主流与非主流的并存格局。

其一，主流意识形态的社会性决定了它的发生、发酵和消退主要在于社会生活场域，脱离普通群众的生活场景来讨论该话语无异于缘木求鱼。学者李冉认为："（主流）是社会意识形态谱系中优势意识形态的主导性地位与主导性效能。中国共产党的意识形态是否在社会意识形态谱系中尽显优势地位，这便是

① 姚建军. 主流意识形态建设与社会整合研究［M］. 北京：光明日报出版社，2016：27−28.

② 赵勇. 社会主义意识形态功能研究［M］. 上海：上海人民出版社，2012：54.

‘主流意识形态建设’的核心要义所在。”①

其二，主流意识形态的政治性决定了它与主导意识形态的特殊关系，被主导意识形态有效吸收或改造是实现国家意识形态安全和稳定的重要保障。姚建军就指出：“就本质而言，主流意识形态与非主流意识形态，都可以为统治阶级服务的……一个社会中的主流意识形态往往是占统治地位的统治阶层的意识形态，一般具有高度的融合力、较强大传播力和广泛的认同。”②

其三，主流意识形态存在于每一个体的生活场景，从而呈现出多元多样多变的生活化特征。忽视和漠视个体生活场景的切实感受，既会造成个体获得感的削弱，亦会造成对主流意识形态存在感的稀释。

四是主流意识形态是理想与现实的结合。主流意识形态必然具有执政党以及统治阶级所希望的样子与状态，但也同时会具有社会公众所实际接收、接受和认同的样子与状态，而且两者之间往往会存在一定的落差。因而一个社会的主流意识形态往往是应然、实然与必然在具象上的同时反映。并且，作为一种客观存在物，主流意识形态还具有其自身的生成、运行和发展的规律，并以其自身特有规律，通过各种具象形式来影响统治阶级和社会公众对其的理解、接受与运用。所以，成熟稳定的主流意识形态系统一定是统治阶级将其意志与社会主流意识形态的有效融合、对社会群众所思所想的有效呼应、对群众利益的有效维护、对意识形态本身发展演进规律的科学有效把握。

（四）主流意识形态的实现途径

作为国家政权所倡导和支持的观念体系，主流意识形态功能的实现受到政权力量和国家机器的大力支持。在其型塑和传播的方式上，牟成文认为主要有两种，“一种是强迫性推动，另一种是诱致性推动。所谓强迫性推动是在被型塑者无选择、不情愿的情况下的推动；所谓诱致性推动是在被型塑者有一定选择情况下的推动”③。笔者认为，主流意识形态作用实现途径主要有以下五个方面。

一是意识形态国家机器的教化引领作用。成功的意识形态整合“有赖于两大权力因素的推动：一是政治权力的推动，二是文化权力的推动作用”④。国

---

① 李冉．谁之主流何以主流：主流意识形态的问题研判与建设愿景［J］．清华大学学报（哲学社会科学版），2014（5）：85.

② 姚建军．主流意识形态建设与社会整合研究［M］．北京：光明日报出版社，2016：27—28.

③ 牟成文．中国农民意识形态的变迁［D］．武汉：华中师范大学，2007：8.

④ 林尚立，等．政治建设与国家成长［M］．北京：中国大百科全书出版社，2008：248—249.

家机器通过报纸、杂志、广播、电视、互联网等渠道，借助音乐、电影、小说、戏剧、漫画、合同、章程等内容，依托其理论体系、制度体系、话语体系，向社会群众灌输、解释、辩护统治阶级意志和主张，从而促进社会群众形成与主流意识形态相符的相对稳定的心理预期、社会性格、社会意识和社会无意识，形成被政权所默许或推荐的，为社会大众所接纳、认可或敬畏的，具有强大生命力和生长力的主流意识形态。

二是镇压性国家机器的震慑制约作用。在主流意识形态能够发挥主导、统领与约束作用和机制的背后，必然有着政权与政治的强大作用，乃至国家暴力机器的支撑。阿尔都塞认为国家机器包括两类，“一类是代表镇压性国家机器的机构；另一类是代表那些意识形态国家机器的机构”①。镇压性国家机器（警察、军队、监狱、法庭等）的存在，使得统治阶级和政权拥有对社会群众思想认知、行为偏好、价值认同的强有力干预手段，能保持对非主流意识形态的有效震慑和制约，维护意识形态安全。

三是利益协调的促进作用。马克思强调，“人们为之奋斗的一切，都同他们的利益有关”②。社会主义制度下的主流意识形态发展，有赖于社会群众物质利益和生活质量的切实发展和提高，有赖于社会公平、正义、诚信、法治、文明等社会主义核心价值观的共同维护，有赖于社会主义分配制度、社会主义伦理道德和法律体系等的进步和发展，以此促进和维护社会群体的利益协调。在一个群体利益严重分化、贫富差距过大、法治和规则受到质疑、核心价值观念混乱的社会，主流意识形态是岌岌可危的。

四是群际交往的推动作用。人们在日常交往中，会因为不同的身份认同和群体认知而形成不同的交往群体，而各群体之间的误解、偏见、刻板印象，乃至歧视、仇视等，都是群际交往失调的具体表现。因此通过促进城乡之间、职业之间、民族之间、宗教之间等的积极友好交往，促进新技术、新经济、新业态背景下的跨文化跨群体的有效接触，改善群际交往关系，构建起一种稳定、平和、互利、共生的社会形态，能促进主流意识形态的功能实现。

五是社会整体开放包容氛围的促进作用。社会群体的思想与行动倾向既受到社会群体本身利益诉求和群体构成特征的影响，也受到意识形态国家机器和镇压性国家机器的影响，从而使社会群体对于主流意识形态的接受呈现出既有

---

① 阿尔都塞．哲学与政治：阿尔都塞读本［M］．陈越，编译．长春：吉林人民出版社，2003：339.

② 中共中央马克思恩格斯列宁斯大林著作编译局．马克思恩格斯全集：第1卷［M］．北京：人民出版社，1995：187.

积极主动适应、心悦诚服接受的一面，也有被迫和被动接受、无选择性承受的一面，以及保留、观望和迟滞性接受，甚至不予接受、难以接受的一面。在主流意识形态建设中，以开放包容的态度，以更加温和、多样的方式，以更具时代感、接受度、亲和力的形象来科学应对非敌意性的杂音、抵触和漠视，来整合、消弭、约束、羁绊社会思想领域的不同声音，是持续扩大“同心圆”、找到最大公约数的关键。

二、农村主流意识形态

（一）农村主流意识形态的特殊性

首先需要肯定的是，农村主流意识形态具有主流意识形态的所有功能和特征，以及有着相同的运行机制和实现途径，是受到国家政权和国家意志认同和支持的，在农村社会生活中占据主导地位的，被广大群众所接受和认同的一种意识形态。它集中表现为广大农村群众对社会主义道路、理论、制度、文化的普遍认可，以及对社会主义家国情怀、社会主义核心价值体系的普遍接受。

在新发展阶段，由于我国城乡一体化进程进一步加快，城乡之间信息传递和人员往来更加频繁与畅通，农村社会形态将呈现更加开放的特点，农村群众的生活方式、思维方式、信息接收方式等都将进一步与城市趋同。但由于我国广大农村具有点多面广、差异明显的特点，农村主流意识形态建设依然具有相当的特殊性（如图 2-2 所示）。

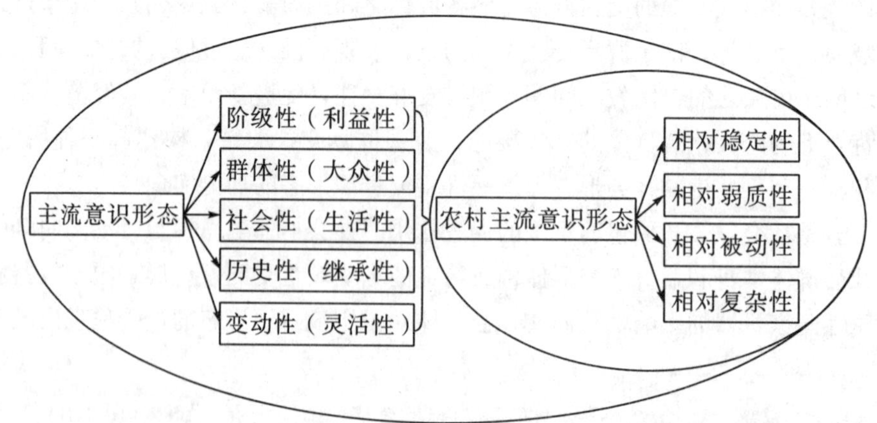

图 2—2　主流意识形态与农村主流意识形态相互关系及区别简图

一是相对稳定性。由于我国广大农村社会发展进程的相对缓慢，至今仍保存着较多的传统民俗、习俗和禁忌，传统文化底蕴深厚，有着浓郁的家国情怀和人文传统。在当前广大农村地区，千百年来形成的敬老孝亲、睦邻友好、知天命敬鬼神等传统价值观念相比城市而言仍一定程度上发挥着调节社群关系的作用。虽然当前农村社会正在由“熟人社会”向“半熟人社会”转变，传统的走街串户、家长里短的村社舆论作用已然式微，以往村社所承担的赡养教化、扶贫济困等公共服务功能也已基本退场，但由于我国农村固有的开放性空间结构和相对稀疏的政权力场、相对低频的人员变迁和相对缓慢的生活节奏，以及占比依然不小的小农经济，决定了我国农村社会传统的互帮互助的人际交往模式、重视人伦礼俗的生存规则、实用主义的宗教观念、勤劳节俭的生活理念、自由散漫的生活节奏，依然具有很强的生命力和传承力，亦决定了我国农村社会自身仍具有较强的风险抵御能力，依然具有较强的自我管理、自我演进和自我修正的可能。

并且，由于新中国成立以来彻底实现了对农村土地制度和农村社会权力结构的重构，原有影响农村社会稳定的族权、夫权、父权已得到了有效削弱，农村教育、医疗、卫生、社会救助等公共事业得到了快速发展，广大农村群众对人民政权具有高度的信任感，对中国共产党以及对以毛泽东、周恩来、朱德为代表的老一辈革命家有着深厚的情感。此外，改革开放以来，在中国共产党的领导下我国农村经济社会发展取得了历史性成就，农村各类社会保障制度逐渐建立和完善，农村土地承包制度保持了长期的稳定状态。这些因素都决定了我国农村社会群众对中国特色社会主义制度、中国共产党的领导，以及对集体主义、爱国主义都有着高度的认同感，农村主流意识形态具有相对稳定性的特点。

二是相对弱质性。经济基础决定上层建筑，意识形态归根到底受着生产力的影响。相比于城市，我国农业、农村具有典型的弱质性特点。

其一，农业生产的弱质性。我国广大农村地区的产业结构和产能供应等都容易受到政策、市场环境、自然气候等多方面的影响。农业生产的抗风险能力整体不高，如近年来肆虐的口蹄疫、非洲猪瘟等，就对我国不少农村地区的饲养业造成了很大的破坏。

其二，农村社会发展的弱质性。在当今信息化、科技化、智能化不断发展的时代，农村社会在推进文化创新、技术更新、思想变革、政策法律制定乃至利益代言等方面，都明显地存在着动力不足、质量不高、渠道不多的突出问题。例如，2013 年 1 月选出的 2987 名第十二届全国人大代表中，一线工人、农民代表 401 名（其中农民工代表有 31 名），占代表总数的 13.42%，比例偏低，容易导致在国家政策制定、引导国家资源倾斜、提高社会关注度等方面出现发声不足的问题。正因如此，在 2018 年 1 月选出的 2980 名第十三届全国人大代表中，一线工人、农民代表提高到了 468 名，占代表总数达到 15.70%，提高了 2.28 个百分点，但作为代表我国近 5 亿人口的一线工人和农民群体，这一群体所占数量还是偏少。

其三，农村社会管理力量的弱质性。我国广大农村地区整体呈现出居住分散、面积广阔的空间地理结构特点。长期以来，广大农村社会的基层政权力量配置、意识形态工作频度和强度都面临着公共资源投入和效益之间的突出矛盾，因而不少农村地区的普法教育、“扫黄打非”、精神文明建设等工作往往采取在短期内集中力量密集推动的运动式形式来开展，而需要长期的、潜移默化开展的意识形态工作则由各种因素的影响而发展相对不足。

其四，农村信息接收的滞后性。长期以来我国广大农村地区的意识形态工作由于受到信息传递层级过多、渠道分散、力度偏弱等因素的影响，以及农民群众信息接收方式相对落后、受教育程度相对不高等因素的制约，导致党和国家的主流声音、主流意志在农村地区的传递和更新难免呈现相对滞后的特点，难免遇到一些实效性较低、质量不高、经常走形失真等问题。

三是相对被动性。主要体现在以下两个方面。

其一，理论和实践创新的相对被动性。由于我国城乡之间在人口结构、空间格局、产业结构、公共产品供给、社会事业发展等方面具有显著差异，导致在组成农村主流意识形态建设内核的社会主义制度、理论、文化等重要视角，以及推进农村主流意识形态工作发展所必需的话语创新、传播创新、理论创新等方面，更多的是以城市为主体来进行通盘考虑，党政机关和学术界整体上对农村主流意识形态建设还没有呈现出足够的理论自觉和实践关怀，因而使其呈现出被动发展的特点。

其二，农村主流意识形态风险防范的被动性。自然灾害、社会风险、产业风险等这些容易引发群体事件和舆论事件的社会热点和敏感问题具有突发性、多发性、多源性的特征，在一定情况下，这些社会民生的热点问题、突发问题有朝着意识形态问题转变的趋势和可能。特别是网络时代农村舆情的引导和反转面临着技术覆盖不足、行动相对滞后等实质性问题，再加上广大农村地区抵御网络攻击的力量薄弱、处理舆情问题和意识形态问题的手段和资源存在较大不足等实际困难，往往导致一旦发生意识形态事件，只能被动“灭火”和处置，难以做到主动防御和事先干预，因此农村主流意识形态建设更加具有相对被动性的特征。

四是相对复杂性。一方面，农村问题构成的复杂性。我国广大农村社会既是中华优秀传统文化的承载地，也是封建糟粕的现实存在空间。影响当前我国稳定发展大局的民族问题、宗教问题、贫富差距问题，也往往以农村为集中地和易发、高发地，包括民族主义、自由主义、封建迷信、个人主义等各种社会思潮在农村都有所体现。当前农村社会处于由熟人社会向半熟人社会，乃至无主体熟人社会演进的发展进程中，在这一过程中所造成的舆论失灵、面子贬值、传统权威式微、道德约束降低、社会动员能力下降等多重问题的共同作用下，我国农村主流意识形态建设面对的形势更加复杂。另一方面，农村经济社会发展不平衡具有复杂性。当前我国区域之间发展存在较大的不平衡，东部地区、大城市周边地区的农村社会发展程度远高于中西部地区的农村甚至一些中西部城市，中西部地区城郊农村社会的各项发展指标也同样远远高于偏远地区的农村，各区域间农村社会所面临的意识形态问题，以及问题所呈现的形态都存在较大差异。此外，农村主流意识形态建设所需要关注和积极解决的如农村赌博、封建迷信、天价彩礼和人情债泛滥、信访不信法、重关系轻规则等问题，都客观上有着问题存在的现实土壤和发展基础，既不可能以雷霆之力来一禁了之，也难以一劳永逸一招制胜，其解决只能是持续用力、多元举措、循序引导、慢慢着手。

也正是因为农村主流意识形态所具有的这些特性，决定了我国社会主流意识形态建设需要采取城乡相对区分的方式和策略，科学有效地进行。

（二）主流意识形态与农村主流意识形态的相互关系

本书所强调的农村主流意识形态建设，是基于我国城乡之间在政治、经济、文化、社会、历史等方面存在较大不同和差异的背景上，关于如何推进主流意识形态在农村的落地生根和实践发展的。因而从根本上讲，主流意识形态与农村主流意识形态建设，是共性与特性、包含与被包含的相互关系。

一方面，农村主流意识形态建设，需要依据主流意识形态的特点、规律和要求，以及目标、途径和策略来开展。从根本上讲，就是要确保执政党的治国理政思想、社会主义核心价值体系、社会公序良俗等有效贯彻到广大农村地区，确保广大农村群众感党恩、听党话、跟党走，坚持中国共产党的领导、坚持社会主义道路、坚持人民民主专政、坚持马列主义毛泽东思想和中国特色社会主义理论体系，实现农村地区经济社会稳定发展和安定团结。

另一方面，主流意识形态要实现在广大农村社会的有效深入和广泛铺开，有效融入农村群众日常生活，发挥主流意识形态的政治、经济、社会、文化等方面的功能，展现主流意识形态在凝聚社会共识、促进社会认同、消弭社会隔阂、维护社会稳定方面的突出作用，就必须对广大农村社会发展情况、群众物质生活和精神生活状况、农村社会发展特点等予以科学全面的把握，以此有效推进主流意识形态在农村的实践发展。

三、新发展阶段

（一）新发展阶段的提出

对我国所处发展阶段的准确判断和科学把握，不是顺理成章和轻松随意能作出的，这需要无数马克思主义者始终自觉坚持马克思主义唯物辩证法的立场、观点和方法，经过客观全面的分析和长期艰巨的努力来做出时代性判断。任何偏离实践正确认识所作出的战略判断，都将给社会主义事业带来损失。

2017 年 7 月 26 日，习近平总书记指出："党的十八大以来，在新中国成立特别是改革开放以来我国发展取得的重大成就基础上，党和国家事业发生历史性变革，我国发展站到了新的历史起点上，中国特色社会主义进入了新的发展阶段。"① 由此，对新发展阶段的认识不断深化和成熟。

2020 年 10 月 22 日，习近平总书记在听取"十三五"规划实施总结评估汇报后明确提出，要深刻认识"十四五"时期我国将进入新发展阶段的重大判断，从而正式提出了"新发展阶段"这一具有重大理论和实践意义的新概念。

2021 年 1 月 11 日，习近平总书记进一步明确，新发展阶段就是全面建成小康社会、实现第一个百年奋斗目标之后，全面建设社会主义现代化国家、向第二个百年奋斗目标进军，"是我们党带领人民迎来从站起来、富起来到强起来历史性跨越的新阶段"②。习近平总书记还深刻阐述了进入新发展阶段、贯彻新发展理念、构建新发展格局之间的紧密关联和相互关系，实现了"新发展阶段"的整体理论构架。

所以新发展阶段的提出和形成，从根本上是中国共产党对社会主义发展规律的认识深化和对中国特色社会主义事业发展进程的科学把握，其提出和形成

① 强调高举中国特色社会主义伟大旗帜　为决胜全面小康社会实现中国梦而奋斗［N］. 人民日报，2017-07-28（1）.

② 习近平. 论把握新发展阶段、贯彻新发展理念、构建新发展格局［M］. 北京：中央文献出版社，2021：471.

是一个不断聚焦和不断成熟的过程。

（二）新发展阶段的基本内涵

一是新发展阶段的逻辑起点和时间跨度。根据习近平总书记在省部级主要领导干部学习贯彻党的十九届五中全会精神专题研讨班开班式上的讲话精神，可以清晰把握到新发展阶段的逻辑起点就是全面建成小康社会、实现第一个百年奋斗目标这一时间节点，具体表现就是“十四五”的开局。其相应的时间跨度就是从 2020 年到 21 世纪中叶实现第二个百年奋斗目标，即“未来三十年将是我们完成这个历史宏愿的新发展阶段”①。

二是新发展阶段的目标和任务。习近平总书记指出：“今天我们所处的新发展阶段，就是社会主义初级阶段中的一个阶段，同时是其中经过几十年积累、站到了新的起点上的一个阶段。”② 按照我国发展的中长期规划，新发展阶段是在全面建成小康社会，实现了第一个百年奋斗目标后，开启全面建设社会主义现代化国家新征程，到 21 世纪中叶，即在新中国成立 100 周年时，把我国建成富强民主文明和谐美丽的社会主义现代化强国，实现我国社会主义从初级阶段向更高阶段迈进。

三是新发展阶段的指导原则。贯彻新发展理念、构建新发展格局是新发展阶段必须遵循的指导原则。其中，新发展理念的“根”和“魂”是为人民谋幸福、为民族谋复兴；新发展格局要求始终坚持以人民为中心的发展思想，“实现更高质量、更有效率、更加公平、更可持续、更为安全的发展”③，解决好发展不平衡不充分的问题。因此新发展阶段要始终坚持党的全面领导、坚持人民立场，围绕为人民谋幸福、为民族谋复兴、为社会谋发展，贯彻新发展理念，构建新发展格局。

四是新发展阶段的战略选择。习近平总书记强调，构建新发展格局是“应对新发展阶段机遇和挑战、贯彻新发展理念的战略选择”④。新发展阶段的战略选择需要着力构建新发展格局，具体而言就是要牢牢把握扩大内需的战略基

---

① 习近平．论把握新发展阶段、贯彻新发展理念、构建新发展格局［M］．北京：中央文献出版社，2021：473.

② 习近平．论把握新发展阶段、贯彻新发展理念、构建新发展格局［M］．北京：中央文献出版社，2021：471.

③ 中共中央关于制定国民经济和社会发展第十四个五年规划和二〇三五年远景目标的建议［M］．北京：人民出版社，2020：7.

④ 习近平．论把握新发展阶段、贯彻新发展理念、构建新发展格局［M］．北京：中央文献出版社，2021：487.

点，深化供给侧结构性改革，以创新驱动、高质量供给引领和创造新需求，加快构建以国内大循环为主体、国内国际双循环相互促进的新发展格局，进一步推进城乡一体化，实现高水平的自立自强，实行高水平对外开放，不断增强生存力、竞争力、发展力和持续力。

从整体上看，立足新发展阶段、贯彻新发展理念、构建新发展格局三位一体，统一于社会主义现代化建设整体进程（如图 2-3 所示）。

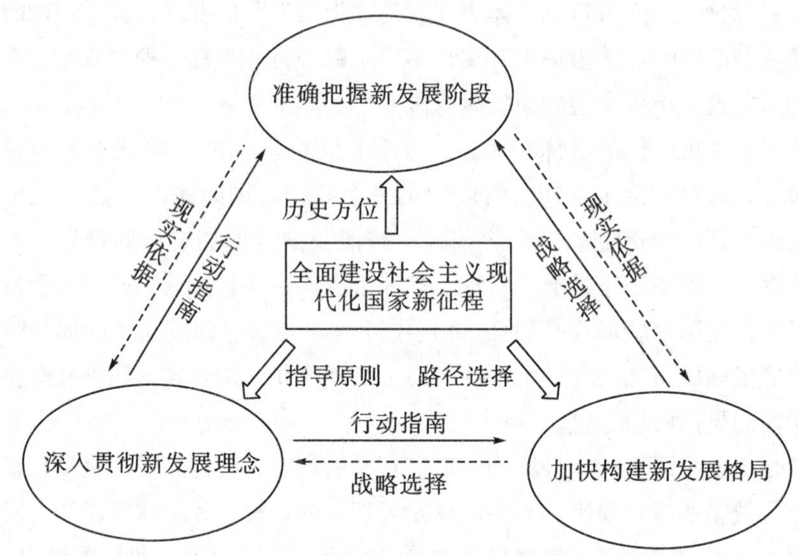

图 2-3　新发展阶段、新发展理念、新发展格局相互关系简图

（三）新发展阶段的主要特征

对新发展阶段主要特征的把握，需要从它与新时代的比较和联系中得出。学者刘建军认为："新发展阶段是全面展现新时代发展内涵和社会面貌的历史阶段。把握新发展阶段离不开新时代这一历史坐标，并应该把新发展阶段放到新时代框架中来认识。"① 基于"两个一百年"奋斗目标的实现和社会主义初级阶段的发展进程，新发展阶段与新时代之间有着密切的关联（如图 2-4 所示）。

① 刘建军．把握新发展阶段的时代坐标［N］．光明日报，2021-04-23（11）．

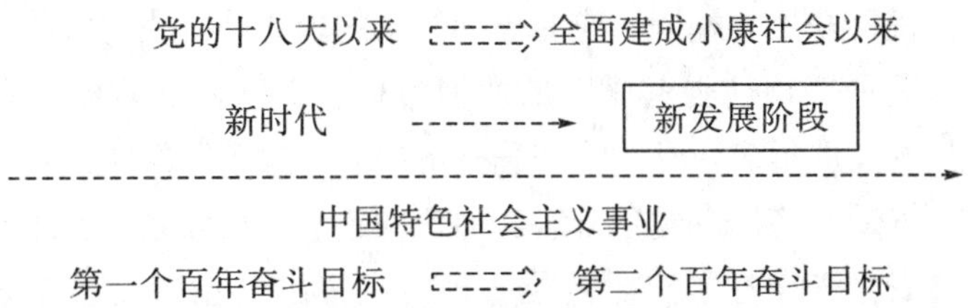

党的十八大以来 ⇢ 全面建成小康社会以来

新时代 ⇢ 新发展阶段

中国特色社会主义事业

第一个百年奋斗目标 ⇢ 第二个百年奋斗目标

图 2－4　新时代与新发展阶段相互关系简图

其中，新发展阶段主要特征集中在以下三个方面：

第一，新发展阶段是新时代的连贯与延续。

一方面，两者时间前后连贯。新时代的起点是党的十八大以来，时间跨度是党的十八大以来到 21 世纪中叶。新发展阶段的起点是从“十四五”开始，时间跨度是从“十四五”到新中国成立 100 周年。这就意味着在时间轴上，新时代涵盖了新发展阶段，两者虽然时间起点不一样，但时间截止点大致一样，都是全面建设社会主义现代化国家新征程的历史进程。

另一方面，两者目标任务相互延续。按照党的十九大对新“两步走”的具体设计，在全面建成小康社会的基础上，再奋斗十五年，基本实现社会主义现代化，然后“再奋斗十五年，把我国建成富强民主文明和谐美丽的社会主义现代化强国”[①]。新发展阶段的主要任务也就在于：朝着第二个百年奋斗目标奋进，实现全体人民共同富裕，夺取全面建设社会主义现代化国家新胜利。因此新时代中国特色社会主义发展目标和新发展阶段的主要任务，是一以贯之、拾级而上的，都是对社会主义现代化建设目标的全面贯彻和坚持。

此外，两者指导思想和实现路径具有延续性。新发展阶段和新时代一样，都是对坚持和发展什么样的中国特色社会主义、怎样坚持和发展中国特色社会主义这一重大理论和实践问题的深入探索。立足新发展阶段、贯彻新发展理念、构建新发展格局，其本质就是站在新的发展起点，对新时代中国特色社会主义“五位一体”总体布局和“四个全面”战略布局的全面坚持和不断发展，对“十个明确”和“十四个坚持”的系统运用。

第二，新发展阶段是新时代的发展与提升。虽然在新发展阶段历史条件下，我国仍处于社会主义初级阶段，人民日益增长的美好生活需要和不平衡不充分的发展之间的矛盾仍然是社会主要矛盾，但新发展阶段已具有了较“十三五”时期更加雄厚的基础和更加有利的条件，同时也面临着需要实现更高质量

① 习近平．决胜全面建成小康社会　夺取新时代中国特色社会主义伟大胜利——在中国共产党第十九次全国代表大会上的报告［M］．北京：人民出版社，2017：29.

发展、满足人民群众更高期盼、应对更加复杂的国内外挑战的整体局面。

一方面，更加突出“强起来”的发展目标。在新发展阶段，面对更加复杂、更加紧迫的发展形势，党中央明确把解决“卡脖子”问题、实现高水平科技自立自强、推动经济体系优化升级、加快构建双循环体系、促进实体经济发展、确保粮食安全等摆在了突出的位置；并且提出了建设文化强国、体育强国、人才强国、科技强国、制造强国、质量强国、网络强国、交通强国等具体目标，目的就在于实现发展的整体突破，如期建成社会主义现代化强国。

另一方面，更加突出“高质量”的时代主题。在新发展阶段将更加注重有效益、有质量、可持续的经济社会发展，将更加注重实现经济发展和社会民生保障从“有没有”“够不够”向“好不好”“全不全”“优不优”的转化。解决发展不平衡不充分的问题、增强抵御风险挑战的能力、促进社会和谐稳定繁荣，都需要突出高质量的发展主题，实现规模、速度、效益、质量、结构、安全等的协调共进，促进广大人民群众生活质量再上台阶。

此外，更加注重实现共同富裕这一本质要求。实现共同富裕，是社会主义的本质要求。习近平总书记特别强调：“实现共同富裕不仅是经济问题，而且是关系党的执政基础的重大政治问题。”① 新发展阶段将围绕我国发展中依然客观存在的地域之间、职业之间、城乡之间的收入差距，通过高质量的发展和系列政策措施，来逐步缩小社会贫富差距，实现人的全面发展。

第三，新发展阶段将集中体现社会主义制度优越性。习近平总书记指出：“新发展阶段是我们党带领人民迎来从站起来、富起来到强起来历史性跨越的新阶段。”② 在这一阶段，我国社会主义初级阶段所实行的改革开放政策、所坚持的以经济建设为中心、所秉持的先富带后富等，都将逐渐迎来量变到质变的过程，我国的产业结构、经济实力、科技创新水平、社会文明程度、文化影响力等也将达到新的高度，我国的综合国力、生态环境水平、人民的幸福指数、国际影响力都将迎来更大的飞跃，社会主义制度优越性将得到更加充分的体现和展示。因此我们还可以明确新发展阶段是“社会主义初级阶段决战决胜、完美收官的阶段，也是社会主义从初级阶段迈向比较发达阶段的过渡阶段”③。

---

① 习近平．论把握新发展阶段、贯彻新发展理念、构建新发展格局［M］．北京：中央文献出版社，2021：480.

② 习近平．论把握新发展阶段、贯彻新发展理念、构建新发展格局［M］．北京：中央文献出版社，2021：471.

③ 李景治．准确把握“新发展阶段”的历史方位和科学内涵［J］．学术界，2021（5）：5.

而且，我国在新发展阶段的社会主义现代化建设，不是靠对其他国家的侵略和资源掠夺，也不是靠对大多数人民群众的压迫来实现的，既不是只实现小部分人富裕，也不是只抓经济不管生态和自然，更不是关起门来搞建设，而是要实现更高水平、更加公平、更加进步的现代化，是人类历史上人口规模巨大的现代化，是共同富裕的现代化，是物质文明和精神文明相互协调发展的现代化，是人与自然和谐共生的现代化，是和平发展、促进人类进步的现代化。新发展阶段，中国智慧、中国方案、中国力量将得到更好体现，广大人民群众也将进一步增强作为中国人的自豪感、幸福感和认同感，增强对坚持走中国特色社会主义发展道路的情感认同和行动自觉。

（四）新发展阶段对意识形态建设的积极意义

第一，新发展阶段将为“两个巩固”提供更广阔的应用空间。新发展阶段，面对百年未有之大变局，西方之乱和中国之治的局面将延续较长一段时间。在中国共产党的坚强领导下，我国将抢抓发展历史机遇，创造出人类发展史上新的又一奇迹，迎来马克思主义中国化时代化更加光明的前景，放射出更加灿烂的光芒。这一时期，马克思主义的科学性和真理性、人民性和实践性、开放性和时代性将在中国得到更加充分的检验和彰显，从而有效促进和巩固马克思主义在意识形态领域的指导地位，巩固全党全国人民团结奋斗的共同思想基础。

第二，新发展阶段将极大促进广大人民群众坚定“四个自信”。新发展阶段是乘势而上开启全面建设社会主义现代化国家新征程的阶段。展望 2035 年远景目标，我国将进入创新型国家前列，基本实现新型工业化、信息化、城镇化和农业现代化，基本实现国家治理体系和治理能力现代化，到 21 世纪中叶将全面建成社会主义现代化强国，实现中华民族伟大复兴。这一时期，广大人民群众将对中国特色社会主义发展道路和中国共产党领导的优越性有更加具体和深入的认识，广大人民群众的道路自信、理论自信、制度自信、文化自信将得到进一步提升。

第三，新发展阶段将切实提升人民群众的获得感、幸福感、安全感。新发展阶段是不断实现高质量发展的阶段。党的十九届五中全会明确要求“十四五”时期要以推动高质量发展为主题，以深化供给侧结构性改革为主线，以改革创新为根本动力，以满足人民日益增长的美好生活需要为根本目的，实现经济行稳致远、社会安定和谐，并将实现到 2035 年经济总量和城乡居民人均收入迈上新台阶、国民素质和社会文明程度达到新高度、美丽中国建设目标基本完成、城乡区域差距和居民生活水平差距显著缩小、人民生活更加美好、共同富裕取得更为明显实质性进展等作为远景目标。在新发展阶段，广大人民群众的获得感、幸福感、安全感将得到更加实质性的提升，人的自由全面发展将得到进一步体现。

第二节　马克思、恩格斯关于主流意识形态建设的主要论述

在认真吸收德国哲学和法国革命思想的基础上，马克思和恩格斯从批判的角度提出了“虚假的意识形态”概念，并从历史唯物主义的角度，深刻把握了社会存在与社会意识之间作用与反作用的辩证关系，指出“不是意识决定生活，而是生活决定意识”①。同时马克思和恩格斯认为，经济因素不是意识形态唯一的、决定性的因素，作为历史性存在的观念的上层建筑，具有相对独立性、相对滞后性，是意识形态的特点，所以“经济上落后的国家在哲学上仍然能够演奏第一小提琴”②，先进的、进步的意识形态也能在经济较落后的国家产生和成熟。

马克思和恩格斯在分析人类社会阶级斗争的历史和无产阶级革命实践的基础上，深刻指出意识形态具有突出的阶级属性，能够反映并服务于统治阶级根本利益，并为阶级统治辩护和论证的特点。在《德意志意识形态》中，马克思和恩格斯指出：“支配着物质生产资料的阶级，同时也支配着精神生产资料，因此，那些没有精神生产资料的人的思想，一般地是隶属于这个阶级的。”③马克思和恩格斯还进一步强调：“如果从观念上来考察，那么一定的意识形式的解体足以使整个时代覆灭。”④

在阶级社会中，意识形态是影响社会变革方向和效果的重要力量。在任何

① 中共中央马克思恩格斯列宁斯大林著作编译局. 马克思恩格斯选集：第1卷［M］. 北京：人民出版社，2012：152.

② 中共中央马克思恩格斯列宁斯大林著作编译局. 马克思恩格斯选集：第4卷［M］. 北京：人民出版社，2012：612.

③ 中共中央马克思恩格斯列宁斯大林著作编译局. 马克思恩格斯选集：第1卷［M］. 北京：人民出版社，2012：178.

④ 中共中央马克思恩格斯列宁斯大林著作编译局. 马克思恩格斯文集：第8卷［M］. 北京：人民出版社，2009：170.

社会，追求自成一统、能最大限度为民众所接受、能代表最广泛阶级利益，都是主流意识形态自身的迫切需求和现实召唤。而且在现实具体的生活中，主流意识形态有着与哲学、艺术、宗教、道德等形式相结合以发挥最大作用的本能。恩格斯指出，“任何意识形态一经产生，就同现有的观念材料相结合而发展起来，并对这些材料作进一步的加工；不然，它就不是意识形态了”①。

当然，在看到意识形态的普遍联系的同时，马克思和恩格斯还抓住了意识形态作为观念的上层建筑具有一定的独立性的特点。马克思、恩格斯认为，作为观念上层建筑的意识形态，能反作用于经济基础，对经济社会发展具有反作用，是无产阶级批判和推翻资本主义的精神武器。恩格斯指出：“政治、法、哲学、宗教、文学、艺术等等的发展是以经济发展为基础的。但是，它们又都互相作用并对经济基础发生作用。这并不是说，只有经济状况才是原因，才是积极的，其余一切都不过是消极的结果，而是说，这是在归根到底不断为自己开辟道路的经济必然性的基础上的相互作用。”②

马克思、恩格斯在研究意识形态领域激烈斗争的同时，注意到了农民、小手工业者、无产阶级意识形态接受的特殊性，对如何提高农民思想觉悟、丰富和发展农民的权利、巩固和发展工农联盟，加强社会主义道德和文化水平建设等方面有不少精彩论述，提出了一系列具有启发意义的观点。

一是要通过改造农业生产方式和改造农民落后思想，从此巩固和发展工农联盟。马克思、恩格斯充分认识到了资本主义社会里农民阶级构成的复杂性，以及由此体现出来的既有革命性的一面，也有妥协落后性的一面的客观事实。马克思认为，传统农民的生产方式“它只同生产和社会的狭隘的自然产生的界限相容”③。在《路易·波拿巴的雾月十八日》中，马克思进一步指出，小农“不能代表自己，一定要别人来代表他们”④。其原因就在于农民是在传统封建社会发展起来的，农民的生活方式和生产方式分散和封闭，缺乏组织性。

马克思、恩格斯认为，农民“作为未来的无产者，他们本来应当乐意倾听

① 中共中央马克思恩格斯列宁斯大林著作编译局. 马克思恩格斯选集：第 4 卷［M］. 北京：人民出版社，2012：261.

② 中共中央马克思恩格斯列宁斯大林著作编译局. 马克思恩格斯选集：第 4 卷［M］. 北京：人民出版社，2012：649.

③ 中共中央马克思恩格斯列宁斯大林著作编译局. 马克思恩格斯选集：第 2 卷［M］. 北京：人民出版社，2012：298.

④ 中共中央马克思恩格斯列宁斯大林著作编译局. 马克思恩格斯选集：第 1 卷［M］. 北京：人民出版社，2012：763.

社会主义的宣传。但是他们那根深蒂固的私有观念，暂时还阻碍他们这样做”[①]。所以在资本主义的大背景下，虽然农民和工人具有天然的结盟的基础，两者的主要压迫来源具有一致性，都来自资本主义，但必须通过积极改造农业落后生产方式，改造农民的落后思想来巩固工农联盟。

在《法德农民问题》一文中，针对小农经济国家的无产阶级如何在掌握政权后对小农进行改造的问题，恩格斯指出：“违反小农的意志，任何持久的变革在法国都是不可能的。”[②] 在主张尊重小农意志的同时，恩格斯强调绝不能以暴力来剥夺小农，而且主张通过建立农业生产合作社，以集体生产来改造小农经济和发展大规模经营，让农民理解“这是为了他们自己的利益，这是他们唯一得救的途径”[③]，从而逐步实现土地私有制向土地集体所有制过渡。

二是要维护农民的物质利益，重视调动农民的积极性。在《共产党宣言》里，马克思和恩格斯指出，需要以高度的热情，通过各种方式，把日益明确的意识传播到包括广大农民在内的群众中去，“共产党一分钟也不忽略教育工人尽可能明确地意识到资产阶级和无产阶级的敌对的对立”[④]。马克思、恩格斯还深刻地认识到通过满足农民的利益需求来批判、改造和领导农民的重要性，指出了意识形态引领发挥作用中的物质利益的重要性。恩格斯形象地指出，使用部分社会资金用于维护和发展农民的利益，是非常必要的，也绝不是白花钱，而是“一项极好的投资，因为这种物质牺牲可能使花在整个社会改造上的费用节省十分之九”[⑤]，所以可以很慷慨地对待农民。

三是夺取农村社会主流意识形态的主导权是个艰巨而长期的过程。要取得意识形态的主导权，必须依靠强大的国家机器和暴力机器，以及其他力量的协同来共同推进，并且需要通过政策宣传、人才培养、理论批判等综合措施来调动和发挥群众的革命热情。1893 年 12 月 19 日，恩格斯在《致国际社会主义者大学生代表大会》中指出，包括工人阶级在内的人的解放，“问题在于不仅

① 中共中央马克思恩格斯列宁斯大林著作编译局．马克思恩格斯选集：第 4 卷［M］．北京：人民出版社，2012：359.

② 中共中央马克思恩格斯列宁斯大林著作编译局．马克思恩格斯选集：第 4 卷［M］．北京：人民出版社，2012：368.

③ 中共中央马克思恩格斯列宁斯大林著作编译局．马克思恩格斯选集：第 4 卷［M］．北京：人民出版社，2012：371.

④ 中共中央马克思恩格斯列宁斯大林著作编译局．马克思恩格斯选集：第 1 卷［M］．北京：人民出版社，2012：434.

⑤ 中共中央马克思恩格斯列宁斯大林著作编译局．马克思恩格斯选集：第 4 卷［M］．北京：人民出版社，2012：372.

要掌管政治机器，而且要掌管全部社会生产”[1]，并且要经过长期的斗争。恩格斯还批评了德国的“青年派”和荷兰的纽文胡斯等所推行的无政府主义冒险政策，以及幻想一举“拿下障碍物”的轻率做法，认为这些人“那样幼稚、那样天真而自我陶醉地看待自身的重要性，看待党内事物和所存在的观点的状况，以至于结局在刚开始的时候就已经注定了”[2]。恩格斯还严峻地指出：“如果把这种幻想搬到现实中去，则可能把一个甚至最强大的、拥有数百万成员的党，在所有敌视它的人的完全合情合理的嘲笑中毁灭掉。”[3]

四是要高度重视日常生活对主流意识形态的影响。马克思和恩格斯在明确提出社会存在决定社会意识的观点之外，还强调了日常生活中影响意识形态建设的各项因素。

首先是语言（这里指的是广义的语言和文字）。马克思指出：“语言和意识具有同样长久的历史；语言是一种实践的、既为别人存在因而也为我自身而存在的、现实的意识。语言也和意识一样，只是由于需要，由于和他人交往的迫切需要才产生的。”[4] 语言背后所蕴含及体现的规则、习俗、权力、价值观、审美观，正是意识形态建设所需要注重的所在。

其次是社会日常生活（如服装和节日等）。马克思和恩格斯透过现象看本质，认识到了司空见惯的社会生活中的服饰、节日、仪式、器具等背后所隐藏的阶级观、价值观和世界观。马克思在《路易·波拿巴的雾月十八日》中透彻地指出：“一切已死的先辈们的传统，像梦魇一样纠缠着活人的头脑。当人们好像刚好在忙于改造自己和周围的事物并创造前所未有的事物时，恰好在这种革命危机时代，他们战战兢兢地请出亡灵来为自己效劳，借用它们的名字、战斗口号和衣服，以便穿着这种久受崇敬的服装，用这种借来的语言，演出世界历史的新的一幕。”[5] 所以，对社会生活中的节庆、仪式、服饰、器具，乃至生活观念的批判、引导或弘扬，对于主流意识形态的建立具有特殊意义。

---

① 中共中央马克思恩格斯列宁斯大林著作编译局．马克思恩格斯选集：第 4 卷［M］．北京：人民出版社，2012：301.

② 中共中央马克思恩格斯列宁斯大林著作编译局．马克思恩格斯选集：第 4 卷［M］．北京：人民出版社，2012：281.

③ 中共中央马克思恩格斯列宁斯大林著作编译局．马克思恩格斯选集：第 4 卷［M］．北京：人民出版社，2012：280.

④ 中共中央马克思恩格斯列宁斯大林著作编译局．马克思恩格斯选集：第 1 卷［M］．北京：人民出版社，2012：161.

⑤ 中共中央马克思恩格斯列宁斯大林著作编译局．马克思恩格斯选集：第 1 卷［M］．北京：人民出版社，2012：669.

第三节 列宁关于农村主流意识形态建设的主要论述

根据资本主义在帝国主义发展阶段的新形势和新情况，以及俄国革命的具体实践和苏联社会主义建设实践，列宁提出了无产阶级的意识形态是阶级性和科学性的辩证统一等系列重要观点，丰富和发展了马克思主义意识形态理论。在列宁的研究和阐述中，意识形态已不再是一个否定的概念，而是一个描述性的概念。列宁特别强调："任何意识形态都是受历史条件制约的，可是，任何科学的意识形态（例如不同于宗教的意识形态）都和客观真理、绝对自然相符合，这是无条件的。"① 所以，不能超越特定历史阶段，更不能割裂文化传承来发展意识形态，必须以科学的、发展的态度对待意识形态建设。

"所有一切压迫阶级，为了维持自己的统治，都需要两种社会职能：一种是刽子手的职能，另一种是牧师的职能。"② 在准确分析阶级矛盾演变规律及社会职能作用发生特点的基础上，列宁指出了意识形态具有多重功能特征以及无产阶级意识形态的党性原则。列宁还认为，"人类没有创作过任何'第三种'意识形态，而且在为阶级矛盾所分裂的社会中，任何时候也不可能有非阶级的或超阶级的意识形态"③。作为资本主义的替代者和继承者，社会主义既要善于学习和运用资本主义所创造的一切文明成果，还要提高社会主义意识形态的包容性和解释力，为其发展提供强大的思想武器。而在此过程中，意识形态的斗争是激烈的，是不存在"第三条道路"的，主流意识形态建设必须紧紧围绕巩固和发展无产阶级政权建设这一根本目的，包括经济鼓动或政治鼓动，以及哲学、科学、道德、文化、教育等领域，都是需要服从和服务于无产阶级斗争利益的。

"没有革命的理论，就不会有革命的运动……"④ 列宁认为，社会主义意

---

① 中共中央马克思恩格斯列宁斯大林著作编译局. 列宁选集：第2卷［M］. 北京：人民出版社，2012：96.

② 中共中央马克思恩格斯列宁斯大林著作编译局. 列宁选集：第2卷［M］. 北京：人民出版社，2012：478.

③ 中共中央马克思恩格斯列宁斯大林著作编译局. 列宁选集：第1卷［M］. 北京：人民出版社，2012：326－327.

④ 中共中央马克思恩格斯列宁斯大林著作编译局. 列宁选集：第1卷［M］. 北京：人民出版社，2012：311.

识不是在无产阶级的阶级斗争中自发形成的，在强大的资本主义意识形态的广泛作用下，工人阶级本身也不可能有社会民主主义的意识，工人阶级仅靠自己的力量，只会形成工联主义和滋生机会主义，所以无产阶级的革命观念需要从外到内的“灌输”，需要不断地加以教育、引导、参与和批判。同时，列宁在革命实践探索中明确提出了要高度重视教育和改造群众，要充分动用报纸、杂志、电台等一切为苏维埃政权所掌握的媒体力量，在政治、经济、文化、教育等广泛的社会生活各领域来积极推动社会主义意识形态的全面灌输，使群众意识到无产阶级革命事业的重要性，帮助培养和教育劳动群众克服旧习惯、旧风气，以及“那些在群众中根深蒂固的私有者的习惯和风气”①，并且要“特别注意加强和巩固劳动者的同志纪律并从各方面提高他们的主动性和责任心”②。

十月革命胜利后，面对经济相对落后、农业基础薄弱、民主革命尚未完成、国内外敌对势力依然猖獗的具体国情，列宁在探索和思考如何引导国家向社会主义过渡，特别是如何应对战时共产主义经济政策面临的巨大危机的时候，逐步加深了对农村主流意识形态建设重要性的认识和思考，提出了一些具有重要价值的理论和观点。

一是重视和保护农民的物质利益需求，确保农民对无产阶级政权的支持。在1919—1921年三年战争时期，列宁在采取战时共产主义政策时，曾一度打算“用无产阶级国家直接下命令的办法在一个小农国家里按共产主义原则来调整国家的产品生产和分配”③。但随着全国各地农民起义、暴动、抗税等激烈反抗行动的涌现，列宁认识到了“广大农民群众不是自觉地而是本能地在情绪上反对我们”④，于是果断地改革余粮征集制度，结束了已不合时宜的战时共产主义政策，实行新经济政策。通过引入市场运行机制，保护个体户的发展，以实物税代替余粮收集制，实施允许私人自由贸易的新经济政策，确保了无产阶级与广大农民群众的紧密结合。列宁在指导中农改造时指出：“只有我们改进和改善了中农生活的经济条件，中农在共产主义社会里才会站到我们方面来。如果我们明天能够拿出10万台头等拖拉机，供给汽油，供给驾驶员（你

---

① 中共中央马克思恩格斯列宁斯大林著作编译局．列宁选集：第4卷［M］．北京：人民出版社，2012：303.

② 中共中央马克思恩格斯列宁斯大林著作编译局．列宁选集：第3卷［M］．北京：人民出版社，2012：726.

③ 中共中央马克思恩格斯列宁斯大林著作编译局．列宁选集：第4卷［M］．北京：人民出版社，2012：570.

④ 中共中央马克思恩格斯列宁斯大林著作编译局．列宁选集：第4卷［M］．北京：人民出版社，2012：720.

们很清楚，这在目前还是一种幻想)，那么中农就会说：‘我赞成康姆尼’（即赞成共产主义)。”①

二是注重农村工作方法，加强对农村日常生活的长期渗透和逐渐影响。一方面，正视农村的阶层构成和特点，注重工作方法。针对俄国农村的构成特点，列宁确定了通过改变生产关系、发展农村合作社、发展农业机械化等措施来改造小农，以及团结中农、打击富农的不同方针。列宁告诫俄国共产党人：“改造小农，改造他们的整个心理和习惯，这件事需要花几代人的时间。”② 另一方面，尊重农民的意志和意愿，注意营造相对宽松和良好的环境。列宁十分重视农民的意愿，注意营造相对宽松和民主的氛围，坚决反对以暴力和强制来推动小农向社会主义过渡。1919 年 3 月 28 日，列宁在《关于农村工作的报告》中指出：“对于地主和资本家，我们的任务是完全剥夺。但是对于中农，我们不容许采取任何暴力手段。”③ 在严肃批评用暴力来处理中农的经济关系的同时，列宁还强调要尊重农民、取得农民的信任。列宁强调：“我们鼓励建立公社，但应把公社办好以取得农民的信任。在那之前，我们还是农民的学生，而不是农民的先生。”④ 此外，注重在日常生活中的渗透。列宁强调，要“少来一些政治空谈。少发一些书生的议论。多深入生活。多注意工农群众怎样在日常工作中实际地创造新事物。多检查检查，看这些新事物中有多少共产主义成分”⑤。在 1919—1923 年间，列宁多次对星期六义务劳动的重要意义进行总结，指出要把共产主义劳动和共产主义纪律渗透到农业公社和农业劳动组合中去，“大规模组织起来以满足全国需要的无报酬的劳动”⑥，克服凡是劳动都需要按一定的标准来支付报酬的习惯。

三是重视农村精神文明建设，强调无产阶级政党对农村主流意识形态的主导权。一方面，无产阶级政党的钢铁般的领导在农村主流意识形态方面具有突

---

① 中共中央马克思恩格斯列宁斯大林著作编译局. 列宁选集：第 3 卷 [M]. 北京：人民出版社，2012：787.

② 中共中央马克思恩格斯列宁斯大林著作编译局. 列宁选集：第 4 卷 [M]. 北京：人民出版社，2012：447.

③ 中共中央马克思恩格斯列宁斯大林著作编译局. 列宁选集：第 3 卷 [M]. 北京：人民出版社，2012：779.

④ 中共中央马克思恩格斯列宁斯大林著作编译局. 列宁选集：第 3 卷 [M]. 北京：人民出版社，2012：785.

⑤ 中共中央马克思恩格斯列宁斯大林著作编译局. 列宁选集：第 3 卷 [M]. 北京：人民出版社，2012：573.

⑥ 中共中央马克思恩格斯列宁斯大林著作编译局. 列宁选集：第 4 卷 [M]. 北京：人民出版社，2012：93.

出作用。列宁认为，对共产党于全体劳动者和非党无产阶级的领导核心作用的不正确的理解，都是根本违背共产主义，是“工团主义和无政府主义的倾向”①，必须在思想上进行坚决斗争。另一方面，以上率下，做好表率，确保党对农村主流意识形态的领导。列宁告诫全党，反对野蛮、反对贪污受贿等的政治教育宣传是很有必要的，但不能限于这种宣传，而是需要教会人民怎样取得实际结果，“并且不是以执行委员会委员的身份而是以普通公民的身份给人们示范”②。此外，要注重发挥农民的主动性和积极性，赢得广大农民群众的参与。列宁在俄国开始向共产主义过渡时就指出：“为了完成这一过渡，需要农民亲自参加，而且要比参加战争的人数多十倍。”③

四是重视引导农民参与政治生活，巩固工农联盟。列宁在长期革命斗争中，非常注重通过保障和维护农民的各项民主权利来引导农民参与政治生活。其一，开展扫盲运动，提高农民的民主意识。针对十月革命后广大农民连基本的书写技能都不掌握的现实，列宁领导开展了全国“扫除文盲”工作，专门设立全俄扫盲工作非常委员会，附设于教育人民委员部，明确要求各地通过设立扫盲网点、扫盲学校，培训扫盲教师、编印扫盲教材等举措来提高农民的文化程度，确保8～50岁的国民学会识字。1919年2月的《俄共（布）纲领草案》明确要求对未满16岁的男女儿童一律实行免费的义务普通教育和综合技术教育，并且要求由国家供给全体学生膳食、服装、教材和教具。列宁还主张通过利用报纸、读物、电影等其他综合手段来保障促进农民的文化教育工作。其二，健全农民信访制度，提高农民的政治热情。列宁认为认真处理群众的来信来访是每个劳动者无偿地履行国家义务的表现。1918年12月，列宁在《关于苏维埃机关管理工作的规定草稿》中对来信来访工作予以具体指示，要求每个苏维埃机关都要建立群众接待室和完善群众接待制度。在推进信访接待工作规范化、制度化发展的同时，列宁还亲自接待群众来访，甚至在克里姆林宫里专门建立了一个接待室。其三，注重发挥农民的监督权，提升农民政治地位。列宁认为，只有通过人民大众尤其是非党工农群众来对党和国家事务进行监督，才能真正落实监督的效果。列宁还主张，必须“吸收工农检查机构的代表（或

---

① 中共中央马克思恩格斯列宁斯大林著作编译局．列宁选集：第4卷［M］．北京：人民出版社，2012：473.

② 中共中央马克思恩格斯列宁斯大林著作编译局．列宁选集：第4卷［M］．北京：人民出版社，2012：589.

③ 中共中央马克思恩格斯列宁斯大林著作编译局．列宁选集：第4卷［M］．北京：人民出版社，2012：352.

代表小组）参加国家监察人民委员部的各项工作”①，而且还要逐步地请各地非党农民参加中央的国家监察人民委员部的工作，以此提高苏维埃的民主程度。在《我们怎样改组工农检查院》等文献中，列宁提出，要加大工农检查院中的农民所占比重，要通过逐步录用、轮流任职等方式，从工人和农民中选出75～100名中央监察委员，保证他们享有中央委员的一切权利，确保农民对国家机关及其工作人员进行有效的监督。

第四节 中国共产党主要领导人关于农村主流意识形态建设的主要论述

一、毛泽东关于农村主流意识形态建设的主要论述

新中国成立后，以毛泽东为代表的中国共产党人非常重视加强农村主流意识形态建设，重视牢固掌握农村意识形态工作的实践指向，注重在国家法律制定、社会主义文化宣传体制机制建立、农村文化教育卫生事业发展、农民政治生活参与等各方面贯彻新生人民政权所主张的人民性、阶级性的意识形态理念，巩固新生人民政权。

同时，毛泽东非常重视意识形态工作方法的创新发展。主张通过提高社会生产水平和人民物质生活质量、提高人民的科学文化素质和卫生保健知识、提高人民的阶级觉悟和主人翁意识等来巩固和发展社会主义主流意识形态；主张坚持“双百方针”，采用讨论的、包容的态度来对待科学和文艺上存在的不同意见和分歧，用民主的方式和讨论、批评的方法对待思想性质的问题，营造宽松良好的社会氛围；主张在对立统一的斗争中实现和巩固主流意识形态。在1957年2月发表的《关于正确处理人民内部矛盾的问题》中，毛泽东创造性

① 中共中央马克思恩格斯列宁斯大林著作编译局．列宁全集：第38卷［M］．北京：人民出版社，2017：80．

地提出了判断我国人民政治生活中言论和行动是非的六条标准①，以此确保人民群众能够自觉维护社会主义国家的意识形态底线。

针对在广大农村社会开展主流意识形态建设，毛泽东深刻把握中国农村、中国农民的特点，注重通过解决农村土地问题、发展农民教育、改造农民思想等有效途径来实现广大农民群众思想观念的革新。

一是将彻底解决农民土地问题作为战胜一切敌人的最基本条件。毛泽东指出："如果我们能够普遍地彻底地解决土地问题，我们就获得了足以战胜一切敌人的最基本的条件。"② 新中国成立后，党和政府通过开展轰轰烈烈的土地改革，使土地、农民、战争胜利紧密结合起来，使全国广大农民群众真正实现了"耕者有其田"，从而衷心拥护新生人民政权。

二是重视教育和引导农民群众。毛泽东非常重视对落后文化和封建迷信的批判，重视提高农民文化素质和思想觉悟水平。其一，注重提高农民群众的阶级觉悟。在新中国成立之初的土改中，就强调全国各地通过广泛开展"吐苦水、挖穷根"的活动，消除广大农民群众对土改的顾虑，使之踊跃地参加土改活动、积极地孤立和打击顽固分子。其二，注重提高农民群众文化水平。1955年10月11日，在扩大的中共七届六中全会上，毛泽东提出相关举措："包括识字扫盲，办小学，办适合农村需要的中学，中学里面增加一点农业课程，出版适合农民需要的通俗读物和书籍，发展农村广播网、电影放映队，组织文化娱乐等等。"③ 在毛泽东的重视下，广大农村地区识字扫盲、半工半学、破"四旧"、农村社教和"四清"等运动得到大力推进，农村的各类宣传工作也获得了重大发展，各类先进示范和典型人物的宣传活动生动开展。其三，注重丰富意识形态宣传形式。重视推广社会主义道德风尚、弘扬传统美德，通过广泛开展群众之间的批评会，开展群众之间的批评和自我批评等活动来营造健康积极的生活场景，促进农村主流意识形态建设的顺利开展。其四，注重通过制度建设来引导农民群众的思想转变。1956年，针对当时经济管理体制不够顺畅，管得太多、管得太紧的问题，毛泽东强调要完善制度设计和制度建设，要按照法律和制度办事，"思想问题常常是在一定情况和制度下产生的，制度搞对头

---

① （一）有利于团结全国各族人民，而不是分裂人民；（二）有利于社会主义改造和社会主义建设，而不是不利于社会主义改造和社会主义建设；（三）有利于巩固人民民主专政，而不是破坏或者削弱这个专政；（四）有利于巩固民主集中制，而不是破坏或者削弱这个制度；（五）有利于巩固共产党的领导，而不是摆脱或者削弱这种领导；（六）有利于社会主义的国际团结和全世界爱好和平人民的国际团结，而不是有损于这些团结。

② 毛泽东．毛泽东选集：第4卷［M］．北京：人民出版社，1991：1252.

③ 中共中央文献研究室．毛泽东文集：第6卷［M］．北京：人民出版社，1999：475.

了，思想问题也容易解决。例如，农村中包工包酬的制度建立起来了，二流子也会积极起来，也没有思想问题了”[①]。

三是重视用社会主义思想来占领农村的思想阵地。新中国成立后，毛泽东高度重视农村的思想阵地建设，指出“对于农村的阵地，社会主义如果不去占领，资本主义就必然会去占领”[②]。强调要确保农村政权掌握在劳动人民手中，防止农村出现修正主义。而且毛泽东充分认识到在广大农村社会以马克思主义和社会主义思想取代各种旧思想这一过程的艰巨性、长期性。毛泽东指出：“一种新的社会制度，一种新的思想，要慢慢地才能在人们的头脑里占领阵地，才能使旧的东西的影响逐步缩小。”[③] 毛泽东还形象地将农村的反封建迷信形容为“丢菩萨”，主张通过逐步提升农民群众的思想觉悟来达到逐渐减少封建迷信活动的效果。针对在城乡社会广泛开展社会主义教育运动的时机和过程，毛泽东曾在 1964 年作出判断：社会主义教育要搞彻底，“需要几年才能完成(至少要三年到四年)”[④]。

四是重视发挥农村党员干部先锋模范作用。毛泽东非常注重发挥农村党员干部的先锋模范作用，在新中国成立后的历次农村整风运动和“四清”社教活动中，都将农村党员干部的党性党风党纪教育作为一个突出的重点看待。毛泽东还强调通过强大的政权力量，在农村普遍建立起系统完善的思想政治教育体系和党的基层工作体系，以此实现党对广大乡村社会的有效领导和对广大农村群众生活的有效渗透。此外，毛泽东还特别注重通过在农村建立高级合作社和建立政社合一的公社制度，来克服我国农村土地分散、机械化程度不高、农业发展缓慢、小农意识根深蒂固等问题。在毛泽东的亲自指导下，农村社会普遍建立起了基层党委、人民公社、工会、共青团、妇联、民兵团、少先队等无产阶级政权组织，建立了基层人民代表大会制度。

在毛泽东的大力倡导和基层党员干部的努力下，农村主流意识形态建设理论和实践实现了系统性架构。广大农村社会破旧立新，传统封建社会中的“三纲五常”、封建迷信、宗族势力等得到了有力清除。广大农民群众身上因封建社会、小农社会的长期影响所形成的自私、冷漠、迷信、畏上、盲从、重男轻女等落后思想观念得到了积极的改造，农村社会的集体主义、爱国主义得到确

① 薄一波．若干重大决策与事件的回顾（修订本）：下卷［M］．北京：人民出版社，1997：809.

② 中共中央文献研究室．毛泽东文集：第 6 卷［M］．北京：人民出版社，1999：299.

③ 中共中央文献研究室．毛泽东文集：第 6 卷［M］．北京：人民出版社，1999：489.

④ 中共中央文献研究室．建国以来重要文献选编：第 18 册［M］．北京：中央文献出版社，1998：331.

立，社会主义道德得到弘扬，工农联盟基础得到巩固，广大农村的精神面貌焕然一新。

二、邓小平关于农村主流意识形态建设的主要论述

作为务实的马克思主义者，邓小平通过深刻揭示社会主义的本质，深化对社会主义意识形态领导权和社会主义意识形态建设的认识，加强和改善党对意识形态工作的领导，确立思想政治工作“四项基本原则”，提出和丰富“两个文明一起抓”“两手都要硬”的方法论，开辟了意识形态建设的新境界。

针对如何在广大农村地区开展主流意识形态工作，邓小平从我国实际国情出发，根据改革开放后农村社会出现的新情况新问题，创新提出了一系列具有重要指导性的理论和方法。

一是中国要想稳定，关键在农村。农业是国民经济的基础。邓小平多次强调：“不管天下发生什么事，只要人民吃饱肚子，一切就好办了。”[①] 而且，农村稳定是社会稳定的基础，邓小平指出：“中国有百分之八十的人口住在农村，中国稳定不稳定首先要看这百分之八十稳定不稳定。”[②] 邓小平还针对一些农村地区出现的“包产到了户，不要党支部”的严峻形势，强调要加强农村支部建设，使基层党支部真正成为维护农村稳定的坚强核心。

二是农民有了积极性，国家才能发展起来。邓小平非常重视发挥农民的主体地位和积极性，强调不能把农民束缚在小块土地上，不能搞大锅饭和平均主义，“农民没有积极性，国家就发展不起来”[③]。在邓小平的主张和推动下，我国农村社会实现了分田到户，确定了家庭联产承包责任制，重新建立乡镇管理体制，放开个体经营权，大力发展乡镇企业，极大激发了农民群众的生产积极性。在邓小平的推动下，全国的村民自治制度逐步建立了起来，1987 年《村民委员会组织法（试行）》颁布实施，为农民参与政治活动、保障农民权益提供了法律保障。

三是不讲物质利益，就是唯心论。邓小平指出：“不讲多劳多得，不重视物质利益，对少数先进分子可以，对广大群众不行，一段时间可以，长期不行。”[④] 邓小平基于唯物主义的立场，认为不讲物质利益、只讲牺牲和贡献就

---

① 邓小平. 邓小平文选：第 2 卷 [M]. 北京：人民出版社，1994：406.
② 邓小平. 邓小平文选：第 3 卷 [M]. 北京：人民出版社，1993：65.
③ 邓小平. 邓小平文选：第 3 卷 [M]. 北京：人民出版社，1993：213.
④ 邓小平. 邓小平文选：第 2 卷 [M]. 北京：人民出版社，1994：146.

是唯心论，主张将人民群众眼前的物质利益与共产主义远大理想结合起来，尽快满足人民群众提高生活水平、迅速发展经济的强烈愿望，提高群众的认同感和获得感，以此巩固共产党的执政地位和社会主义制度。

四是要教育群众，警惕农村的精神污染。针对改革开放以来农村群众精神生活出现的新问题，邓小平指出："群众从事实上感觉到党和社会主义好，这样，理想纪律教育，共产主义思想教育和爱国主义教育，才会有效。"① 因此要尊重群众感受，倾听群众声音，促进社会共识。邓小平还强调："一个革命政党，就怕听不到人民的声音，最可怕的是鸦雀无声。"② 在邓小平的亲自指示下，全国农村信访工作在制度化和规范化方面取得了重大突破。而且邓小平非常重视解决农村精神污染的问题，注重防患于未然，重视通过加强思想宣传和媒体传播等方面的立法，通过挖掘农村传统文化和中华传统美德，大力弘扬爱国主义、集体主义、社会主义、共产主义思想等具体途径和方法来教育人民，培养"四有"公民和共产主义接班人。

五是加强人民民主专政，发动群众维护城乡社会安全稳定。针对改革开放之初社会治安恶化、人民群众生命财产安全得不到保障的状况，邓小平将稳定作为压倒一切的问题，亲自研究全国"严打"。1983 年 7 月 19 日，邓小平在北戴河向公安部同志提出："对严重刑事犯罪分子……必须坚决逮捕、判刑，组织劳动改造，给予严厉的法律制裁。"③ 邓小平还指出："我们说过不搞运动，但集中打击严重刑事犯罪活动还必须发动群众。"④ 突出强调在加强人民民主专政的同时，要充分依靠群众、发动群众。

在邓小平的持续关心和大力推动下，农村社会坑蒙拐骗、盗窃抢劫、流氓犯罪等行为受到了有效的打击，农村社会治安情况得到了持续好转。并且，邓小平亲自参与制定和推动了包括《中华人民共和国刑法》等在内的一大批重要法律法规的出台及修改，有效解决了当时城乡社会违法犯罪问题突出、群众法纪观念和民主意识不强、国家治理人治色彩浓厚等实际问题，为农村社会稳定提供了制度保障。

六是注重在农村社会形成朴素的社会共识。在邓小平的领导和倡议下，共同富裕、先富带后富、鼓励一部分人和一部分地区先富起来、贫穷不是社会主义、农业是根本、发展才是硬道理、领导就是服务等核心观点和理念，成为广

---

① 邓小平．邓小平文选：第 3 卷［M］．北京：人民出版社，1993：144－145.

② 邓小平．邓小平文选：第 2 卷［M］．北京：人民出版社，1994：144－145.

③ 邓小平．邓小平文选：第 3 卷［M］．北京：人民出版社，1993：34.

④ 邓小平．邓小平文选：第 3 卷［M］．北京：人民出版社，1993：33.

大农村社会的强大共识，这些朴素的社会共识有效地促进和确保了广大农村群众对国家改革开放事业的理解和支持。

三、江泽民关于农村主流意识形态建设的主要论述

20世纪八九十年代，我国在发展主流意识形态时面临着国际共产主义运动低潮、国内社会矛盾重重的严峻形势。在这种情况下，江泽民坚持和发展了马列主义、毛泽东思想，推进了邓小平理论的时代化发展，系统提出了“三个代表”重要思想，强调党的思想政治工作是经济工作和其他一切工作的生命线，明确思想文化领域的意识形态责任，强调要占领“从上到下的一切思想文化阵地”[①]，绝不给违反四项基本原则、改革开放政策、党的路线方针等错误观点，以及危害人民身心健康的东西任何传播渠道，有效维护和发展了我国占统治地位的社会主义意识形态，促进了主流意识形态和社会主义精神文明建设向前发展。

对于如何巩固和发展农村主流意识形态，江泽民立足不断变化发展的形势，突出强调解决“三农”问题和巩固农村集体承包责任制的重要性，高度重视推进“三个代表”重要思想在农村经济社会生活中的贯彻与落实，重视加强农村基层政权建设，注重丰富发展农民的政治、经济、文化利益，促进了农村主流意识形态的发展。

一是“三农”问题是关系党和国家全局的根本性问题。江泽民明确提出：“农业、农村、农民问题，始终是一个关系我们党和国家全局的根本性问题。”[②]针对当时广大农民群众关心的家庭联产承包责任制承包期限的问题，以及涉农税费名目繁多，农民负担过重等现实情况，以江泽民同志为核心的第三代中央领导集体明确了农村土地承包经营权的长期稳定和不变，“使广大农民彻底消除将来还可能回到‘一大二公’的顾虑”[③]。并且，江泽民高度重视加快农村税费改革，系统性解决农村“三乱”行为，加大农村贫困地区的财政转移支付力度和财政支农力度，缓解农村资金短缺问题。江泽民还特别强调贫困问题关系到社会主义的优越性和党的威信，提出要靠发展来解决贫困地区的问题，要通过加快扶贫开发、大力发展乡镇企业、推动小城镇建设、促进农民

① 江泽民. 江泽民文选：第3卷［M］. 北京：人民出版社，2006：97.

② 江泽民. 论社会主义市场经济［M］. 北京：中央文献出版社，2006：140.

③ 江泽民. 江泽民文选：第2卷［M］. 北京：人民出版社，2006：213.

增收致富来提高农民群众自我发展能力，积极回应群众的切实需求。

二是稳步推进农村政治建设，确保实现农村长治久安。江泽民继承并发展了邓小平的村民自治思想，进一步丰富和形成了以村民自治为核心，以依法治村和加强党的领导为保障的农民政治利益思想，强调“扩大农村基层民主，保证农民直接行使民主权利，是社会主义民主在农村最广泛的实践，也是充分发挥农民积极性、促进农村两个文明建设、确保农村长治久安的一件带根本性的大事”①。江泽民高度重视和强调各级党委政府在农村工作中，要一手抓建设一手抓法治，推进依法治村，广大农民群众依法维权、依法办事。在江泽民的亲自关怀下，《中国共产党农村基层组织工作条例》于 1999 年 3 月颁布实施，“五个好”② 标准的明确，以及综合保障措施和要素的配齐，着实提升了农村基层党建水平，为确保农村基层党组织充分发挥领导核心作用创造了有利条件。

三是用社会主义思想占领农村思想阵地。1990 年 6 月 19 日，江泽民在农村工作座谈会上讲话强调：“农村的思想阵地，社会主义思想不去占领，落后的、错误的思想就必然会去占领。”③ 在实际工作中，江泽民非常重视通过加强思想政治教育、增进农民的文化权益、提高农民思想道德水平来占领农村思想阵地。同时要求各级党委在领导农村工作的过程中，要坚持“两手抓”的方针，把加强农民思想道德建设与依法治国结合起来，通过打击农村各类违法犯罪行为、深刻揭露邪教组织危害性、办好群众文艺和娱乐活动、加强集体主义、爱国主义在农村的传播力和渗透力等综合举措来加强农民思想道德教育建设，确保农村经济繁荣和社会文明进步。

四、胡锦涛关于农村主流意识形态建设的主要论述

党的十六大以来，胡锦涛根据我国社会主义市场经济发展和全面建设小康社会的新形势新进展，大力推进马克思主义中国化时代化，提出了构建社会主义和谐社会、坚持弘扬主旋律和提倡多样性的有机统一、弘扬社会主义核心价值体系、提升国家文化软实力、牢牢掌握社会主义文化发展主导权、掌控社会主义宣传思想工作主导权、掌握意识形态领域的领导权和主动权等一系列重要

① 江泽民．江泽民文选：第 2 卷［M］．北京：人民出版社，2006：214－215．

② 建设一个好的领导班子、培养锻炼一支好队伍、选准一条发展经济的好路子、完善一个好的经营体制、健全一套好的管理制度。

③ 中共中央文献研究室．十三大以来重要文献选编：中［M］．北京：人民出版社，1991：1166．

理论和思想，积极探索和推进了主流意识形态建设理论和实践的发展。

胡锦涛的农村主流意识形态建设思想，集中凝结为和谐社会理论以及科学发展观，主要体现在把“三农”问题作为全党工作的重中之重，推进农村地区经济社会综合全面发展，主要举措包括降低农民的税费负担、促进城乡统筹发展、依法保护农民工权益、缩小城乡发展差距、改善农村文化生活等，以此有效应对农村社会阶层分化、社会贫富差距拉大、城乡二元结构明显、生态环境问题突出等带来的负面影响。

一是重视“三个结合”，增强农村思想政治工作的有效性。胡锦涛提出，在开展思想政治工作时，要“把先进性要求和广泛性要求结合起来，把解决思想问题和解决实际问题结合起来”①，“把我们所倡导的和群众所需要的紧密结合起来”②。这“三个结合”充分体现了胡锦涛对农村思想政治工作开展的时代要求和方法指导。在这一思想的引导下，中央在突出强调加强社会主义核心价值体系建设，提高舆论引导能力，注重提高公民思想道德素质和整个社会文明程度的同时，还明确了“多予少取放活”和工业反哺农业、城市支持农村的基本方针，将农村作为全国卫生工作、交通基础设施建设、公共文化服务体系建设的重点，大力推进城乡基本公共服务均等化，通过广播电视“村村通”、文化科技卫生“三下乡”、将农村义务教育全面纳入公共财政保障范围等多项举措，切实提升了广大农村地区教育、医疗、养老等各类基本公共服务的质量和水平，有效加强了农村地区群众性精神文明创建活动的实际效果，确保了广大农村群众对党的路线方针政策的信任和支持。

二是尊重农民意愿，妥善解决农民群众关心的现实问题。胡锦涛强调，要“把群众满意不满意作为加强和创新社会管理的出发点和落脚点”③，要在思想上尊重群众，在感情上贴近群众，在工作上依靠群众。针对农民群众对土地政策存在顾虑的实际情况，胡锦涛明确强调，要尊重农民群众的意愿，稳定和完善土地承包关系，打消农民群众的顾虑，要通过取消农业税、给种粮农民直接补贴、实行粮食最低收购价、建立农村最低保障制度等系列强农惠农政策，给农民群众带来实实在在的利益。④ 并且，胡锦涛重视尊重农民的市场主体地位，提出要“按照依法自愿有偿原则，允许农民以转包、出租、互换、转让、

① 胡锦涛．胡锦涛文选：第3卷［M］．北京：人民出版社，2016：63.

② 胡锦涛．胡锦涛文选：第3卷［M］．北京：人民出版社，2016：63.

③ 胡锦涛．胡锦涛文选：第3卷［M］．北京：人民出版社，2016：500.

④ 参见：胡锦涛．胡锦涛文选：第3卷［M］．北京：人民出版社，2016：115.

股份合作等形式流转土地承包经营权，发展多种形式的适度规模经营”①，强调要“严格执行最低工资制度，完善劳动合同制度，改善农民进城务工经商环境，保护进城务工经商农民合法权益”②。

三是注重农村精神文明建设，形成健康文明新风貌。胡锦涛强调：“提高农民综合素质，是建设社会主义新农村的重要保证。”③ 在实际工作中，胡锦涛非常重视农村精神文明建设，注重通过加快发展、大力发展农村教育事业，提高农村义务教育、职业教育和成人教育的质量水平等举措来促进农村精神文明建设。同时，胡锦涛还强调要用社会主义先进文化牢固占领农村阵地，注重通过提高农村公共文化设施建设水平、丰富农村群众精神文化生活内容、健全农村文化事业资源整合机制等来繁荣发展农村文化事业。在注重引导农民群众发扬艰苦奋斗、自强不息的优良传统，弘扬爱国主义和集体主义的同时，胡锦涛还强调要重视加强农村普法工作，增强农民群众的法律意识，倡导健康文明新风尚，通过实施公民道德建设工程等来引导农村群众抵制迷信、移风易俗，形成健康文明的农村新风貌。

四是重视建立健全社会矛盾纠纷调处机制，促进农村和谐社会建设。胡锦涛强调：“在我们这样一个农民占多数人口的国家里，没有农村的和谐，就不可能有整个社会的和谐。”④ 主张通过尊重农民群众的各项合法权益、保障农村困难群众的基本生活、推进社会主义新农村建设、提高农村精神文明建设水平、依法打击各种犯罪和黄赌毒等社会丑恶现象等切实举措，来促进农村社会和谐稳定与发展。同时，胡锦涛针对当时农村社会发展中出现的新情况新问题，主张通过加强社会治安防控体系和农村社会综合治理体系建设、建立健全社会预警机制和处突应急机制、完善城乡信访工作制度和司法救助制度等有效举措，来综合维护农村社会的和谐安全稳定。

五、习近平关于农村主流意识形态建设的主要论述

党的十八大以来，在新的历史条件下，以习近平同志为核心的党中央针对党情国情世情所发生的深刻变化和我国在新时期夺取中国特色社会主义新胜利、实现中华民族伟大复兴中国梦的宏伟目标，提出了一系列新理念新思想新

① 中共中央关于推进农村改革发展若干重大问题的决定［M］. 北京：人民出版社，2008：13.
② 胡锦涛. 胡锦涛文选：第2卷［M］. 北京：人民出版社，2016：416.
③ 胡锦涛. 胡锦涛文选：第2卷［M］. 北京：人民出版社，2016：418.
④ 胡锦涛. 胡锦涛文选：第2卷［M］. 北京：人民出版社，2016：419.

战略，深刻阐明了新形势下意识形态工作方向性、根本性、全局性的重大问题，带领全党开创了意识形态工作崭新局面，推动整个社会意识形态领域形势发生全局性、根本性转变。

针对我国农村地区经济社会发展最新变化情况，习近平总书记对农村的主流意识形态建设作出了系列重要论述，提出了系列重要方法，促进了社会主义主流意识形态在农村的积极推进。

一是坚定以人民为中心的价值取向，重视维护好实现好农村群众的根本利益。民心是最大的政治。习近平总书记强调："任何时候都不能忽视农业、忘记农民、淡漠农村。"① 2019 年 5 月，习近平总书记在江西考察时指出："要加强乡村人居环境整治和精神文明建设，健全乡村治理体系，使乡村的精神风貌、人居环境、生态环境、社会风气焕然一新，让乡亲们过上令人羡慕的田园生活。"② 习近平总书记在基层代表座谈会（2020 年 9 月）、全国脱贫攻坚总结表彰大会（2021 年 2 月）等多个重要场合都强调，要聚焦群众普遍关心的民生问题抓落实，"让广大人民群众获得感、幸福感、安全感更加充实、更有保障、更可持续"③。

在习近平总书记的领导下，农村改革事业全面有序推进，降低涉农税费、稳定粮食收购政策、第二轮土地承包到期后再延长 30 年、开展扫黑除恶专项斗争、根治拖欠农民工工资行为、开展农村人居环境综合整治、实施"厕所革命"、严肃查处侵犯农民利益的微腐败、建设平安乡村、提高农村社会公共服务水平、促进城乡统筹和城乡一体化建设等一系列有力措施先后实施，有效提升了广大农民群众的获得感、幸福感和安全感。

二是农业必须强，农村必须美，农民必须富。习近平强调："农业强不强、农村美不美、农民富不富，决定着亿万农民的获得感和幸福感，决定着我国全面小康社会的成色和社会主义现代化的质量。"④ 在习近平总书记的关心和重视下，全国广大农村如期全面建成小康社会，乡村振兴战略顺利推进，已形成五级书记齐抓共管乡村振兴的生动格局，党管农村工作的优良传统得到进一步弘扬，自治、法治、德治"三治"相结合的乡村治理体系更加健全，党委领

---

① 中共中央党史和文献研究院．习近平关于"三农"工作论述摘编［M］．北京：中央文献出版社，2019：4.

② 贯彻新发展理念推动高质量发展 奋力开创中部地区崛起新局面［N］．人民日报，2019－05－23（2）.

③ 习近平．在全国脱贫攻坚总结表彰大会上的讲话［M］．北京：人民出版社，2021：22.

④ 习近平．论"三农"工作［M］．北京：中央文献出版社，2022：237.

导、政府负责、社会协同、公众参与、法治保障、技术支撑的现代乡村社会治理体制不断发展，有效促进了农业基础稳固、农村社会和谐稳定、农民群众安居乐业发展目标的实现，“让农业成为有奔头的产业，让农民成为有吸引力的职业，让农村成为安居乐业的家园”① 的成效正得到不断丰富和发展。

三是乡村振兴既要塑形，也要铸魂。习近平强调，农村现代化既包括“物”的现代化，也包括“人”的现代化。一方面，应高度重视农村经济社会的发展。在习近平的重视和强调下，脱贫攻坚战全面打响，小康社会全面如期建成，显著改善了贫困地区和贫困群众生产生活条件，广大农村地区教育、医疗、卫生、社会保障、基础设施建设等各项事业得到了质的飞跃。另一方面，应注重推进形成文明乡风、良好家风、淳朴民风。习近平总书记将我国农耕文明视为“中华优秀传统文化的根”②，重视通过挖掘和弘扬优秀农耕文明的当代价值，弘扬尊老爱幼、母慈子孝、耕读传家、勤俭持家等中华民族传统家庭美德，发挥农村风俗习惯、村规民约的作用，发挥自治和德治的作用等来加强农村精神文明建设。

四是用好各类阵地资源，提振农民群众精气神。习近平总书记高度重视培育农村群众的良好精神面貌，明确提出要“弘扬社会主义核心价值观，保护和传承农村优秀传统文化，加强农村公共文化建设，开展移风易俗，改善农民精神面貌，提高乡村社会文明程度”③。2017 年 12 月，习近平总书记在江苏徐州考察时强调：“实施乡村振兴战略要物质文明和精神文明一起抓，特别要注重提升农民精神风貌。”④ 在习近平总书记的大力倡导下，全国各地按照实现乡村两级公共文化服务全覆盖、数字广播户户通、农家书屋提质增效、便捷获取优质数字资源、村民健身设施全覆盖、志愿服务体系全覆盖等要求和标准，扎实推进乡村公共文化服务体系建设，积极推进各类阵地资源的整合。习近平总书记还强调各类文化惠民项目要向农村倾斜，广大文艺界要推出更多反映农民生活和乡村振兴的优秀文艺作品，要实现农村文艺队伍不断发展和乡村文艺更加活跃，以此切实提振广大农村群众的精神面貌。

五是补齐农村互联网建设短板，建好亿万民众共同精神家园。习近平总书记明确指出：“相比城市，农村互联网基础设施建设是我们的短板。”⑤ 他强调

① 习近平. 习近平谈治国理政：第 3 卷 [M]. 北京：外文出版社，2020：258.
② 习近平. 习近平谈治国理政：第 3 卷 [M]. 北京：外文出版社，2020：260.
③ 习近平. 习近平谈治国理政：第 3 卷 [M]. 北京：外文出版社，2020：259.
④ 习近平. 论“三农”工作 [M]. 北京：中央文献出版社，2022：231.
⑤ 习近平. 在网络安全和信息化工作座谈会上的讲话 [M]. 北京：人民出版社，2016：5.

要加快农村互联网建设步伐，提高农业生产智能化、经营网络化水平，促进基本公共服务均等化，发挥互联网在助推脱贫攻坚中的作用，加快推进电子政务建设，“让百姓少跑腿、信息多跑路，解决办事难、办事慢、办事繁的问题”①。

① 习近平．在网络安全和信息化工作座谈会上的讲话［M］．北京：人民出版社，2016：6．

第三章　新中国成立以来农村主流意识形态建设的整体进程

新中国成立以后，中国共产党在农村主流意识形态建设过程中的综合有效举措，为新生人民政权的巩固和新中国各项事业的迅速开展提供了坚强的保障，有力推进了农村经济社会运行机制的改造和重构。特别是党的十一届三中全会以来的各项措施，成功调动了广大农民群众的积极性，有效应对了来自各方面的意识形态风险挑战，巩固了党在农村工作中的领导地位，实现了农村经济社会的迅速发展，确保了中国特色社会主义事业的进步。中国特色社会主义新时期以来，农村主流意识形态建设的积极开展，为实现全面建成小康社会、促进社会主义现代化事业迈进新征程提供了坚实的基础。系统考察新中国成立以来党领导开展农村主流意识形态建设的进程，并梳理其中的经验和教训，具有突出的现实指导意义。

第一节　社会主义革命和建设时期农村主流意识形态建设的艰辛探索

新中国成立初期，新旧意识形态斗争激烈、形势严峻，“思想领域的旧思想、旧观念和西方资本主义对新政权的孤立、威胁、封锁、遏制成为建立无产阶级意识形态的桎梏，确立社会主义意识形态面临着巨大挑战”[①]。围绕巩固新生人民政权、改造农村社会落后面貌、调动农村群众积极参与抗美援朝保家卫国和社会主义国家建设、夯实党在农村执政基础等目标和任务，以毛泽东同

① 高中伟，邱爽．新中国初期新闻宣传的价值重塑与体制重构［J］．四川大学学报（哲学社会科学版），2017（2）：64．

志为核心的第一代中央领导集体通过系列具体举措，有效推进了社会主义主流意识形态在广大农村地区落地生根，成功凝聚了广大农民群众的家国情怀和普遍意志，促进了中国广大农村进入社会主义发展阶段的历史性转变。

一、彻底开展土地改革，重视农村地区的反封建斗争

获得土地，实现“耕者有其田”，是中国几千年农耕文明的典型文化基因。新中国成立后，中国共产党向广大农民履行了自己的承诺。从 1950 年冬到 1953 年春，在全国的新解放区完成了土地制度的改革，广大农民真正翻身做了主人，成为土地的所有者、自由经营者，圆了中国农民获得土地的千年梦想。可以说，土地改革的成功进行，使中国共产党、人民解放军、新生人民政权获得了广大农民群众的普遍信任和广泛支持，树立了稳固的威信和良好的道德形象，奠定了新生人民政权在农村开展一切工作的坚实基础。虽然在之后的农业合作社运动和人民公社中，农民逐渐失去了对土地的所有权和支配权，但从根本上讲，新确立的农村土地集体所有制，以及“三级所有，队为基础”的人民公社制度，在一定程度上契合了广大农民群众平均主义思想的同时，也有效避免了农村土地的兼并和私有化的问题，并弥补了小农户在农具、劳动力等方面的不足，具有其存在的历史合理性，也得到了广大农民群众的认可和支持。

进行土地改革的同时，中国共产党以其高度的组织化能力和强有力的领导，开创运用“以全民政治运动为主要形式的政治社会化模式”①，极高效率和极大威势地开展了农村社会主义运动、第一次人民普选活动、“三反”“五反”运动，废除封建婚姻制度，打击和取缔城乡社会的帮会组织，整顿结社行为，取缔遍布城乡社会的烟馆、妓院、当铺，整顿和清理外国势力在宗教、教育、文化、医疗等领域的残存影响，沉重打击了农村宗族势力和封建迷信活动，有力扫除了各种封建丑恶现象，遍布全国农村的宗祠庙宇要么被摧毁，要么被征收公用，实现了在政治、经济、文化上对农村封建势力的基本肃清。

新生人民政权重视以新的法律体系代替旧社会的法律体系，重视在农村地区反复宣传、推广执行人民政权的新颁法律。早在 1949 年 2 月 22 日，中共中央就作出了《关于废除国民党的六法全书与确定解放区的司法原则的指示》，

---

① 高中伟. 新中国初期党对城市黄赌毒社会问题的治理［J］. 深圳大学学报（人文社会科学版），2015（5）：146.

明确全面废除国民党的六法全书。新中国成立之初，包括《中国人民政治协商会议共同纲领》《中华人民共和国婚姻法》《中华人民共和国土地改革法》在内的一大批重要法律法规在较短时间内相继出台，成为巩固新民主主义革命胜利果实、夯实人民政权基础、稳定社会秩序、维护人民民主专政、确保人民当家作主的重要依托和集中体现。

相比旧社会，新生人民政权司法制度的指导思想、工作方法、工作性质都发生了重大变化，坐堂问案、主观断案、刑讯逼供、捐资赎罪、民不告官不究、清官不断家务事等旧有做法被司法为民、依法断案、法律面前人人平等、男女平等、民族平等、惩治与教育结合、刑由罪定、死刑必慎等新举措代替。这些举措都给广大农村群众的法纪观念带来了极大的震撼和冲击。在各级党委政府部门不懈努力的宣传、普及和带头执行下，人民法律为人民、法律面前人人平等、法律无情人有情、维护社会公平正义等社会主义法治观念得到了有效推广。广大农民群众也逐渐接受了新生人民政权的法律体系，对新中国的法治思想有了广泛的认同，行为习惯与无产阶级政权的内在要求更加靠近，农村主流意识形态建设得以深入推进。

二、建立健全宣传教育工作机制，重视理论和制度创新

新中国成立之初，相对于解放战争时期局部性、临时性、突发性、突击性的农村意识形态宣传和动员工作，此时的农村意识形态建设工作更加要求规范性、规模性、经常性。而且相对于以往农村社会形态和生活方式，新生人民政权带来了观念、行为、利益格局、农村管理模式等全方位的改变，促进了农村社会的巨大转型，主流意识形态的巨大变化必然也给广大农村群众带来了思想的深刻涤荡。

新中国成立之初，由于各级干部队伍的大幅调整，党的工作重心逐渐向经济建设和社会管理等实际工作转移，党内忽视思想宣传工作、削弱宣传教育工作力量的态势比较突出，各级党委宣传部门在相当程度上存在机构残缺不全和工作范围狭隘的问题，党在农村的宣传教育工作更是面临被弱化的危险，以至于“我们党的宣传工作同当前任务的需要比较起来，还很不相称，需要加强”[①]。此外，在夺取政权后，一些解放区的乡村干部自私、狭隘的思想观念更加突出，乡村干部松气退坡的现象也更加严重，土地改革后很多农民只顾各

① 中共中央文献编辑委员会. 刘少奇选集：下卷［M］. 北京：人民出版社，1985：83.

自生产，不顾国家发展，也无暇顾及政治，广大农村地区面临着意识形态建设亟须加强的问题。与此同时，新中国成立初期镇压反革命、土地改革、抗美援朝、“一化三改”等重大时代任务，又对农村主流意识形态建设提出了相当高的要求。

在这种情况下，1951 年 2 月，中共中央发布《关于健全各级宣传机构和加强党的宣传教育工作的指示》，明确规定县级宣传部门要包含十名左右工作人员。在中央的推动下，全国范围内构建起了规模宏大、纵横交错的宣传体系，组建起了覆盖机关、厂矿、街道、农村、学校、企业等所有社会组织细胞的宣传机构和宣传队伍。1951 年 3 月，中共中央再次发出《关于加强理论教育的决定的通知》，明确了当前理论教育的重点：其一，理论教育要暂时服务于全党和全国的工作重点，突出“抗美援朝、巩固国防、土地改革、镇压反革命、整党等各项紧张工作”①；其二，全年各级宣传部工作仍应“着重于配合当前紧急任务的群众宣传，建立宣传网，积极参加整党的教育工作”②，并注重在工作中建立和充实宣传部自身的业务和机构；其三，必须进行理论教育工作，各地要自行制订理论教育计划，在实施中积累经验；其四，为配合 1952 年颁布实施的中央关于加强理论教育的决定，“在今年内有重点地利用党校和整党的教育工作来训练一批理论教员”③。在 1951 年 5 月召开的第一次全国宣传工作会议上，还确定了党的宣传工作主要任务就是用马列主义来对国民进行广泛教育，并明确了具体的方针和政策，有效提高了全国宣传思想工作的规范化、制度化水平。

在建立健全城乡宣传工作机制的同时，中国共产党高度重视马克思主义理论的宣传普及和宣传工作的创新发展。这一时期，《学习》《哲学译丛》等一大批重要理论刊物相继创办，深化马克思主义理论的研究阐释，《马克思恩格斯全集》《列宁全集》等一大批马克思主义经典著作有计划地大规模出版发行，全国各地电台、广播、报纸坚持党性原则和无产阶级政治立场，有计划有步骤地密集开展马克思主义基本理论、基本观点、基本方法的宣传和普及工作，“党的中心工作宣传与马列主义的立场、观点、方法结合，马克思主义在社会

---

① 中共中央文献研究室. 建国以来重要文献选编：第 2 册 [M]. 北京：中央文献出版社，1992：121.

② 中共中央文献研究室. 建国以来重要文献选编：第 2 册 [M]. 北京：中央文献出版社，1992：121.

③ 中共中央文献研究室. 建国以来重要文献选编：第 2 册 [M]. 北京：中央文献出版社，1992：122.

各阶层、各领域迅速普及”①。

这一时期，宣传工作的一大亮点是重视基层工作方法的创新指导和正确运用。面对新中国成立初期基层宣传任务重但基层干部群众素质较低的实际情况，中央高度重视对基层工作方法的系统指导。1957 年 2 月 27 日，毛泽东作了《关于正确处理人民内部矛盾的问题》的讲话，明确了用民主的方法，用讨论、批评、说服教育的方法去解决人民内部矛盾。1958 年 1 月，毛泽东亲自拟定了《工作方法六十条（草案）》，系统运用辩证唯物主义和矛盾分析法，对县以上各级党委如何抓社会主义农业建设，如何推进不断革命，处理好红与专、政治与业务的关系，科学制定和修改各种规章制度，办好农业学校和发展农村中小学教育，开展爱国卫生运动，提高人民健康水平等工作进行了明确的指示，为抓好农村主流意识形态建设提供了重要的方法指导。

1962 年 9 月 27 日，中共八届十次会议通过了被称为“公社宪法”的《农业六十条》。《农村人民公社工作条例（修正草案）》明确规定了人民公社的性质、组织、规模、管理等事项，其中就包括缩小社队规模，正式取消曾被认为具有共产主义因素的供给制和公共食堂，改变农业基本核算单位，承认社员的私有财产任何人不得侵犯，反对“共产风”，恢复大公社时期被取消的家庭副业，明确家庭副业是社会主义经济必要的补充部分等规定，以及严禁公社的各级干部打人、骂人和变相体罚，严禁用不准打饭、不发口粮和乱扣工分的办法来处罚社员等规定，有效确保了农村主流意识形态建设的扎实推进。

三、快速提高农民知识文化水平，重视改造农民思想

1951 年，中共中央华北局根据当时农村工作实际情况，提出“严重的问题是教育农民和教育农民出身的党员和干部”②。1952 年，毛泽东在对《论新民主主义》作重大修改时，再次着重强调：“严重的问题是教育农民。”③ 强调农民的经济是分散的，因此需要很长的时间和细致的工作来推进农业社会化。

在 1950 年冬到 1953 年春的全国土地改革中，中央和各级党委通过派出大批土地改革工作队到农村，依靠贫农和雇农，团结中农，运用访贫问苦和忆压迫苦、算剥削账等方法，极大地教育了广大农民群众，提升了农民群众的阶级

① 高中伟，邱爽．新中国初期新闻宣传的价值重塑与体制重构［J］．四川大学学报（哲学社会科学版），2017（2）：68.

② 薄一波．加强党在农村中的政治工作［N］．人民日报，1951－06－29（1）.

③ 毛泽东．毛泽东选集：第 4 卷［M］．北京：人民出版社，1991：1477.

觉悟和主人翁意识。同时，通过坚持在农村开展民主教育、典型示范教育，批评“李四喜思想”[①] 这种只顾埋头生产不管国家大事、分了田就算革命成功了的现象，有力提高了广大农民的国家整体思想和集体观、大局观。此外，通过教育和改造农村的地主势力、旧中国在农村的帮派力量和旧政权的留用人员，增强了广大农村社会对新生人民政权的普遍价值认同。

同时，中国共产党非常重视通过废除旧社会学制、改变办学体制和改革学制、清理旧社会的教材和党义课程、轮训和清理旧社会教员来确保人民政权在教育领域的领导权。将小学“四二制”改为“五年一贯制”，在农村地区除了开设集中的正规小学，还通过开办半日班、早学、夜校等方式方便农村群众学习。并且探索教育改革，创办工农速成中学，倡导教育“向工农开门”，通过大力开展农村扫盲识字运动，积极推广各类速成识字法等有效措施，实现了用较短时间提高农村群众文化水平的目标。据不完全统计，到 1956 年底，全国农民入学数占全国青壮年农民总数的 30%。[②] 1958 年 5 月，中共八届二次会议明确了教育为无产阶级政治服务，教育与生产劳动相结合的方针，进一步从根本上改变了我国学校教育的性质和面貌。1958 年 9 月 19 日中共中央出台的《关于教育工作的指示》，明确提出农村教育必须接受党委领导、必须把生产劳动列为正式课程等要求。1960 年 12 月，中共中央召开了全国文教工作会议，在《关于当前文化教育工作的意见》中，明确在农村地区要以全日制、半日制和业余三种形式逐步发展初中教育，并着重办好农业中学。

在中共中央的高度重视下，全国农业中学建设取得了显著成效。同时，全国从 1958 年开始掀起了农村扫盲工作的高潮，当年就有 6000 万人参加扫盲识字学习。据统计，1959 年，全国青壮年农民文盲率降到了 43%，而这一数字在 1949 年是 80%。中共中央和国务院在 1959 年 5 月 24 日发出的《关于在农村中继续扫除文盲和巩固业余教育的通知》，要求全国各地鼓足干劲，利用一切有利时机，组织开展农村扫盲工作，在全国试行注音识字。此外，通过出台《关于农村业余教育工作的通知》（1962 年 12 月 5 日）、《关于加强全日制高等教育和中等专业学校函授、夜校教育工作的通知（草案）》（1963 年 1 月）等重要文件，积极推动农村地区广泛开展农民函授和夜校教育、业余教育、半工（农）半读教育等，极大地改善了农村教育薄弱的境况。有关 1953—1965 年间

---

① 李四喜是 1951 年 7 月 18 日《新湖南报》虚构的一个分了田就不再革命的贫苦农民，《新湖南报》通过刊登读者来信、发表社评、刊发文章等方式，引导社会批判“李四喜思想”，获得了《人民日报》的呼应，在全国引起广泛讨论。

② 郭福昌. 中国农村教育改革一百年 [M]. 北京：红旗出版社，1998：70.

农村中学的基本情况如表3－1所示。

表3－1 农村中学基本情况①　　单位：万人

年份	学校数（个）	招生数	毕业生数	在校生数	职工数	专职教师数
1953	3757	13.37	2.04	24.57	0.43	1.31
1964	12996	65.79	2.92	84.97	0.98	3.39
1965	54232	225.10	8.17	316.69	2.87	12.55

这一时期，中国共产党非常重视发挥文学艺术在促进农村主流意识形态建设上的积极作用。通过拍摄电影、录制歌曲等综合文艺形式，加强对广大农民群众的党史、国史教育，树立中国共产党以及党的领导人的光辉形象，向全社会普及共产党人的价值观。

在文艺为最广大的人民大众服务的号召下，全国文艺战线振奋精神，推出了一大批优秀的文艺作品，如反映中国革命历史和现实生活的电影和舞台剧《命苦家庭》《红色娘子军》《林海雪原》，小说《创业史》《三千里江山》《红岩》《青春之歌》等；反映封建旧社会压迫和剥削的舞台剧和戏曲《十五贯》《芙奴传》《梁山伯与祝英台》《白毛女》等；反映革命乐观主义精神的故事片《中华儿女》《钢铁战士》《洪湖赤卫队》《长征组歌》等；歌颂新中国的歌曲《我们走在大路上》《接过雷锋的枪》《马儿啊，你慢些走》《谁不说俺家乡好》等，受到了广大农村群众的喜爱，成功唤起了广大农民群众对旧社会的憎恨、对新中国和中国共产党的感恩之情，鼓舞了广大农民群众意气风发、鼓足干劲建设美好祖国的热情。

在党和国家的大力倡导下，这一时期全国的文化事业得到了快速发展。当时从中央到地方的各级文工团、剧团、艺术团，都纷纷组成农村文化工作队，奔赴广大农村开展活动，用优秀的作品鼓舞人，用鲜活的语言和形式教育人，起到了非常好的效果。据资料显示，从新中国成立到“文化大革命”前，全国共摄制了影片600多部、纪录片约1000部、新闻片1800部左右、科教片640多部、美术片127部；出版了大量经典著作和有重要影响的优秀图书，仅1965年全国出版的图书就有20143种，总印数21.71亿册，全国年人均图书3册，比1950年的图书品种数增长了约1倍，图书供给量增长了7.8倍；一大批文化设施在各地纷纷建立，到1965年，全国已有县级文化馆2598个，城乡

① 数据来源：郭福昌. 中国农村教育改革一百年［M］. 北京：红旗出版社，1998：77.

影剧院 2943 个，县级以上图书馆 562 个，群众艺术馆 62 个，乡镇文化站 2125 个，为人民群众参与文化活动提供了保障，广大农民群众的精神生活得到了很大的丰富和发展。①

四、广泛发动群众，重视农村社会动员

新中国成立以来，中国共产党非常注重号召、团结、吸引广大农民群众参与到土地改革、抗美援朝、巩固国防、镇压反革命、肃反清霸、禁烟禁赌等各项重大工作中来。通过向农民群众反复宣讲和教育这些重大工作关系到人民政权巩固、国家和民族命运维系、个人和家庭幸福、社会重大工作的发展和民族的进步，以此赢得广大农民的支持。并且，围绕新中国外交事业的发展，还在全国人民群众中广泛开展学习苏联模式、全世界社会主义国家大团结、维护世界和平、反对帝国主义、推动殖民地半殖民地民族解放运动等方面的宣传，以此切实提高广大农村群众的爱国主义、集体主义、革命英雄主义、国际共产主义的思想觉悟和认识。

以抗美援朝为例，当时全国各级各类党政机关通过报纸、广播、幻灯片、传单等工具，充分利用新闻报道、标语口号、集会游行、战斗英雄报告会、巡回报告会、表演抗美援朝歌曲戏曲等形式，在农村广泛开展抗美援朝英雄事迹和先进典型的宣传报道，开展革命英雄主义教育，极大地强化了广大农民群众保家卫国、反抗侵略、革命必胜的共同思想认识和信念信心。有学者统计，仅苏南地区 31 个县市的农民，在抗美援朝中就为国家捐献了 30 架飞机，在 1951 年的“五一”大游行中，苏南地区各县市党委组织发动了 400 万农民的广泛参加。这一年，全区农民捐款 50823284 千元（旧币），占全区捐献总额的 22.51%。② 而全国人民支援前线的捐赠更是折合飞机 3710 架，各种作战物资高达 560 万吨。③

在全面建设社会主义时期，各级党委和政府更加重视，甚至倚重于通过调动广大农村群众的参与来开展反右倾、鼓干劲、“大跃进”、植树造林、绿化祖国、农田水利建设、深耕土地和积肥等运动。如 1959 年 10 月 24 日发布的《中共中央、国务院关于今冬明春继续开展大规模兴修水利和积肥运动的指示》

---

① 参见：蔡武．走向发展　走向繁荣——新中国成立 60 年文化建设与发展［EB/OL］．(2012－04－11)［2023－10－25］．https://www.gov.cn/test/2012－04/11/content_2110564.htm.

② 参见：钟霞．苏南农村抗美援朝运动［J］．党史研究与教学，2006 (1)：54.

③ 参见：王树荫．中国共产党思想政治教育史［M］．北京：中国人民大学出版社，2010：139.

要求："在今后几个冬春，再搞几次水利建设高潮，力争在较短时间内实现水利化。"① 根据这一指示，全国各地干劲十足，有多达 3000 万人（主要是农民）参与农田水利建设和冬灌、平整耕地工作，各项水利建设进展迅速。仅浙江省浦江县的一个公社，就发动 2000 多群众，只用 4 天时间就完成了一座蓄水量高达 70 万立方米的水库建设。②

这一时期中国共产党十分重视在农村地区广泛发动社会主义和共产主义教育运动，促进农村群众思想转变。1958 年 8 月，中共中央发出《关于今冬明春在农村中普遍展开社会主义和共产主义教育运动的指示》，将促进社会主义和共产主义理想信念在农村群众中扎下根、让群众信服社会主义和共产主义、促进农村群众思想观念转变作为核心任务，"应该把一切'白旗'以至'灰旗'统统拔掉，把红旗普遍插起来，使社会主义建设总路线更加深入人心"③。

通过广泛树立典型模范，在全国上下掀起学习雷锋、焦裕禄、王进喜、欧阳海和王杰等先进模范、榜样、战斗英雄的热潮，广大农村群众的集体主义、共产主义、爱国主义、大公无私、先公后私的信念得以进一步增强。

此外，这一时期的农村主流意识形态建设尤为重视塑造广大农村社会大有作为的社会整体印象，营造"农村是一个广阔的天地，在那里是可以大有作为的"④ 普遍氛围，重视塑造农村群众朴素、热情、忠厚、勤劳、善良的社会良好形象，鼓励城市青年学生下乡垦荒，动员城市初高中生到农村插队，将广大农村社会塑造成接受革命奋斗传统、吃苦耐劳精神教育的场地，这对农村社会发展具有强大的内在统摄和引领作用。

五、整顿基层党风政风，重视维护党和国家良好形象

新中国成立以后，针对一些农村地区出现的基层干部作风粗暴、散漫等问题，中国共产党非常注重通过严肃基层党风政风、确保党的先进性来示范引领农村社会发展，维护党和国家的良好形象。

新中国成立不久，中央就决定在全党全军开展持续深入的整风运动。1951

---

① 中央档案馆，中共中央文献研究室．中共中央文件选集（1949 年 10 月—1966 年 5 月）：第 32 册［M］．北京：人民出版社，2013：240.

② 参见：王瑞芳．当代农村的水利建设［M］．镇江：江苏大学出版社，2012：92.

③ 中央档案馆，中共中央文献研究室．中共中央文件选集（1949 年 10 月—1966 年 5 月）：第 28 册［M］．北京：人民出版社，2013：414.

④ 中共中央文献研究室．毛泽东文集：第 6 卷［M］．北京：人民出版社，1999：462.

年3月28日至4月9日召开的第一次全国组织工作会议，通过了《关于整顿党的基层组织的决议》，明确提出成为共产党员的八项条件。1951年5月1日，中共中央发出《关于在全党全军开展整风运动的指示》，同年底又集中开展了反对贪污、反对浪费、反对官僚主义的“三反运动”，严肃处理了刘青山、张子善等一批腐败堕落的党员干部。1960年11月3日，中共中央发出《关于农村人民公社当前政策问题的紧急指示信》，第一次正式、系统地提出在农村肃清“五风”的任务，反对和纠正共产风、浮夸风和命令风，反对干部特殊化，纠正“一平二调”的错误。该紧急指示信发出后，受到广大农民群众的欢迎。通过有力的整风运动，极大地促进了全党“两个务必”以及党的指示和人民政府政令的落实，提升了党在广大农村的影响力和号召力。

在整风的同时，中国共产党非常注重根据实际情况来教育和引领农民群众。1953年12月公布的《中共中央关于发展农业合作社的决议》明确指出，党在农村中工作的最根本的任务，就是用农民能接受的明白易懂的道理和方法，用农民群众熟悉的日常生活和切身经验，来“向农民灌输社会主义和合作化的思想”[①]，并用具体的实际的榜样，联系社员实际生活来吸引广大农民群众倾向社会主义。同时还强调了乡村党组织建设的“三个善于”（善于联系社员的实际生活、善于在社员中进行新旧不同道路的比较、善于通过切实的事例来推进工农联盟的教育），“要经过这一切的教育和工作去不断地提高社员的社会主义觉悟，不断地排除富农的影响，不断地克服社员的个人主义思想，从而进一步地巩固农业生产合作社”[②]。1953年4月中共中央编印的《当前农村工作指南》，特别明确在开展农村社会主义改造中，需要以充分的热情去照顾、帮助和耐心地教育农民，而不是讥笑和嘲讽农民的落后，“更不允许采用威胁和限制的方法打击他们”[③]。通过全方位、多角度、密集地提升工作方法和强化工作力度，确保了广大农民群众的思想觉悟和政治意识的有效提升。

总之，作为刚刚建立全国政权、实现对新生国家有效领导的大党，这一时期，中国共产党创造性开展农村工作，推动了农村各领域的结构性调整，取得了中国农村社会发展和变革的历史性成就。同时，由于当时特殊的历史

---

① 中央档案馆，中共中央文献研究室．中共中央文件选集（1949年10月—1966年5月）：第14册［M］．北京：人民出版社，2013：448.

② 中央档案馆，中共中央文献研究室．中共中央文件选集（1949年10月—1966年5月）：第14册［M］．北京：人民出版社，2013：461.

③ 中央档案馆，中共中央文献研究室．中共中央文件选集（1949年10月—1966年5月）：第11册［M］．北京：人民出版社，2013：158.

环境和国内外斗争状况，这一时期农村地区主流意识形态建设明显存在一些不足。

一是农村意识形态建设方式相对简单。在正常的教育宣传之余，主要是通过批斗、游行、忆苦思甜等群众手段和群众运动来开展农村意识形态建设，对农村出现的思想问题，在运用疏导、教育之外，还非常强调斗争和批判的手段。而对于改善群众居住条件、生活条件，提高农村的文化生活，完善社会主义法治等其他手段，由于受到当时认识的局限和经济发展水平的制约，相对运用不多。不少农民群众在自身利益受损、收入减少、家庭生活长期无法改善的情况下，通过瞒产私分、消极怠工等形式来应对理想与现实的落差，甚至在1956年秋到1957年上半年，全国各地农村还掀起了一股“退社潮”，要求退回自己入社的土地。

二是目标设定过于理想化。简单地把社会主义的农村建设道路归为“一大二公”，将社会主义和共产主义的认识庸俗化、简单化为吃大食堂、看病上学不要钱等，严重脱离生产力发展水平。依托人民公社创办公共食堂、幼儿园、敬老院、卫生院等供给制的尝试，由于“没有解决‘搭便车’和‘大锅饭’问题，该运动最后归于失败”[①]。将广大老百姓的正常利益诉求视为私心、私念，试图通过建立高级合作社，通过集体生活来消除广大农民群众的小农思想和私心杂念，将知识青年接受劳动教育的意义人为拔高，忽视了农村经济和人口承载能力，社会主义优越性也没有得到充分的体现。

三是受到多种因素干扰和影响。这一时期，在反右扩大化、政治挂帅等思想影响下，农村主流意识形态建设受到诸多干扰。新中国成立后出台的一系列重要法律法规受到了政治运动和人治的冲击，兴无灭资、斗私批修、“破四旧”、“除四害”、“大跃进”等运动使得社会逐渐呈现狂热躁动之势，并逐渐滋长了社会语言浮夸、数据造假、政治投机等风气，农民群众的精神家园受到较大冲击。

---

① 黄婧，纪志耿．新中国成立以来党领导农村社会事业发展的历史进程与基本经验［J］．理论导刊，2019（10）：5．

第二节 改革开放和社会主义现代化建设时期农村主流意识形态建设的创新发展

“文化大革命”结束后，我国广大农村地区的主流意识形态建设面临着严峻形势：如何客观评价新中国成立以来的发展历程以及毛泽东的历史功绩；如何有效应对资产阶级自由化等反社会主义思潮的攻击；如何有效应对国门大开而大量涌入城乡社会的西方资本主义精神污染；如何有效引领农村群众接受市场经济观念，凝聚改革开放的思想共识。这些问题直接影响到广大农民群众对社会主义发展道路和中国共产党领导地位的接受度，也直接影响到马克思主义在农村主流意识形态中的领导地位。

在邓小平、陈云等老一辈无产阶级革命家的领导下，党的十一届三中全会提出以经济建设为中心，实现了党和国家工作重心的历史性转变，对长期以来农村社会所形成的极“左”思维定式、斗争哲学、教条主义和个人崇拜等不适合社会主义建设的意识形态予以了坚决清理和拨乱反正，逐步改善了在“文化大革命”期间受到严重损害的党的形象。同时，党中央以实事求是、一切从实际出发的态度，形成了《关于建国以来党的若干历史问题的决议》，客观评价了毛泽东的历史地位和功过是非，维护了广大农民群众对毛主席朴素而深厚的感情，确保了广大农村社会思想的平稳过渡。并且，通过不断深化农民对社会主义本质的科学认识，不断提高对共产党执政、社会主义建设，以及人类社会发展规律的认识和把握能力，不断提升对意识形态新问题、新趋势的把握能力，切实展现了我国社会主义制度和中国共产党领导的优越性，使广大农村群众物质生活和精神生活得到有效改善，合理诉求得到更好满足，成功开创了我国社会主义农村主流意识形态建设的新篇章。

一、解放和发展农村生产力，提高广大农民群众对党的信任

改革开放以来，党和国家非常重视改革农业经济体制，发展农村经济，通过打破农村“大锅饭”，建立和完善以家庭联产承包为基础、统分结合的双层经营体制，并将其明确为我国农村集体经济组织的一项基本制度，稳定了广大农民对土地政策的心理预期。

通过改革城乡生产经营管理体制，鼓励和发展民营经济、农村个体经济，坚持按劳分配为主体、多种分配方式并存的分配制度，鼓励一部分人先富起来，极大地提高了人民群众的积极性和创造性，激发了社会主义制度的生机活力，广大农村群众的生活水平有了显著提高。

通过逐步取消“三提五统”[①]，大力清理和废除各类涉农乱收费、乱摊派行为，取消农业特产税、牧业税、屠宰税等税种，最终于2006年1月1日起彻底取消农业税，广大农民的负担达到了我国历史上最轻时期。通过加强对农业的综合扶持，结束“户粮挂钩”政策，逐步放松户籍管理，在全国实行城乡统一的户口登记制度，让农民能自由进城、顺利落户，不断缩小城乡社会结构差距，广大农民群众的生活水平得到极大改善，生产积极性得到极大释放。数据显示，我国粮食总产量从1978年的30477万吨，增长到2012年的58957万吨，增长了93.4%；人均粮食也从316.8公斤增长到435.4公斤，增长了37.5%，已稳定高于人均400公斤的国际粮食安全标准线。农村的贫困发生率由1978年的97.5%下降到2012年的10.2%；我国城镇化率从1978年的17.92%上升到2012年的52.57%，城镇化取得显著成效，城乡二元结构得到初步解决。其具体变化情况如图3-1所示。

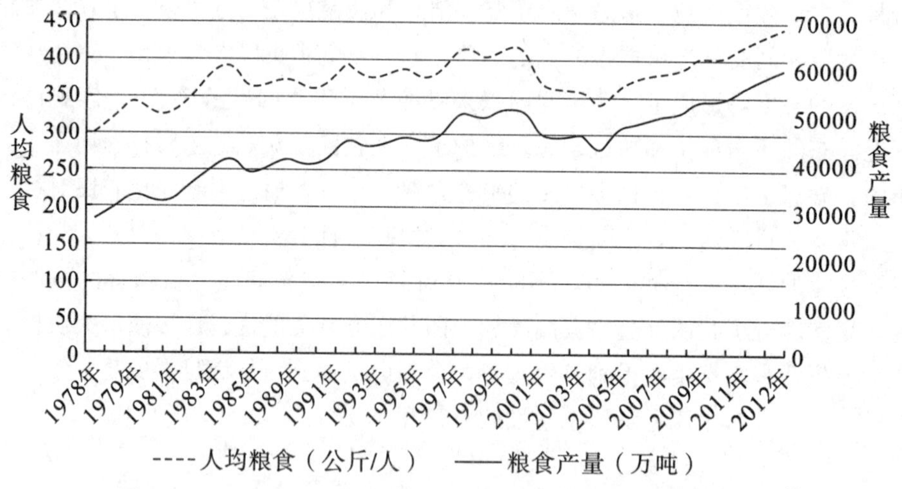

图3-1　1978—2012年全国粮食总产量和人均粮食年均变化情况[②]

① “三提五统”主要是指村级集体经济组织和乡镇合作经济组织按规定向农户提取的款项和费用，主要包括三项村提留：公积金、公益金、管理费。五项乡镇统筹：教育附加费、计划生育费、民兵训练费、民政优抚费、民办交通费。

② 数据来源：国家统计局历年统计数据。

二、提升党建整体水平，确保农村意识形态工作的领导权

这一时期，党的理论创新成果丰硕，为指导实践发展提供了强大的理论支撑。邓小平理论的创新提出，以及坚持“一个中心，两个基本点”“团结一致向前看”“不改革只有死路一条”“要以经济建设为中心”“永远高举毛泽东思想旗帜前进”等鲜活生动的语言和表达明确的观念，对于什么是社会主义、怎样建设社会主义予以了简明扼要的回答，对于改革开放之初统一人民群众的思想认识，消除广大群众的疑虑具有极为重要的作用。“三个代表”重要思想和科学发展观的相继提出，对于巩固党在人民群众心目中的地位，维护党的执政权威，促进社会和谐稳定与发展，回答好建设什么样的党、实现怎么样的发展、发展为了谁、发展依靠谁等核心问题，提供了及时的理论支撑，对于凝聚社会共识、增强发展动力具有重要的意义。

这一时期，中国共产党有效延续了以往以党风促政风带民风的好经验和好做法，确保了以党的建设整体水平的提升来促进农村主流意识形态建设质量和效果的提升。改革开放以来，随着党的建设全面加强和党在农村各项工作有效开展，农村主流意识形态建设得到了显著发展。

一是持续推进党的作风建设。改革开放之初，党中央就着重强调恢复实事求是、理论联系实际、走群众路线的优良作风，持续推进党的作风建设。1983年10月11日，党的十二大作出了用三年时间对党的作风和组织进行全面整顿的决定，在《中共中央关于整党的决定》中明确规定，要“揭露和解决党内存在的思想、作风和组织严重不纯的问题，实现党风的根本好转，提高全党的思想水平和工作水平，更加密切党和人民群众的联系”①。在这次整党活动中，特别强调打击党内的特权思想、违规经办企业、乱发福利、倒买倒卖紧缺物资、请客送礼、挥霍公款公物、干部提拔“走后门”等群众反映强烈的突出问题。中共中央为此先后制定和颁布了《关于严禁党政机关和党政干部经商、办企业的规定》《关于党和国家机关必须保持廉洁的通知》《关于建立民主评议党员制度的意见》《关于组织党政机关干部下基层的通知》等制度规范，对密切联系群众、改进工作作风、实现党风好转起到了积极作用。并且党中央针对20世纪80年代末90年代初国际形势的风云变化和国际共产主义运动遭受严

① 中共中央文献研究室. 十一届三中全会以来重要文献选读：下册［M］. 北京：人民出版社，1987：700.

重挫折的局势，广大农村社会不断抬头的个人主义、利己主义、拜金主义、享乐主义、自由主义等思潮，以及一些农村群众中不断滋生的封建迷信、崇洋媚外、唯利是图等生活观念对主流意识形态带来的各方面冲击，重视通过加强党的作风建设来对其进行化解。

邓小平南方谈话后，中共中央出台了《关于加强党的建设，提高党在改革和建设中的战斗力的意见》，明确要“从严治党，搞好党的自身建设，密切党同人民群众的联系，使党的各级组织和广大共产党员始终站在改革和建设的前列”①。1994 年 9 月，党的十四届四中全会审议通过了《中共中央关于加强党的建设几个重大问题的决定》，明确指出：“要深刻认识执政党的党风是关系党的生死存亡的问题。”② 强调要在党员领导干部廉洁自律、查处违法违纪案件、纠正不正之风等方面不断取得新的进展，逐步建立健全有效的监督约束机制，进一步发扬艰苦奋斗的优良传统，密切党同人民群众的联系。此外，《中共中央关于加强和改进党的作风建设的决定》（2001 年 9 月）、《中共中央关于加强党的执政能力建设的决定》（2004 年 9 月）、《中共中央关于加强和改进新形势下党的建设若干重大问题的决定》（2009 年 9 月）等重要文件都将加强和改进党的作风建设，大力弘扬党的三大优良作风，增强防腐拒变能力，永葆革命本色作为重点予以强调。

二是注重提高农村党建整体水平。改革开放之初，一些农村地区逐渐出现“包产到了户，不要党支部”的情况，不少农村基层党组织存在组织弱化、凝聚力下降，无法有效推进农村主流意识形态建设等突出问题。为此，中央将加强农村党建作为重要工作来推进。1982 年 1 月，邓小平在当年的中央一号文件——《全国农村工作会议纪要》中，明确提出要建好农村支部，“使基层支部真正成为坚强的战斗核心，以保证党对政权组织、经济组织和群众团体的领导，保证各项工作任务的完成”③。1983—1986 年连续四个中央一号文件多次强调要推动和改善基层党建工作，要求广大农村党员解放思想，彻底摆脱“左”倾思想的束缚，尊重农民群众的首创精神，善于向农民群众学习，实事求是，不务虚名，扎实开展工作，增强党性意识、宗旨意识、公仆意识，始终做到清正廉洁。1990 年 8 月，中共中央组织部、中共中央政研室等五部门在

① 中共中央文献研究室. 十三大以来重要文献选编：下 [M]. 北京：人民出版社，1993：2185.

② 中共中央文献研究室. 改革开放三十年重要文献选编：上 [M]. 北京：中央文献出版社，2008：781.

③ 中共中央文献研究室. 三中全会以来重要文献选编：下 [M]. 北京：人民出版社，1982：1079.

山东莱西县召开了全国村级组织建设工作座谈会（即莱西会议），会议形成的《全国村级组织建设工作座谈会纪要》经中共中央批准后下发全国。该纪要明确了农村基层党组织在农村发展中的领导核心地位，并确定了以村党支部为核心的村级组织建设工作格局。

从 2004 年开始至今，历年的中央一号文件都将加强农村基层党建作为一个重要内容予以强调，要求持续推进农村党的建设，不断巩固党在农村的执政基础，有效确保了党对广大农村社会的有力领导。

三是强调发挥宣传工作在引导农村社会舆论方面的重要作用。改革开放以来，中共中央高度重视在广大农村地区做好党的宣传工作，强调要发挥好宣传舆论在安抚人心、顺应民意、启迪民智、扩大共识、稳定社会情绪、化解社会矛盾、转变农民生活生产方式等方面的积极作用。1992 年 9 月，《中共中央关于加强和改进宣传思想工作，更好地为经济建设和改革开放服务的意见》明确“宣传思想工作要以经济建设为中心，服从、服务于这个中心”①，并且要通过加强关于改革开放的宣传、促进社会主义精神文明建设、活跃群众文化生活、改进新闻出版工作、加强对外宣传、建强宣传思想工作队伍等方面的努力，确保思想政治工作功能作用得到充分的发挥，这些对促进农村主流意识形态建设发挥了重要的指导作用。

这一时期，通过始终坚持党管宣传的工作方针，将精神文明建设的阵地牢牢掌握在党的手里，不断完善各级党委齐抓共管、各负其责的农村宣传工作体系，贯彻宣传工作“以科学的理论武装人，以正确的舆论引导人，以高尚的精神塑造人，以优秀的作品鼓舞人”② 的主要任务，重视和强调宣传理论创新、方法创新、渠道创新，重视加强宣传队伍建设，确保了党的思想宣传工作在农村的稳步推进。

四是重视发挥党的统一战线优势，服务农村工作发展。统一战线是中国共产党的一大重要法宝。在农村地区开展好统战工作，是巩固和扩大工农联盟基础、调动各方积极性，共同促进农村工作的必要保障。改革开放以来，农村统战工作获得了重大发展，除传统范畴的乡土人才、宗教人士、无党派人士、党外知识分子之外，越来越多的农民企业家、农业个体户、进城务工人员、科技文化工作者，以及到农村寻找商机的港澳台人士，都成为新时期农村统一战线新的工作对象。每年全国两会、地方两会上，涉农提案一直都占据重要比例，

---

① 中共中央文献研究室．十三大以来重要文献选编：下［M］．北京：人民出版社，1993：2174.

② 江泽民．论党的建设［M］．北京：中央文献出版社，2001：125.

充分体现了政治协商和爱国统一战线在促进农村发展中的重要作用。2007 年 4 月，中共中央统战部还专门发出《关于认真组织和引导统一战线广大成员为建设社会主义新农村服务的意见》，明确要求各级统战部门要广泛调动统一战线各方面成员的积极性、主动性、创造性，更好地为建设社会主义新农村服务，为农村的发展积极贡献力量。

此外，在各级党委的领导下，一些农村地区充分发挥基层统战工作富有人情味、讲究艺术性和灵活性的显著优势，建立起了乡村联谊会、外出同乡会、志愿者服务队、爱心合作社等类型的群众组织，起到了搭建基层党委政府部门和村民之间沟通交流桥梁的作用，并且在推进村务民主监督、开展民间公益活动、促进招商引资和促进农村社会和谐等方面发挥了积极作用，促进了城乡社会各阶层和睦相处、和谐共生、共谋发展的良好局面的形成。

三、注重农村精神文明建设，促进农村群际交往健康发展

改革开放以来，农村地区的精神文明建设受到党和国家的高度重视，如何提高广大农村群众对社会主义制度的认同度，如何进一步维护和巩固党在农村群众中的良好形象，如何在广大农村社会形成良好的社会风气和健康的生活方式，促进农村社会和谐稳定、文明进步，一直是各级党委政府的工作重点。

一是加强对农村精神文明建设的政策指导。早在改革开放之初，邓小平就明确指出，在建设高度物质文明的同时，要注重精神文明建设，必须“提高全民族的科学文化水平，发展高尚的丰富多彩的文化生活，建设高度的社会主义精神文明”①。1982 年 10 月 27 日至 11 月 5 日，为提高广大农民的政治觉悟和普及社会主义观念，抵制各种不良社会风气在农村蔓延，中共中央专门召开了全国农村思想政治工作会议，明确提出农村思想政治工作是农村社会主义精神文明建设的中心环节，农村工作要一手抓物质文明，一手抓精神文明，要将农民逐渐锻炼成为新型的劳动者。1983 年 1 月 20 日，中共中央发出《关于加强农村思想政治工作的通知》，具体贯彻全国农村思想政治工作会议精神。针对当时农村还存在着封建的和资本主义的腐朽思想、反对社会主义的敌对分子和其他犯罪分子的非法活动污染社会风气的问题，以及受“文化大革命”破坏，基层党组织和党风还没有根本好转的问题，该通知专门提出，要“大大加强和

① 邓小平．邓小平文选：第 2 卷［M］．北京：人民出版社，1994：208.

改进党在农村的思想政治工作，逐步提高农民的政治、思想觉悟”①，将农村思想政治建设和精神文明建设提高到了新的高度。这一时期中共中央制定出台的加强精神文明建设的重要文件情况如表 3－2 所示：

表 3－2　加强精神文明建设的重要文件（部分）

时间	文件名称
1982 年 12 月	《全国农村工作会议纪要》
1982 年 12 月	《当前农村经济政策的若干问题》
1983 年 1 月	《关于加强农村思想政治工作的通知》及其附件《当前农村思想政治宣传教育提要》
1986 年 9 月	《中共中央关于社会主义精神文明建设指导方针的决议》
1996 年 10 月	《中共中央关于加强社会主义精神文明建设若干重要问题的决议》
1997 年 4 月	《关于成立中央精神文明建设指导委员会的通知》
2001 年 9 月	《中共中央关于印发〈公民道德建设实施纲要〉的通知》
2003 年 8 月	《关于评选表彰全国文明城市、文明村镇、文明单位的暂行办法》

通过以上一系列重大政策和重要举措的出台和执行，这一时期农村精神文明建设各方面的问题得到了及时关注和积极处理，农村精神文明建设的整体状况得到了持续改善。

二是注重提高农民群众的思想道德水平。这一时期，全国范围内持续开展了“五讲四美三热爱”“公民道德宣传日”“文明礼貌月”等一系列群众性精神文明建设活动，开展了“五好家庭”“五好文明户”“十佳道德模范”“十星级文明户”等评选活动，对农村社会中涌现出来的敬老孝亲典型和干事创业典型予以积极宣传。各级党委和政府都将农村社会精神文明建设作为一项重点工作予以强调，对农村社会出现的黄赌毒现象进行严厉打击，常态性开展“扫黄打非”工作，坚决清理农村社会出现的黑影厅、黑舞厅、黑网吧，重拳打击盗版盗印和走私贩卖非法光碟等违法行径，对农村社会的非法传教活动和封建迷信活动保持高度警惕。

经过长期努力，广大农村社会精神文明建设取得显著成效，广大农民群众的思想观念有了极大改善，与当代市场经济制度和社会主义文明相符合的市场经济意识、民主法治观念、自由开放心态、科学文明行为在农村逐步确立，农村的一些不良习俗得到初步遏制，移风易俗取得较好成绩。通过打破平均主

① 中共中央文献研究室. 十二大以来重要文献选编：上［M］. 北京：人民出版社，1986：271.

义，实行农村家庭联产承包责任制，广大农民群众自力更生、艰苦奋斗、吃苦耐劳、勤俭节约、互帮互助的传统美德得到弘扬，农村社会的精神面貌发生了重大变化。

三是注重提升农民群众的文化素质和法治观念。改革开放以来，农村地区文化基础设施配套水平得到逐步提升，普遍建立了电视差转台、文化活动室、电影放映室、农家书屋、老年活动室（活动中心）、农民技术学校、青少年活动中心等文化场所。在广播电视“村村通”工程的带动下，全国广播、电视人口综合覆盖率分别从1997年的86.02％和87.68％提高到2005年的94.48％和95.81％。[①]这一时期，以城带乡、城乡共建等活动普遍开展，文化科技卫生“三下乡”活动、心连心艺术团、中央文艺院团下乡慰问演出、送戏下乡、农村电影放映工程等文化惠民活动常态化开展，极大地丰富了群众的精神文化生活。如在“2131计划”[②]的推动下，2011年四川省农村地区共播放公益电影613059场，观影人数达7300余万人次。

这一时期，在各级党委政府的推动下，传统农耕文化和民俗文化受到了更多关注，一些农村传统习俗如赛龙舟、庙会、花灯会、舞龙舞狮等活动得到持续开展，一大批民间传统工艺、传统曲艺、传统杂技、传统医药、传统节庆、传统体育和游艺活动、习俗活动成为国家非物质文化遗产。据统计，2000年前，我国非物质文化遗产领域发明专利、实用新型专利、外观设计专利三项有效专利仅有156件，到2012年，全国非物质文化遗产有效专利总数已达到6201件，[③]我国传统农耕文明和民间技艺的时代价值和积极意义得到了更好的展示，在丰富农村文化生活的同时，更实现了对亿万农民群众精神家园的呵护。

这一时期，党和政府高度重视农村人口计划生育工作、保护农村妇女和未成年人合法权益、加强对农民的国情和党情教育宣传、加强针对农村群众的普法宣传，有效提升了广大农村群众的文化素质和法治观念。特别是在改革开放以后，中共中央、国务院针对我国城乡社会治安状况滑坡的严峻问题，在1985年11月5日批转的中共中央宣传部、中华人民共和国司法部《关于向全体公民基本普及法律常识的五年规划》中，明确将农民和青少年两个群体作为

---

① 参见：周然毅．广电“村村通”建设：历史、现状和未来［J］．现代传播，2006（5）：46.

② “2131计划”是1998年由国家广电总局、文化部和国家发展改革委共同实施的一项农村电影工程和基层文化建设项目，目标是通过送电影下乡，在21世纪实现农村地区一村一月放映一场电影。

③ 参见：王景，王一玮，戴诗茜，等．改革开放以来我国非物质文化遗产专利保护研究——以专利信息分析为视角［J］．创新，2018（6）：47.

重点普法对象。通过坚持不懈的普法宣传，广大农村群众的法治观念得到切实加强，知法守法、依法办事已成为农村群众的生活习惯。尤其是在 1983 年、1996 年、2000—2001 年、2010 年先后部署开展的四次全国“严打”，依法从严从快地处罚了一大批重大刑事犯罪分子，极大震慑了不法分子，有效提高了农村社会的治安水平。

四、重视提高农村民生保障水平，补齐农村民生短板

改革开放以后，广大农村社会的民生保障水平得到了显著提高，特别是进入 21 世纪以来，随着国家财力的逐步增强，农村社会民生保障水平取得了更大进步。

一是确保农村教育事业不断发展。时任国务院总理温家宝曾指出：“办好农村教育事业是一项民生工程和民心工程，是农村的希望之路和光明之路。”[①]这一时期，通过确定和推行“科教兴国”“科教兴农”方针，开展农村“普九”工作，推进农村教育综合改革，实施“星火计划”“丰收计划”“燎原计划百、千、万工程”，实施西部地区“两基”攻坚计划（2004—2007 年）、持续开展文化科技卫生“三下乡”活动，坚持“三教”（基础教育、职业教育、成人教育）统筹，促进农科教结合，重点发展农村职业教育等有力举措，极大地促进了农村教育事业的发展。此外，党和国家还通过积极改进和调整进城务工人员随迁子女的教育保障制度，构建公平、开放的受教育环境，确保广大农民工子女的受教育权，实现了农村教育的有效延伸。

针对农村教育长期以来投入不足的问题，从 2000 年开始，中央逐步取消了农村教育集资和农村教育费附加，并严禁各级政府和学校向农民摊派的行为。从 2001 年起，我国确立了“以县为主”的农村义务教育资金保障新体制，增强了农村教育的综合保障能力，并相继制定出台了一系列针对广大农村的教育扶持政策。如 2006 年新修订的《中华人民共和国义务教育法》，将农村义务教育全面纳入国家财政保障范围。2007 年，中央决定对农村义务教育学生全部采取“两免一补”政策，免除了农村义务教育阶段学生的学杂费、书本费，对家庭经济困难寄宿生提供生活补助，农村义务教育的综合保障水平得到切实

① 《温家宝谈教育》编辑组．温家宝谈教育［M］．北京：人民出版社，2014：205．

加强。此外，还通过实施“一项制度、六项工程”[①] 来满足农村学校的基本办学条件，通过实施“三支一扶”计划（2003 年）、“农村学校教育硕士师资培养计划”（2004 年）、“农村义务教育阶段学校教师特设岗位计划”（2006 年）、“城镇教师支援农村教育工作”（2006 年）、“大学生支援服务西部计划”，以及 2007 年开始实行的“引导毕业生到农村任教的师范生免费政策”等，有效提高了农村学校师资队伍整体质量和水平。

二是不断完善农村社会保障体系。改革开放以后，以往依靠农村集体所有制运行的农村社会保障制度难以为继。社会保障不足也成为导致农村贫困、影响农村社会稳定的重要原因。数据显示，1990 年全国社会保障支出 1103 亿元，其中城市部分占比高达 88.6%，农村仅占总支出的 126 亿元，平均下来，城市人均社会保障费用为 413 元，农村人均社会保障费用仅为 14 元，其中还包括农村特困户救济和优抚军烈属等相关费用，城乡之间社保费用相差将近 30 倍。[②]

为此，国家在改革开放后不久，就通过采用以工代赈、建立新型合作医疗与合作健康保险、加强农村社会养老保险、完善农村最低生活保障制度、提高农村五保户集中供养水平等措施，逐步提高了农村社会保障水平。特别是从 2004 年以来，多个中央一号文件持续关注农村社会保障制度建设问题，逐步发展了农村的社会保障体系。2009 年 9 月 1 日，国务院向社会公布《关于开展新型农村社会养老保险试点的指导意见》，依托个人缴费、集体补助和政府补贴相组合，农村户籍居民年满 60 岁便可按月领取几十元到一百多元不等的养老金；围绕解决农民的基本医疗卫生问题，自 2002 年 10 月《中共中央 国务院关于进一步加强农村卫生工作的决定》出台以来，经过多年努力，发展至 2011 年，新农合政策范围内住院费用支付比例已达到 70%左右，这对于解决广大农民群众的医疗和养老两大主要顾虑发挥了重要作用，极大提升了农村群众对党委政府的信任感和支持度。随着广大农民群众幼有所育、学有所教、病有所医、老有所养、弱有所扶的社会保障体系不断健全，社会主义制度的优越

① “一项制度”主要指扶持农村家庭经济困难学生接受义务教育的助学制度，包括 2001 年开始针对农村困难学生和困难家庭实现的“两免一补”政策、2006 年开始首先在农村实行的义务教育学杂费免费制度。“六项工程”主要指“国家贫困地区义务教育工程”（1995 年）、“农村中小学危房改造工程”（2001 年）、“东部地区学校对口支援西部贫困学校工程”（2003 年）、“大中城市学校对口支援本地贫困地区学校工程”（2003 年）、“农村中小学现代远程教育工程”（2003 年）、“西部地区农村寄宿制学校建设工程”（2003 年）。参见：张乐天，邵泽斌，魏峰，等. 新中国成立以来农村教育政策的回顾与反思［M］. 北京：北京师范大学出版社，2016：121－122.

② 参见：刘翠霄. 中国农民的社会保障问题［J］. 法学研究，2001（6）：72.

性得到进一步体现，农村主流意识形态建设得到了显著发展。

三是逐步改善农村人居环境。优美的生活环境，有利于人的身心健康。改革开放以后，随着广大农村群众收入的稳步增长，以及国家相关政策的大力推进，农村群众的居住环境、生活条件得到了持续改善。到 2004 年底，全国村庄人均住房面积已达到 27.9 平方米，[①] 农村家庭住房的稳固性、舒适性、便利性得到明显改善，部分农村地区已实现了与城市供水、公交、餐余垃圾回收、生活污水处理相统一的规划，不少地区通过实施村庄整治，实现了农村人居环境的明显改善。农村群众的生活质量也得到全面提高，电风扇、电视机、洗衣机、电冰箱、电话、手机、摩托车、汽车等耐用消费品的广泛使用，极大地提升了广大农民群众的生活品质。如全国农村居民家庭每百户洗衣机拥有量，就从 1990 年的 9.12 台，提高到 1995 年的 16.90 台，到 2004 年更达到了 37.32 台。[②] 以中部省份湖北省为例，据统计，湖北省农村居民每百户洗衣机、彩色电视机、电冰箱、空调机、手机、摩托车的拥有量从 2002 年至 2012 年间，实现了跨越式发展（见表 3—3）。

表 3—3　湖北省农村居民家庭每百户主要耐用消费品拥有量（2002—2012 年）[③]

年份	洗衣机（台）	彩色电视机（台）	电冰箱（台）	空调机（台）	手机（部）	摩托车（辆）
2002	20.42	44.33	8.09	0.42	7.64	20.88
2003	20.12	56.27	8.52	1.15	20.27	25.01
2004	21.58	67.97	11.06	1.48	37.12	31.42
2005	26.39	83.18	14.82	3.79	71.18	39.15
2006	30.12	92.12	19.18	5.39	90.10	45.00
2007	34.68	98.82	26.18	7.61	104.67	51.45
2008	37.12	102.24	30.52	9.91	117.88	55.52
2009	41.70	105.42	41.36	12.45	134.21	59.76
2010	47.97	109.18	51.48	18.36	152.27	64.12
2011	57.09	114.36	73.73	28.58	204.82	72.33
2012	62.42	116.24	80.18	33.15	215.06	74.76

① 参见：汪光焘．搞好村庄规划和治理改善农村人居环境 [J]．求是，2006（9）：26.

② 国家统计局农村社会经济调查司．中国农村统计年鉴（2005）[M]．北京：中国统计出版社，2005：282.

③ 数据来源：湖北省统计局，国家统计局湖北调查总队．湖北统计年鉴（2013）[M]．北京：中国统计出版社，2013：148.

农村地区普遍建立起了群众日常休闲、健身、交流的公共活动场所，农民群众的生产生活条件在积极改善的同时，思想观念和精神面貌也得到了积极的发展。

总体观之，从党的十一届三中全会到党的十八大召开的这段时期，农村主流意识形态建设成绩显著，但同时也应存在一些不足。

一是相对滞后的社会主义法治建设是农村主流意识形态建设的短板。改革开放以来，通过法律法规来保护每个人的合法权益不受侵害，以法治来应对我国经济社会文化各个领域出现的新情况新问题，是广大群众的迫切需要，也是党委政府的坚定意志。但由于长期以来一些党委政府部门负责人对依法行政和依法办事的忽视，所以全社会有法不依、执法不严、违法不究的情况时有发生，全社会的法治土壤仍需厚植。一些农民群众由于得不到及时有效的法律援助或法律干预、法律咨询服务，一些农村民事案件由于得不到及时的公正判决，导致不少农村群众对法治社会和法律权威的感知较为淡薄，一些农村社会的群际交往也得不到法治的有效协调和及时干预。

二是长期存在的城乡二元结构挫伤了农民群众的感情。新中国成立后不久，根据当时国情，逐渐禁止农民向城市自由流动，并制定出台了城乡相互区别和不同的户籍制度、粮油物资供应制度、劳动用工制度，城市居民的综合待遇和福利具有明显的比较优势。改革开放以来，通过一系列措施的实行，城乡二元结构有了较大改观，但城乡二元结构所导致的社保、教育、就业、医疗制度和资源配置等方面的巨大差异，以及由此造成的城市居民和农村居民之间的心理隔阂与文化差异等还未得到根本扭转，部分农村群众的情感受到了伤害。

三是在准确把握农民群众的思想认知特点和持续提高工作科学化水平上存在一定不足。在我国社会主义制度下开展农村意识形态建设，需要面对封建主义、资本主义、官僚主义的长期潜在影响，也需要有效抑制小农思想、唯心主义和有神论等作用发挥的范围和强度，还需要有效应对西方敌对势力借助人权、自治、自由、宗教等幌子对我国农村社会的思想渗透和颠覆，以上问题要想得到解决，需要我们在发展经济、改善民生、深化法治建设、提高社会治理水平的同时，以开放包容、维护一元、尊重多元的态度，以春风化雨、润物无声、多措并举、久久为功的方式推进农村精神文明建设和思想政治教育。并且，由于新中国成立以来的一段时期我国受到“左”的思潮影响，一些党员干部在开展群众思想教育、文化宣传的方法运用上比较简单直接。改革开放以后，一些“左”的做法也还时有发生，有些宣传教育活动的开展还存在求全图快的问题，有些地区在开展计划生育、退耕还林、推广现代生活方式时，对当地农民群众的接受能力和思想水平的实际状况了解不够深入，对农民群众的生活方式、家庭观念和价值追求也还存在重视不足、关怀不够的问题。

四是尚未形成农村主流意识形态建设的整体工作格局。社会群体的意识形态是多元的系统性构成。农村主流意识形态建设需要理论创新、民生改善、教育培养、宣传引导、生活养成、法治保障等各个方面的有效衔接和整体推进。客观而言，新中国成立之初，农村主流意识形态建设的侧重点在于巩固新生人民政权、改变农村旧的生产生活制度和重构基层政权结构、革新旧有文化、调动民力发展生产，农村意识形态建设受到农村物质基础和社会整体发展水平的制约。改革开放以后，我国坚持以经济建设为中心，以提高人民群众的物质生活水平为重点，效率优先，兼顾公平，难免造成我国改革开放过程中经济、政治、文化等各方面改革的不同步、不协调，故而也导致了我国农村主流意识形态建设未能充分调动一切积极因素，未能建立齐头并进、全面协调的工作格局。而且客观上还较普遍存在着贫富差距和区域发展不平衡，以及享乐主义、功利主义、个人主义等现象和问题，这些都对农村主流意识形态建设带来了较大冲击和稀释，也直接影响到了农村主流意识形态建设的整体实际效果。

五是腐败问题持续影响农村主流意识形态建设。改革开放以来，虽然党和国家非常重视反腐败工作，对腐败采取零容忍的态度，但腐败滋生的土壤还未彻底铲除，群众身边的腐败问题仍时有发生，严重影响党和政府在人民心目中的形象和威望。

第三节　中国特色社会主义新时代农村主流意识形态建设的全面提升

党的十八大以来，我国进入中国特色社会主义新时代。这一时期，在以习近平同志为核心的党中央的坚强领导下，农村主流意识形态建设坚持从变化发展中的民情、农情、国情、世情出发，坚持和巩固马克思主义的指导地位，推进意识形态建设主要任务和策略的进步与发展，有效实现了“五位一体”总体布局和“四个全面”战略布局在广大农村地区的深入推进，确保了农村主流意识形态建设的整体进步和生动开展。

一、坚持全面从严治党，提升党在农村的威望

习近平指出："党的作风是党的形象，是观察党群干群关系、人心向背的晴雨表。"[①] 党的十八大以来，从制定出台中央八项规定，到持续深入开展各项主题教育，党的建设得到全面加强，有效确保了全党上下实现理论学习有收获、思想政治受洗礼、干事创业敢担当、为民服务解难题、清正廉洁做表率等目标的实现，广大农村群众身边违反中央八项规定的行为，以及各种微腐败现象得到了有效遏制，党在农村群众中的威望和积极正面形象得到显著提升。

这一时期，通过把党的纪律建设纳入党的建设总布局，持续加强和完善了党内法规建设。严格对党员的违纪处分，以坚持不懈的努力和刀刃向内的刮骨疗伤的毅力，充分体现了中央对党风建设"永远在路上"的坚定信念和必胜信心。据统计，党的十八大以后的五年，中共中央修订或颁布了 90 余部党内法规，超过当时现有党内法规的四成，全国纪检监察机关立案 154.5 万件，处分 153.7 万人，其中立案审查省军级以上党员干部及其他中管干部 440 人，纪律处分厅局级干部 8900 余人，处分县处级干部 6.3 万多人，处分基层党员干部 27.8 万人。[②] 同时，通过对从严治党的成果和管党治党效果进行大力宣传，广大农村群众对党的过硬作风和鲜明宗旨有了更加具体的认识，对党的十八大以来的党风建设成绩予以了高度肯定。如《作风建设永远在路上》《巡视利剑》《红色通缉》《一抓到底正风纪——秦岭违建整治始末》等警示教育片受到广大农民群众的广泛关注，在各大视频网站上获得了海量的点击播放。

二、注重弘扬社会主义核心价值观，广泛凝聚社会发展共识

中国梦的提出和"两个一百年"奋斗目标的清晰化，契合了近代以来实现国家富强、民族振兴、人民幸福的时代主题，符合当代广大人民群众向往美好生活的迫切愿望，体现了全体中国人民共同的价值认同和价值追求，也彰显出中国共产党始终为人民谋幸福、为民族谋复兴的初心和使命，在全社会具有广泛的社会基础。围绕中国梦和"两个一百年"奋斗目标深入开展的理论构建、学术研究、宣传阐释，切实增强了广大农村群众对在中国共产党的领导下实现

---

① 习近平. 在庆祝中国共产党成立 95 周年大会上的讲话 [M]. 北京：人民出版社，2016：23.

② 参见：张天培. 党纪真正成为带电的高压线 [N]. 人民日报，2017-10-20 (2).

国家富强和民族复兴的广泛共识，也有效增强了广大城乡群众的民族自豪感和自信心，以及对爱国主义、集体主义、社会主义的理解和认同，推动形成了全社会的最大公约数和最大同心圆，实现了对全体国民的精神引领。

习近平指出："核心价值观是一个民族赖以维系的精神纽带，是一个国家共同的思想道德基础。"① 党的十八大以来，广泛弘扬社会主义核心价值观，将其融入城乡社会生活的方方面面，是农村主流意识形态建设的重要举措。

一是重视构建和丰富践行社会主义核心价值观的制度设计。党的十八大以来，以社会主义核心价值观来引领社会思潮、凝聚社会共识已成为全党全国的共识，并逐步实现了将社会主义核心价值观融入经济社会发展的各个方面。这一时期，围绕社会主义核心价值观建设，中共中央和各部委制定出台了多个重要文件，形成多项重要决议，构建起了社会主义核心价值观宣传推广和融入生成的整体体系（见表3—4）。

表3—4　加强社会主义核心价值观建设的重要决策及主要内容（部分）

时间	牵头部门	制定出台的重要文件	主要内容
2013年7月	最高人民法院	《关于公布失信被执行人名单信息的若干规定》	对失信被执行人予以信用惩戒
2013年12月	中共中央办公厅	《关于培育和践行社会主义核心价值观的意见》	使社会主义核心价值观融入广大人民群众的社会生活
2014年3月	中央文明办、最高人民法院等八部委	《"构建诚信　惩戒失信"合作备忘录》	对失信被执行人限制高消费，并采取其他信用惩戒措施
2014年6月	国务院	《社会信用体系建设规划纲要》（2014—2020年）	健全信用法律法规和标准体系，形成覆盖全社会的征信系统
2014年7月	中央精神文明建设指导委员会	《关于推进诚信建设制度化的意见》	推进建立统一社会信用代码制度，建立信用信息共享机制，建立起全覆盖的社会信用信息记录
2014年9月	共青团中央、全国学联	《关于在大中学生中深入开展培育和践行社会主义核心价值观活动的通知》	在大中学生中掀起培育和践行社会主义核心价值观的热潮

① 习近平. 在文艺工作座谈会上的讲话［M］. 北京：人民出版社，2015：22.

续表3-4

时间	牵头部门	制定出台的重要文件	主要内容
2014年10月	教育部党组、共青团中央	《关于在各级各类学校推动培育和践行社会主义核心价值观长效机制的意见》	推动社会主义核心价值观融入学校的教育教学、文化育人、制度建设
2015年4月	中共中央宣传部、中共中央文明办	《培育和践行社会主义核心价值观行动方案》	紧密联系群众生产生活实际，结合各行各业特点，努力在全社会形成共同的价值追求
2016年9月	中共中央办公厅、国务院办公厅	《关于加快推进失信被执行人信用监督、警示和惩戒机制建设的意见》	加快推进失信被执行人跨部门协同监管和联合惩戒机制建设
2016年12月	中共中央办公厅、国务院办公厅	《关于进一步把社会主义核心价值观融入法治建设的指导意见》	把社会主义核心价值观融入法治国家、法治政府、法治社会建设全过程
2018年5月	中共中央	《社会主义核心价值观融入法治建设立法修法规划》	把社会主义核心价值观融入法律法规的立改废释全过程
2019年6月	中共中央办公厅、国务院办公厅	《关于加强和改进乡村治理的指导意见》	牢牢占领农村思想文化阵地，加强农村未成年人思想道德建设
2019年10月	中共中央、国务院	《新时代公民道德建设实施纲要》	构筑中国精神、中国价值、中国力量，促进人的全面发展
2020年3月	中央全面依法治国委员会	《关于加强法治乡村建设的意见》	走中国特色社会主义法治乡村之路
2021年7月	中共中央、国务院	《关于新时代加强和改进思想政治工作的意见》	把思想政治工作作为治党治国的重要方式，深入开展思想政治教育
2021年9月	中共中央办公厅、国务院办公厅	《关于加强网络文明建设的意见》	全面推进文明办网、文明用网、文明上网、文明兴网
2022年3月	中共中央办公厅、国务院办公厅	《关于推进社会信用体系建设高质量发展促进形成新发展格局的意见》	培育和践行社会主义核心价值观，有序推进各地区各行业各领域信用建设

随着一系列重要制度的陆续制定出台和大力实施，社会主义核心价值观日益融入农村群众生活的方方面面。各级机关和政府部门对包括净网行动、网上追逃、海外追逃等行动的坚定开展，以及对广大群众普遍关注的食品药品公共

安全、网络购物纠纷、网络造谣、“路怒症”不文明驾驶、高空抛物等问题的有效舆论引导，让广大人民群众从身边事、自身事、具体事真实感受到社会主义核心价值观，认识到国家和社会倡导什么、反对什么，保护什么、制裁什么，有效确保了社会主义核心价值观的落地落实落细。

二是突出抓住关键群体和紧扣群众需求。一方面，突出强调广大党员干部和青少年这两个关键群体在弘扬社会主义核心价值观上的特殊作用，党员干部以身作则、率先垂范、引领风尚，加强引导青少年树立正确的世界观、人生观、价值观，扣好人生第一粒扣子。另一方面，在新闻舆论导向方面，突出强调对新闻工作者的政治立场和职业素养要求。

党的十八大以来，为确保党对新闻宣传的领导，各级党委政府和宣传部门非常注重解决好“为了谁、依靠谁、我是谁”这一根本问题，并强调广大新闻工作者必须坚持马克思主义新闻观、坚持正确政治立场、坚持正确舆论导向、牢记社会责任、恪守职业道德。在实际工作中，各级党委政府和宣传部门改文风、察实情、说真话，推出有温度、有思想、有品质的作品，弘扬主旋律，释放正能量，加强对新闻工作者职业资格的管理，严格执行新闻出版工作者职业资格制度，将新闻网站的新闻采编人员统一纳入新闻记者管理范围，将网络出版单位、新闻网站中从事新闻转载、聚合、搜索、编排等业务的人员纳入出版编辑职业资格管理。并且，加大对违反《出版管理条例》《中国新闻工作者职业道德准则》《网络出版服务管理规定》的新闻工作人员和网络服务工作人员的严肃处理力度，建立全国联网的新闻出版从业人员数据库，将违反从业准则的人员信息纳入不良从业行为档案库，有效地促进了社会主义核心价值观在新闻采编、刊发、网站信息发布等关键环节的落地落实。

如 2019 年，新闻出版署依法对内蒙古广播电视台、市场信息报社、中国改革报社、经济视野杂志社作出暂停核发新闻记者证的处理，吊销中国国际财经杂志社出版许可证，对西安商报社三名工作人员下达终身不得从事新闻采编工作的处罚。2020 年，全国网信系统全年依法约谈网站 4282 家，警告网站 4551 家、暂停更新网站 1994 家，关闭违法网站 18489 家，移送司法机关相关案件线索 7550 件。有关网站依据用户服务协议关闭各类违法违规账号群组 15.8 万个①，有效地促进了社会主义核心价值观在各新闻出版机构的积极践行。

此外，党委政府积极回应广大农村群众最关心的安全、公平问题。2018

① 参见：张璁. 依法约谈网站 4282 家 [N]. 人民日报，2021-02-01 (4).

年1月，中共中央发出《关于开展扫黑除恶专项斗争的通知》，强调要对农村社会中把持基层政权、垄断农村资源、侵吞集体资产的村霸，以及其他欺行霸市的人，在征地、租地、拆迁、工程项目建设等过程中煽动闹事的人，涉嫌赌博的人，黑势力保护伞等几类人员进行严厉打击，并以扫黑除恶为契机，有恶除恶，无恶治乱，加强农村基层组织建设，切中农村社会治安要害，取得了显著成效。

三是非常注重社会群众的实践养成。党的十八大以来，通过移风易俗，潜移默化地培育和弘扬社会主义核心价值观，鼓励将社会主义核心价值观的弘扬与身边的人、身边的事联系起来，评选最美家庭、最美乡村、最美社区，宣传老百姓身边的最美的哥、最美教师、最美护士、最美环卫工，评选“共和国勋章”和国家荣誉称号；对申纪兰、于敏、张富清、屠呦呦、孙家栋、袁隆平、李延年、黄旭华、钟南山等为祖国发展作出了杰出贡献的楷模予以表彰；对于漪、朱亚夫、顾方舟、王蒙、张伯礼、张定宇、陈薇等人民教育家、人民楷模、人民科学家、人民艺术家、人民英雄等授予崇高的国家荣誉并面向全社会进行广泛宣传和弘扬；对32年坚守孤岛前哨的王继才，成功返航的四川航空“中国民航英雄机组”，“中国天眼”500米口径球面射电望远镜工程的发起者和奠基人南仁东，“雪线邮路的幸福使者”其美多吉，排雷英雄杜富国，扎根大漠、精心保护和修复敦煌石窟珍贵文物的敦煌研究院文物保护利用工作组，以及1499名全国抗击新冠疫情先进个人和500个全国抗击新冠疫情先进集体等先进典型予以接地气但又不失艺术的宣传，让社会正气彰显，让爱国主义、集体主义、社会主义、奉献精神、创新精神得到更大弘扬，让老百姓心灵获得洗涤、情感得到熏陶，真正将社会主义核心价值观与广大人民群众息息相关的家风、民风、乡风紧密相连，“化”入广大群众的日常生活，“化”成人民向善向上的具体日常行为，形成社会主义核心价值观凝魂聚气、强基固本的底色力量。

同时，通过以法规形式禁止和批判家暴、虐待、遗弃、高铁霸座、公共场合吸烟、机动车不礼让行人、抢夺公共交通工具方向盘、高空抛物等行为，有效弘扬了社会正气，促进了社会公序良俗、优良风尚的养成。

四是重视贴近群众进行思想政治教育引领。党的十八大以来，围绕广泛凝聚共识，形成社会共同理想，画出同心圆，找到全社会意愿和要求的最大公约数这一时代使命，全国意识形态工作突出了贴近群众生活这一要求。通过广泛开展思想政治教育，向广大人民群众深入宣传中国梦、“两个一百年”奋斗目标、绿水青山就是金山银山、社会主义核心价值观、小康路上一个都不能少的积极观念，“五位一体”和“四个全面”发展战略，同时广泛弘扬爱国主义和时代精神，弘扬中华优秀传统文化，广泛宣传时代楷模、感动中国人物，很好地发挥了思想政治教育的引领作用。

这一时期，通过紧贴群众需求、紧扣农村发展需要来推进精准扶贫、网络文明建设、乡风文明建设等各项重要工作，增进了广大群众对党的基本理论、基本路线、基本方略的广泛认同。比如，通过大力弘扬职业道德，制定出台《新时期产业工人队伍建设改革方案》（2017 年 2 月），加强对国家劳模、大国工匠等的宣传，加强对劳动创造美好生活的报道，引导广大群众更好地树立爱岗敬业、甘于奉献、精益求精的职业精神。通过开展征集家风、家规、家训，评选“最美家庭”、晒家规家训、讲家风故事等活动，大力弘扬家庭美德，推动广大城乡地区更好地树立现代家风文明。通过大力弘扬社会公德，加强对社会主义新风尚、社会暖新闻的宣传和报道，对社会中涌现出来的“托举哥”“夺刀侠”“小红帽”“绿丝带”等人物和行为进行弘扬和宣传报道，有效地提升了我国社会向上向善的整体道德风尚。

三、明确坚持管住用好标准，提升意识形态阵地管理水平

党的十八大以来，各级党委政府部门加强对意识形态阵地的管理，对具有较强意识形态属性的各类阵地提出了明确的要求，重视防范和清除历史虚无主义、资产阶级自由化、极端个人主义、宗教极端势力等对意识形态阵地的渗透和攻击。

针对部分地区的农村社会黑恶势力和宗族势力不断侵蚀基层政权、危害社会治安、垄断农村资源、侵吞集体资产，甚至在个别地方把持基层政权的实际情况，2018 年 1 月，中共中央专门发出《关于开展扫黑除恶专项斗争的通知》，将打击黑恶犯罪势力、打击微腐败和基层“拍蝇”与扫黑除恶和加强基层组织建设结合起来，将整治农村村霸、乡霸、沙霸，以及宗族黑恶势力、各类保护伞作为农村扫黑除恶专项斗争的重点。2021 年 12 月 27 日召开的全国常态化扫黑除恶斗争新闻发布会通报显示，2021 年度全国各地在村（社区）“两委”集中换届过程中一共取消了 9.3 万名不符合条件人员参选资格，把存在“村霸”、涉黑涉恶等问题的人员挡在门外，防范和整治“村霸”机制不断

健全。[①]

在清理村集体“三资”中，大量被侵占的集体土地和集体资产被收回。如广东潮州市清理被侵占土地 2.22 万亩，清理被拖欠租金或承包款约 3.37 亿元[②]；吉林四平市清理农村资产 2 亿余元、资金 8000 余万元[③]。并且，针对广大农村地区意识形态阵地管理的特点，通过切实加强对农村非法宗教活动的查处力度、加强非政府组织在农村地区的活动监管、加强对农村文化市场和农村教育阵地的管理，以及在广大农村地区深入开展“扫黄打非”，严厉打击各种非法出版物，坚决封堵境外有害出版物向境内渗透等举措，巩固了我国广大农村地区的意识形态阵地安全。

维护网络安全，建设网络强国，筑牢网上意识形态防线，加强马克思主义在网络空间的传播力和影响力，成为这一时期意识形态工作的一个重要内容。从 2014 年起，每年 9 月的第三周被定为“国家网络安全宣传周”。2017 年 6 月，《中华人民共和国网络安全法》正式施行。公安部门依法深入推进对淫秽色情、暴恐音视频的打击整治，对违法网站和网络账号进行严查，对网络直播平台进行集中清理整顿，对网络欺诈、网络谣言、网络赌博、网络贩毒、网络色情等群众反映强烈的违法犯罪活动进行严厉打击，努力构建起了网络社会综合防控体系。宣传部门和政法部门通过加强网安队伍建设，加强网络监管，加强对农村社会群众理性上网、文明上网的教育引导，深化县级融媒体建设，积极引导和争取网络意见领袖，协调政府、新闻媒体、网络群众多方共同参与营建网上共同家园，更好凝聚起了社会广泛共识。

新闻舆论部门旗帜鲜明坚持正确导向，加强信息生产领域供给侧结构性改革，推动媒体融合发展。坚持移动优先策略，创新理念、内容、工具、方法，积极探索人工智能在新闻采集、生产等环节的使用方向，用主流价值导向引领“算法”，全面提高舆论引导能力，使正面宣传质量和水平得到明显提高，农村社会网络安全建设得到积极推进。

通过紧贴群众网络生活，利用“互联网＋”行动计划提升政务服务水平，将互联网打造成为各级政府了解民意、贴近群众、为群众排忧解难的新平台、

---

① 参见：亓玉昆．常态化扫黑除恶斗争“十件实事”基本完成［N］．人民日报，2021－12－28（6）．

② 参见：刘银璇．我市推进农村集体“三资”清理整治工作　清理被侵占土地 2.22 万亩［N］．潮州日报，2021－07－11（1）．

③ 参见：蔡长春．重拳惩治“村霸”基本肃清农村黑恶势力［N］．法治日报，2021－03－25（3）．

新途径。通过贴近群众开展全国网络诚信宣传日、中国好网民工程、国家网络安全宣传周等项目和活动，引导广大社会群众树立网络规则意识，养成科学合理的用网习惯，提升公民网络文明素养，推动形成了网络安全人人有责、人人参与的良好氛围，确保了广大城乡社会主流意识形态建设的有效推进。

四、全面贯彻工作责任制，注重防范意识形态领域风险

进入新时代以来，围绕落实意识形态工作责任制，《党委（党组）意识形态工作责任制实施办法》《党委（党组）落实全面从严治党主体责任规定》相继制定和出台，意识形态工作制度性纳入巡视工作和问责安排。在中央组织开展的"三严三实""两学一做""不忘初心、牢记使命""党史学习教育"等系列主题教育中，增强"四个意识"、坚定"四个自信"、做到"两个维护"，筑牢思想防线，防范化解意识形态领域风险都是其中的重要内容。

在社会生活各方面，意识形态工作责任制也得到贯彻落实。新闻媒体、网络媒体、微博微信手机客户端及图书出版物传播正能量、弘扬主旋律，民间组织、社科研究机构和思想类学会协会等社团、各类学术活动、各类节庆活动、各类对外文化交流活动、境外NGO和基金会，以及宗教及宗教思想传播、文艺团体和文化广播影视、各级各类学校、产业园区、文艺园区和农村基层组织、基层综合文化服务中心［幸福美丽新村（社区）文化院坝］、农家（社区）书屋等意识形态阵地在建设过程中，都旗帜鲜明地讲政治，突出强化底线思维，增强忧患意识，着力防范化解重大风险，共同巩固宣传思想舆论工作阵地。

整体而言，党的十八大以来，在各级党委政府的高度重视下，在各行各业的积极推进下，农村主流意识形态建设得到积极有效的推进，实现了理论和实践的显著进步，中国梦与社会主义核心价值观切实发挥出了凝聚人心、形成共识、促进发展的重要作用。

但与此同时，这一时期农村主流意识形态建设仍一定程度上面临着意识形态泛化、弱化的问题，低级红、高级黑、庸俗化、片面化等现象给新发展阶段的农村主流意识形态建设带来了一系列挑战，而当前农村社会正经历深度转型，信息化、网络化背景下农村群际交往的深度调整，以及基层社会治理体系和治理能力现代化进程的相对滞后，都对深化农村主流意识形态建设、巩固和发展农村主流意识形态阵地，提出了多重挑战。

并且，由于这一时期我国整体处于增长速度进入换挡期、经济结构进入调

整阵痛期、矛盾化解进入集中攻坚期的“三期叠加”发展阶段，加之这一时期以美国为首的西方势力加紧了对我国经济社会民生科技等领域的全方位打压，加快了对我国文化教育和宗教等意识形态领域的渗透，使得我国农村主流意识形态领域面临更加复杂和更加严峻的斗争形势。

如何在新发展阶段的时代背景下应对农村主流意识形态领域面临的各种挑战，正是下面各章将要探讨的内容。

第四章　新发展阶段农村主流意识形态建设的环境分析

在实现第一个百年奋斗目标，全面建成小康社会，历史性解决绝对贫困问题后，我国社会主义现代化建设事业进入了新发展阶段，这意味着："中华民族迎来了从站起来、富起来到强起来的伟大飞跃，实现中华民族伟大复兴进入了不可逆转的历史进程！"[①] 也意味着中国特色社会主义道路、理论、制度、文化得到不断发展，中国人民的精、气、神得到了前所未有的高扬。在此背景下，我国农村主流意识形态建设的未来更为可期。与此同时，处于社会加速转型发展期的广大农村社会，人口结构老化、群体利益分化、交往方式变化等新情况和新问题的出现对新发展阶段农村主流意识形态建设亦提出了诸多挑战。

第一节　新发展阶段农村主流意识形态建设的坚实基础

生产力决定生产关系，经济基础决定上层建筑。作为观念的上层建筑，意识形态的发生和发展受到多重因素的影响和制约。社会经济发展水平和财富分配状况、社会文明进步程度和生态环境状况、人的个体生活及舒适程度等，都直接或间接影响到个体和群体对国家、社会的认知、感受和情绪。经过改革开放以来的不懈努力，我国综合国力得到巨大提升，人民群众生活水平明显改善，党的科学执政能力不断提高，社会治理现代化取得新成效，广大农民群众的获得感、幸福感和安全感更加充实、更有保障、更可持续，这为新发展阶段农村主流意识形态建设提供了坚实的基础。

---

① 习近平. 在庆祝中国共产党成立 100 周年大会上的讲话［M］. 北京：人民出版社，2021：7.

一、综合国力的全面提升，奠定了雄厚的物质基础

当前，我国已成为世界第一大工业国、第一大贸易国，从 2012 年起已连续稳居世界第二大经济体地位。到 2023 年，我国国内生产总值已超过 126 万亿人民币，人均国内生产总值达到 89358 万美元，比上年增长 5.6%①（见图 4-1）。

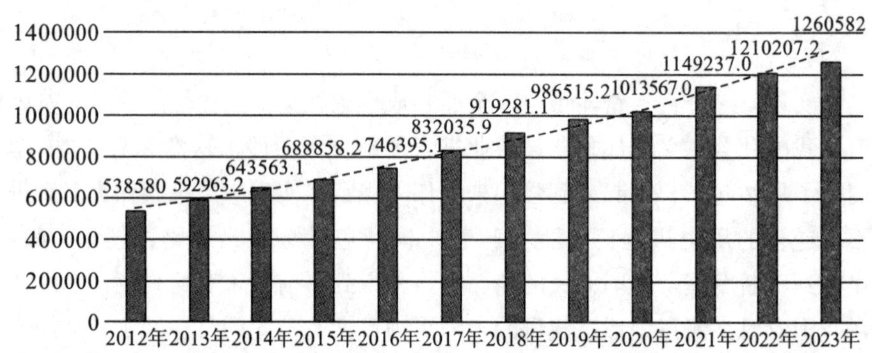

图 4-1　2012—2023 年中国国内生产总值增长示意图（单位：亿元）②

2023 年，我国进出口总值为 5.94 万亿美元，连续 7 年保持全球货物贸易第一大国地位，出口国际市场份额连续 15 年全球第一。③ 目前，我国已建成全球最大的高速铁路网、高速公路网、邮政快递网和世界级港口群，航空航海通达全球，其中高铁营业里程 4.5 万公里，稳居世界第一④（如图 4-2 所示）。

---

① 参见：国家统计局. 中华人民共和国 2023 年国民经济和社会发展统计公报［N］. 人民日报，2024-03-01（10）.

② 数据来源：2012—2022 年数据来自历年《中国统计年鉴》。2023 年数据参见：国家统计局. 中华人民共和国 2023 年国民经济和社会发展统计公报［N］. 人民日报，2024-03-01（10）.

③ 参见：罗珊珊，蔡华伟. 我国连续 7 年保持货物贸易第一大国地位［N］. 人民日报，2024-04-15（1）.

④ 参见：韩鑫. 流动中国彰显经济社会发展活力［N］. 人民日报，2024-07-02（7）.

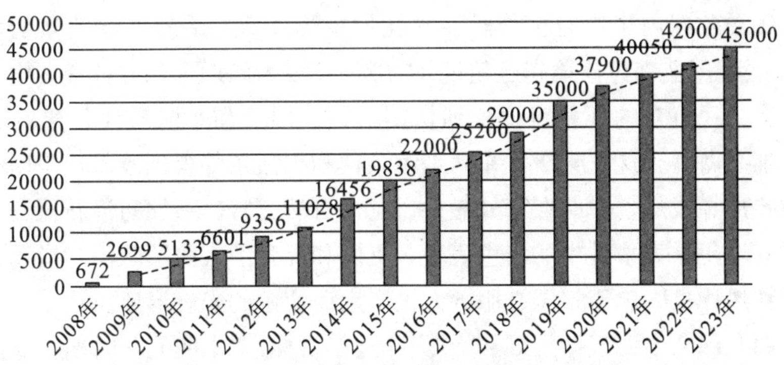

图 4-2　中国高速铁路运营里程增长示意图（单位：公里）

当前，我国年发电量已占全球发电总量的 1/4，是名副其实的世界能源第一生产大国①；全民受教育程度、文化素质、科技创新能力持续稳步提升，2023 年全国学前教育毛入园率已达到 91.1%，九年义务教育巩固率达到 95.7%，高等教育毛入学率已达到 60.2%，② 衡量一个国家创新能力的财政科学技术支出得到持续增长（见图 4-3）。

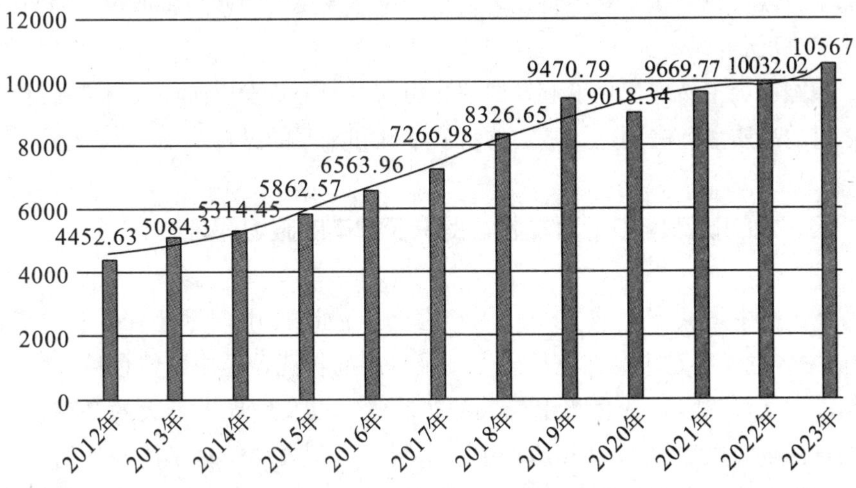

图 4-3　2012—2023 年国家财政科学技术支出增长示意图（单位：亿元）③

---

① 冉永平，史俊，宋玉昕，等. 能源建设释放“中国动力”［N］. 人民日报，2019-09-22（5）.

② 闫伊乔，蔡华伟. 截至 2023 年我国共有各级各类学校 49.83 万所［N］. 人民日报，2024-03-20（1）.

③ 数据来源：2012—2022 年数据来自历年《中国统计年鉴》。2023 年数据参见：过去 6 年国家财政科技支出年均增长 6.4%［EB/OL］.（2024-02-01）［2024-03-30］. http://www.gov.cn/lianbo/bumen/202402/content_6929501.htm.

我国单位国内生产总值能耗、水耗均持续降低，治沙增绿效果明显，到2022年底，国土森林覆盖率已超过24.02%，成为同期全球森林资源增长最多的国家，人民群众的环保意识得到切实增强；国防和军队现代化建设成效显著，武器装备得到优化升级，军队训练条件和生活条件得到改善，全国军改已取得重要成果成效，军队在海外撤侨、抗击自然灾害、参加防治新冠疫情、维护边境安全等重大事件中的出色表现，巩固和提升了人民军队听党指挥、能打胜仗、作风优良，忠于祖国、服务人民、崇尚使命的光辉形象。

按照我国“十四五”规划和2035年远景目标，“十四五”时期，农业农村优先发展、全面推进乡村振兴战略将得到深入推进，农业质量效益和竞争力将得到进一步加强，城乡融合发展的体制机制将进一步完善，农业人口市民化进程将进一步加快，脱贫攻坚和乡村振兴将得到有效衔接，以人为核心的新型城镇化发展质量将得到进一步提升，社会文明程度、公共文化服务水平、国家文化软实力、对外开放水平将得到进一步提升。到“十四五”末达到现行的高收入国家标准，到2035年实现经济总量或人均收入翻一番，是很有可能实现的。到那个时候，我国城乡差距将显著缩小，全体人民共同富裕将取得更为明显的实质性进展。

我国社会主义现代化事业发展的光明前景，为新发展阶段农村主流意识形态建设的高质量开展创造了坚实的物质基础和雄厚的民意基础。

二、党的执政能力不断发展，提供了根本的政治保证

在庆祝中国共产党成立100周年大会上的讲话中，习近平总书记指出，“中国共产党领导是中国特色社会主义最本质的特征，是中国特色社会主义制度的最大优势”[①]。作为世界上最大的执政党，以及世界上最大的马克思主义政党，在全面执政的70多年历程中，中国共产党成功应对了国内外的重重风险挑战和考验，成功领导全国各族人民实现了从站起来、富起来到强起来的历史性飞跃；已构建起了符合我国发展实际需要和我国社会主义初级阶段特征要求的理论体系、制度体系、工作体系，促进了国家现代化建设、维护世界和平与促进共同发展、实现祖国统一这三大历史任务不断取得新的发展，极大地提升了党在人民心目中的形象，有效巩固和发展了党的长期执政地位。

一是不断深化对社会主义发展阶段的科学认识。社会主义初级阶段是“一

---

① 习近平. 在庆祝中国共产党成立100周年大会上的讲话［M］. 北京：人民出版社，2021：11.

个动态、积极有为、始终洋溢着蓬勃生机活力的过程，是一个阶梯式递进、不断发展进步、日益接近质的飞跃的量的积累和发展变化的过程”①。在科学把握社会主义初级阶段的前提下，中国共产党对社会主义初级阶段中不同阶段的历史使命，对我国全面建成小康社会、实现了第一个百年奋斗目标之后的经济社会发展所处具体阶段，以及下一步发展所面临的国内外综合环境和风险挑战等进行了全面、科学、准确的把握和判断，认为时与势在我，我们有能力、有底气、有基础来开启新征程、实现新的更高目标，从而明确了在社会主义初级阶段新起点上，要立足新发展阶段、贯彻新发展理念、构建新发展格局，开启全面建成社会主义现代化国家新征程的目标与任务。

二是不断深化对长期执政能力建设的科学认识。作为典型的马克思主义使命型政党，中国共产党始终自觉肩负起民族复兴重任，始终自觉履行为人民谋幸福、为民族谋复兴、为人类谋发展的初心和使命，不断推进党的自我革新和自我革命，不断深化“五位一体”总体布局和“四个全面”战略布局，始终保持党的先进性和纯洁性，始终保持与人民群众的密切联系，始终注重充分调动广大党员干部和人民群众的积极性，注重凝聚发展的强大合力和强大共识，始终坚持改革发展与稳定的发展方略，注重在发展中解决问题，维护和确保广大人民群众的实际利益。中国共产党始终如一地实现了对初心、使命的坚持与发展。

党的十九届五中全会进一步明确强调要始终坚持人民主体地位，坚持共同富裕方向，促进社会公平，增进民生福祉，以满足人民日益增长的美好生活需要为根本目的，确保到2035年我国基本实现新型工业化、信息化、城镇化、农业现代化，基本实现国家治理体系和治理能力现代化，建成文化强国、教育强国等发展目标，实现对初心和使命的坚持和进一步发展。党的二十大更是吹响了全面建设社会主义现代化国家、全面推进中华民族伟大复兴的奋进号角。

三是继续推进马克思主义中国化时代化发展。党的十八大以来，着眼于马克思主义理论的中国化时代化，以习近平同志为核心的党中央统筹伟大斗争、伟大工程、伟大事业、伟大梦想，提出了一系列新理念新思想新战略，开辟了中国特色社会主义新境界，推动中国特色社会主义进入了新时代。党的十九大将党的十八大以来马克思主义中国化的最新理论成果正式命名为“习近平新时代中国特色社会主义思想”。习近平总书记在庆祝中国共产党成立

① 习近平. 论把握新发展阶段、贯彻新发展理念、构建新发展格局［M］. 北京：中央文献出版社，2021：475.

100周年的讲话中，对党的百年宝贵经验进行了深刻总结和高度概括，对如何在新征程中开创美好未来进行了系统阐述，明确提出了九个"必须"的经验启示和根本要求，科学回答了全面建设社会主义现代化国家新征程需要坚持什么、依靠什么、发展什么、突出什么、实现什么等系列重大理论和实践问题，实现了马克思主义中国化时代化的进一步发展。其具体表述如表4-1所示。

表4-1　九个"必须"具体表述

序号	主要方面	具体表述
1	政治领导	必须坚持中国共产党坚强领导
2	人民主体	必须团结带领中国人民不断为美好生活而奋斗
3	科学理论	必须继续推进马克思主义中国化
4	正确道路	必须坚持和发展中国特色社会主义
5	强大保障	必须加快国防和军队现代化
6	世界图景	必须不断推动构建人类命运共同体
7	政治品格	必须进行具有许多新的历史特点的伟大斗争
8	重要法宝	必须加强中华儿女大团结
9	党的建设	必须不断推进党的建设新的伟大工程

党的十九届六中全会对习近平新时代中国特色社会主义思想作了进一步丰富，将其科学内涵和核心内容进一步凝结成"十个明确"和"十四个坚持"，推进了中国特色社会主义理论体系的发展。党的二十大指出，经过不懈努力，党找到了自我革命这一跳出治乱兴衰历史周期率的第二个答案，实现了对共产党执政规律的又一次重大飞跃。

三、乡村振兴深入推进，形成了有利的社会环境

一是历史性解决了绝对贫困问题。经过多年来艰苦卓绝的努力，我国取得了脱贫攻坚战的全面胜利，完成了消除绝对贫困的艰巨任务，创造了彪炳史册的人间奇迹。贫困地区的基础设施建设和社会事业实现了长足进步，广大农村地区行路难、吃水难、用电难、通信难、上学难、就医难等问题得到了历史性解决。脱贫群众精神面貌焕然一新，感恩奋进、苦干实干、奋发向上的精气神和文明新风在广大农村得到广泛弘扬。在脱贫攻坚期间，广大党员干部把汗水洒在千家万户，用行动诠释了党性和誓言，促进了党群关系的发展。全国贫困人口和

贫困发生率变化见表4—2。

表4—2　全国贫困人口和贫困发生率变化表①

年份	贫困人口数（万）	贫困发生率（%）
1978	77039	97.5
1980	76542	96.2
1985	66101	78.3
1990	65849	73.5
1995	55463	60.5
2000	46224	49.8
2005	28662	30.2
2010	16567	17.2
2011	12238	12.7
2012	9899	10.2
2013	8249	8.5
2014	7017	7.2
2015	5575	5.7
2016	4335	4.5
2017	3046	3.1
2018	1660	1.7
2019	551	0.6
2020	全部脱贫	全部脱贫

脱贫攻坚战的全面胜利，充分说明了中国共产党领导和中国特色社会主义制度的优越性，生动揭示了中国减贫治理和中国之治的“密码”，增强了农村群众对中国共产党领导和社会主义道路的认同感和信服感。

二是乡村振兴战略正在深入推进。党的十九届五中全会通过的国家“十四五”规划和2035年远景目标建议，把优先发展农业农村，全面推进乡村振兴摆在突出的位置，明确了举全党全社会之力加快发展农业农村现代化的坚定决心。2021年的中央一号文件聚焦乡村振兴战略和加快农业农村现代化，从总体要求、实现巩固拓展脱贫攻坚成果同乡村振兴有效衔接、加快推进农业现代

① 参见：国家统计局. 中国统计年鉴（2021）[M]. 北京：中国统计出版社，2021：213.

化、大力实施乡村建设行动、加强党对“三农”工作的全面领导5个大的方面，详细提出26个具体措施和要求，对确保乡村振兴作出了全面的战略安排。党的二十大突出强调全面建设社会主义现代化国家最艰巨最繁重的任务仍然在农村，高度重视全面推进乡村振兴。在党中央的高度重视下，乡村振兴战略得到深入实施。

当前，全国各地贯彻中央精神，切实把巩固脱贫成果、防止规模性返贫作为底线，纷纷制定出台了乡村振兴具体实施办法，明确“四个不摘”的要求，确保巩固脱贫与乡村振兴相互衔接和配套。各地正按照编制的乡村振兴规划，大力整合社会资源，用好用足涉农金融政策和工具，积极对接乡村振兴项目和工程，持续发展志愿服务和提升公共服务均等化水平，切实推进乡村振兴战略落地落实。如2021年以来，陕西省针对全省易返贫的2.98万户共9万人落实了相应的帮扶措施，确定了26个乡村振兴重点扶持县，明确了1300多亿元的扶贫资产产权归属，全省新增农村小额信贷14.17亿元，新增公益性岗位近18万个，新增扶贫产品认定近4000个，向脱贫村和易地搬迁村新选派驻村第一书记4277名、驻村工作队员8486名。①

三是营建了对乡村振兴更加积极的社会整体氛围。近年来，随着《关于坚持农业农村优先发展　做好“三农”工作的若干意见》(2019年1月)、《关于保持土地承包关系稳定并长久不变的意见》(2019年11月)、《关于实现巩固拓展脱贫攻坚成果同乡村振兴有效衔接的意见》(2020年12月)、《关于全面推进乡村振兴　加快农业农村现代化的意见》(2021年1月)、《乡村建设行动实施方案》(2022年5月)等多个促进乡村振兴、巩固和拓展脱贫攻坚成果、建设美丽平安智慧乡村等重要政策规划的相继出台，以及一系列促进城乡基本公共服务标准化建设、促进小农户和现代农业发展有机衔接、统筹推进自然资源资产产权制度改革等利好政策的实施和推进，农村群众对实现农村经济社会繁荣、发展与稳定的良好预期得到巩固和提升。

如始于2018年1月的扫黑除恶专项斗争，打击农村的微腐败、村霸、乡霸和各类保护伞是其中的一项重点内容，经过为期三年时间的斗争，该行动取得很大的成就，共打掉农村涉恶犯罪集团4095个，排查整顿软弱涣散村党组织12万个，“村霸”问题得到全面惩治，农村基层组织明显优化②，为乡村振

① 参见：程伟，刘居星.陕西巩固拓展脱贫攻坚成果同乡村振兴有效衔接开局良好[N].陕西日报，2021-08-03(4).

② 参见：倪弋.人民群众对平安建设满意度提升[N].人民日报，2021-03-28(2).

兴战略深入推进营造了安全稳定的社会氛围。

各地的平安乡村建设也得到了切实推进，村村有警、天天见警已成为越来越多农村的日常状态。如 2020 年 5 月以来，浙江省慈溪市公安局通过“一村一辅警”来解决农村派出所人手不够、工作量大的难题。全市 98 个社区全部达到相应标准，全市有 274 个行政村配备了专职驻村辅警，驻村辅警“前移警务＋驻村服务”，通过有效提升农村社会治安水平，助力乡村振兴。①

四是城乡互动与包容不断增强。在全面建成小康社会的过程中，公共文化资源向城乡基层倾斜，城乡基层公共文化设施建设得到普遍加强，农村电影放映室、农家书屋、乡镇综合文化站、村文化室、广播电视网络等文化基础设施建设水平得到提升，乡村到城市的交通更加便捷，私家车拥有量不断提升，城乡之间的生活差距不断缩小。

随着农村人居环境不断改善、农民收入不断提高、农村社会保障体系的不断完善，再加上乡村田园生活本身具有的恬淡惬意，使得农村美、农民富、农业旺的正面形象在城市居民中得到切实提升。越来越活跃的工商资本通过专业大户、家庭农场、农民专业合作社、农村网红、乡村电商等形式广泛参与到“三农”领域，农村社会日益融入社会主义市场经济整体格局之中，已成为全国统一大市场的重要组成部分，城乡之间的互动和融合不断深度推进。这些因素都有效促进了城乡融合，弥合了城乡之间的心理鸿沟，提升了农村群众的获得感、幸福感、安全感，从而为新发展阶段农村主流意识形态建设的深入推进营造了良好的社会氛围。

如河北省深州市东安庄乡小寺家庄村在 2019 年吸引居家养老服务公司到村投资，打造康养产业和康养综合体，建设特色民宿 20 家。2020 年，该村入选第二批全国乡村旅游重点村名录，年接待游客多达 15 万人次，村民人均收入达到 1.3 万元。河北省衡水高新区大麻森乡东桃园村按照整体建设和运营的工作思路，将全村耕地 100％流转，大力发展现代花海产业、乡村旅游业、蔬菜瓜果种植业、体验式休闲农业，实现了“一步一景、二季有果、三季有花、四季有绿”，成为远近闻名的华北江南小镇风景区，并被纳入衡水高新区精品旅游线路。②

此外，近年来山东、浙江、江苏、广东、四川等地政府部门围绕促进乡村

---

① 参见：谢佳．“前移警务＋驻村服务”助力乡村振兴［N］．人民公安报，2021－08－02（5）．

② 参见：陈凤来．一村一特色，共绘美丽乡村——衡水扎实推进乡村振兴的“鲜活样本”解读［N］．河北日报，2021－08－02（12）．

旅游业发展，纷纷开展了“十佳”农家乐、农家乐旅游文化节、乡村旅游精品线路推广、新农村示范片区、民宿（农家乐）助力乡村振兴改革试点、山地休闲旅游发展试点、好客人家农家乐名单等各项活动，休闲农业、乡村旅游得到蓬勃发展，城市居民节假日到乡村体验生活、休闲娱乐蔚然成风。并且，随着中小城市户籍管理制度的调整，越来越多的农村居民在城镇买房，在城镇就业，城乡之间人员往来更加密切，城乡之间的包容性持续增强，城市居民对农村的印象得到持续改善。

五是广大新闻媒体对“三农”领域形成了更加自觉的关注。围绕“切实提高党的新闻舆论传播力、引导力、影响力、公信力”[①] 的要求，新闻媒体和各类自媒体对“三农”领域进行了更加积极的关注和客观的宣传，为新发展阶段农村主流意识形态建设营造了有利的社会氛围。

其一，党的十八大以来，每年的中央一号文件都持续关注精准扶贫、乡村振兴战略、农村环境“三大革命”（生活污水处理、垃圾治理、厕所革命）、城乡统筹发展等重大民生发展问题，促使各类新闻媒体对“三农”领域的关注呈现持续走高的态势。

其二，党的十八大以来，广大新闻媒体更加明确了必须坚持党性原则，必须坚持“四十八字方针”[②]，必须坚持团结稳定鼓劲，坚持正面宣传为主的工作导向，从而促进了舆论引导新格局的构建，有效推进了新闻媒体关注“三农”、服务“三农”的行动自觉。

其三，党的十八大以来农村互联网等基础通信设施水平得到显著提升，农村广播、有线电视和网络基础设施基本实现了全覆盖，“县县通 5G”，4G 网络基本实现了城乡同速，“互联网+”在广大农村社会得到普遍应用，从而很好地促进了新闻端口的前移，解决了以往党和国家重大方针政策、社会重要信息在农村社会难以得到及时传播的问题。

其四，农村社会生活的丰富和创新。随着农村社会更加富裕，农村群众对生活的态度更加积极，对社会的心态也更加乐观，农村社会生活更加现代化、多样化，农民群众的积极性和创造性更加旺盛，各地涌现出了一大批农村电商大咖。

当前，一大批农村群众通过快手、抖音等社交工具迅速成为全国知名网

① 习近平．习近平谈治国理政：第2卷［M］．北京：外文出版社，2017：331.

② “四十八字方针”即习近平总书记在 2016 年召开的党的新闻舆论工作座谈会上所提出的党的新闻舆论工作的职责和使命：高举旗帜、引领导向，围绕中心、服务大局，团结人民、鼓舞士气，成风化人、凝心聚力，澄清谬误、明辨是非，联接中外、沟通世界。

红，受到城乡群众的喜欢和力捧。借助网络，江西全南县的华农兄弟通过展现吃竹鼠的100种理由和自然闲暇的农村生活走红；广西灵山的巧妇九妹通过拍摄给果树施肥、摘果子、用水果做菜的短视频，帮助乡亲们卖出上千万斤水果；四川绵阳的李子柒通过展现田园生活和乡村美食，其微博粉丝数量超千万；云南丽江市华坪县的年轻姑娘王娇通过快手平台将家乡的土特产卖到了天南地北，带动周边几十户贫困户致富增收；江西省横峰县41岁农民蒋金春开直播、做短视频卖山货，成为拥有超过百万粉丝的“明星主播”……这些都为现代全媒体传播体系提供了丰富多元和鲜活的素材，提升了各类新闻媒体对“三农”的普遍关注和行动自觉。

六是文艺界、理论界对“三农”领域的积极关注。党的十八大以来，中央高度重视发挥哲学社会科学、文化艺术在促进“三农”发展上的重要作用，积极引导社科工作者和文艺工作者深入农村群众生活，真实反映和艺术表达农村群众心声。习近平总书记也在多个场合通过多种方式表达了对社科工作和文艺工作的高度重视（见表4—3）。

表4—3　习近平总书记对社科工作和文艺工作的重要论述（部分）

时间	主要事件	主要论述
2013年12月3日	中共十八届中央政治局第十一次集体学习	坚持用马克思主义哲学教育和武装全党
2014年10月15日	文艺工作座谈会	文艺战线是党和人民的重要战线
2016年5月17日	哲学社会科学工作座谈会	哲学社会科学事业是党和人民的重要事业
2016年11月30日	中国文联第十次全国代表大会、中国作协第九次全国代表大会	把握时代脉搏，承担时代使命，聆听时代声音
2017年11月21日	给内蒙古自治区苏尼特右旗乌兰牧骑队员们的回信	努力创作更多接地气、传得开、留得下的优秀作品
2018年8月21—22日	全国宣传思想工作会议	建设具有中国特色、中国风格、中国气派的哲学社会科学
2019年1月2日	致中国社会科学院中国历史研究院成立的贺信	在对历史的深入思考中汲取智慧、走向未来
2019年3月14日	参加全国政协十三届二次会议的文化艺术界、社会科学界委员联组会	坚持与时代同步伐、坚持以人民为中心、坚持以精品奉献人民、坚持以明德引领风尚
2019年8月19日	在敦煌研究院座谈时的讲话	铸牢中华民族共同体意识

续表4-3

时间	主要事件	主要论述
2021年5月9日	给《文史哲》编辑部全体编辑人员的回信	坚持中国道路、弘扬中国精神、凝聚中国力量
2021年12月14日	在中国文联十一大、中国作协十大开幕式上的讲话	展示中国文艺新气象，铸就中华文化新辉煌
2022年5月27日	中共中央政治局第三十九次集体学习	把中国文明历史研究引向深入，增强历史自觉坚定文化自信
2022年12月	对非物质文化遗产保护工作的重要指示	扎实做好非物质文化遗产的系统性保护，推动中华文化更好走向世界
2022年12月8日	致国史学会成立30周年的贺信	坚定历史自信增强历史主动，更好地凝聚团结奋斗的精神力量
2023年10月	对宣传思想文化工作的重要指示	在新的历史起点上继续推动文化繁荣、建设文化强国、建设中华民族现代文明
2023年11月24日	致世界中国学大会·上海论坛的贺信	不断推进世界中国学研究，推动文明交流互鉴，为繁荣世界文明百花园注入思想和文化力量

在党和国家的高度重视下，全国哲学社会科学领域和文化艺术领域更加关心、关注“三农”题材，为促进全社会更加熟悉、了解、欣赏和接纳新时代的中国农村、农民、农业发挥了积极作用。以每年国家社科基金项目的立项为例，可以明显感受到2012年以来，我国广大社科工作者对农业、农村、农民理论和实践问题的持续关注和积极参与（见表4-4）。

表4-4　2012—2023年“三农”领域国家社科基金项目立项数①

年份	立项数（个）
2012	262
2013	280
2014	263
2015	265
2016	217

① 数据根据国家社科基金项目数据库的历年数据整理。本表所统计的立项包括重点项目、一般项目、青年项目、西部项目四个类型的“三农”及乡村振兴相关课题，不包含其他委托项目和招标项目。

续表4－4

年份	立项数（个）
2017	259
2018	371
2019	444
2020	379
2021	348
2022	200
2023	201

一大批反映农村历史、生活现状的优秀文艺作品，极大地促进了人民群众对农村生活、农民群众的认识和了解，缩小了城乡民众之间的心理距离。如《舌尖上的中国》以生活中的美味为依托，以现代社会普通人的生活为舞台，其中的很多内容反映的是农村生活，很好地展示了乡村食材的生态、美味，以及农民群众的淳朴善良、农村生活的恬静幸福。自 2015 年 1 月开始在中央电视台播出的大型纪录片《记住乡愁》，以传统村落为载体，以生活化的故事为依托，聚焦海内外华人记忆中的乡愁，生动展现了中国传统村落的自然和人文、民风和习俗，弘扬了中华优秀传统文化的时代价值。

作家朱辉 2017 年发表于《钟山》杂志的短篇小说《七层宝塔》，讲述了从农村搬迁来的唐老爹与楼上的年轻阿虎夫妻之间的矛盾冲突，书写了乡土中国城市化转型中农民上楼、远离乡土后出现的种种问题，以及随着市场化的发展和市民化的进程，一些年轻人无视传统、漠视规则、自私自利的精神困境与现实道德窘态。2018 年在中央电视台一套黄金时段播出的电视剧《最美的青春》，宣扬了一群青年创业者到艰苦林区，克服重重困难，将荒原变林海绿原的塞罕坝精神。2020 年国庆档期电影《我和我的家乡》，描述了一群致力于改变乡村面貌的人物形象，其中包括身在都市心系乡下表亲病情的张北京、想办法解决山区物流问题的农民发明家黄大宝、为乡村教育发展殚精竭虑的范老师、为治沙卖苹果而忍辱负重的乔老板、瞒着妻子去扶贫的第一书记马亮，人物形象饱满生动，既有历史眼光又有现实情怀，既反映乡村的现实巨变又体现农村的厚重文化根脉，受到了观众的热捧。

四、意识形态建设深入发展，开创了良好的工作局面

随着党的十八大以来党管意识形态、党管宣传、党管人才、党管新闻媒体的全面落实，意识形态责任制、意识形态专项督查、互联网行业管理、网络环境专项治理等的深入推进，以及网上舆情引导和网上意识形态防线的不断加强，我国主流意识形态建设工作整体水平得到提升，旗帜鲜明讲政治，牢牢掌握意识形态工作领导权、管理权、话语权已成为各级党委政府和宣传工作部门的普遍共识，并形成了敢抓敢管、会抓会管的良好工作态势，这为新发展阶段农村主流意识形态建设创造了有利条件。

一是马克思主义在意识形态领域指导地位的有效巩固。为有效应对我国意识形态建设的挑战和危机，推进解决一些领域存在的马克思主义边缘化、空泛化、标签化的问题，以及一些党员干部的实践中存在的教条化、实用化、庸俗化对待马克思主义等问题，以习近平同志为核心的党中央明确要求："加强党对宣传思想工作的全面领导，旗帜鲜明坚持党管宣传、党管意识形态。"①

通过全面加强对意识形态工作的领导，加强对马克思主义理论的学习和武装，确保广大党员干部理论上的清醒和政治上的坚定。通过补足精神之"钙"，坚定马克思主义信仰，提升党的先进性和纯洁性，及时发现和抵制各种反马克思主义的反动思潮，有效驳斥各种鼓吹意识形态中立、过时、虚假、边缘的论调，批判各种歪曲、否定中国特色社会主义理论、制度和道路的错误观点，坚决打击非法宗教活动以及煽动民族仇恨、鼓吹人权高于主权的言行，确保了马克思主义在意识形态领域指导地位的巩固和发展。

二是意识形态理论得到显著发展。在继承和发扬党管意识形态、党管笔杆子、政治家办报、注重发挥群众力量、走群众路线等意识形态理论结晶和实践经验的基础上，党的十八大以来我国意识形态理论取得了显著进步。其发展主要体现在五个方面。

其一，意识形态地位更加突出：强调意识形态工作是党的一项极端重要的工作，事关党的前途命运，事关国家长治久安，事关民族凝聚力和向心力。

其二，意识形态性质更加明确：明确指出党性和人民性从来都是一致的、统一的，意识形态与人民心声息息相关，必须坚持讲政治，把握正确导向，把党的主张和人民的心声统一起来。

---

① 习近平．习近平谈治国理政：第3卷［M］．北京：外文出版社，2020：314．

其三，意识形态目的更加具体：明确必须守土有责、守土负责、守土尽责，必须着力巩固马克思主义在意识形态领域的指导地位，巩固全党全国人民团结奋斗的共同思想基础，不断壮大主流思想舆论，推进思想统一，牢固把握好意识形态工作的领导权、管理权、话语权。

其四，意识形态阵地构成更加丰富：明确各类新闻媒体和网络媒体、各类出版物和文艺作品、各类文化学会协会等社团、各类中小学和职业学校、各类演艺场所、展览馆、陈列馆、各新闻媒体、社科研究机构，以及哲学社会科学报告会、研讨会、论坛等，都属于意识形态阵地，都需要落实意识形态阵地管理，坚持正确导向。

其五，意识形态工作方法得到不断发展：坚持部门负责和全党动手，坚持正面宣传为主，高校思政工作、哲学社会科学、文艺工作、教育工作、科学研究工作等各方面都要理直气壮地抓党建，弘扬主旋律，传播正能量，增强阵地意识。同时，要做好甄别红色、黑色和灰色三个地带的工作，科学对待思想舆论领域的分歧，守住红色地带、压缩黑色地带、促进灰色地带向红色转化。

在具体意识形态工作方法上，通过在全党开展意识形态工作专项督查，严格实施意识形态工作责任制，把意识形态工作纳入党员干部目标考核体系，强化考核结果的运用，明确党委（党组）书记抓意识形态工作的第一责任，分管领导的直接责任，领导班子成员的“一岗双责”，层层压实意识形态责任目标，强化问责的刚性和“硬约束”，以考核倒逼各级党员干部对意识形态工作的重视，确保提升政治担当，筑牢意识形态阵地。

三是意识形态制度建设得到全面推进。近年来，在党中央和国务院的高度重视下，意识形态领域一系列具有导向性和操作性的政策相继制定出台。如围绕加强党的建设，出台了《中共中央关于加强党的政治建设的意见》《关于加强和改进中央和国家机关党的建设的意见》等一系列重要党内规章制度；围绕教育领域和青少年群体这两个意识形态建设关键落脚点与对象，国家在2017—2022年间也制定出台了不少相应的重要文件（见表4—5）。

表4—5　2017—2022年加强教育领域和青少年群体意识形态建设的相关文件（部分）

出台时间	文件名
2022年2月	《中共中央办公厅　国务院办公厅关于加强新时代关心下一代工作委员会工作的意见》
2021年7月	《中共中央　国务院关于新时代加强和改进思想政治工作的意见》

续表4-5

出台时间	文件名
2021年5月	《中共中央办公厅关于在全社会开展党史、新中国史、改革开放史、社会主义发展史宣传教育的通知》
2021年1月	《中共中央关于全面加强新时代少先队工作的意见》
2020年10月	《深化新时代教育评价改革总体方案》
2020年10月	《中共中央办公厅　国务院办公厅关于全面加强和改进新时代学校美育工作的意见》
2020年3月	《中共中央　国务院关于全面加强新时代大中小学劳动教育的意见》
2019年12月	《中共中央办公厅　国务院办公厅关于减轻中小学教师负担进一步营造教育教学良好环境的若干意见》
2019年11月	《新时代爱国主义教育实施纲要》
2019年10月	《新时代公民道德建设实施纲要》
2019年8月	《中共中央办公厅　国务院办公厅关于深化新时代学校思想政治理论课改革创新的若干意见》
2019年6月	《中共中央　国务院关于深化教育教学改革全面提高义务教育质量的意见》
2019年6月	《中共中央办公厅　国务院办公厅关于进一步弘扬科学家精神加强作风和学风建设的意见》
2019年2月	《加快推进教育现代化实施方案（2018—2022年）》
2018年11月	《中共中央　国务院关于学前教育深化改革规范发展的若干意见》
2018年11月	《教育部　中共中央宣传部关于加强中小学影视教育的指导意见》
2018年5月	《中共中央办公厅　国务院办公厅关于进一步加强科研诚信建设的若干意见》
2018年1月	《中共中央　国务院关于全面深化新时代教师队伍建设改革的意见》
2017年9月	《中共中央办公厅　国务院办公厅关于深化教育体制机制改革的意见》
2017年2月	《中共中央　国务院关于加强和改进新形势下高校思想政治工作的意见》

此外，党和政府通过大力传承红色基因、高度重视新时代公民道德建设、推进新时代爱国主义教育、加强法治社会建设，有效确保了红色基因和爱国主义、法治精神和公民道德深入融合到新时代主流意识形态建设过程之中。

四是意识形态工作整体态势得到持续发展。在以习近平同志为核心的党中央的高度重视下，党委（党组）巡视工作、意识形态专项督查、意识形态工作责任制得到全面落实，巡视工作靠人民、巡视效果人民监督的实践导向得到切实体现，弘扬科学家精神、弘扬优良学风、构建中国特色哲学社会科学体系、加强文化领域的行业组织建设、加强新经济和新社会组织党的建设、改革社会组织管理制度、促进媒体融合发展、加强新时代人民政协党的建设等各领域重要工作得到持续推进，意识形态建设全面加强、整体优化、纵深推进。

第二节　新发展阶段农村主流意识形态建设的复杂形势

社会存在决定社会意识，“不是意识决定生活，而是生活决定意识”①。虽然党的十八大以来我国农业农村社会发生了巨大变化、实现了巨大发展，为新发展阶段农村主流意识形态建设提供了良好基础，但由于主流意识形态本身具有的鲜明属性和特点，以及农村的主流意识形态建设还具有相对稳定性、相对弱质性、相对被动性和相对复杂性等特质，新发展阶段背景下的农村主流意识形态建设仍面临多方面的压力和挑战。

一、农村主流意识形态建设面临复杂的外部环境

当今世界面临百年未有之大变局，世界进入动荡变革期，新技术新产业加速推进，国际力量对比和世界政治经济格局正发生深刻变化。单边主义、霸权主义、保护主义、逆全球化给世界和平发展繁荣带来重大威胁。以美国为首的西方老牌资本主义国家，不断通过各种渠道和手段来阻止、遏制包括中国在内的广大发展中国家的崛起，特别是针对中国发起了金融、贸易、科技、文化、教育等全方位的制裁和打击，这给我国新发展阶段的农村主流意识形态建设带来了不利的影响。

一是加重了农村部分群众的焦虑情绪。随着中美贸易战的不断升级，以及中国与欧盟、澳大利亚、加拿大等国家和地区贸易摩擦的持续乃至升级，相关消息的传播客观上加重了部分群众对我国发展外部环境的焦虑感，特别是对我

① 中共中央马克思恩格斯列宁斯大林著作编译局. 马克思恩格斯选集：第 1 卷［M］. 北京：人民出版社，2012：152.

国粮食安全、种业安全、信息安全、能源安全等特殊领域的焦虑和不安有所提升。

二是一定程度上影响了我国民间对外交流交往。2020 年春节前后暴发的新冠疫情持续肆虐了两年多时间，在党中央的坚强领导和科学统筹下，我国实现了疫情防控和经济发展的双胜利，为全球经济复苏和抗疫作出了重要贡献。然而以美国为首的西方国家恶意将疫情政治化、病毒污名化、溯源工具化，将中国对世界疫情防控的重大贡献污蔑为“疫苗外交”，甚至以情报战的形式对我国的疫苗情况和生物实验室建设情况进行恶意攻击，大肆恶意炒作，并大幅度减少国际航班数量，严苛人员往来签证限制，阻挠经济文化教育等合作项目。并且，美国等西方国家在疫情失控局面下，恶意虚构“新疆棉花”、涉藏人权等话题，对我国进行密集攻击，以此转移国内民众注意力。这些西方国家的拙劣行为借助网络信息的大肆传播，伤害了我国广大人民群众的感情，在一定程度上阻碍了我国与西方国家正常开展民间交流，也影响了我国人民群众对西方国家经济、科技、文化等发展水平和最新发展状况的客观认识和全面了解。

三是客观推高了我国信息网络安全风险。面对中国的快速发展，以美国为首的西方发达国家更加注重利用信息化优势和信息技术优势来对我国进行意识形态的渗透。当前，全球访问量最大的 50 个网站中有 30 个总部在美国，全球 80%以上的网络信息和 95%以上的服务信息都来自美国，全球绝大部分的 CPU 产量和系统软件产量被美国掌握。正是由于有如此大的垄断性优势，美国对我国的意识形态渗透体现出频繁使用信息技术的特点，特别是一些电子信息产品和配件存在的安全漏洞，给我国信息安全带来严重的隐患。

国家计算机网络应急技术处理协调中心（CNCERT/CC）公布的数据显示，2021 年上半年，我国境内遭篡改的网站有近 3.4 万个，其中被篡改的政府网站有 177 个，针对我国境内网站仿冒页面约 1.3 万个，我国境内感染计算机恶意程序的主机数量达 446 万台，其中约 7580 个位于美国的控制服务器控制了我国境内 314.5 万台主机。①

随着我国更加坚定地推动改革开放进程，更加自信地广泛参与全球公共事务，更加积极地向世界各国展现负责任大国形象，我国与西方国家之间的意识

① 参见：2021 年上半年我国互联网网络安全监测数据分析报告[EB/OL].（2021－07－31）[2022－10－23]. https://www.cert.org.cn/publish/main/46/2021/20210731090556980286517/20210731090556980286517_.html.

形态冲突将会更加频繁和激烈。

二、农村主流意识形态建设面临诸多复杂问题

当前，我国正处于社会转型发展的关键时期，农村社会的生产生活方式都在发生深刻变化，发展质量不高、发展不平衡不充分的问题依然突出，城乡区域发展和居民收入分配依然存在较大差距，社会治理仍然存在不少弱项和短板。在今后一段时期内，广大农村社会发展相对滞后、农村社会活力相对较低、农村精神文明建设和文化服务还需加强的现状难以彻底改变。特别是以下几个方面问题的存在，将影响到农村主流意识形态建设的发展。

一是农村人口持续外流和老龄化加重不利于农村主流意识形态建设。2021年5月公布的第七次全国人口普查统计情况显示，我国居住在城镇的人口已达到63.89%，居住在乡村的人口占比36.11%，与2010年第六次全国人口普查统计相比，我国城镇人口比重上升了14.21个百分点，乡村人口则减少了16436万人。[①] 从近几年我国城乡人口分布来看，乡村人口在全国总人口的比重有进一步降低的趋势，如图4−4所示。

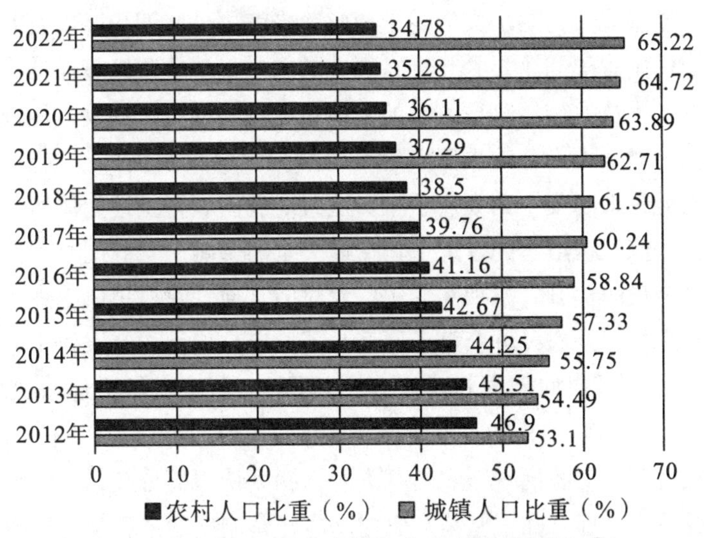

图4−4　2012—2022年城乡人口比重变化情况[②]

① 参见：国务院第七次人口普查领导小组办公室. 中国人口普查年鉴（2020）[M]. 北京：中国统计出版社，2022：1920.

② 参见：国家统计局. 中国统计年鉴（2023）[M]. 北京：中国统计出版社，2023：31.

统计数据显示，2022年我国65岁以上人口占比已达到14.9%，比2012年增长了5.5%。按照国际通行标准，我国正处于快速老龄化阶段。有关部门预测，2022—2036年我国将处在急速人口老龄化阶段，2036—2053年将处于深度人口老龄化阶段。由于产业布局、公共服务水平等的整体差距，农村老龄化程度相比城镇明显高出不少。可以说，在市场经济大潮下，我国农村社会老龄化程度和速度远高于城市，城市如同一架抽水机，将农村健壮劳动力吸进了城市产业链之中。今后较长一段时期，我国广大农村将面临更加突出的空心化和老龄化问题，在农村青壮年严重匮乏、高素质骨干农民缺失、合格党员难以培养、基层社会治理力量捉襟见肘的情况下，谁来种地、谁来养老、谁来管理农村的问题将会影响到农村社会的和谐稳定与发展，基层党组织建设、村民自治、农村社会治安等诸多方面都将面临更棘手的现实考验。

二是农村群众对政策认识的分化不利于主流意识形态建设。在市场经济大潮的冲击下，我国农村实行的以家庭承包经营为基础、统分结合的双层经营体制面临着诸多问题。相当多的农村群众希望现行土地承包政策能持续巩固下来，以此增强农村群众抵御风险的能力，确保农村社会稳定。但同时也有不少农村群众对当前我国广大农村地区多年来实行增人不增地、减人不减地的做法表示困惑，希望能实行更加灵活的土地政策来解决这些问题，以及有效应对人地分离、农田闲置等问题。并且，在现有的农村土地承包政策保持不变的情况下，外出务工人员、进城落户人员的土地在流转给种植大户发展规模农业或观光农业后，可能很大部分的农田以后不会再被农户收回供自己或下一代耕种，从而导致土地越来越集中到大户手中，这将对我国农村土地集体所有制带来冲击，对农村主流意识形态的发展也将造成一定的影响。与此同时，由于近年来农村户口含金量的提升，附加在农田、农村宅基地、农村集体土地上的福利不断增加，越来越多的农民群众已不愿意为了城市户口而放弃农村土地，也有越来越多城市居民渴望回到农村，恢复“农籍”，享受农村土地政策所带来的福利。

面对农村群众对我国现行农村基本经营制度认识的分歧，有学者认为需要抓住分歧的核心，即“在‘坚持’农村基本经营制度的过程中，比较突出的问题在于家庭经营基础地位受到冲击和集体经济功能弱化两大方面；在‘完善’农村基本经营制度的过程中，存在的突出问题有土地流转及规模经营面临障碍、新型农业经营主体发展不足以及统一经营需进一步加强三个方面”①。如何妥善做到“坚持”与“完善”相结合，“破”与“立”相促进，必然是个艰辛探索的过程。

在当前和今后较长一段时间，对包括农村土地承包制度、宅基地制度、城乡户籍制度、产业补贴制度等各方面进行必要改革的同时，也必将带来对农村群众利益的调整，这很有可能加深一些群众之间的认识鸿沟，甚至造成民意拉扯，这将对农村主流意识形态建设带来较大挑战。

三是农业生产综合效益的下滑不利于主流意识形态建设。有专家在持续观察我国粮食总产量变化的基础上认为，我国当前粮食生产体系明显已到了“天花板”时期，近十年间除了天津市、河南省、四川省等8个地区粮食产量有所增长外，其他地区的产粮情况都在下降，全国粮食总产量已在2015年左右达到了极值。② 从统计数据来看，自2012年至今，我国每年粮食总量的增加确实面临很大的压力，且要实现更大的突破现实难度很大（见图4—5）。

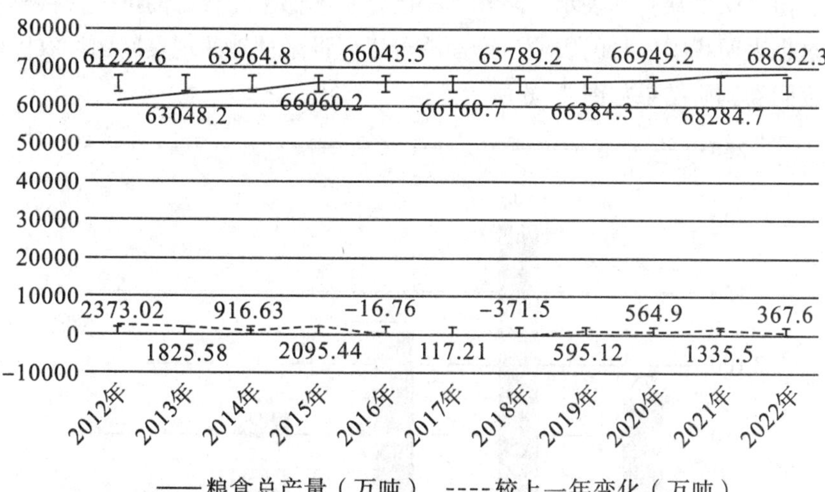

图4—5　2012—2022年我国粮食总产量变化情况③

笔者在四川省南充市多个乡镇调研时也注意到不少村社原本具备种植两季水稻的自然条件，但大概在2010年以后就基本上只种一季了，而且原本农民

① 蒋永穆，赵苏丹．坚持与完善农村基本经营制度：现实挑战与基本路径［J］．经济研究参考，2021（22）：119．

② 参见：蔡之兵，张青．中国粮食产量“天花板”的迹象判断、形成机理与应对之策［J］．行政管理改革，2021（2）：72—80．

③ 参见：国家统计局．中国统计年鉴（2023）［M］．北京：中国统计出版社，2023：391．

外出务工时会把自家耕地的全部或一部分委托邻居或亲戚耕种，但随着近年来粮食生产成本的持续上升，综合收益相对下降，很多群众已不愿多种地，耕地抛荒现象较为普遍。学界的研究也表明，我国水稻、玉米、小麦生产成本已由2004年每亩395.45元，上涨到2010年的每亩672.67元，再上涨到2017年的每亩1081.59元，从而导致每亩粮食生产净利润相应从2004年的196.5元，下降到2013年的72.94元，再下降到2016年的－80.28元。[①] 主粮生产利润的持续降低，使得农民的种粮积极性受到了较大影响。在笔者所调研的村社，耕地抛荒比例估计在三成以上，稍远一点的、灌溉情况稍差一点的、肥力稍差一点的耕地被成片抛荒。不愿种地、不愿多种地、宁愿把地荒了的思想在农村的蔓延，将给我国粮食安全带来极大隐患。

笔者近年来也曾就农民职业的认同感进行过相关调研，对472个有效调研对象的调研结果分析后发现，虽然当前在村务农群众对农民职业满意度整体较高，认为农民职业很好或好的，占比超过57%，认为农民职业不好的仅为14%。但受访群众基本表示，除非不得已，是不愿意让自己的下一代接棒种地的。这也表明我国农村的农业生产面临着以后谁来种地的现实问题。农民职业满意度问卷调研结果如图4－6所示。

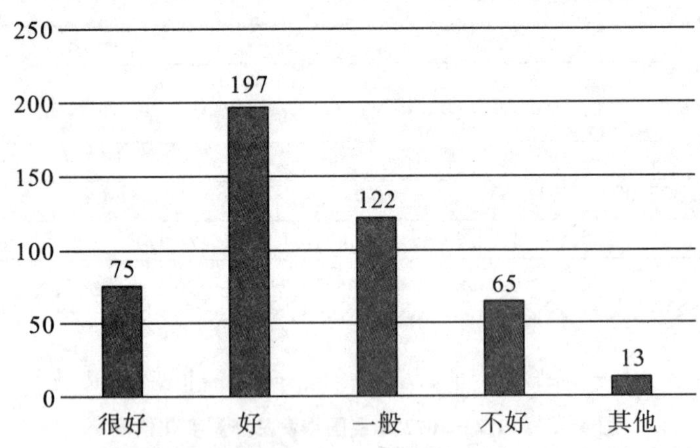

图4－6　农民职业满意度问卷调查情况统计（单位：人）

四是农村社会陌生化的加深不利于主流意识形态建设。进入新时代以来，随着我国农村自然经济进一步解体、农村市场化程度不断提高，我国广大农村已由人与人之间直接信任、人格化信任、普遍熟悉的传统意义上的熟人社会，

① 参见：蔡之兵，张青. 中国粮食产量“天花板”的迹象判断、形成机理与应对之策［J］. 行政管理改革，2021（2）：75.

更加彻底地转变为当前留守在农村的那部分人的“半熟人社会”[①]，以及常年在外的农民工那部分人的“陌生人社会”，或“无主体熟人社会”。农民虽在同村同乡，但已很少互相熟悉，整个农村社会整体呈现出村民关系日渐疏远、乡村传统习俗日渐废弛、村民组织性降低等特征。

以贺雪峰、吴毅为主要代表的“华中乡土派”学者将农村的这种局面称为“原子化”，即人与人之间虽同在一个村落，但彼此联系普遍不多，村庄作为村民生活共同体的互助、组织、协调、制约功能逐渐弱化。而且随着农村社会生活与网络和信息深度融合，信息化时代农村社会群体交往方式逐渐由传统的对称性交往向非对称性、非接触性、非功利性交往转变，农村群众之间基于共同的情感、爱好和志趣的交往将成为维持网络虚拟社群和促进线下交往的关键，群际交往也更加呈现出自我性、脆弱性、临时性和陌生化的特点，农村年轻群众在群际交往中对权威和服从的意识也更加淡薄，这也导致农村干部在组织开展群众教育、社区公益、志愿者服务、群众自治等活动时，面临着门难进、口难开、人难找、事难办的窘境。如何在陌生化、信息化的背景下有效促进农村群际交往，共同画出社会同心圆，是新发展阶段背景下的农村主流意识形态建设所面临的现实挑战。

五是农村集体经济发展不足不利于主流意识形态建设。发展壮大农村集体经济既是保障农民持续增收和促进乡村治理现代化的有效路径，更是确保乡村振兴战略顺利进行、实现农村社会高质量发展的有力支撑。虽然当前广大农村已全面实现了小康，历史性解决了绝对贫困的问题，而且经过精准扶贫阶段的大力推进，我国广大农村的集体经济实力得到了显著增强，确保了每个村都有满足脱贫摘帽的集体经济收入。但客观而言，目前农村集体经济的发展状况离促进乡村宜居宜业和农民富裕富足的目标还有较大差距。

一方面，富村太少，家底不厚。如 2019 年末，四川省全省 41 万个农村集体经济组织总收入为 130.38 亿元，当年有经营收益的村仅为 27745 个，占比不足 7%。[②] 相比而言，大多数村社的集体经济收入不高，客观上难以支撑农业农村现代化的发展。

另一方面，支多收少，欠账普遍。近年来由于村社承担的公共事务越来越多，在村基础设施维护、公益事业开支、防疫防汛等应急开支、村干部酬劳等

① 贺雪峰提出“半熟人社会”这一概念，主要指虽共同生活在同一个地域，但彼此之间已经不再直接信任，而是重视通过秩序和规则来调节群际交往。

② 参见：史晓露．试点农村集体产权制度改革　我省将探索集体经济发展新路径［N］．四川日报，2020－12－02（12）．

方面的支出增长较大的情况下，不少村集体不得不采取债务性借贷的方式来维持其基本运行，所以很多农村外债沉重。有学者研究显示，目前全国各地村级债务已成为全国性的普遍存在，仅 2020 年全国村均债务规模和户均债务规模就“分别达到 406.8 万元和 8344.18 元，十年间年均增长分别为 13.01%和 11.44%，增长迅猛”①。

此外，管理不善，漏洞太多。由于很多农村存在着干部队伍年龄结构、知识结构的短板，难以对村“三资”进行科学有效管理，所以村集体资产流失现象普遍，该收的收不上来，该登记的没登记到位，该监管的没监管到位，不少村集体资源成为“沉睡资源”，既损害了普通群众发展村集体经济的积极性，也不利于村“两委”在工作开展中树立威信，一些村干部甚至因此腐化变质，成为村集体经济的蛀虫。

六是党的农村基层组织建设和乡村治理能力依然存在短板。农村基层治理是国家治理的重要基石，党的农村基层组织建设是党的执政的重要基础。当前，一些农村基层组织建设的短板依然是制约乡村振兴和农业农村现代化进程的关键问题。一方面，农村党组织作用发挥有待提升，农村党员干部队伍需要解决年龄结构老化的问题，党员对村务党务的发言权、表决权、监督权要得到更好保障，农村党员干部理想信念、思想觉悟、工作作风和工作能力水平也需要进一步提升，特别是引领农村经济社会实现高质量发展的能力和水平还需进一步加强。另一方面，村民自治制度的执行需要科学推进，“五民主三公开”制度的落实、村民议事形式多元化信息化实效化的探索和推进、村规民约制度功能作用的有效发挥、村民日常事务和邻里纠纷的及时有效处理等，都需要在新发展阶段予以高度重视和稳妥推进。

当前在广大农村群众身边依然时有发生的“微腐败”“中梗阻”“玻璃门”现象，以及极少数党员干部以权谋私、厚亲肥友、靠山吃山等行为，客观上也给农村主流意识形态建设带来了负面影响。

七是乡风文明建设任重道远。少数农村还不同程度地存在着赌博、迷信、攀比之风，一些地方的天价彩礼、厚葬薄养、铺张浪费、封建迷信已成为影响农村文明进步、社会发展的重要因素，也给农村群众带来了较重的负担。

部分农村中青年人在进城务工后，由于缺少了周围道德和舆论的约束，在陌生社会做出了不道德的行为，个别年轻农村女性进城后为了多赚钱、赚快

① 周静毅. 乡村振兴背景下新村级债务的现状、成因与化解机制［J］. 世界农业，2023（9）：75.

钱，也搞起了带“色”的兼职，乡村社会传统道德风尚和优良家风营建受到不小冲击，农村离婚率上升就是其中的一个体现。如甘肃省庆阳市人民政府研究室课题组及梁小荣对当地离婚率进行统计后发现，庆阳市的农村离婚率就从2012 年的 2.9‰上升到 2018 年的 3.6‰，比同期城市居民离婚率分别高出0.4‰和 1.53‰。[①]

三、农村主流意识形态建设存在不少短板弱项

（一）农村主流意识形态现状调研

就农村主流意识形态建设的现状和问题，笔者及所在团队自 2018 年以来对四川省井研县、南部县、蓬安县、营山县 4 个县 11 个村，以及笔者之后个人在四川省邻水县、江西省芦溪县、海南省博鳌镇等地进行了深入调研并发放问卷，共回收有效调研结果 472 份，其中男性样本为 314 个，女性样本 158 个。40 岁以下的样本 70 个，占比约 15％；41～60 岁的样本 278 个，占比约 59％；61 岁以上的样本 124 个，占比 26％。受访对象中，党员身份的有 75 人，占比约 16％。

调研主要以访谈为主，调研主要从农村群众的日常生活中所表现出来的对农民职业的认可度、对党的涉农政策的信心和亲近感、对社会主义核心价值观和国家主流价值观念的感知度等方面进行访谈，从中可以对农村主流意识形态建设中存在的问题予以具体掌握。

访谈 1：是否听说过“社会主义核心价值观”（A. 听过　B. 没听过）？能说出这 24 字吗？

情况：A. 能说出全部　B. 能说出一部分　C. 不能　D. 其他

结果：受访群众基本表示听说过“社会主义核心价值观”，但与此同时，少有受访者能完整说出“社会主义核心价值观”这 24 个字的具体表述，能说出一部分的，占比也只有 30％。调研认为目前让广大农村普通群众熟悉和掌握社会主义核心价值观的工作做得还不够充分，同时也是有较大难度的。调研结果如图 4—7 所示。

---

① 参见：庆阳市人民政府研究室课题组，梁小荣．离婚率持续上升已成为乡村振兴的隐痛——关于庆阳市农村离婚现象的调查分析［J］．发展，2019（12）：73.

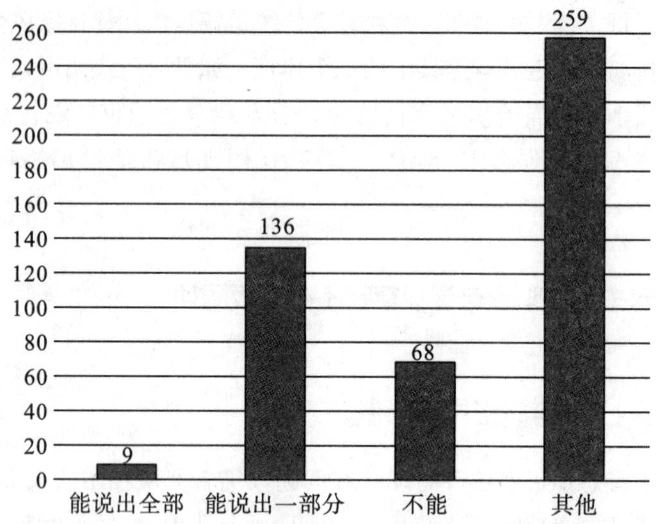

图 4-7 受访群众对“社会主义核心价值观”掌握情况统计

访谈 2：觉得现在农村干群关系怎样？

情况：A. 很和谐 B. 和谐 C. 一般 D. 比较紧张 E. 很紧张 F. 不清楚

结果：A 项占比约 13.6%，B 项占比约 46%，C 项占比约 22.1%，D 项占比约 12.3%，E 项和 F 项总占比约 6%。从结果可看出：农民群众对干群关系整体正面评价的比例将近 82%，而认为干群关系紧张或比较紧张的占比仅为 16.3%。在调研访谈中，群众对干群关系不满意的地方主要集中在三个方面：一是一些村干部搞微腐败；二是一些村干部私德不彰，形象不好；三是一些村干部为群众办事态度不好，工作水平不高，协调能力不行。调研结果如图 4-8 所示。

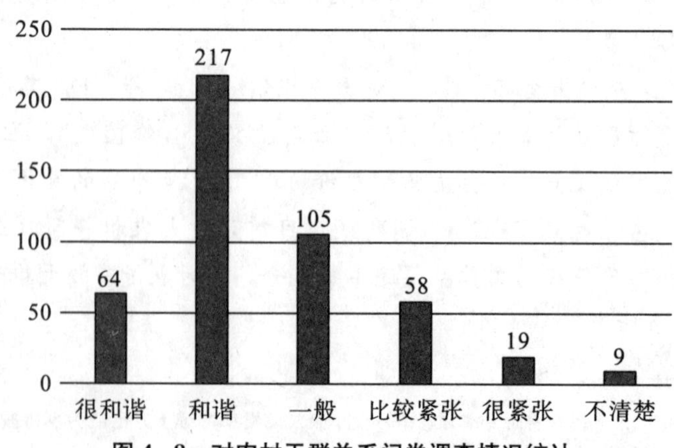

图 4-8 对农村干群关系问卷调查情况统计

访谈3：您的邻居和朋友在农闲时候主要会做些什么？（多选）

情况：A. 在家学点农业技术　　B. 出去打短工挣钱

C. 和朋友一起休闲娱乐　D. 做点小生意

E. 没啥特别的安排

结果：有近13%的受访群众表示农民职业没啥农闲的时候，全年无休。其他受访群众则主要集中在B、C、D三项，选择这三项的受访者超过84%，其中选了B项的有37%，C项的有52%，D项的有24%，还有不少受访群众表示在农闲时要去城里带孙儿。在休闲娱乐的方式上，受访者大多表示就打点三块五块的小麻将、看看电视、刷刷抖音、玩玩手机。在我们的调研访谈中，能明显感受到由于在家村民的工作强度、年龄结构、知识结构、分散居住等因素，在农村开展大型的群众文艺活动会有较大难度，会遇到农闲时少人来、农忙时没人来的问题，甚至送戏下乡、送电影下乡的效果也难以保证，而打麻将、赌博在农村已经是很普遍的现象。

访谈4：您平时主要从哪些渠道了解国家和社会动态的？（多选）

情况：A. 手机　　B. 电脑　　C. 电视　　D. 报纸杂志

E. 党政宣传　F. 村“两委”开会　G. 听别人说

结果：受访者的信息接收主要集中于手机、电脑、电视三个渠道，这三类途径占比超过90%；选择G项的也不少，占比将近9%。这表明当前农村群众的信息接收端已转向了以“三微一端”为代表的新媒体，而通过报纸杂志、政策宣讲、文艺传播、村组讨论等原有途径和方式来促进意识形态形式建设面临着受众面变窄和效果发挥难的问题。

访谈5：您认为现在哪些渠道的消息更可靠？（多选）

情况：A. 党政机关发布的信息　　B. 专家学者的观点和看法

C. 新闻媒体发布的消息　　D. 熟人发来的消息

E. 没考虑过这个问题

结果：受访者选择多集中在A、C、E三项，其中A项有416人，C项有377人，E项有96人，而对于专家学者和熟人发来的消息，受访者大多报以怀疑的态度。这从侧面表明当前农村群众高度认可党政机关和新闻媒体发布信息的权威性的同时，对专业人士的信任度是比较低的，而且对熟人的质疑也显露出当前农村人际关系的淡漠。访谈时我们发现群众之所以对专家学者的信任度不高，其中一个原因就在于过去较长一段时间里电视广告上经常出现的“专家”卖假货、场镇上频发的“专家”摆摊卖假药的现象造成的负面影响。

访谈6：您对农村有些群众信邪教这事怎么看？

情况：A. 群众的自由选择　　　B. 有些群众比较迷信和愚昧

C. 这是农村的不良表现　D. 这是党委政府平时重视不够的结果

结果：此项调研的结果呈现出分散状态。单选A项的有182人，单选B项的有132人，单选C项的有117人，B+C组合选的有33人，单选D项的有8人。由调研可见，当前不少农村群众并没有充分认识到邪教问题的危害性，对各级党委政府打击邪教的政策和举措没有真正地理解到位，这从侧面反映出部分农村群众意识形态领域风险防范意识还比较淡薄。调研结果如图4－9所示。

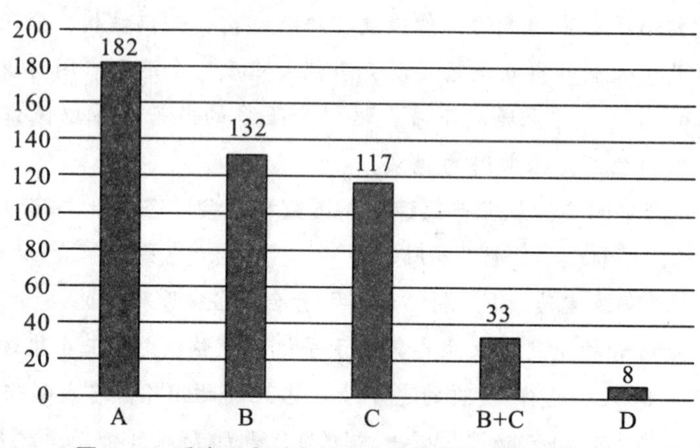

图4－9　受访群众对农村群众信邪教的评价情况统计

访谈7：如果村上修路要征用您家的部分耕地，您会怎么做？

情况：A. 无条件支持　B. 有条件支持　C. 不支持（追问：比如什么条件？）

结果：此项调研中，选择A项的受访者有99人，选择B项的受访者有373人，没有选择C项的。在追问什么条件时，受访者一般都提出需要按规定予以经济补偿，或按面积进行耕地置换。这表明当前农村社会群众有着很高的维护自身利益的意识，对村集体占用部分耕地用于修路修桥等公共事务也不例外，这也从一定程度上反映出大部分群众对个体利益的重视甚于对集体发展的重视，传统意义上的农村集体观念和公家意识已比较淡薄。调研结果如图4－10所示。

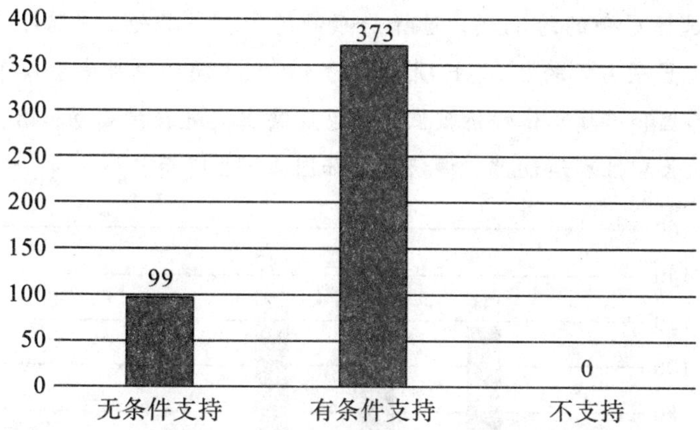

图 4—10 受访群众对村集体占用耕地修路的态度情况统计

访谈 8：您认为目前本村有好家风的人户占多少？

情况：A. 基本都是　　B. 占大部分　　C. 一半左右

D. 小部分　　E. 不清楚

结果：受访者的回答基本集中在 A 和 B 两个选项。其中，选择 A 项的约 30%，选择 B 项的约 52%，选择 C 项的约 11%，选择 D 项的约 3%，选择 E 项的约 4%。这表明受访群众对本村好家风人户的总体认识是比较高的，但这个调研实际上受到农村群众面子观念和家乡观念的影响，而这应该是本题与下一题调研结果形成反差的主要原因所在。调研结果如图 4—11 所示。

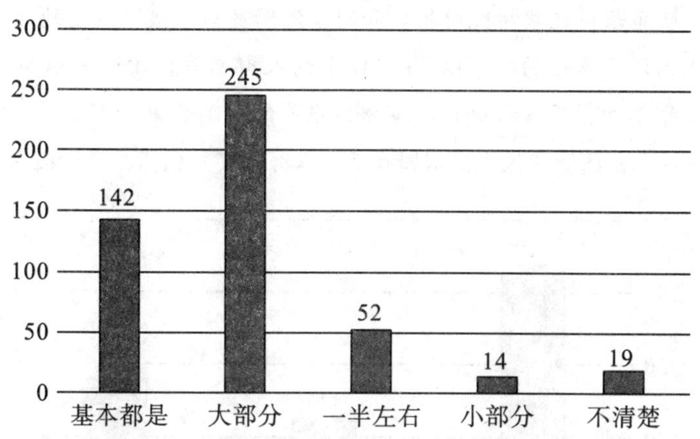

图 4—11 受访群众对本村好家风人户整体评价情况统计

访谈 9：您觉得现在本村邻里关系怎么样？

情况：A. 很和谐　　B. 和谐　　C. 一般

D. 比较陌生　　E. 不和谐　　F. 不清楚

结果：受访者的回答主要集中在 B、C、D 三个选项。其中，选择 B 项的约25%，选择C项的约31%，选择D项的约28%。其他三个选项中，A项占比约10%，E项占比约2%，F项占比约4%。从调研结果来看，不少农村群众对当前邻里和谐度总体评价较低，这也反映出促进农村社会和谐、促进乡风文明工作的长期性和迫切性。调研结果如图4—12所示。

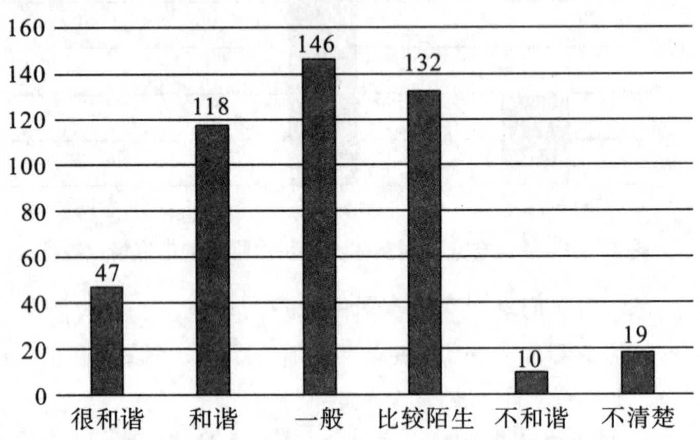

图4—12　受访群众对本村邻里关系整体评价情况统计

访谈10：您每年参加村上（组上）召开的各种会议情况怎样?

情况：A. 从不参加　B. 偶尔参加　C. 经常参加

结果：选择A项的占比约46.4%，选择B项的约24%，选择C项的则只有29.6%。调研显示出在家村民对村务和组务活动参与积极性不高的现实问题。考虑到参加我们调研访谈的对象以55岁以上的人群居多，由此可以推测实际生活中农村青壮年参加村里各种会议、宣讲、报告的情况会更加不乐观，发展和完善网上议事、网上社区等现代化机制因此显得很有必要。调研结果如图4—13所示。

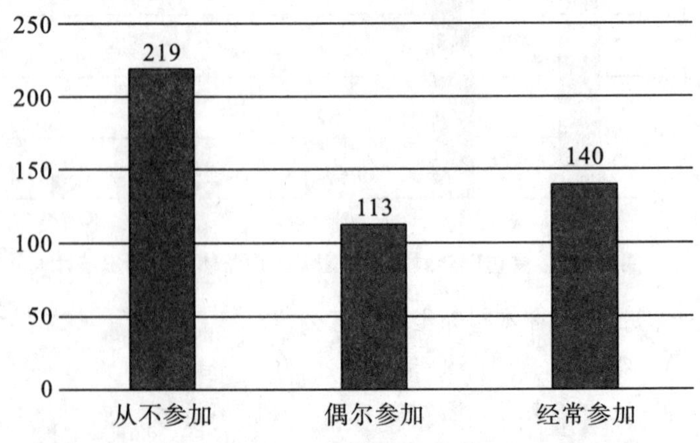

图4—13　受访群众参加村组会议和宣讲情况统计

访谈 11：您每年参加乡镇党委政府组织的各种政治学习情况怎样？

情况：A. 从不参加　B. 偶尔参加　C. 经常参加

结果：A 项占比约 58.3%，B 项占比约 17.8%，C 项占比约 23.9%，而且选择经常参加此类活动的受访者大多是村社干部。从结果可以明显感受到，乡镇党委政府组织开展各类政治学习和政策宣传活动时的受众面是比较有限的，群众直接从党委政府方面接收到思想教育和形势宣传实际上是比较少的，这也侧面反映出基层党委政府与农村群众在某种意义上的关系疏远和对话沟通还存在不足。调研结果如图 4—14 所示。

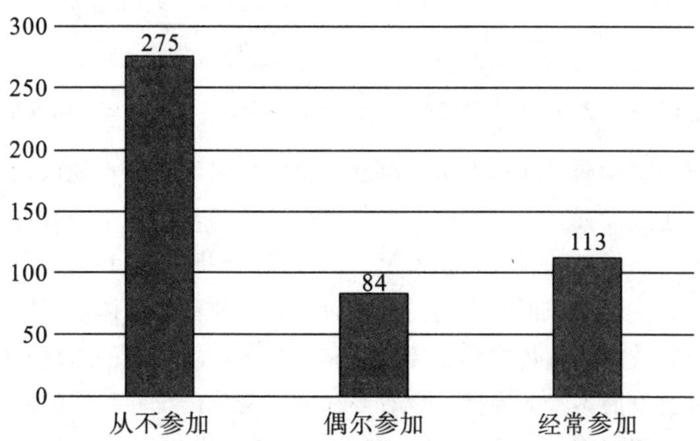

图 4—14　受访群众参加乡党委政府组织的各种政治学习情况统计

访谈 12：您认为乡镇党委政府组织的政治学习活动存在哪些问题？（多选）

选项：A. 次数太多　B. 次数太少　C. 内容太空　D. 讲得不好　E. 形式老套　F. 活动和老百姓没多大关系　G. 不清楚

结果：受访群众回答集中在 A、E、F、G 四个选项，其中，A 项占比约 13%，E 项占比约 19.7%，F 项占比约 38.6%，G 项占比约 24.7%，其他三个选项占比约 4%。可以看到，当前农村群众实际上对党委政府组织开展的政治学习活动、宣传教育活动的接受度和欢迎度不是很高，而且农村群众往往会从是否有用、是否和自己生活有关系的实用角度来评价各类政治宣传活动的好坏，这对增强各类政治宣传活动的表达力、亲和力提出了更高的要求。调研结果如图 4—15 所示。

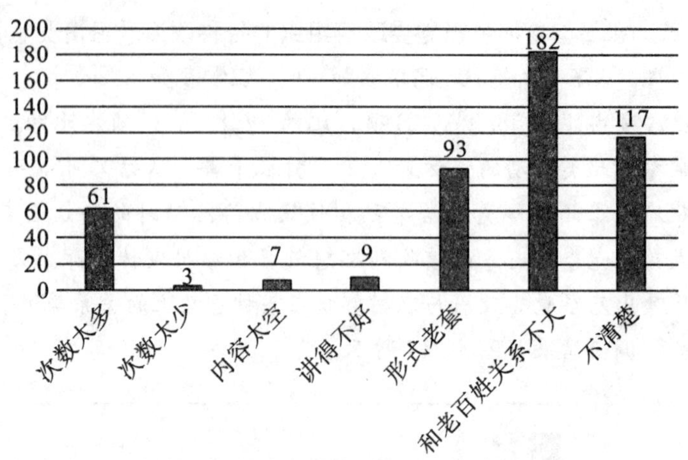

图 4－15　受访群众对党委政府组织的政治学习活动存在问题情况统计

通过对以上调研访谈情况进行综合分析，可以比较直观地认识到当前农村主流意识形态建设存在着不少问题，如农村群众参与政治学习教育的积极性不高、对意识形态领域的风险认识不足、对乡风文明和邻里和谐感受不强等，一些农村群众在主流意识形态上的“假寐”和对乡村社会整体信任度不高，以及一些基层党委政府和宣传机构宣传质量和效果不佳等问题的出现，既有农业产业和农村社会发展本身的原因，也有乡村固有文化传统和习俗的原因。而这些问题投射在意识形态上，则主要体现为农村主流意识形态虚化、弱化、形式化、教条化等方面。

（二）农村主流意识形态虚化和弱化

意识形态虚化主要指的是“我国社会主义意识形态在传播过程中在一些场合被有意无意地淡化、悬置、疏远甚至背离，在一些场合社会主义意识形态被当成一种摆设、口号或者程式化的东西，传播流于形式，没有达到传播者主观上的效果”①。意识形态的弱化正是意识形态虚化的表现和结果。进入新时代以来，虽然各级党委政府在社会主义意识形态建设方面采取了更加灵活柔性和多样的方式，并且通过大力发展经济、深化农村土地制度改革、促进城乡融合等系列举措来切实发挥社会主义制度的优越性和巩固党的执政地位，但主流意识形态建设虚化和弱化的问题仍然存在。根据以上调研情况，并结合文献研究，我们认为当前农村主流意识形态虚化和弱化的主要原因和表现在于：

① 王家荣. 论我国一些领域社会主义意识形态的虚化现象、成因及应对［J］. 探索，2014（4）：174.

一是对意识形态工作的重要性认识不到位。调研访谈中，一些乡镇干部和村社干部认为抓经济抓产业抓项目更实际，抓意识形态建设不要“太认真”，抓主流意识形态建设“虚”一点没关系，还有部分基层干部热衷于经济数字，热衷于在工程项目上出政绩，对于通过思想教育、政治宣传、法治建设、文艺熏陶、活动展示、乡约民俗等来推进主流意识形态建设重视不足，着力不够。

二是对农村意识形态阵地建设把握不牢。一些基层干部对农村意识形态工作的政治性和斗争性认识不到位，研判不够，把握不牢，对意识形态领域的激烈斗争和残酷现实没有足够的清醒认识，对农村社会的封建迷信思想、自由散漫思想、宗族观念和小团体主义，以及不断滋长的个人主义、享乐主义、盲目攀比思想的负面消极作用不够重视和警觉。甚至个别基层干部和村“两委”干部认为在农村社会没有意识形态风险，甚至纵容农村的封建迷信活动，对农村非法传教活动睁一只眼闭一只眼，对农村地区黄赌毒现象的打击也是松一阵紧一阵，政治判断力、政治领悟力、政治执行力有待提高。

三是针对农民群众的宣传教育办法不多、效果不佳。在调研中，我们发现一些乡镇或县级职能部门在组织开展形势报告会、政策宣讲会等活动时，还要给群众发金额不等的活动参加费或误工费，不然就没几个人来参加，其中一个重要原因就在于内容缺乏吸引力。一些基层意识形态工作者在宣传阐释党的政策、传播主旋律和正能量时，语言生硬、内容枯燥、形式单一，没有充分汲取和有效运用本地优秀历史文化资源、本地党史资源、本地社会主义建设典型案例来教育引导农民，新方法、新工具、新载体使用不多，从而造成对群众的宣传教育难以取得预想效果。

四是仍存在缺人缺钱缺协调的问题。访谈调研中，一些基层负责同志表示，就目前基层的人员和资源配置，抓好意识形态工作难度还不小。虽然近年来通过国家机构改革加强了基层政权建设，农村乡镇的事权和财权都有所加强，但乡镇一级包括工会、共青团、妇联等在内的党的群团组织兼职兼差的问题还是比较普遍，乡镇政府部门和村“两委”也还面临着人少事多、应接不暇的实际情况。而且一些地方的意识形态工作在“聚”和“融”上着力不足，依然各自行动，存在着合力不足的情况，不少地区县级融媒体平台的报、台、网、微、端、声、屏等全媒体平台的综合使用和优势互补还处于初期阶段，县级融媒体人手不足、产量不高、质量不优等问题还客观存在，从而限制了对农村群众的思想引领和观念转化。对于如何细致而长远地开展意识形态工作，如何抓细抓实意识形态风险防控，不少基层的意识形态队伍还显得有点力不从心、有心无力。

（三）农村主流意识形态泛化和教条化

意识形态泛化是“在传播、诠释和践行某种意识形态的过程中出现的一种现象、事实或后果。是对某种意识形态所作出的泛化或过度化，致使作为政治制度的思想表现的意识形态出现了被夸大、膨胀和绝对化的特征和倾向”①。从农村主流意识形态建设的历史来看，过于强调政治挂帅、以阶级斗争为纲、将普通群众的日常生活都与意识形态挂钩的做法，就是意识形态泛化的表现。而意识形态泛化的同时，必然伴随着意识形态的教条化。

一是开展意识形态工作重形式轻内容，热衷于走过场。从现实来看，当前农村主流意识形态建设中，有的地方仍存在重形式轻内容走过场的情况。一些地方热衷在农家院坝、村文化墙、村口广告牌等处悬挂横幅、贴海报、刷标语，追求意识形态工作的“可视化”、留痕化。一些部门在组织政策宣讲会、形势报告会、群众动员会、群众文艺活动时，往往以“开没开”“做没做”来替代“好不好”，而不是从内容和载体是否有利于社会主义核心价值观的传播、语言和形式是否为农村群众所欢迎等方面来评价。

二是开展意识形态工作方法粗糙，不重视话语转化和灵活运用。一些基层地区在开展政策宣讲、进行学习讨论、组织主题教育时，片面追求语言、内容、形式的统一，甚至担心由于用词用语不当而被追责问责，从而要么上下一般粗照本宣科上级的文件精神和相关材料，要么左右一个样照搬照抄其他地区的经验和材料，却不结合本地的民情村情进行加工和优化，对待群众思想工作细活粗做、慢活快做，把本应该多角度、多方式、细致入微、春风化雨的意识形态工作，搞成简单地、教条式地转发通知文件、念口号喊标语、下任务提要求，或者就意识抓意识，就思想抓思想，就眼前抓当下，这自然就远远达不到中央强调的“提高质量和水平，把握好时、度、效，增强吸引力和感染力，让群众爱听爱看、产生共鸣，充分发挥正面宣传鼓舞人、激励人的作用”② 的要求。

三是开展意识形态工作存在泛化和片面化的问题。一些农村地区在进行意识形态工作时，片面曲解中央抓意识形态阵地建设的初心和宗旨，片面理解甚至曲解马克思主义，将坚持和巩固马克思主义的领导地位片面化、庸俗化、口

---

① 张秀芹，黄明理．意识形态的“泛化”、“非化”和“再化”的历史反思及其启示［J］．求实，2010（3）：21.

② 习近平．习近平谈治国理政［M］．北京：外文出版社，2014：155.

号化，热衷于“高级黑”“低级红”，表面上将马克思主义置于无上崇高、无可置疑的地位，过分突出政治正确和思想统一，凡事都往政治安全和意识形态安全上靠，以形式主义落实党和国家大政方针，而不从实际出发认真探索和创新发展意识形态工作的灵活性和实效性，忽视和回避与广大农村群众进行关于现实问题的议论和探讨，使得牢固树立“四个意识”、坚定“四个自信”、做到“两个维护”浮于浅表，流于形式，这实际上就是主流意识形态泛化的突出表现。

意识形态工作的泛化和教条化，是危害广大人民群众坚定社会主义信仰、拥护中国共产党领导、拥护国家大政方针的大敌，需要各方的高度重视和着力防范。

（四）信息化时代带来的风险和挑战

习近平总书记强调：“网络已是当前意识形态斗争的最前沿。掌控网络意识形态主导权，就是守护国家的主权和政权。”① 当前，互联网已成为社会的最大变量，给意识形态建设带来了深层次的影响，如何应对信息化时代所带来的各种挑战，是新发展阶段农村主流意识形态建设必须攻克的一环。

一是对农村社会治理提出了新要求。信息化时代的全时空传播、全现实传播、全连接传播、全媒体传播，将带来万物互联，将基本消除现实世界与虚拟世界的界限，社会架构将进一步呈现出扁平化、网络化和数据化的特征。由于我国农村社会具有较强的自我修复和自我协调功能，以及我国广大农村社会发展的不均衡性和形态的多样性，随着信息化时代的到来和进一步发展，我国农村社会将面临更加复杂的群体特征。

一方面，我国农村社会传统的管理体制和管理模式将继续在不少领域发挥作用，已有的乡村治理模式和办法将得到继续完善和不断充实。与此同时，与信息化时代相匹配的管理体制和管理模式也将不断推陈出新，两者在广大农村地区不同领域共同发挥作用，二者缺一不可，必须得到有效关联和协调发展，这对社会治理的行为主体综合素质、专业能力提出了更高的要求，也给党委政府推进农村社会治理模式和方法创新发展提出了更大的期望。

另一方面，扁平化的网络交往和传统社会层级化的科层结构必须实现有效统合。从捋顺关系、加强引导、有效管住的角度来看，农村群众的虚拟世界和

① 中共中央党史和文献研究院. 习近平关于总体国家安全观论述摘编［M］. 北京：中央文献出版社，2018：117.

现实世界这两个不同的平行空间世界都必须得到充分重视，即使在同一数字虚拟世界中，不同群体之间的数字鸿沟也需要通过有效的社会管理来予以弥合。这些都对我国新时代农村社会的管理创新发展提出了新的挑战。

二是营建网上美好精神家园需要久久为功。网络空间是亿万民众共同的精神家园。在信息化时代，每个人都可以是信息的生产者、信息的传播者、信息的消费者。海量信息打破了传统时空限制进行实时动态传播，令普通群众对信息本身的真假、美丑、善恶的把握和甄别更加艰难，从而导致网络世界既是弘扬真善美的载体，也是各类作恶犯罪造谣者的“乐园”。

当前，一些互联网大型平台对明星、网红、富商等群体的追逐和吹捧，对娱乐新闻、明星绯闻、奢靡生活、享乐主义、消费主义传播的热衷，已持续影响了我国民众的生活理念和价值观念。一些公司和企业借助互联网平台，大肆传播夸张的、虚假的、带色的、似是而非的信息，借之以吸粉、涨粉、引流，以此来获取经济利益，对健康的营商环境造成不良影响。一些网络平台别有用心地收集、整理、过分解读党委政府部门公布的情况通报和查处的公职人员“四风”问题，有意无意地引导舆论朝着与党委政府对立的方向发展。

近年来一些明星及社会公众人物暴露出的私德问题和违法问题，都在网上掀起广泛舆论，很大程度地消耗了社会大众对公众人物的信任，拉低了人民群众对公众人物的职业道德、个人品德的信任度，特别是对年轻一代的身心健康带来了不利影响。

在广大农村地区，由于监管力量和宣传理论的不足，加上农村社会人群年龄结构趋于老化、留守人群心理敏感等各种因素的作用，农村群众更易受到来自广播、电视、互联网、传单、广告等渠道的虚假信息的影响，公众人物的不良行为和不良言论，在农村地区更易呈现出信息沉浸的态势，对农村群众的价值判断和思想观念持续产生负面影响。

习近平总书记明确提出，“要加强网上正面宣传，旗帜鲜明坚持正确政治方向、舆论导向、价值取向”①。面对复杂形势，在城乡社会营造和形成奋发向上、遵纪守法、和谐团结的整体氛围，营建清爽、健康的网络环境，做好网络舆情引导，维护好亿万民众共同精神家园，是一项迫切任务。

① 习近平．习近平谈治国理政：第3卷［M］．北京：外文出版社，2020：306．

第三节　新发展阶段对农村主流意识形态建设的更高要求

在新发展阶段，我国正处于中华民族伟大复兴战略全局和世界百年未有之大变局的历史交汇期，美好前景振奋人心，风险挑战前所未有。在此历史背景下，化解重大矛盾、克服重大阻力、抵御重大风险，为第二个百年奋斗目标顺利推进提供强大的精神动力和雄厚的民意基础作为时代需要，自然就对意识形态宣传工作提出了更加具体而紧迫的要求。时代的需要和召唤，正是我们找准把牢新发展阶段背景下农村主流意识形态建设目标定位的关键所在。

一、需要更加坚定群众理想信念，凝聚前进力量

习近平总书记在庆祝改革开放40周年大会上的讲话中指出："小到一个人、一个集体，大到一个政党、一个民族、一个国家，只要有信仰、信念、信心，就会愈挫愈奋、愈战愈勇，否则就会不战自败、不打自垮。"① 在新发展阶段，我国要想实现从社会主义初级阶段向更高阶段的发展，必然面临着诸多风险挑战，中国特色社会主义现代化国家新征程也不会是一帆风顺的。

一方面，要让广大农民群众更加坚定"四个自信"。着力提高农民群众对中国共产党成立以来领导全国各族人民谋复兴、谋发展、谋幸福的奋斗历程的了解和认识，提高对科学社会主义基本原理、社会主义初级阶段基本国情、中国特色社会主义制度体系的认识，提高对中国特色社会主义和中华优秀传统文化的认同感和接受度，对中国共产党为什么"能"、马克思主义为什么"行"、中国特色社会主义为什么"好"形成更加稳定和全面的认识。

另一方面，要让广大农民群众理解和支持第二个百年奋斗目标。新发展阶段需要凝聚共识，必须向广大农民党员干部群众解释好宣传好中国共产党领导人民群众实现经济社会更高质量发展、实现更高水平小康、实现更加美好幸福生活的初心和使命，向广大人民群众宣传好描绘好中国特色社会主义发展迈向新阶段和中华民族伟大复兴的光明前景，最大限度确保广大党员干部群众听党

① 习近平．在庆祝改革开放40周年大会上的讲话［M］．北京：人民出版社，2018：42.

话、跟党走，凝聚起团结奋进的坚定信心和磅礴力量。

二、需要更加扩大社会共识，有效促进农村和谐稳定

习近平强调："实现'两个一百年'奋斗目标，需要全社会方方面面同心干，需要全国各族人民心往一处想、劲往一处使。如果一个社会没有共同理想，没有共同目标，没有共同价值观，整天乱哄哄的，那就什么事也办不成。"① 把握新发展阶段、贯彻新发展理念、构建新发展格局，需要有强大的社会共识。

一方面，需要提高广大农村群众对什么是新发展阶段、什么是第二个百年奋斗目标、什么是社会主义现代化强国建设目标的认识和理解水平，对如何实现新发展阶段目标、如何贯彻新发展理念、如何构建新发展格局的认识水平，强化广大农村群众对实现农业农村高质量发展、建设富强民主文明和谐美丽的社会主义现代化强国等发展目标的理解和支持，强化对弘扬社会主义核心价值观的理解和支持。

另一方面，需要促进广大农村群众对社会主义现代化国家新征程向哪发展、如何发展、实现怎样发展等一系列重大理论和实践问题的共识，对群众的世界观、人生观、价值观进行有力指引，对群众所关心的农村土地制度、农村公共服务制度、农村社会保障制度、农村分配制度、农村基层自治制度等进行更加清晰和有力的引导，调动群众参与巩固脱贫成果、实现致富兴业、推进乡村自治的热情和觉悟，引导和发挥好农民群众在推进平安乡村、法治乡村、文明乡村建设上的主体作用，有效促进农村社会和谐稳定与繁荣。

三、需要持续培育乡风文化，促进农村社会文明进步

党的十九大提出："文化是一个国家、一个民族的灵魂。文化兴国运兴，文化强民族强。没有高度的文化自信，没有文化的繁荣发展，就没有中华民族伟大复兴。"② 实现第二个百年奋斗目标，建成社会主义现代化强国，需要有强大的文化支撑。

---

① 习近平．习近平谈治国理政：第2卷［M］．北京：外文出版社，2017：335．

② 习近平．决胜全面建成小康社会　夺取新时代中国特色社会主义伟大胜利——在中国共产党第十九次全国代表大会上的报告［M］．北京：人民出版社，2017：40－41．

在新发展阶段背景下，乡村振兴战略的深入实施和农业农村现代化的发展，以及“五位一体”总体布局和“四个全面”战略布局在城乡社会的生动实践，都有赖于广大人民群众理想信念和行动上的团结一致，群众思想觉悟、道德水准、文明素养、法治意识的切实提升，有赖于社会主义核心价值观的广泛弘扬。

同时，需要积极回应广大农村群众对发展乡风文明和公序良俗的迫切需求，正视当前农村社会文化建设、法治建设等各方面还存在的问题，针对当前农村仍然存在的庸俗、媚俗、低级、腐朽、落后的思想和行为予以有效的鞭挞和批判，在广大农村社会营造积极向上、健康和谐、遵纪守法、理性平和的良好社会氛围。要更好地引领社会舆论，引领广大农村群众对各种歪风邪气和丑陋行为进行斗争批判，实现对个人主义、小团体主义、狭隘民族主义等的必要超越，推动形成文明乡风、良好家风、淳朴民风，不断夯实社会主义精神文明在农村的群众基础。

此外，需要充分发挥农村主流意识形态对夯实广大农民群众精神底色、为农民群众提供安全可靠精神港湾的积极作用，促进爱国主义、集体主义、社会主义在农村社会广泛传播，提升广大农村群众生活的获得感和幸福感，让农村看得到山、望得到水、记得住乡愁、留得住人心。

四、需要牢筑人民防线，切实维护国家安全

习近平指出：“如果安全这个基础不牢，发展的大厦就会地动山摇。”① 立足新发展阶段，需要统筹发展和安全，牢固树立安全发展理念，加快构建双循环新发展格局，解决好“卡脖子”技术难题，实现高水平的自立自强，这也为新发展阶段背景下的农村主流意识形态建设明确了新的目标和方向。

其一，人民是强党兴国的根本所在。新发展阶段的农村主流意识形态建设，需要增进广大人民群众对中国共产党、人民政府和人民军队的深厚感情和血肉联系，以此凝聚起众志成城的磅礴力量，牢固人民江山。

其二，需要引导和树立正确的安全观。教育引导好广大农村群众牢固树立总体国家安全观，增强主人翁意识和国家利益至上的责任意识，以全面、辩证、发展的观点看待新发展阶段背景下我国整体安全形势，科学看待来自国内

① 习近平．论把握新发展阶段、贯彻新发展理念、构建新发展格局［M］．北京：中央文献出版社，2021：481.

外的风险挑战，正确看待经济周期波动和技术革新等因素带来的阶段性、行业性失业问题和物价波动等问题，更加自觉和积极地维护我国粮食、种业、能源等方面的安全，对来自各方面的风险挑战，既不掉以轻心、麻木被动，又不草木皆兵、自乱阵脚，以科学理性应对各种风险挑战，切实坚持政治安全、人民安全、国家利益至上的有机统一。

其三，增强广大人民群众依法管网科学上网的意识。根据社会群体信息获取渠道的变化，依法加强网络信息和网络行为管理，依法开展网上舆论斗争，引导人民群众依法科学上网。特别是要针对少数农村群众沉迷网络世界、热衷网络赌博和网络游戏、甘当网络暴民、造谣传谣信谣、违法翻墙、传播违禁信息等行为进行有效引导、规劝和批判，引导广大农村群众树立保护个人隐私和国家机密、依法网上发声和网上维权等意识，增强广大农村群众防诈骗、防泄密、防渗透、防策反等的思想自觉和行动自觉。

第五章　新发展阶段农村主流意识形态建设的基本框架

习近平总书记多次强调："要加强党对宣传思想工作的全面领导，旗帜鲜明坚持党管宣传、党管意识形态。"[①] 新发展阶段背景下的农村主流意识形态建设，从本质上讲属于实践论的范畴，需要对新发展阶段这一特定的历史具体方位进行准确把握，并从实践层面全面具体落实党管意识形态、党管农村的根本要求。

对新发展阶段农村主流意识形态建设由谁来领导、由谁来参与、需要坚持和发展什么、需要根据什么和体现什么、需要以什么内容和以什么方式来实现等一系列相关重大问题进行系统把握，可以促进对新时代农村主流意识形态建设的整体认识，并为促进从认识论到实践论的飞跃奠定坚实基础。对这些问题的思考，组成了新发展阶段背景下农村主流意识形态建设的整体架构（见图5－1）。

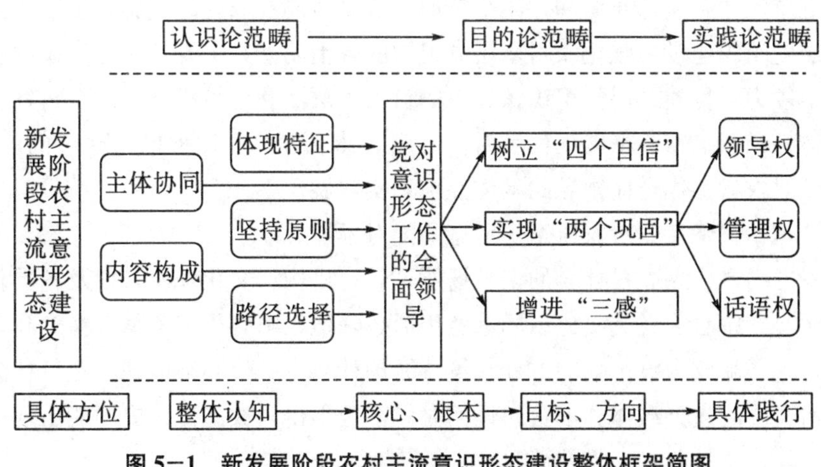

图5－1　新发展阶段农村主流意识形态建设整体框架简图

① 习近平．习近平谈治国理政：第3卷［M］．北京：外文出版社，2020：314.

第一节　新发展阶段农村主流意识形态建设的基本原则

一、始终坚持党对农村主流意识形态建设的全面领导

党的领导是中国特色社会主义最本质的特征，是中国特色社会主义制度的最大优势。始终坚持中国共产党的领导，是新发展阶段农村主流意识形态建设不断向前发展的根本保证。

一是始终确保党对农村工作的全面领导。党的领导不是抽象的，而是具体的。党对农村工作的全面领导，既体现在广大党员干部坚定理想信念宗旨、执行党的路线方针政策上，也体现在坚持党管干部、党管农村、党管思想等原则上，还体现在党领导农村建设和发展的道路、政策和规划等重大方面。

当前，在中国共产党的领导下，我国正进行广泛深入的社会变革，正在朝着2035年基本实现社会主义现代化远景目标奋力前进，实现中华民族伟大复兴正迎来光辉的前景。需要以加强党对农村工作的全面领导来推进我国农村经济社会的深刻变革，确保改革始终坚持正确发展方向，确保农村经济社会和谐稳定发展，确保有效增进广大农村群众的获得感、幸福感、安全感。而有效推进“五位一体”总体布局和“四个全面”战略布局在农村的实施，依法加强农村基层党组织建设，强化农村基层党组织的政治功能，提升基层党组织的服务力、引领力，构建基层党组织领导下的自治、法治和德治相结合的乡村社会治理主体格局，丰富和拓展现代乡村公共服务体系和公共服务能力建设的内涵，正是党对农村工作全面领导的具体要求和实际展现。

二是始终坚持党对农村意识形态的绝对领导。

一方面，广大农村社会的宗教场所、教育机构、文化场所，以及各类新时代文明实践中心、各类文化市场等意识形态阵地，都必须牢牢掌握在党和人民的手里，必须成为宣传党的方针政策、弘扬社会主义核心价值观、践行社会主义法治文明的重要载体和平台，任何时候都松不得、放不得，更不能出现抓一阵缓一阵、紧一阵松一阵的情况。

另一方面，与广大农村群众生活息息相关的道德观念、法治观念、家庭观念、家族观念、婚姻观念、性别和生育观念、财富观念、消费观念、休闲观

念、民俗观念，以及对待城乡差别、收入差距等的态度和看法，都需要充分发挥党在确保农村社会主义发展方向、弘扬社会主义核心价值观、构建社会主义现代文明上的核心引领作用，也需要通过在党的领导下的科学立法、严格执法、公正司法、全民守法，以及推进法治国家、法治社会、法治政府一体化建设来进行全面引领。

此外，农村主流意识形态建设所必须大力依赖的现代网络传媒的硬件建设、软件升级、系统维护、技术指导，以及对与广大农村群众人身财产安全息息相关的信息安全的维护、积极健康的网络生活空间的营建等工作，也需要切实发挥好党在加强理论武装、促进基层组织建设、推进制度建设、强化能力建设、提升资源保障水平等方面的核心引领作用。

三是始终坚持和贯彻习近平新时代中国特色社会主义思想。习近平新时代中国特色社会主义思想是指导中华民族从站起来、富起来到强起来，实现“两个一百年”奋斗目标的行动指南，必须长期坚持并不断发展。

习近平新时代中国特色社会主义思想所主要包含的“十个明确”和“十四个坚持”，全面系统地回答了坚持和发展什么样的中国特色社会主义、怎样坚持和发展中国特色社会主义的根本问题。新发展阶段背景下的农村主流意识形态建设，需要始终坚持以习近平新时代中国特色社会主义思想为指导，全面贯彻新发展理念、构建新发展格局、推动高质量发展的目标和要求，不断推动乡村振兴的发展进程，将广大农村社会建设成为党和国家事业发展的稳固后方和坚实基础。

四是始终坚持农村主流意识形态的正确发展方向。中国特色社会主义是党和人民历经千辛万苦、付出巨大代价取得的根本成就，是实现中华民族伟大复兴的正确道路。新发展阶段背景下的农村主流意识形态建设需要始终坚定中国特色社会主义发展方向，持续推进“五位一体”总体布局和“四个全面”战略布局。

我国正处于并将长期处于社会主义初级阶段的最大国情，决定了新发展阶段下的农村主流意识形态建设必须勇于面对我国一元多样的思想文化格局，客观对待“一元引领多样”[①] 的整体态势和现实选择。始终坚持党对农村主流意识形态的全面领导，其中一个重要环节就在于根据我国社会主义初级阶段农村群众的思想特点和农村主流意识形态现实情况，在始终坚持党对农村意识形态全面领导的同时，有效统合农村社会其他思潮和各种思想，有效促进农村意识

① 参见：祝福恩. 深刻认识一元多样思想文化格局［N］. 人民日报，2013－10－24（7）.

形态一元主导与多样包容的统一。

一方面，促进中心工作与意识形态工作的协调。意识形态工作和农村经济社会发展工作要想实现协调发展、相互促进，离不开中国共产党在农村经济社会发展中总揽全局、协调各方的领导核心作用的发挥。发展是硬道理，同样地，发展是解决我国农村问题的根本所在。没有农村经济社会文化实实在在的发展成果，没有广大农民群众生活质量的不断提升，空谈理想信念和道德要求，是难以取得实际效果的。但物质生活进步，并不意味着精神生活的必然提高，富了口袋、穷了脑袋的现象并不鲜见。在新发展阶段，越是以经济建设为中心，越要抓好意识形态工作。若只抓经济，忽视精神，必将导致农村社会结构松散、人心涣散、道德下滑，最终会影响党在农村的威信和执政基础。只有在党的正确领导下，始终坚持两手抓、两手硬，始终将意识形态工作抓在手里、落在实处，始终确保意识形态工作围绕中心、服务大局，才能保障农村主流意识形态建设的顺势而为、久久为功。

另一方面，保持对意识形态复杂形势的清醒和警惕。坚持一元主导和多样包容相统一，需要在不断增强和巩固马克思主义在意识形态领域的指导地位的同时，对马克思主义在我国广大农村社会一元主导地位所受到的挑战保持清醒认识。要客观审视农村社会存在的个人主义、自由主义、享乐主义等非主流意识形态具有的长期性和客观性，同时，对历史虚无主义、资产阶级自由化等各类社会思潮“企图修正、重释、解构甚至于颠覆主流的马克思主义，抢夺话语权，获得指导中国社会改革的话语权力”① 的实质保持足够清醒的警惕。对网上网下各种不怀好意地争夺群众、争夺话语权、争夺影响力、争夺阵地的行为，要及时做出回应，并予以坚决有力的反击。

二、始终坚持以人民为中心的发展思想

坚持以人民为中心的发展思想，是党的性质和宗旨的生动诠释，是党的初心使命的高度概括。习近平总书记强调：“江山就是人民、人民就是江山，打江山、守江山，守的是人民的心。”② “坚持以人民为中心的发展思想”也是党的二十大报告所确定的前进道路上必须牢牢把握的“五个重大原则”之一。

---

① 刘同舫．在应对当代各种社会思潮的挑战中发挥马克思主义的威力［J］．马克思主义研究，2010（3）：109.

② 习近平．在庆祝中国共产党成立100周年大会上的讲话［M］．北京：人民出版社，2021：11.

一是坚持以人民为中心的发展思想是共产党人的鲜明政治立场。马克思、恩格斯在《共产党宣言》中指出：“过去的一切运动都是少数人的，或者为少数人谋利益的运动。无产阶级的运动是绝大多数人的，为绝大多数人谋利益的独立的运动。”① 中国共产党成立以来，就将为广大人民谋幸福、为中华民族谋复兴作为自己的奋斗目标，始终将人民群众的利益放在最高位置，始终坚持依靠群众、信赖群众、领导群众，始终保持与群众的血肉联系，始终将人民群众拥护不拥护、支持不支持、答应不答应作为衡量一切工作的根本标准。可以说，坚持以人民为中心的发展思想，集中体现了中国共产党的立党之本、执政之基、力量之源。

二是坚持以人民为中心的发展思想是中国共产党的优良传统。实事求是、独立自主、群众路线，是毛泽东思想活的灵魂。群众路线是党的根本路线，是党的科学的领导方法，是我们的事业不断取得胜利的重要法宝，也是我们党始终保持生机与活力的重要源泉。新中国成立以来，社会主义革命和建设取得的巨大成就、改革开放事业取得的辉煌成果、新时代中国特色社会主义事业的显著发展，都是中国共产党始终坚持以人民为中心的发展思想，充分调动广大人民群众生产生活积极性的结果。

三是坚持以人民为中心的发展思想是推进新时代中国特色社会主义事业向前发展的关键。习近平总书记指出：“以人民为中心的发展思想，不是一个抽象的、玄奥的概念，不能只停留在口头上、止步于思想环节，而要体现在经济社会发展各个环节。”② 新发展阶段农村主流意识形态建设，同样也必须从广大农村群众的所思、所想、所盼出发，紧紧围绕现实的具体的人来下功夫。

我国能够全面建成小康社会，开启全面建设社会主义现代化国家新征程，充分体现了中国共产党始终坚持以人民为中心的发展思想。面对新发展阶段背景下的诸多变数和多重挑战，面对来自方方面面的压力和制约，唯有始终坚持依靠群众、信赖群众、团结群众、服务群众，始终做到与群众同甘共苦、同舟共济，始终做到清正、廉洁、奉公、为民，始终做到积极发动群众、呵护群众的创造性和主动性，始终做到坚持以人民为中心与坚持以经济建设为中心相统一、坚持效率与公平相统一、坚持经济发展与民生改善相统一、坚持尽力而为与量力而行相统一、坚持人人尽责与人人享有相统一，不断促进质量、效率与

---

① 中共中央马克思恩格斯列宁斯大林著作编译局．马克思恩格斯选集：第1卷［M］．北京：人民出版社，2012：411.

② 习近平．习近平谈治国理政：第2卷［M］．北京：外文出版社，2017：213-214.

公平的结合，不断实现社会公平、正义与和谐，才能确保人民群众始终听党话、跟党走，确保中国特色社会主义事业不断发展。

三、始终坚定农村主流意识形态建设的实践导向

实践是检验真理的唯一标准。马克思指出："全部社会生活在本质上是实践的。"① 作为人所特有的能动性的创造性活动，实践是认识的目的，是社会发展的动力之源。新发展阶段背景下农村主流意识形态建设，需要紧扣变化发展的农村主流意识形态工作实际，始终坚定实践导向，在实践中发展，在发展中实践。

一是确保对农村意识形态发展状况的及时、全面、科学把握。当前，随着我国经济社会的不断发展，农村社会经济结构、人员结构的不断变化，农村社会的意识形态工作面临着新问题、新情况，这需要各级意识形态工作部门以高度的责任感和使命感，针对这些变化把好脉、开良方，确保各项工作健康有序发展。

其一，科学把握农村经济社会发展的特点。针对我国已实现全面建成小康社会、乡村振兴和农业现代化正在加快推进、广大农村群众对美好生活有了更高要求的现实国情，需要通过进一步加强农村公共服务能力建设，着力促进城乡统筹协调发展，大力巩固拓展脱贫攻坚成果等切实举措，实现农业农村的高质量发展，以此更好地满足广大农村群众对美好生活的向往，深入推进农村意识形态工作。

其二，抓住农村群际交往新变化的特点。针对广大农村社会人际交往更趋理性，更讲规则和公平；交往方式更加多元，更加依赖互联网平台；交往范围更加广阔，进城务工人员和乡村留守人员交往更加频繁密切等变化特点，可通过进一步弘扬社会主义核心价值观、宣传优良家风乡风、推进网络规则建设，管好用好网络共同社区、建立网上村落和村务议事规则、倡导睦邻友好和济困互助的农耕文明传统等举措，促进信息化时代农村群际交往的健康有序发展。

其三，抓住农村社群结构新变化的特点。针对广大农村社会人口持续减少、农村社会老龄化持续加深、第二代农民工持续返乡、农村社会知识结构逐步提升，以及城市人群向农村逆向流动等社群结构的新变化新特点，可通过持

① 中共中央马克思恩格斯列宁斯大林著作编译局. 马克思恩格斯选集：第1卷［M］. 北京：人民出版社，2012：135.

续加强平安农村、法治农村建设，提升新农合等公共服务政策的普惠力度，加大现代农业、农业机械化的扶持力度，促进农村“三块地”（主要指农用地、宅基地和集体经营性建设用地）政策的优化升级，促进农村社群之间的普遍和谐。

二是确保农村主流意识形态改革发展与稳定相统一。改革开放是决定当代中国命运的关键抉择。新发展阶段农村主流意识形态建设，必须坚持改革发展稳定相统一的实践导向。

一方面，坚持以改革促发展。我国农村主流意识形态建设还有不少短板，农村基层自治制度还有待进一步完善，农民群众的民主权利还有待更好维护和发展。新发展阶段背景下的农村主流意识形态建设，必须坚定以改革促发展、以共识促发展之路，努力破除各种思想障碍和制度障碍，汇聚强大思想合力，确保广大农村社会“五位一体”全面发展，不断提升主流意识形态的话语权和影响力。

另一方面，坚持稳定压倒一切。深化改革难免带来利益调整和矛盾冲突，没有稳定的大环境，改革将难以取得预期效果。要想在新发展阶段推进农村主流意识形态建设生动有效开展，需要破解很多难题和困难，需要在制度上、方法上、思想上、技术上不断推陈出新和创新创造，但也绝不能因此造成党和人民离心离德，也绝不能造成社会道德滑坡、社会风气变坏、社会群体对立加深、矛盾激化，以致社会主义事业遭到损害。这就需要在改革发展实践中将加强党的领导和尊重人民的创新精神有机结合起来，将“摸着石头过河”和加强顶层设计有机结合起来，将问题导向和目标导向有机结合起来，将试点先行和全面推进有机结合起来，既鼓励大胆闯大胆试，充分发挥和凝聚人民群众干事创业、攻坚克难的激情、智慧和力量，又注重加强宏观调控和整体谋划，以求真务实的精神和对人民负责、对时代负责的态度确保改革发展与稳定的综合实现。

三是确保农村主流意识形态建设价值理性与工具理性相统一。作为一定社会关系的产物，人在本质上是一切社会关系的总和。社会实践活动中的价值理性是主体在理性认识的基础上对价值及价值追求的判断和把握，主要解决的是“做什么”和“为什么要做”的问题；工具理性是主体在理性认识的基础上，为实现自身的价值所采取的工具、手段和行动，主要解决的是“用什么来做”和“怎么取得最好效果”的问题。价值理性以“义”为首，重视道德、礼法、和善，如果缺乏价值理性，工具理性将无所适从，丧失目标；工具理性以“利”为重，重视实用、效率、功用，缺乏工具理性，价值理性将难以转化为科学实践。在社会实践中，人们主要依靠价值理性来认识世界，通过工具理性来改造世界。

在社会关系中，人的活动归根到底是为了满足人自身的各种需要，如生理需要、安全需要、爱与尊重等，并在交往中实现人的综合全面发展。而且作为社会活动的参与者，人不可能永远只为了目的而存在，必须通过一定方式组织起来，以此实现社会的整体进步和各社群的普遍发展。过于重视目的，将会陷入利己主义的境地，导致人的异化和物化；过于重视手段，将会陷入功利主义的陷阱，人的主张和声音被弱化和淡化。任何只重视目的或只重视手段的做法，都将导致"一点论"的偏执。

新中国成立以来，我国在农村主流意识形态建设方面曾经走了一些弯路，其中一个重要原因就在于没有很好地实现价值理性与工具理性的协调。或是过于突出价值理性，或是过于突出工具理性，导致对社会主义的理解片面化、绝对化，如坚持社会主义就是"一大二公"，忽视商品经济的内在规律。改革开放以后，一度也流行过追求绝对公平，片面追求效率优先，对宏观调控、独立自主、开放搞活等存在认识偏差的现象。曾有一段时期，有些地区将本该由政府大力发展的城乡医疗、教育、养老等社会民生事业，统统推向市场或移交到基层，例如农民教育农民办、乡镇干部乡镇养、本地医疗本地管就是其中的突出表现，由此产生的不少社会问题，对社会公平正义、文明进步、稳定繁荣、民主法治造成了不良影响。这些问题产生的根本原因就在于理论与实践的脱节，价值理性与工具理性的失调。学者侯惠勤认为："否认实践高于理论的认识、否认实践对于理论的形成、发展、筛选和验证等方面的最终决定作用，必将导致自我封闭的本本主义；否认理论的相对独立地位、否认其在一定条件下对于革命实践活动的形成、健康发展和达到自觉程度的决定作用，则必然导致随波逐流的机会主义。"①

新发展阶段的农村主流意识形态建设，需要坚定实践导向，确保价值理性与工具理性相协调，既要确保以价值理性来促进农村经济社会的稳定繁荣、文明和谐、生态改善、个人发展，又要以工具理性来确保农村主流意识形态建设的规范化、法治化。

---

① 侯惠勤．马克思的意识形态批判与当代中国［M］．北京：中国社会科学出版社，2010：440.

第二节　新发展阶段农村主流意识形态建设的主要特征

对特征的体现和坚持，本质在于对价值的判断。学者郑国玺认为，虽然对“价值”的理解有多种，但价值主要可被理解为客体对主体的作用和意义，是“泛指人们认为是好的东西，某种因为其自身的缘故而值得估价的东西，这种东西具有人所欲求的、有用的、有兴趣的质”①。新发展阶段，意识形态建设需要回答好实现怎样的发展、发展为了谁的问题，反映到农村主流意识形态建设上则集中体现为突出和坚持科学性、人民性、发展性及整体性等特征相统一的要求。

而这些不同特征，体现着一个共同的价值内核，那就是遵循历史唯物主义和辩证唯物主义，体现中国特色社会主义理论体系，贯彻党对意识形态工作的全面领导。

一、充分体现科学性

恩格斯指出：“科学越是毫无顾忌和大公无私，它就越符合工人的利益和愿望。”② 始终坚持党的全面领导、始终坚持以人民为中心的发展思想、始终坚持实践导向的新发展阶段农村主流意识形态建设，必然要求充分体现其科学性。

一是指导思想的科学性。从根本上讲，新发展阶段农村主流意识形态建设的科学性是由马克思主义理论的科学性决定的。作为科学的世界观和方法论，马克思主义具有追求真理的科学精神和实现人的自由全面发展、体现人生价值的内在要求，以及追求社会公平公正、促进人类文明进步的内在动力。以马克思主义理论为根本指导的农村主流意识形态，在实践上完成了科学性和意识形态性的统一、科学性与批判性的统一。

① 郑国玺．马克思主义价值理论研究［M］．成都：四川大学出版社，2010：6.

② 中共中央马克思恩格斯列宁斯大林著作编译局．马克思恩格斯选集：第 4 卷［M］．北京：人民出版社，2012：265.

二是内容构成的科学性。一般而言，马克思主义思想、中国特色社会主义理论体系、现代社会治理政策主张和理论学说，以及体现社会主义核心价值观要求的语言文字、规则规范、影视文艺等，组成了我国意识形态建设的主要内容。在农村主流意识形态建设中，必须坚持和发展马克思主义对主流意识形态建设的指导，不断增强和体现主流意识形态建设内容的科学性，以内容的科学性来确保实践效果的有效性。

在信息化日新月异的今天，包括互联网技术和互联网内容等在内的信息本身，也已成为意识形态建设的重要内容。因此与之相关的信息技术及网络内容，也应体现科学性的要求，以工具理性与算法的正确价值引领来促进技术服务民生进步和经济发展，服务文化繁荣和社会和谐，服务新发展阶段农村意识形态建设。

三是目标体系的科学性。新发展阶段农村主流意识形态建设的目标体系，主要体现在实现“两个巩固”、增进“三感”、坚定“四个自信”三个大的方面。其中，实现“两个巩固”主要是确保广大农村始终成为党执政兴国的坚实基础；增进“三感”主要是促进和增强广大农村群众的获得感、幸福感、安全感，确保广大农村群众在党的领导下，不断实现对美好幸福生活的向往；坚定“四个自信”主要是确保广大农民群众认同和接受社会主义道路和理论，坚定走中国特色社会主义发展之路，增强做一名中国人的自豪感和幸福感。以实现“两个巩固”、增进“三感”、坚定“四个自信”为主要内容的目标体系，紧扣住了意识形态的本质要求和实践导向，充分体现了社会主义意识形态工作的人民立场。

从目标体系的相互关系来看，实现“两个巩固”主要是围绕意识形态本身内核而言，增进“三感”主要是从人民群众这一现实目标和最终落脚点而言，坚定“四个自信”主要是从内在动力和根本保证而言。三者之间呈现由意识形态内核到外延伸、由抽象到具体的相互关系，并且呈现出互为因果、互相促进的共进格局。离开农村群众的“三感”和“四个自信”，“两个巩固”将无法落实；离开“两个巩固”这一本质内核，“三感”和“四个自信”也将失去皈依。三者中的任何一个缺位，都将导致农村主流意识形态建设难以取得实际效果。三者之间的关系如图 5-2 所示。

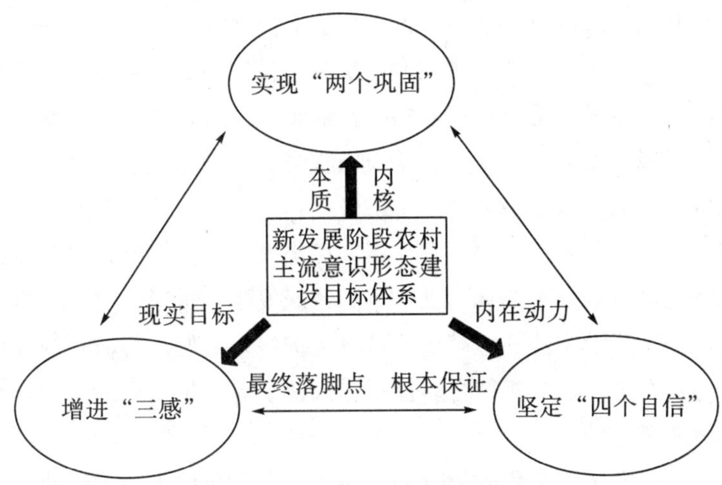

图 5-2　新发展阶段农村主流意识形态目标体系简图

二、充分体现人民性

立足新发展阶段，贯彻新发展理念，构建新发展格局，需要紧紧依靠人民、充分尊重人民的首创精神，巩固并发展党和人民的血肉联系。人民性也成了新发展阶段农村主流意识形态的一大主要特征。

一是体现人民性是马克思主义的本质属性。马克思主义在研究国家、市民社会、家庭等组织形态时，强调“人始终是这一切实体性东西的本质”①。人民群众是历史的创造者，是生产力中最活跃、最革命的因素，是社会财富的创造者，对社会发展起着决定性作用。在我国政治话语中，人民性是社会主义的本质特征，是人民当家作主、实现人的自由全面发展的集中体现。将“为什么人”的问题作为执政兴国的一个根本问题、原则问题，强调全心全意为人民服务，强调发展为了人民、发展依靠人民、发展成果由人民共享、人民利益高于一切，深刻体现了中国特色社会主义理论体系的价值理想和价值取向。

二是体现人民性是指导中国革命和建设不断发展的宝贵经验。新中国成立以来，在以人民为中心、实现人民当家作主、把人民利益摆在首位的思想指导下，农村主流意识形态建设受到高度重视，实现了历史性发展。但与此同时，改革开放之前一段时期以阶级斗争为纲、狠斗私字一闪念、重集体轻个人、忽

① 中共中央马克思恩格斯列宁斯大林著作编译局．马克思恩格斯全集：第 3 卷［M］．北京：人民出版社，2002：52.

视个体正常利益诉求的做法和改革开放以后对经济发展、物质激励、个人利益的过分强调，忽视集体利益、国家利益的现实情况，其实质都是对群众路线和人民利益的偏离，最终都不利于农村主流意识形态建设与社会主义事业的健康发展。在新发展阶段背景下，农村主流意识形态建设需要始终体现人民性的价值理性和价值目标。其中最紧要的有三方面：

其一，在坚持以人民为中心、保障人民当家作主的同时，避免将人民的概念虚化和泛化，导致只见森林不见树木的情况发生。进一步突出和维护农民群众作为意识形态建设主体的应有地位，将维护好发展好人民群众的利益与实现和促进人的自由全面发展相结合，让每个人都享有人生出彩的机会，真正实现中国梦与个人梦的结合。

其二，将“人民”所代表的政治性与“个人”所代表的生活性有机结合起来。切实将“民心是最大的政治”的理念融入农村主流意识形态建设的各个方面，顺应民心，尊重民意，关注民情，致力民生，增强农村主流意识形态的有效性。

其三，将“人民”所包含的最广泛的人民群众的作用充分发挥出来。将农村主流意识形态建设的各类参与主体的积极性调动起来，让党的执政理念和各项改革举措深入广大人民群众，让社会主义核心价值观和体现时代要求的新风时尚、公序良俗深入每个集体、每个团队、每个家庭，真正做到主流意识形态建设人人参与，建设成果人人共享。

三是体现人民性是建设社会主义现代化国家的内在要求。人民群众是历史的创造者，是真正的英雄。新发展阶段，发展不平衡不充分、发展质量不高、安全稳定与发展、扩大内需与实现产业链升级、城乡一体化和城乡融合发展等这些问题都需要依靠人民来解决。只有充分调动广大人民群众的积极性和创造性，充分发挥人民群众的智慧，以人民答应不答应、满意不满意为评判标准来开展各项工作，才能更好地建设社会主义现代化国家。

三、充分体现发展性

实事求是是马克思主义的精髓，是马克思主义的根本观点和根本方法。恩格斯指出：“马克思的整个世界观不是教义，而是方法。它提供的不是现成的教条，而是进一步研究的出发点和供这种研究使用的方法。”① 立足新发展阶段，农村主流意识形态建设必须始终坚持马克思主义的立场、观点和方法，勇于面对不断变化发展的实践，在发展中坚持，在坚持中发展。

一方面，依靠发展来解决存在的问题。发展是解决我国一切问题的基础和关键。农村实现更高质量的共同富裕，农民群众享受到更高水平的发展成果，社会主义事业的不断发展，社会主义优越性的进一步体现，群众获得感、幸福感和安全感的切实提升，都需要通过经济社会的发展来逐步实现。

另一方面，依靠发展来应对新的挑战。实践发展永无止境。新发展阶段农村主流意识形态建设要面对不断变化和纷繁复杂的现实，坚持以历史唯物主义的理论视角和发展的眼光，积极适应和有效引领我国社会主义建设事业不断发展、农村社会经济文化生活不断变化、现代群体交往方式和社群构成持续调整、现代科技和网络技术迅速发展的实际国情，不断促进理论和实践的发展、具体措施和方法的创新，确保农村主流意识形态建设始终合乎时代发展的要求、始终紧跟时代发展的步伐、始终响应群众的心声。

四、充分体现整体性

新发展阶段背景下农村主流意识形态之所以要体现好整体性这一特征，基于以下四个因素：

一是意识形态建设理论的整体性。新发展阶段农村主流意识形态建设需要全面贯彻新发展理念、构建新发展格局、促进高质量发展，其中的关键就在于贯彻落实“十个明确”和“十四个坚持”，持续推进“五位一体”总体布局和“四个全面”战略布局，准确把握中国特色社会主义所承载的对先进生产力、先进文化、先进科学技术的内在要求，系统深化对共产党执政规律、社会主义建设规律、人类社会发展规律的认识和运用能力，切实体现中国特色社会主义道路、理论、制度、文化的优越性。由此，整体性必然成为新发展阶段背景下农村主流意识形态建设的主要特征之一。

二是意识形态建设进程的整体性。新发展阶段的农村主流意识形态建设具有时间上的整体性和连贯性。它一头牵着历史和过去，一头连着现在和未来。深厚的中华优秀传统文化、悠久的中华农耕文明、近代以来从西方国家传入的

---

① 中共中央马克思恩格斯列宁斯大林著作编译局. 马克思恩格斯选集：第 4 卷［M］. 北京：人民出版社，2012：664.

先进文明、中国共产党领导人民在革命、建设和改革中创造的革命文化和社会主义先进文化，以及包括家风、家训、行规等在内的村规民约，都已成为新发展阶段农村主流意识形态建设需要整体吸纳和融会贯通的宝贵文化资源。

就其依托形式而言，既有传统的言传身教、礼法规则、村民议事、社会舆论等，也有各类APP、丰富多样的互联网资源，以及各类化育无形的动漫、游戏、电影、手游等文娱产品，还有贴近群众生活的各类政务服务网络、社群交际网络等，从而使得新发展阶段背景下的农村主流意识形态建设具有进程和载体的整体性和连贯性。

三是意识形态建设举措的整体性。以“十个明确”“十四个坚持”为主要内容的习近平新时代中国特色社会主义思想，是新发展阶段农村主流意识形态建设必须坚持和体现的整体目标，而推进社会主义先进文化与中华优秀传统文化、传统农耕文明相结合，促进社会主义政法工作、宣传文化工作、民族宗教工作、卫生防疫工作等协调推进，促进社会主义意识形态建设与农村社会群众的宗教活动、传统忌讳和禁忌等民俗活动包容共生，兼收并蓄，更是构成了当代农村主流意识形态建设的整体内容格局。

具体到每个农村社区、每个农村家庭、每个个体日常生活中的婚恋观、财富观、法治观、劳动观、教育观、权利观等各种理念和观念，必然也是一个整体的、复合的、具体的存在，必须在具体意识形态建设实践中予以综合考量、整体推进。

四是意识形态建设主体的整体性。新发展阶段农村主流意识形态建设主要有四大主体：党委部门、政府部门、社会组织、广大农村群众。四者缺一不可，不可偏废，只有整体发挥各自作用，才能确保农村主流意识形态建设取得相应的效果。各级党委部门的领导核心作用，各级政府部门的关键主体作用，各类社会组织和社会力量的重要依托作用，以及广大农村群众的根本支撑作用，都必须协调统一、整体实践。

五是意识形态举措运用的整体性。在具体的意识形态方式运用上，也应该是综合的、整体的、具体的呈现。仅靠宣传而不加惩戒、仅靠教育而不加批判、仅靠法律约束而不加道德规范、仅靠精神鼓励而不加物质激励、仅靠生活浸染而不注重理论和价值引领，都是不可取、不合理的，反之亦然。

第三节　新发展阶段农村主流意识形态建设的主体构成

新发展阶段下的农村主流意识形态建设，需要对农村主流意识形态建设谁来领导、谁来主导、谁来参与、谁来配合的问题予以科学把握和整体运用。本书认为农村主流意识形态的建设主体主要由四个组成（见图 5-3）。

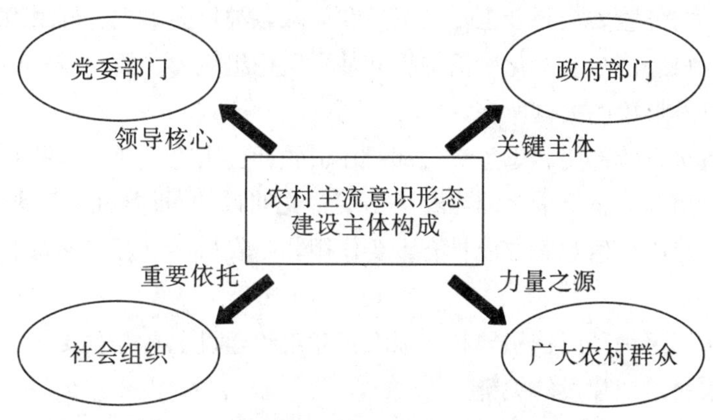

图 5-3　农村主流意识形态建设主体构成简图

党的十九届五中全会强调，要“健全党组织领导的自治、法治、德治相结合的城乡基层治理体系，完善基层民主协商制度，实现政府治理同社会调节、居民自治良性互动，建设人人有责、人人尽责、人人享有的社会治理共同体”①。按照推进社会治理共同体建设的内在需要，促进农村主流意识形态建设主体之间形成良性互动格局，就必须发挥党统筹各方、领导全局的核心作用，确保各类主体的积极性得到充分发挥，多方协作得到充分实现。

一、党委部门

中国特色社会主义最本质的特征是中国共产党领导。党的领导是确保农村主流意识形态建设始终沿着社会主义方向稳健发展、实现多元主体之间有效协

① 中共中央关于制定国民经济和社会发展第十四个五年规划和二〇三五年远景目标的建议［M］. 北京：人民出版社，2020：35-36.

同的根本前提。

当前全国上下正在深入推进的五级书记抓乡村振兴，通过发挥党委总揽全局、协调各方的领导核心作用，对确保新发展阶段背景下农村向正确方向发展，提升基层治理现代化水平，应对和化解各种风险挑战具有重大意义。

其中，各级党委部门作为农村主流意识形态建设中的核心主体，具有其他主体所不能比拟的政治优势、理论优势、制度优势、文化优势，在推进农村主流意识形态建设中肩负着方向引领、科学决策、组织实施、协调多方、凝聚共识、强化统筹的重要作用。

党的农村基层组织是提升基层社会治理的核心，县、乡两级党委是领导村民委员会、村务监委会开展工作，引导和保障各类社会组织、群团组织、经济组织参与农村经济社会文化生活，提升基层组织组织力、战斗力、凝聚力，树立执政党良好形象的关键所在。

党的各级宣传部门和思想文化部门在引领社会舆论导向、满足群众精神文化需求、传播社会正能量、唱响经济发展“光明论”、批判社会丑恶现象、弘扬社会主义核心价值观等方面具有重要作用，是农村主流意识形态工作的一线部门。

党的基层组织部门在指导和加强农村党组织建设上具有重要作用，是建强配优搞好农村组织建设的关键。

党的基层统战部门在吸引新社会阶层、凝聚发展力量、促进社会团结方面具有突出作用，也是党委部门抓农村意识形态工作的重要组成部分。

包括工会、青年团、妇联在内的各类党的群团组织，肩负着贯彻党的意志和主张、执行党的指示和决议、维护党的权威、广泛组织动员人民群众、为党分忧、为民谋利的重要作用，是扎实推进农村主流意识形态建设的重要力量。

二、政府部门

这里所指的政府部门，主要指国家立法、司法和行政机关，即一般意义上的公共权力部门。作为社会公共服务产品的最大提供者，各级政府部门在农村主流意识形态建设中承担着重要责任，是关键主体。特别是在党政同责、一岗双责的要求下，基层各级政府部门在推进主流意识形态建设过程中肩负着重要职责。

为广大农村群众提供医疗卫生、民政、水利电力、交通、通信、税务、环保、文化等公共服务的各级政府部门，是服务群众的重要窗口，是否真正为民办实事、解难题，能否及时提供便捷、优质、高效的服务，直接影响到广大农村群众对党委政府的整体评价。在建设社会主义现代化国家、加强和创新社会治理的整体要求下，各级政府部门还担负着转变政府职能、培育发展社会力量、促进社会利益协调和社会协同、预防社会阶层固化、促进城乡公共服务均等化等重要任务和使命。

城乡各级教育机构关系到培养什么样的人、如何培养人以及为谁培养人的根本问题，肩负着传播中华传统文化、革命文化、社会主义先进文化的重要责任，在农村主流意识形态建设中发挥着重要作用。

各级基层法院、检察院、司法所，以及公安机关，是巩固基层政权、维护农村社会平安、保护人民财产安全、维护社会公平正义和惩恶扬善的重要依托。鉴于当前我国一些农村地区还不同程度存在着盗窃、造假售假、打架斗殴、涉黑涉恶等社会治安问题，以及不少农村群众还受到电信网络诈骗等不法威胁的问题，新发展阶段的农村主流意识形态建设，必须充分发挥司法部门、公安机关、检察机关的特殊作用，为主流意识形态建设保驾护航。

三、社会组织

本书所指的社会组织，包括广大工商企业、各类社团组织和社会中介服务机构，以及各类自治组织等社会力量。党的十九届五中全会指出，要“发挥群团组织和社会组织在社会治理中的作用，畅通和规范市场主体、新社会阶层、社会工作者和志愿者等参与社会治理的途径”①。各类社会组织和社会力量是实现农村主流意识形态建设协同深入推进的重要依托。

工商企业即工商资本下乡是缩小城乡差距、推进城乡一体化发展、巩固拓展脱贫攻坚成果的现实路径和实际需要，对于推进农村主流意识形态建设有着重要作用。其一，工商企业和资本的介入，可以提升农村群众现代经营理念和市场观念，增强契约精神和规则意识，有利于促进农村社会进步。其二，通过引导工商资本到乡村投资兴业，发展农民群众参与度高、受益面广的种植业、养殖业等现代农业，以及引导工商企业到农村开展各类就业增收的培训服务，可以促进农业技术进步和农产品产业链的强链补链延链，增强农村群众致富创业的能力。其三，工商资本下乡是农村土地产权制度改革的重要推动力量，能

① 中共中央关于制定国民经济和社会发展第十四个五年规划和二〇三五年远景目标的建议［M］. 北京：人民出版社，2020：36.

促进农村资源资产化，提升农民的财产性收入水平，为农民增收赋能。其四，各类文化出版影视娱乐企业的发展，在丰富农村群众精神文化生活、艺术表现当代农村群众生活风貌等方面具有重要作用。

各类互益性、公益性社会组织的发展对于促进农村社会进步、推进农村主流意识形态建设具有重要意义。其一，农村经济合作组织的发展，能有效促进农村经济的组织化、规模化和市场化，克服小农户经营分散、抗风险能力和市场化能力不足的问题，促进农村产业融合发展、规模化发展，增强农民的市场主体地位。其二，包括农业科技服务中心、农业技术专业协会在内的各种生产技术服务型社会组织，在服务农业技术进步、传播和推广科技知识、培养新型职业农民和现代农民等方面具有重要作用，是推进乡村经济转型发展的重要力量。其三，提供各类政策咨询、技术指导、法律援助、环保监督、文艺演出、民俗文化和传统技艺传承保护等服务的社会组织，充当着提升现代乡村治理和公共服务水平、协调多元社会需求和化解社会矛盾纠纷、促进乡村文化繁荣、提高乡村社会整体道德水平和村民思想素质的重要角色，对于当代农村实现社会和谐、生产进步、文化繁荣、乡风文明、生态宜居具有重要示范意义。其四，各类养老助残、扶贫济困、赈灾救难、关怀留守儿童等特殊群体的社会组织，在促进农村社会稳定和谐、确保农村群众生活稳步向上、厚培农村社会道德土壤等方面发挥着重要作用。

包括乡贤理事会、村民监事会、村民理事会、村级议事会在内的各类村民自治组织，是农村民意收集、邻里纠纷调理、村务民主协商和监督、村规民约执行的重要平台，是村民委员会履职尽责、提高工作质量的重要依托。一方面，乡贤理事会等各类村民自治组织的发展，能调动和发挥群众参与村务管理的积极性，提高村民自我管理和自我服务的意识，促进村务建设和监督，推进共管共治、共建共享；另一方面，各类村民自治组织的运行，能吸纳整合各类社会资源，凝聚和培养农村社会精英，提升和强化村务治理合力，降低村务管理成本，解决好一些农村地区存在的无人关心村务、侵占村集体利益的问题，避免“公地悲剧”的发生。

四、广大农村群众

“中国共产党根基在人民、血脉在人民、力量在人民。”[①] 唯有团结好、引

① 习近平．在庆祝中国共产党成立100周年大会上的讲话［M］．北京：人民出版社，2021：11.

领好广大农村群众，实现好、巩固好广大农村群众的根本利益，关心好、解决好广大农村群众的烦心事、具体事、身边事，农村主流意识形态才能有所归依，有所凭借。

作为社会构成的最小分子，社会个体的公民意识、责任和权利意识、伦理道德和法治观念、整体精神状态和文化素养，直接影响着当代中国社会的整体面貌和第二个百年奋斗目标的实现。

立足新发展阶段，人民群众对美好生活的追求、对更高质量共同富裕的渴望、对公平正义和谐美丽的期望，就是全党全国各族人民不懈努力的方向。农村群众作为存在的个体，其个人对理性平和、互信互助、差异包容等现代社会精神的接受程度，以及个性人格的发展程度，将直接影响农村社会基层治理的效果，并对主流意识形态建设产生重大的制约效应。农村群众的个人收入水平、工作认可程度、身体健康状况、生活满意度等，也直接影响到个体对主流意识形态的认可和接纳，影响到个体对执政党和社会主义国家的满意度。而且，农村群众的文化素质和学习能力、现代网络技术和通信技术的运用能力，以及现代农业科学技术和农业工具的技能水平，都将直接或间接影响当代农村主流意识形态建设的质量和效果。

其中，由个体组成的社会最小单元——家庭，是新发展阶段的农村主流意识形态建设的根基所在。家庭所承载的家风、家教，直接影响到社会个体的精神气质并进一步影响整个社会的风气。如果每个农户家庭都能做到尊老爱幼、夫妇和睦、孝悌慈爱、勤俭节约、团结邻里、遵纪守法，社会主义核心价值观在农村就能很好地落地落实。

第四节　新发展阶段农村主流意识形态建设的内容明确

形式承载内容，内容蕴含观念、价值和方法。在新发展阶段，农村主流意识形态建设的内容，需要体现党对意识形态建设的整体要求，并体现贯彻新发展理念、构建新发展格局的具体要求。在探讨新发展阶段农村主流意识形态建设的内容时，需要对意识形态作用发挥的内容与具体形式的结合、内容与价值观念的融合进行一体化思考。

一、内容表现明确

马克思形象地指出："意识［das ßewußtesein］在任何时候都只能是被意识到了的存在［das bewußte Sein］，而人们的存在就是他们的现实生活过程。"① 现实生活有多么丰富多彩，就注定了意识形态内容表现会有多么丰富多彩。

（一）内容表现的一般及特殊形态

作为主要通过观念形态予以体现的思想上层建筑，主流意识形态并不是虚无缥缈的所在。其具体表现形态既可以是现实的，也可以是虚拟的，既可以通过语言文字形式来呈现，也可以通过其他物态形式来呈现，还可以依托群体和个人的行为来呈现。同时，农村主流意识形态作为国家意识形态的重要组成，需要内含国家政权及执政党的思想引领、理念倡导、政策主张、行为规范等重要内容，并通过村规民约等承载形式将这些内容外显出来。由此可将农村主流意识形态建设的内容表现简要划分为一般和特殊两个层面。

其一，内容的一般表现形态。包括音乐、电影、小说、诗歌、散文、戏曲、电视剧、绘画、摄影等文艺形式，法律、规章、合同、章程、标准等显性规则形式，以及各种社会风俗、习俗、仪式、禁忌等隐性形式，都是意识形态内容的具体体现。意识形态国家机器正是依托其理论体系、制度体系、话语体系、工具体系，在经济、政治、文化、教育、法律、宗教、网络等各个领域，借助以上这些显性的、隐性的形式，以教育引领、利益引导、惩戒干预、生活养成等各种手段，来实现对现实社会和虚拟社会的有效引领，并以此来确保统治阶级的意志和主张得到有效传输、解释和辩护，从而提高社会群众对现有社会制度、社会生活、社会现状的满意度和接受度，形成对现有政权及执政党的积极正面的社会心理，并保持与主流意识形态相符的相对稳定的心理预期、社会性格、社会意识和社会无意识。

其二，内容的特殊表现形态。一方面，体现在农村主流意识形态建设本身。由于当前我国城乡一体化进程显著加快，农村社会结构的开放性、城乡生活方式的趋同性、城乡之间信息传递和技术运行的同步性、农村群众生活的丰

① 中共中央马克思恩格斯列宁斯大林著作编译局．马克思恩格斯选集：第1卷［M］．北京：人民出版社，2012：152.

富性和多元性等特点越来越明显，我国农村主流意识形态建设在内容体现上必然要高度重视城乡同频、城乡一体的现实需要，综合推进各种理论学习阵地、思想舆论阵地、教育文化阵地建设的整体进程。另一方面，针对农村经济社会发展相对滞后、信息技术运用相对不足、村民素质相对不高、农村公共服务水平相对较低、意识形态工作力度相对薄弱等特点，在村民自治、村民议事、阳光村务、村规民约、民主法治治村、平安乡村、乡村矛盾调处、乡村便民服务等方面着重贯彻主流意识形态建设的内容和要求，突出体现当代农村主流意识形态建设内容和形式上的相对特殊性也显得十分必要。此外，针对农村经济社会发展进程相对缓慢、农村生活节奏相对平缓，传统习俗和传统伦理、传统礼仪等对农村群际交往和群体意识塑造仍然发挥重要作用等现实情况，在新发展阶段农村主流意识形态建设中，对中华优秀传统文化的创造性转化和创新性发展、优良家风和传统美德的弘扬、传统礼法规则的合理坚持、道德模范选树和社会舆论干预等，也应得到充分的关注和具体的加强。

（二）内容表现的层次呈现

意识形态内容的表现，是具体的、历史的、多元的存在，具有多样性、层次性和变化性的突出特点。在不同的话语背景下，对意识形态的内容表现也会有不同的认识。如有学者就认为意识形态内容主要是由价值理想、理论学说和政策主张三层级构成①，还有学者认为主要由哲学方法论、价值学说体系和具体政策主张构成②，也有学者认为主要由学理基础、时代框架、价值核心和外围观念四个基本部分和层级构成③。

在广大农村社会，既要确保马克思主义核心理念、党的意志和主张、社会主义核心价值体系等在群众的思想世界取得优势地位，还要确保主流意识形态与群众的现实生活紧密相连，从而促进形成广大农村群众在生活生产中共同遵循的价值、情感和行为。由此本书主张将主流意识形态内容表现分为四个呈现层次。

一是价值理念层。其主要由马克思主义指导思想、社会主义本质属性、共产主义理想追求、社会主义国体政体等构成。这一部分主要发挥的是对群众进行价值引领的作用。二是理论学说层。其主要由哲学思想、道德准则、法律制

---

① 参见：韩源．论马克思主义意识形态的结构转型［J］．党政研究，2005（8）：7．

② 参见：冯宏良．国家意识形态安全与马克思主义大众化［M］．天津：天津人民出版社，2017：81．

③ 参见：刘建军．试论意识形态的基本结构［J］．思想政治工作研究，2007（12）：24．

度、经济和文化等理论学说及观念等组成。这一部分主要发挥的是对广大群众进行理论指导的作用。三是政策主张层。其主要由涉及意识形态建设的各种具体政策、舆论导向、文化引导、技术指导、方法指导等组成。这一部分主要发挥的是对广大群众进行实践引导的作用。四是日常语言符号层，即社会大众广义上的语言符号表达，主要包括日常生活中的各种规则、规范、约束和标准。这一部分主要发挥的是对广大群众进行生活浸染和潜移默化影响的作用。

以上四个层次，呈现出由内到外、由深及浅、由相对固定到灵活变动的特点，四个层级共同形成了新发展阶段农村主流意识形态建设的内容呈现形态。

二、内容构成明确

在新发展阶段农村主流意识形态建设丰富多样的内容与形式之中，贯穿其中的是党的主张、人民的意志，以及马克思主义的立场、观点和方法。新发展阶段农村主流意识形态建设所依赖实现的内容、方式和载体，必然高度凝结在意识形态工作的领导权、管理权和话语权等具体构成之中。

（一）内容一：意识形态领导权

一般来讲，执政党对国家和政权的领导是通过政治领导、思想领导和组织领导三个方面来实现的。意识形态领导权的确立、巩固和发挥，也需要通过政治领导、思想领导和组织领导这三个关键领域共同发挥作用来实现。作为思想领域的领导权，意识形态领导权的确立和作用发挥，一方面需要依靠真理的力量，即以先进的理论和科学的政策实现对社会个体行为的有效引领；另一方面，需要发挥人格及德性的力量，即依靠执政党的感召力和模范带头作用来实现对社会群体的领导。

由此可知，意识形态领导权对于指导思想和治国理政方略的科学性和先进性有特殊的要求，必须结合实际不断深化进步，以此确保国家政治、经济、社会、文化、生态等方面的不断发展。而且对于执政党作为关键行为主体的进步性和纯洁性有特殊要求，必须打造和保持执政党的正面进步形象，以此实现执政党对社会整体的有效动员和带头引领。此外，需要确保对各类意识形态工作的参与主体，以及各类意识形态阵地整体价值导向的有效领导。

就新发展阶段农村主流意识形态建设领导权而言，其内容和形式需要不断发展及巩固我党对农村工作和意识形态工作的全面领导，充分展现好、传播好、阐释好中国共产党带领广大人民群众谋求民族复兴和人民幸福的光辉历程和辉煌成就，增进广大人民群众对中国共产党的深厚情感，坚定广大人民群众始终听党话、跟党走，奋力迈进新征程的理想和信念。新发展阶段农村主流意识形态建设，需要从根本上贯彻好、坚持好、发展好中国特色社会主义理论，确保以人民为中心、实现共同富裕、实现高质量发展等价值理念成为新发展阶段农村经济社会发展的普遍共识。并且需要充分展示和体现党作为协调各方、总揽全局的核心关键作用，以党的科学执政、民主执政、依法执政以及清正廉洁的进步形象来引领社会风尚，以党对意识形态工作领导权的巩固和提升来促进主流意识形态建设能够行稳致远。

（二）内容二：意识形态管理权

从一般概念来看，意识形态管理权主要是“国家或社会的统治阶级通过组织、决策等管理手段整合意识形态领域资源，达到意识形态统领社会成员思想行为预期目的的权力”①。按照既要管住又要管好的要求，意识形态管理权主要体现在四个方面：一是管导向，对思想观念进行有效管理和引导，引导社会舆论，形成社会共识，扩大全社会的同心圆；二是管阵地，对各类意识形态部门和新闻宣传机构进行有效管理和引导，既要管好机构、平台和渠道，还要引导产品的内容、形式、质量和价值导向；三是管资源，对意识形态建设所需要的人、财、物和制度、规章等进行有效管理和运用，确保意识形态建设有效开展；四是管人，确保各类意识形态工作部门的从业人员牢固树立意识形态安全理念，明确意识形态责任，掌握意识形态工作方法，尽可能使广大社会成员接受意识形态的一般理念，拥护和支持意识形态的一般要求，以此确保意识形态工作有效落地。

新发展阶段农村主流意识形态建设的内容、方式和载体，高度凝结在对中国特色社会主义的整体认同之中，既要体现好、发展好中国特色社会主义道路、理论、制度、文化，又要不断增强广大农村群众对以“十个明确”“十四个坚持”为主要内容的习近平新时代中国特色社会主义思想的理解和认同。同时，需要不断强化广大农村干部群众对实现中华民族伟大复兴、实现第二个百年奋斗目标、实现高质量发展、实现共同富裕、建成社会主义现代化国家宏伟目标的认同和支持，增强共同抓好意识形态阵地建设，共同促进乡村治理现代化进程，共同抵御各类意识形态领域风险挑战，维护国家总体安全的强大共识。

---

① 王路坦．中国共产党意识形态管理权生成的历史考察［J］．新疆社科论坛，2018（3）：43.

（三）内容三：意识形态话语权

侯惠勤认为：“通过出题目、作判断、除干扰、解困惑等环节，掌握思想领导权，实现思想引领，是掌控意识形态的一般方式。”① 话语权主要由提问权、论断权、解释权和批判权构成，其基础就是世界观、历史观和方法论。也就是说，意识形态话语权主要在于给社会提供管用够用的理论、方法和价值观，能有效引领社会舆论和社会思潮，能有效解释社会现象和维护社会积极价值取向，能有效批驳社会不良思潮和澄清社会疑惑，能有效促进形成社会共识。其核心在于三个方面：一是何为正确、何为最佳的问题，这涉及价值判断和规则制定的问题，以及对于某种历史观、世界观、方法论的选择的问题；二是谁有能力和谁有资格来领导、指导和使用话语的问题，这涉及政权的掌握、资源的支配、方法的使用等方面的问题；三是谁来接受和认同话语的问题，这涉及内容和话题、方法和渠道有效性的问题，以及接收端的实际接收效果的问题。正因为如此，意识形态话语权就成为意识形态领导权、管理权的具体体现，若话语权削弱，甚至丧失，领导权和管理权将无法体现和落实，故而当今世界话语权的争夺往往是意识形态领域斗争最激烈、最直接的所在。

内容的丰富、形式的创新、渠道的更新，以及凝聚力、吸引力、统揽力的提升，都是新发展阶段农村主流意识形态建设话语权的具体要求。习近平总书记强调，要“真抓实干解民忧、纾民怨、暖民心，让人民群众获得感、幸福感、安全感更加充实、更有保障、更可持续”②。新发展阶段，围绕促进农村文明进步和文化繁荣、促进农村法治进程与和谐安宁、促进农村产业发展与富饶美丽、促进城乡社会均等公平，围绕推进乡村振兴战略、实现农业农村现代化、解决好发展不平衡不充分的问题，围绕扩大农村需求、构建形成“双循环”新发展格局、增强抵御风险能力、不断满足广大农村群众对美好生活的向往，自然成为体现中国特色社会主义制度优越性，增强主流意识形态的吸引力和说服力的关键所在。

三、内容实现的一般路径

新发展阶段农村主流意识形态建设内容实现的一般路径选择，取决于实践

① 侯惠勤．意识形态话语权初探［J］．马克思主义研究，2014（12）：6．
② 习近平．习近平谈治国理政：第3卷［M］．北京：外文出版社，2020：138．

主体的特征和作用施加对象的特点，以及主流意识形态工具使用的具体情况。面对年龄结构、知识结构、收入水平等存在较大差异，而且有着不同利益诉求和广泛个性特征的农村群众，意识形态灌输和引导的具体方法使用，以及具体路径的选择，必然是复合多样、综合多元、各有侧重的。

新发展阶段农村主流意识形态建设内容实现的一般路径选择，主要有价值引领、理论指导、实践引导、生活浸染四种。四者之间的大概关系如图 5－4 所示。

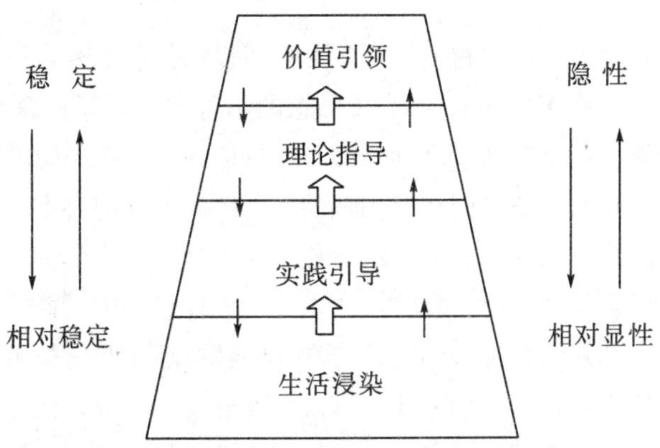

图 5－4　新发展阶段农村主流意识形态建设内容实现的一般路径及相互关系简图

这四种方式和路径的依次使用，呈现出由稳定向相对稳定趋变、由相对隐性向相对显性趋变、推进主体或参与主体由少到多趋变的特点。而这四种主要路径或方法的选择，凝聚到一起就是党对农村主流意识形态建设在价值、方法、导向上的科学运用和整体把握，以及党的群众路线和以人民为中心的发展理念的有效贯彻和灵活体现。

（一）一般路径之价值引领

价值求真，在于对真理和规律的把握，以及对理想和信念的坚持。朱兆中指出："没有信仰的思想观念体系成不了意识形态；没有思想观念体系的信仰则必然沦为愚昧的迷信。"① 作为农村主流意识形态中最核心、最本质、最稳定的存在，马克思主义指导思想、社会主义本质要求、共产主义远大理想、社会主义国体政体，以及民族精神和时代精神等，需要被内化为全体人民的普遍信仰和共同认识，以此满足广大人民群众对何以为"真"的价值追求，形成对

① 朱兆中．中国社会主义意识形态建设纵论［M］．上海：上海人民出版社，2003：8.

人民群众的世界观、人生观、价值观的有效引领。

价值引领的关键在于不断推进马克思主义理论的中国化时代化，实现马克思主义理论对我国社会主义现代化建设的全面引领，为我国的经济发展、政治进步、民生改善、文化繁荣、社会稳定、生态改善等各个领域提供及时的、科学的理论指导和价值支撑，切实体现出马克思主义理论的真理性、社会主义制度的优越性、社会主义道路的正确性、社会主义文化的先进性、中国共产党执政的科学性，以此坚定人民群众对中国特色社会主义发展道路的支持和拥护。

要确保对新发展阶段农村主流意识形态建设的价值引领，就需要不断丰富发展习近平新时代中国特色社会主义思想的精神内涵，不断深化“创新、协调、绿色、开放、共享”新发展理念的时代价值，不断拓展中国特色社会主义理论、制度、文化的作用空间和效用范围，为提高群众物质生活水平、保障群众政治权利、满足群众对美好生活的向往、实现社会更加公平正义和安全提供及时有效的价值引领。同时，要将共产主义远大理想、中国特色社会主义共同理想，以及伟大的建党精神、中国共产党人的精神品质和精神风范，通过生动的语言、简洁的文字、多样的方式，嵌入广大群众的心中，让消灭剥削、消灭压迫，实现人的自由全面发展和人类解放，实现中华民族伟大复兴中国梦，实现全面建成小康社会等价值观念深入人心，成为广大农村群众听党话、跟党走，坚定社会主义发展道路的不竭动力。

农村主流意识形态建设需要体现价值引领的持久性和稳定性，以此推进农村群众形成长久稳定的价值判断。同时，需要体现价值引领的科学性和进步性，以此促进农村群众形成正确的世界观、人生观和价值观。

（二）一般路径之理论指导

理论指导，致力于解答理论之“善”。理论指导主要是以哲学思想、道德准则、经济理论等理论学说和观念形式对我国社会主义性质、执政党性质、社会主义先进文化，以及对共产党执政规律、社会主义建设规律、人类社会发展规律予以科学论证、合理阐释和创新表达，对我国社会主义建设过程中遇到的各种问题，以及广大农村群众在城乡融合发展、乡村振兴过程中的疑虑和困惑，在理论层面予以科学解释和理性分析，以此纾解人民群众的思想积郁，解开人民群众的精神困惑，在进行社会主义现代化建设中让群众切实感受到何以为“善”的根本问题。

理论指导的关键，在于广大理论工作者以实事求是、追求真理的优良学风为人民著述立论，对人民群众关切的现实问题、影响农村社会发展和社会主义发展的重大问题，予以科学、客观、及时、全面的分析和理论探索。理论指导的重要作用有三：其一，为党委政府的各类决策提供及时的理论支撑和行动导引；其二，为广大农民群众提供纾思想之困、济现实之难、解未来之忧的理论支撑，确保对群众思想困惑的理论解困及时、灵活和自洽；其三，对困扰广大农民群众获得感、幸福感、安全感的现实问题，以及部分农村群众对我国社会主义道路、理论和制度的一些疑惑或困惑，予以合情合理的理论辩护和思想论争，凝聚共识、促进和谐。

农村主流意识形态建设的理论指导，一方面，需要体现理论发展的延续性和衔接性，不能因为理论的断层或跃变造成农村群众的难以适从和思想混乱。另一方面，需要体现理论创新的人民性和科学性，党的理论工作者和哲学社会科学理论工作者坚定人民立场和实践方向，确保理论创新成果能解时代之问、纾时代之困、答群众之疑。此外，还需要体现理论表达的群众性和生活性，要根据广大农民群众的话语接收能力和接收渠道情况，创新话语表达，统筹运用好各种工具、手段和平台，将党的最新理论发展成果和学术界的最新研究进展，以喜闻乐见、通俗易懂的形式和语言，向广大农村群体进行差异化的理论宣传和思想教育，以此实现理论对行动的指引。

（三）一般路径之实践引导

实践引导，关键在于让人民群众知晓何以“能”、何以“不能”。其主要在于通过制定和实施具体的法律、法规和政策等，借助教育、法律、惩戒、礼仪等各种综合手段，对群众的经济、政治、文化生活进行及时、有力的引导和规范，以此引导广大人民群众形成足够的心理预期和行为预判，确保个体实践活动在共同规则的基础上有章有序地进行。在实践引领的示范作用下，使广大群众乐于接受社会主义核心价值观所倡导和鼓励之事、勇于抵制社会主义法治所禁止和反对之事、安于接受来自政权和法律的监督管理和约束，愿意承受失范所对应的惩罚。

实践引导的加强，一方面在于持续将社会主义核心价值观全面融入我国社会主义法治社会、法治政府、法治国家建设全过程，融入社会生活的各个领域，确保广大群众的社会实践能切实体现和符合社会主义核心价值观的具体要求。另一方面，在于通过发挥行政处罚、司法惩戒、舆论批判、经济导引等方式和途径的积极正面作用，对广大人民群众的社会实践活动予以必要的干预和规制。此外，加强科技支撑也显得十分必要。需要针对当今网络化、信息化社会发展的趋势和特点，通过编制网络和信息发展规划、鼓励技术和设备发展、制定技术标准和规范文件、更新技术方案等，以及时有效的制度引导来促进广大人民群众科学触网，营造风清气正的网络环境，共同维护网络安全。

农村主流意识形态实践引领，首先需要体现实践引领的全面性和自洽性。凡生活实践所涉，理应皆有法度规则，不能留有空白。而且需要有高度的法度规则自洽，以此形成广泛覆盖、多维发力的规则空间。其次，需要体现实践引领的大众性和延续性。实践引领不是无源之水、无本之木，需要与广大农村群众的正常利益诉求和普通生活实践相结合，与我国乡村社会千百年发展中延续下来的精神气质相融合，与广大农村群众的生活习惯和行为趋好相衔接。离开广大农村群众具体生活实践空间的实践引导，必然达不到理想效果。

（四）一般路径之生活浸染

江泽民曾指出："开展思想政治工作，要力求做到生动活泼、群众喜闻乐见，切忌形式主义、教条主义，切忌简单生硬。……思想工作必须讲求春风化雨，润物无声，耐心细致，潜移默化。"[①] 生活召唤美。生活浸染的关键方式在于通过广大党员干部的带头示范，利用各级各类意识形态宣传工具、载体和平台对广大人民群众生活产生持续广泛影响，以及通过家风家训、家规行规、伦理道德、乡风民俗、文化传统、社会心理等社会无意识对群众进行潜移默化的影响。生活浸染还在于以广大群众喜闻乐见、时髦便捷、雅俗共赏的形式，以生动鲜活、通俗易懂的语言，以春风化雨、润物无声的节奏，促进意识形态的作用发挥与人民群众的所思、所想、所盼相结合，与人民群众的生产劳动、生活休闲、日常交往相结合，将社会主义核心价值观、共产主义理想信念等内化为广大人民群众的无意识习惯、普遍的道德约束和自觉的行为规范。

农村主流意识的生活浸染，需要体现中华优秀传统文化的精髓。我国有着悠久的历史和灿烂的文化，中华优秀传统文化所孕育的风俗习惯、传统美德、人文传统和礼仪规则具有强大的化育功能。挖掘和发扬中华优秀传统文化的精髓要义，并予以时代性转化和创新性发展，是厚植广大农民群众精神沃土的宝贵资源和有效途径。

农村主流意识的生活浸染，需要体现新中国成立以来我国社会民主和法治建设的进步成果。通过在广大农村地区大力弘扬社会主义民主和法治的普遍规范和共同操守，不断压缩封建迷信、攀比炫富、重人情轻法治等传统陋习的存

① 江泽民. 江泽民文选：第3卷［M］. 北京：人民出版社，2006：93.

在空间，确保广大农村地区持续获得民主和法治的浸润。

农村主流意识形态的生活浸染，需要将社会主义意识形态与农村群众生活场域结合起来。综合运用新闻媒体、网络通信、影视文艺作品、课堂教学、娱乐休闲等形式，紧扣农村群众的实际接受情况，以生活化、大众化、仪式化、视觉化、趣味化的方式来有效推进。

在以上对新时代农村主流意识形态需要坚持的基本原则、需要体现的主要特征、需要遵循的主要路径、需要协同的参与主体、需要丰富的内容、需要运用的方法的简述中，有一条主线始终贯穿在内，那就是：坚持党对农村意识形态建设的全面领导。这既是中国共产党作为执政党的现实需要，也是我国作为世界最大发展中国家和仍处于社会主义初级阶段的国家的具体国情的必然要求，更是确保我国农村主流意识形态建设有效推进、为实现第二个百年奋斗目标奠定坚实民意基础的实践选择。而具体如何实现党对农村主流意识形态建设的全面领导，则需要通过切实提升农村主流意识形态建设的领导权、管理权和话语权等具体的实践路径来落地落实，这就是本章之后各章将要探讨的内容。

第六章　牢牢掌握新发展阶段农村主流意识形态的领导权

党的领导主要是政治、思想和组织的领导。毛泽东强调："掌握思想领导是掌握一切领导的第一位。"① 掌握意识形态建设领导权，首先需要提升意识形态工作的科学理论水平。目标确定之后，人就是决定的因素，如何建强建优意识形态工作队伍，广泛调动各界力量积极参与，则是领导主流意识形态建设的又一关键。

第一节　提升意识形态理论科学水平

"理论只要说服人［ad hominem］，就能掌握群众；而理论只要彻底，就能说服人［ad hominem］。"② 提高意识形态工作的科学理论水平，牢牢掌握理论解释权和领导力，是新发展阶段农村主流意识形态建设领导权的重要一环。主流意识形态要实现对社会思潮、群众心理、公民行为的有效统摄和干预，就必须不断提升其理论本身的自洽性和先进性，并以人民群众喜闻乐见、通俗易懂、形象鲜活的社会化、生活化语言来对社会实践予以有力解释和有效引导，以此促进群众思想、态度和行为的积极转变。

一、赓续党领导主流意识形态建设的优良传统

在坚持中前进，在继承中发展，既是确保意识形态工作科学有序推进的必

---

① 中共中央文献研究室．毛泽东文集：第 2 卷［M］．北京：人民出版社，1993：435.

② 中共中央马克思恩格斯列宁斯大林著作编译局．马克思恩格斯选集：第 1 卷［M］．北京：人民出版社，2012：9—10.

然要求，也是确保意识形态工作与时俱进、开拓创新的应有之义。新发展阶段农村主流意识形态的推进，需要倍加珍惜和大力弘扬新中国成立以来党领导全国各族人民成功实现民族解放、国家富强、民生发展、经济腾飞、社会进步的理论探索和实践发展成果。在回顾和总结历史中找到发展原点，明确初心使命，坚定前进方向，开创美好未来。

（一）始终坚持和不断发展社会主义民主政治

新中国成立以后制定了《中国人民政治协商会议共同纲领》，出台了系列重要法律法规，初步建立了人民代表大会制度和政治协商制度，确保广大人民当家作主，行使各项民主权利；颁布《中华人民共和国宪法》《中华人民共和国婚姻法》《中华人民共和国工会法》《中华人民共和国土地改革法》等法律法规，使广大农民群众分得了土地，获得了男女平等、婚姻自由等各项重要权利，激发了其保家卫国、建设新中国的极大热情。改革开放以后，我国制定和完善了《中华人民共和国选举法》《中华人民共和国村民委员会组织法》等多项重要法律，在广大农村地区普遍施行农村基层群众自治，村民依法管理自己的事情，促进了农村群众民主习惯的养成。

新发展阶段背景下，农村主流意识形态建设需要赓续红色血脉，弘扬光荣传统，坚持和发展社会主义民主政治，促进和保障广大农村群众各项民主权益，维护好发展好人民群众的根本利益。

（二）高度重视促进农村两个文明协调发展

新中国成立以来，新生人民政权在积极恢复农业生产，加大运用现代农业生物技术和农业机械，开展农业合作化运动，大修农田水利，提高农业生产能力的同时，还彻底开展了禁娼、禁毒、禁赌运动，严肃处理农村的封建迷信、包办婚姻、溺婴、弃婴、弃养等行为，深刻批判农村的个人主义、自私自利、小集体主义思想，严厉打击农村的违法犯罪活动，并且高度重视开展农村扫盲运动和识字运动，重视通过农民夜校、工读校、工农速成中学等形式来提高农民的文化素质，重视开展爱国卫生运动来提高农村群众的卫生保健意识。以上这些有力举措，极大地改变了广大农村群众的精神风貌，促进了广大农村社会的现代化发展。

改革开放以来，党中央在高度重视发展民营经济、改革农村土地承包制度，增强农村经济活力、提高人民生活水平的同时，针对农村社会治安状况下滑、一些群众思想观念扭曲混乱、拜金主义和享乐之风盛行的情况，开展了多次“严打”活动、“社教”活动。大力推进农村公民道德建设，重视发展农村医疗卫生、教育文化事业，较好解决了农村社会部分群众富了口袋、穷了脑袋的问题，确保了农村两个文明共同发展、协调发展。新发展阶段背景下的农村主流意识形态建设，需要更加持久关注农村的精神文明建设，更加关注农村群众物质生活与精神生活协调发展的问题，确保农村社会物质文明和精神文明共同发展。

（三）不断提高农村社会民生保障整体水平

新中国成立以来，广大农村民生事业得到持续改善，农村教育、文化、卫生事业得到快速发展，我国农村群众的文化程度、人均寿命都得到了稳步提升，农村合作医疗制度、民办教育制度、农村社会救济制度普遍建立，并创造了穷国办教育、穷国发展卫生的国际典范。改革开放以后，我国广大农村的教育、文化、体育、医疗、卫生、通信等民生事业得到了全面发展，农村群众受教育程度、生活质量、收入水平都得到稳步提升，农村特殊人群的社会保障得到加强，农村贫困发生率逐年降低。新中国成立以来农村主流意识形态建设取得显著成就的一个重要原因，就在于民生问题始终受到高度重视和持续改善，人民群众对提高生活水平的切实需求得到了及时回应。

历史是最好的教科书。对新中国成立以来农村主流意识形态建设取得的丰硕成果进行有效继承和发展，从雄厚的历史基础上汲取丰富的养料，能为新发展阶段的农村主流意识形态建设提供强大的精神伟力。

二、坚持和完善中国特色社会主义理论体系

习近平总书记指出：“中国共产党之所以能够历经艰难困苦而不断发展壮大，很重要的一个原因就是我们党始终重视思想建党、理论强党，使全党始终保持统一的思想、坚定的意志、协调的行动、强大的战斗力。”[①] 在探索民族复兴、人民富裕之路上形成的中国特色社会主义理论体系，凝聚了无数优秀中国共产党人和广大人民群众不懈探索和艰辛实践的智慧与心血，是引领中国人民从思想僵化、体制陈旧的状态解脱，将国家经济从崩溃的边缘拉回，使国家发展环境从四面树敌、危机四伏的内忧外困局面中成功突围的理论指导，是确保广大农村社会摆脱贫穷落后愚昧局面，实现物质丰富、精神幸福的正确理

① 习近平. 习近平谈治国理政：第3卷［M］. 北京：外文出版社，2020：74.

论，承载了全国各族人民群众对美好生活不懈追求的集体记忆，其激发出的社会活力和人民的创造力，成为改革开放以来引导中国经济社会全面发展的精神密码。

同时，中国特色社会主义理论体系也是自鸦片战争以来，围绕民族振兴和国家富强这个主题所开创的新的理论体系，是马克思列宁主义、毛泽东思想的继承和发展，承载着全国各族人民建设美好家园，实现民族复兴和国家富强的共同追求。

新发展阶段农村主流意识形态建设，必须始终坚持中国特色社会主义理论体系的指导，充分发挥中国特色社会主义理论体系在引领社会思潮、凝聚社会共识、筑牢思想基础等方面的重大意义，自觉将理论与实践相结合，与时代相结合，在坚持中发展，在发展中坚持，巩固和发展中国特色社会主义理论体系，以理论之光照亮前行之路。

（一）坚持对新发展阶段农村主流意识形态建设的正确理论指导

实践证明，中国特色社会主义理论体系是指导中国实现从站起来、富起来到强起来伟大飞跃的科学体系，是指导中国特色社会主义事业不断向前发展的弥足珍贵的理论成果。要以科学的态度对待科学理论，中国特色社会主义理论体系所蕴含和体现的指导思想、价值体系、实践方法，都应在新发展阶段农村主流意识形态建设中予以全面坚持和切实贯彻。

对此，要以高度的思想自觉、理论自觉和行动自觉来学习贯彻中国特色社会主义理论体系，用最新的科学理论来引领“两个一百年”奋斗目标的实现，用最新的科学方法来有效促进新时代农村群际交往、促进城乡一体化发展、推进乡村治理现代化进程、构建当代农村群体交往新范式，实现新时代农村社会利益协调、和谐美丽、富足繁荣。

（二）推进中国特色社会主义理论的创新发展

理论在于创新，创新源于实践。开创新发展阶段农村主流意识形态建设新局面，需要不断推进农村主流意识形态理论体系的创新发展。一般而言，创新可以分为三类：原始创新、集成创新、引进消化吸收再创新。农村主流意识形态理论体系的进步发展，既要突出原始创新，也要强调集成创新，并注重引进消化吸收再创新。

一是注重马克思主义意识形态理论的创新发展。列宁指出，“没有革命的理论，就不会有革命的运动”①。新发展阶段主流意识形态建设，需要进一步推进马克思主义的中国化时代化，推进理论创新的不断发展，回答好新发展阶段农村社会发展的重大理论和实践问题。

一方面，以理论的突破来促进实践的飞跃。针对当前社会上一些质疑马克思主义，认为马克思主义已经过时了，进而否定改革开放发展成就和中国特色社会主义道路的错误思想，要在组织开展批判辩驳、积极抵御的同时，更加注重对当前困惑和制约农村经济社会发展的一系列突出矛盾问题加以理论探讨和科学解答，如社会主义制度先进性与农村发展相对滞后的问题、人的自由全面发展与城乡二元结构长期存在的问题、中国特色社会主义理论的一元主导与社会思潮的多元共存等问题。这些都需要理论工作者准确把握我国社会主义初级阶段的国情民情，自觉运用习近平新时代中国特色社会主义思想，创新话语形式和理论呈现形式，对这些问题予以科学的解释和必要的辩护，证明这些问题存在的阶段性、客观性，以及问题解决的光明前景，不断推进马克思主义中国化时代化发展，以理论的突破来促进实践的飞跃。

另一方面，及时发展和延伸马克思主义的一些个别结论。特别是对社会主义制度下消灭私有制、消灭剥削、实现共同富裕、实现人的自由全面发展、实现城乡劳动地域分工合理化等科学结论，要基于历史唯物主义和辩证唯物主义的立场、观点和方法，科学运用习近平新时代中国特色社会主义思想，从我国社会主义初级阶段的基本国情出发，用建成社会主义现代化国家、实现第二个百年奋斗目标的宏伟蓝图、光明前景，向广大人民群众讲清楚目标与过程、理想与现实之间的辩证关系，讲清楚我国选择社会主义道路的历史必然性和科学性，讲清楚资本主义和社会主义之间的本质区别和迥然不同的发展前景，有效回应人民群众的思想困惑，从而坚定人民群众对社会主义理论、道路和制度的信心，坚定广大农村群众对“两个一百年”奋斗目标的必胜信念。

此外，要增强农村主流意识形态理论体系的完整性。只有彻底的、完备的、系统的理论，才能达到说服人、引导人的效果。这需要确保新发展阶段农村主流意识形态建设逻辑严谨、内涵丰富、结构科学、价值统一，能代表最广大人民群众的根本利益，能满足人民群众的心理诉求和生活需要，经得起时间考验和实践检验，能有效营造出广泛的政治认同、理论认同、思想认同、情感共鸣的符号体系和符号模型，能为社会提供一套完整的认知范式、稳定的心理

① 中共中央马克思恩格斯列宁斯大林著作编译局. 列宁选集：第 1 卷［M]. 北京：人民出版社，2012：311.

和行为预期。

二是以相关重点领域的理论发展推进理论集成创新。

其一，促进农村经济体制改革理论的进步。针对当前农村“三块地”的属性定位整体协调存在不足、村集体经济增值收益分配有待更加科学合理、农村宅基地退出机制不够完善等一系列重大现实问题，应切实把广大人民群众关心的“经济利益、政治权利、价值追求、精神需要有机融合到实实在在的国家发展的指导思想、共同理想、精神风貌与社会行为和意识形态建设规范中”①，通过加强理论创新、深化体制机制改革，提高农村主流意识形态理论体系的利益协调力。

其二，高度重视丰富和发展网络意识形态理论。针对当前网络意识形态的突出特点，以及当前网络空间把关人角色弱化、把关权分化、效应弱化等问题，以及传统的意识形态管理办法在网络世界难以发挥有效作用的实际情况，紧紧围绕“坚持正能量是总要求，管得住是硬道理，用得好是真本事，科学认识网络传播规律，提高用网治网水平，推动互联网这个最大变量变成事业发展的最大增量”② 的目标和要求，大力发展和丰富网络意识形态理论。其中，需要特别注意丰富和发展网络世界“把关人”理论，提升人工智能和网络受众理论水平，提升网媒的行业规范、平台运营商的行业操守和从业人员资格认证理论指导水平，提高知识图谱技术，优化后台算法，注重从理论层面探索解决人工智能“智商偏科，情商为零”的问题，确保网络上人民群众的真实声音、真实态度能得到平和、理性的反映，确保党委政府的主张和态度、社会主义核心价值观等能通过网民大众喜闻乐见的语言文字符号和形式予以及时传达。

三是以国外有效经验的引进消化吸收助推理论的创新发展。作为当代技术创新的主要方式，“引进消化吸收再创新”本是现代科技创新领域的专有词语，它主要指的是通过引进各种技术资源，在消化吸收的基础上再实现创新，并实现对原有技术的超越。农村主流意识形态建设理论创新，也应广泛吸收和借鉴国内外有效经验。

对国外社会主义国家执政党的一些经验和做法，可通过加强国际合作和政党交流，促进国与国之间治党治国经验及理论的交流互鉴。如对朝鲜劳动党在改善城乡群众居住条件，完善免费住宅分配制度上的努力，以及古巴共产党对

---

① 路向峰．社会主义主流意识形态大众化的内涵与路径选择［J］．燕山大学学报（哲学社会科学版），2012（1）：14．

② 中共中央宣传部．习近平新时代中国特色社会主义思想学习纲要［M］．北京：学习出版社，2019：151．

“思想战”的极端重要性[①]的强调等举措和经验进行辩证参考和有效吸纳。对一些非社会主义国家共产党促进意识形态理论和实践发展的做法予以辩证吸收。如摩尔多瓦共产党“赞成各种意识形态和思想、各种观点和立场的良性竞争”[②]；塞浦路斯劳动人民进步党注重发展党内民主和党的作风问题，以此争取议会席位[③]；日本共产党重视理论创新和培养马克思主义理论家，注重维护党的良好形象和加强支部建设，注重党员干部的年轻化，丰富基层组织生活，使其“成为日本政党中组织最为严密、基层组织结构和组织性最为完善的政党”[④]。

此外，还应吸收借鉴经济学、社会学、历史学等学科发展的最新成果，加强对现代群际交往、利益协调和传播学等方面最新理论成果的吸收运用，以促进对农村群体交往最新特点、农村群体心理变化最新状态、农村社会信息传播最新趋势等的科学把握。

三、坚持和发展社会主义先进文化

习近平总书记指出：“意识形态决定文化前进方向和发展道路。”[⑤] 新发展阶段，提升主流意识形态建设科学化水平、落实主流意识形态建设领导权的关键在于在全社会大力培育和践行社会主义核心价值观，推进中华优秀传统文化创造性转化和创新性发展，大力弘扬社会主义先进文化，牢固全社会共同奋斗的思想基础和价值遵循，确保广大人民群众在党的领导下心往一处想、劲往一处使，共同建设社会主义现代化国家。

（一）坚持马克思主义，牢固树立共产主义远大理想和中国特色社会主义共同理想

理想信念是一个政党是否具有精神动力和价值追求的根本问题。坚持马克思主义，牢固树立共产主义远大理想和中国特色社会主义共同理想，是维护党内思想统一、组织统一、行动统一，确保党的先进性、纯洁性、战斗力、

① 参见：李锦华．古巴共产党开展“思想战”战略［J］．当代世界，2007（11）：40－42．

② 陈爱茹，摘译，苏岩，校．摩尔多瓦共和国共产党人党新纲领［J］．当代世界与社会主义，2010（1）：183．

③ 参见：王喜满，李可昕，王子凤．塞浦路斯劳动人民进步党执政与失政的原因与启示［J］．社会主义研究，2013（3）：136－137．

④ 尹文清．日本共产党组织建设的适应性变革［J］．东亚评论，2019（2）：159．

⑤ 习近平．习近平谈治国理政：第3卷［M］．北京：外文出版社，2020：32．

创造力、凝聚力、号召力的关键，是巩固党的执政地位，确保意识形态领域安全的重要前提，对于中国共产党这个有着九千多万名党员的大党，具有非常重要的意义。

同样，在广大农村大力弘扬共产主义、爱国主义、民族精神、时代精神，凝聚广大农民群众对于把我国建设成社会主义现代化强国、实现中华民族伟大复兴的广泛共识，对于引导广大农村群众感党恩、听党话、跟党走，具有重要的战略价值。

（二）培育和践行社会主义核心价值观，推进社会主义核心价值观的丰富和发展

社会主义核心价值观高度凝聚、集中体现和概括表达了社会主义核心价值体系的根本性质和基本特征，以及其丰富内涵和实践要求。自党的十六届六中全会提出“建设社会主义核心价值体系”目标以来，学界和人民群众普遍期望早日形成概括全面、语言精简、易学易记的社会主义核心价值观。党的十八大提出的“三个倡导”，顺应了时代要求，满足了社会需要。经过多年的实践和推行，“三个倡导”已深入人心并成为凝聚社会普遍共识、反映全国各族人民共同情感诉求的“最大公约数”，已切实转化为新时代我国社会主义国家的思想道德基础。

从实践发展效果来看，当前社会主义核心价值观的深入实践客观上还存在一些问题或不足。一方面，在对二十四字的社会主义核心价值观的接受与理解层面上，不少群众还存在着接受度不足的问题，知晓率、熟知率还有待提高。另一方面，社会主义核心价值观的阐述本身，也还一定程度存在着过于宏观和概念化，不易在生活中予以践行的问题。此外，社会主义核心价值观在体现社会主义本质特征和本质要求等方面，也在一定程度上存在展现不足的现实情况。

针对以上存在的问题，有必要用更少的词语、更地道的语言、更鲜明的形式、更精要的表达来对社会主义核心价值观予以形象化、生活化提升。今后一段较长的时期里，应切实推进社会主义核心价值观的丰富和发展，确保广大农村群众将社会主义核心价值观熟记于心、实践于行，有效回应广大人民群众的所思所虑所念所盼，最大限度地形成建设社会主义核心价值体系的强大合力。

如可以将社会主义核心价值观简单概括成“公平正义、繁荣富强、礼义廉耻、和谐共生”。其可反映我国社会主义制度的本质要求——“公平正义”（制

度层面），反映我国社会主义国家发展目标——“繁荣富强”（国家层面），反映我国悠久的文化传统、民族精神和生活哲学——“礼义廉耻”（个人层面），反映我国传统和现代的社会观和自然观——“和谐共生”（社会层面）。这一调整，能将党的十八大以来在家风家训、村规民约、道德建设、优秀传统文化、生态文明、民族复兴等方面的发展成果有效纳入进来，实现社会主义核心价值观的时代化发展。而且更加具有中西融合、中国特色和文化传承的特征，更符合我国传统文化四四句的使用范式，朗朗上口、易诵易背，也更加契合广大农村群众的生活实际需要，更加有利于增强社会主义核心价值观的凝聚力、解释力、行动力。

（三）繁荣发展中国特色社会主义先进文化，促进文化自信和文化认同

党的十九大报告强调：“没有高度的文化自信，没有文化的繁荣兴盛，就没有中华民族伟大复兴。”[①] 文化自信，包含着对有着一万年文化史、五千年文明史的中华优秀传统文化和中华民族文化基因的充分自信，也包含着对近代百年来无数仁人志士谋求民族复兴、国家富强而抛头颅洒热血的爱国主义光荣传统的充分自信，还包含着新中国成立以来特别是改革开放以来建设伟大社会主义国家的社会主义先进文化的充分自信。新发展阶段背景下的农村主流意识形态建设，需要弘扬中华优秀传统文化和社会主义先进文化，高扬爱国主义旗帜和时代精神，以正确舆论凝心聚力，以先进文化塑造灵魂，以优秀作品鼓舞斗志，以此坚定人民群众的文化认同和文化自信。

2021 年，党中央决定在全党开展党史学习教育，通过号召全体党员学习中国共产党党史、新中国史、改革开放史、社会主义发展史，在社会中普遍营造学史明理、学史增信、学史崇德、学史力行的良好氛围，通过各种生动的形式，将学党史与办实事、解难题、开新局结合起来，将学党史与提升广大人民群众的满意度结合起来，有效增进了广大人民群众对社会主义文化的自信和认同。

---

① 习近平．决胜全面建成小康社会　夺取新时代中国特色社会主义伟大胜利——在中国共产党第十九次全国代表大会上的报告［M］．北京：人民出版社，2017：41．

第二节　压紧压实农村主流意识形态建设主体责任

新发展阶段背景下掌握农村主流意识形态建设领导权，需要正视当前农村社会治理力量相对薄弱、基层社会治理成本相对较高、基层社会主体相对分散、整合难度相对较大等实际问题，通过加强党委领导，发挥政府主导作用，压紧压实农村主流意识形态建设主体责任来进行解决。

一、突出党委领导核心作用

党的领导是中国特色社会主义最本质的特征。作为党的组织载体，党委领导是确保农村主流意识形态建设沿着社会主义方向稳健发展、实现多元主体有效协同的最根本的前提和保证。在当代中国，党是领导一切的。作为农村主流意识形态建设中的核心主体，各级党委部门处于总揽全局、协调各方的领导核心地位，具有其他主体所不能比拟的思想理论优势、社会动员优势、组织运行优势，在推进农村主流意识形态建设中肩负着方向引领、科学决策、组织实施、协调多方、凝聚共识、强化统筹的关键核心作用。

党的农村基层组织是提升基层社会治理的核心，是领导村民委员会、村务监委会开展工作，引导和保障各类社会组织、群团组织、经济组织参与农村经济社会文化生活，提升基层组织组织力、战斗力、凝聚力，树立执政党的良好形象的关键所在。包括工会、青年团、妇联等各类党的群团组织，肩负着贯彻党的意志和主张、执行党的指示和决议、维护党的权威、组织动员广大群众，为党分忧，为民谋利的重要使命，是扎实推进农村主流意识形态建设的重要力量。此外，各级党委领导和主管主办的宣传文化出版机构，以及各类媒体平台，都是推进农村主流意识形态建设的重要参与主体，肩负着树立党在农村群众中的良好形象、维护党在人民心中的威望，巩固党对农村工作全面领导的重要任务。

加强和突出党委在农村主流意识形态建设中的核心作用，需要通过严的要求、实的举措，确保基层各级党组（委）真正把意识形态主体责任放在心上、抓在手上、扛在肩上，纳入领导班子和领导干部目标考核范畴。通过定期听取农村主流意识形态工作汇报、定期研判农村各类意识形态工作情况和存在问题及风险隐患，重点研究和下大力气解决农村党支部软弱涣散、基层群团组织活力不足、农村公共服务水平不高等突出问题，确保对农村意识形态工作的有效领导。

同时，需要着力落实意识形态“一岗双责”，增强“四个意识”，提高广大基层党政领导干部的意识形态工作政治站位，主要领导履行意识形态工作一把手负责制，一把手带头抓、直接抓、具体抓，广大基层领导干部严格按照“一岗双责”的要求，站好自己的岗、守好自己的门、管住自己的人，一级抓一级，层层抓落实，抓好所分管部门和单位的意识形态工作，切实提高所在领域的思想建设、队伍建设、平台建设的制度化、规范化水平，提高防范、监督、排查、处置各类意识形态问题及风险隐患的能力和水平。

二、发挥政府部门主体作用

在农村主流意识形态建设中，各级民政、教育、农业、科技、文化、交通、司法、公安等部门担任着农村公共服务和社会保障主要提供者、城乡社会自治和农村精神文化生活主要促进者、优秀传统文化传承保护者、社会公序良俗主要传播者、先进农业生产方式和现代生活方式主要推广者、社会稳定和谐与安全主要维护者的重要角色。

在我国当前依法治国、建设法治政府仍存在薄弱环节，社会贫富差距较大、城乡二元结构依然存在、群体利益诉求更加多元、社会公平正义和法律权威有待进一步提高的现实状况下，各级政府部门还肩负着推进建设法治政府、责任政府、廉洁政府的重要任务，肩负着促进社会利益协调、防止社会财富分配两极分化、制度化预防社会阶层固化、促进城乡统筹发展、实现城乡公共服务均等化等方面的重要职责。

一是贯彻落实意识形态工作党政同责的要求。切实明确基层各部门、各单位、各系统共同推进农村意识形态工作的责任，推进形成党委统一领导、党政齐抓共管、思想宣传部门组织协调、职能部门分工负责的整体工作格局，有效协调舆论引导、文艺宣传、文化教育、网络建设、精神文明创建、行政执法等各方面力量，确保意识形态工作实现横向到边、纵向到底，共同推进农村意识形态工作。

二是推进政府职能转变，建设服务型政府。按照构建职责明确、依法行政的政府治理体系的目标要求，深化国家机构改革，确保党领导下依法行使行政权，进一步明确行政行为边界，完善权责一致的行政体系，管住权力，规范行政行为，对农村社会治理既不放任不管不作为、慢作为，也不大包大揽、乱作为，通过切实尊重民意、把握行政尺度和程序、明确政府角色定位，依法行政，建设服务型政府。

三是健全监督问责和容错纠错机制。通过建立政府部门与社会群体的利益表达和沟通机制，确保政府依法履职、主动担责、有效负责，及时、准确、积极回应责任担当，广大群众依法参政议政，积极、有序、理性表达权利诉求，提高人民群众对国家政治制度和社会主义法治的认可度和接受度。在牢固掌握主流意识形态建设主导权和主动权的同时，根据时代的变化和现实的需要，对不利于主流意识形态建设的理念、观念和方法，以及不适合农村经济社会发展实际的政策方针进行及时纠正调整。

特别要注意对广大基层干部群众在意识形态工作中出现的小问题，以及在执行上级任务时存在的一些纰漏，应及时启动和运用容错纠错机制，不轻易下结论，不随便扣帽子、打鞭子，更不随意将属于普通正常工作中的问题人为拔高，避免对广大干部群众造成不必要的心理压力，以此导致在开展正常的意识形态工作时畏首畏尾、投鼠忌器。

三、强化意识形态工作部门直接责任

意识形态工作是在人的思想领域做工作。各级思想宣传部门、文化教育部门、网络舆情部门理应成为新发展阶段农村主流意识形态建设的直接责任者。确保各级意识形态工作部门在各自特定职责范围内积极履职尽责，这是体现意识形态领导权的重要一环。

一是始终坚持和完善党管干部、党管人才、党管意识形态的原则。选好用好熟悉意识形态工作，能把准抓牢新时代农村意识形态工作发展方向，能积极主动应对意识形态风险挑战，具有为民情怀和奉献精神、具有突出工作能力的思想战线干部，切实把好干部选出来、用起来。同时，突出干部使用的绩效原则，坚持在岗位上锻炼干部，确保能者上、庸者下。通过抓好关键少数，抓好关键岗位，确保教育研究、新闻出版、文化艺术、网络传媒、舆情监管等重要部门在有理想、敢担当、能吃苦、肯奋斗的优秀干部队伍的管理下发挥出最大功能作用。

二是突出制度管人。落实党委（党组）意识形态责任制，坚持“一把手”带头抓、直接抓、具体抓。严格落实属地管理、分级负责和谁主管谁负责的原则，切实推动意识形态主体责任落细落实。严格意识形态追责问责，加强意识形态监督考核机制的综合运用，强化问责刚性和“硬约束”，明确意识形态工作检查考核的内容、方法和程序，坚持有错必纠、有责必问，对导致意识形态工作出现不良后果的行为，应严肃追究相关责任人失职、渎职之责，严查相关责任人“为官不为”“为官慢为”之失，倒逼主体责任落实。

三是压实阵地管理责任。农村意识形态阵地，必须牢牢掌握在党和人民的手中。广大农村社会的宗教场所、文化场馆、教育机构，乃至农村文化市场、民俗活动场所，都必须贯彻党和国家的政策方针，体现人民意志，维护国家安全。活跃在广大城乡社会的企业组织、社会服务机构、农业合作社，以及形态多样的村民自治组织，必须践行社会主义核心价值观，落实意识形态责任，体现依法治国和国家治理现代化的整体要求。

一方面，坚持和强调党管意识形态的原则。确保党对报纸杂志、网络传媒、文艺宣传，乃至各类新媒体的有效领导，巩固和发展传统媒体，促进新兴媒体茁壮健康成长，确保各类意识形态阵地始终在党的组织、党的干部、党的思想和政策的领导下，服务于意识形态建设。

另一方面，明确意识形态工作部门阵地管理职责。拉起“高压线”，把好“准入关”，毫不松懈对各类意识形态阵地进行管理，绝不给错误思想和反动势力提供传播渠道。

此外，落实意识形态工作责任制。市场监管部门、工商服务部门、农业生产部门主动担责作为，对损害人民群众利益、危害社会公序良俗、不利于社会和谐稳定的各类组织和个人的具体行为，及时采取措施，维护市场稳定和社会和谐，积极顺应农村主流意识形态的发展。

四、促进社会群众广泛参与

社会协同的实质就在于促进不同主体之间基于共同的规则，进行有效的协作、沟通与互助，使相对零散但又相互关联的各种社会资源得以优化组合，并最终促进社会治理体系的发展。当前农村主流意识形态建设存在的一个突出问题就在于党委和政府包办太多，社会组织作用发展不充分，社会协同不足。目前，一些社会组织对社会协同的参与积极性不高，对党委政府的决策部署反应较为冷淡；一些市场主体对由党委政府牵头的“三农”规划项目存在疑虑，担心被套、担心被坑的心态还比较多见；一些群众对党委政府发布的信息、公布的数据予以习惯性怀疑。笔者在农村调研访谈中也明显感受到部分农村群众对党委政府制定出台的惠民惠农政策的出发点将信将疑，对党委政府牵头开展的产业项目、基础设施、金融产品等，只要是需要农户个人出资出力的，就往往会采取消极观望、瞻前顾后的态度，但对来自互联网的信息，特别是微信、抖音等朋友圈发出的信息却保持较高的信任度。促进协会协同、调动群众参与，应从以下方面予以加强。

（一）完善利益协调机制，夯实社会信任基础

群众参与社会公共事务的动力，主要源于维护和巩固其现实利益的需要。唯有让农民群众真正认识到参与农村社会公共事务的必要性和可能性，才能保证他们参与其中的积极性。

一是引导群众逐步树立现代公民权利意识和现代利益观。针对部分农村群众“事不关己高高挂起”“多一事不如少一事”“天高皇帝远”等趋利避害的思想，以及一些村民认为自治就是投票、群众监督就是敷衍等错误思想和偏颇认识，可通过加强对民主法治教育、现代权利意识的宣传和身边典型案例教育，让人民群众增强现代公民权利意识和现代利益观，并教育群众以发展的、长远的眼光看待当前进行的村民自治、土地流转、撤乡并镇、厕所革命、禁止野生动物非法交易、革除滥食野生动物陋习等实际工作的深远意义，从而增强其对国家大政方针的理解和支持。

二是通过维护群众利益来夯实社会信任基础。针对当前不少村社之间发展不平衡、群众之间利益分配不均、各群体受到的关注度不同、基层微腐败依然多发、村民自治制度作用发挥还有待提升等现实问题，可通过大力发展乡村公共服务事业，提高农村基本公务服务质量，完善农村社会保障制度建设，提升农村“三资”管理和监督水平，健全村民选举、议事、述职、问责等制度，确保权力在阳光下运行，维护和发展好群众利益，不断夯实社会信任基础。

三是依法维护契约合同权益，提高群众规则意识。针对当前一些农村地区依然存在的契约精神不足、规则意识不强的问题，发挥政府带头作用，提高依法行政和依规行政的整体水平，树立和打造信任政府、法治政府、责任政府形象。加强宣传教育，创新开展契约精神和合同义务的科普宣传，以群众身边的典型案例和鲜活事件来教育引导群众，提高群众契约精神和规则意识。加强涉农合同和契约的法律履行和维权监督，保障市场在资源配置中起决定性作用，保障各类市场竞争主体能公平有序参与农村建设。通过努力加强农村主流意识形态建设的各参与主体基于契约精神的行为规范，巩固群际交往的共同思想基础和价值导向，增强彼此信任度，促进利益协调。

（二）培育乡村治理主体，提升社会协同水平

较长一段时间以来，我国不少农村地区都存在着社会组织发育明显不足，群众组织发展缓慢的问题，“强政府、弱社会”的局面还比较突出。不少地方党委政府对农村事务大包大揽，导致党委政府成为社会事业的主要承包者、社会风险的主要承担者，使得基层党委政府时刻处在风口浪尖，承受较大压力。调动社会各方参与的积极性，加快培育乡村治理主体，是解决现实困境的需要，也是契合时代发展要求的体现。

一是加快推进社会组织建设。发展滞后、管得太严、用得不够，是当前我国各类社会组织发展的整体状况。社会组织在丰富公共产品供给、保障和改善民生、促进公众参与等方面发挥作用还不充分。一些业务主管部门和民政部门对培育辅导新成立社会组织不热心不主动，对已成立的社会组织开展业务活动不放心不支持。社会群众对社会组织也是戴着有色眼镜来看待，甚至将社会组织视为企业组织或政府的派出机构，要么不相信这些社会组织，要么就非常依赖这些组织，从而导致我国社会组织长期存在发育不足的问题。

如2023年数据显示，2022年我国登记在册的各类社会组织（含基金会）数量为89.1万个，全年共获得捐赠收入1085.3亿元，平均每家社会组织获捐仅12万元。[①] 客观而言，我国的社会组织在今后一段较长时期都将面临社会认可度不高、经费来源窘迫、功能体现不足的情况。

面对这样的情况，应按照中央2016年出台的《关于改革社会组织管理制度 促进社会组织健康有序发展的意见》要求，充分发挥市场在资源配置中的决定性作用，激发社会组织活力，降低准入门槛，鼓励支持成立养老照护、公益慈善、文体娱乐、农技服务等方面的社区社会组织，对科学技术、扶贫济困、救孤助残、助医助学等服务的公益慈善类社会组织，直接向民政部门依法申请登记，完善扶持社会组织发展政策措施，依法做好社会组织登记审查，促进社会组织自身能力建设和服务水平提高，“培育适应社会需求的、具有中国特色的社会组织与政府开展多领域、多形式的合作，建立合作、协调、互动的关系以实现对社会事务的有效治理”[②]，综合促进社会组织在服务国家经济社会发展和服务民生改善、行业进步上的重要作用得到充分发挥。

---

① 参见：2022年民政事业发展统计公报[EB/OL].（2023－10－13）[2023－12－30]. https://www.mca.gov.cn/n156/n2679/c1662004999979995221/attr/306352.pdf.

② 蒋永穆，黄晓渝．中国特色社会组织：内涵厘清与体系架构［J］．上海行政学院学报，2016（17）：74.

二是发展和完善群众性自治组织。应对当前农村社会人口空心化、管理成本过高、社会活力不足等问题的一项有效举措，就在于积极培育和发展包括红白理事会、道德评议会、村民议事会、治安委员会在内的各类群众性自治组织。党委政府部门通过对相关自治组织予以必要的培训指导、经费补贴、活动支持、场地保障，鼓励农村基层群众开展互助合作活动，让群众管理自己的身边事，能有效提高基层社会监督和管理的效能，这也应该成为提升意识形态工作领导权的一项重要举措和着力方向。

三是鼓励社会资本参与农村公益性建设和半公益性建设。农村社会事多面广，在行政编制资源有限的情况下，单靠政府部门来提供全部公共服务产品既不现实，也难以达到经济高效的目的。可采取减轻税费负担，提供金融支持，给予电、水、气、热等价格优惠等综合措施，保障社会资本的适当赢利，鼓励和支持社会资本参与农村公益性和半公益性事业，以此提升农村养老服务、残障人员和失能人员照顾、留守儿童看护、农民职业技能培训、农村水电气管网维护、农业生产农技指导等方面的服务质量和水平。

如 2019 年 3 月国务院办公厅出台的《关于推进养老服务发展的意见》明确指出，要针对养老服务市场活力尚未充分激发，发展不平衡不充分、有效供给不足、服务质量不高等问题，通过公建民营、减税降费、扩大政府购买养老服务、支持规模化和连锁化、解决养老服务机构融资问题、扩大养老服务产业相关企业债券发行规模、全面落实外资举办养老服务机构国民待遇等具体举措，有效吸纳社会投资，激发养老市场活力，促进城乡养老服务的发展。①

第三节　持续加强党的作风建设

打铁必须自身硬。党的作风建设直接关系到党在人民群众中的形象、威望，直接关系到人心向背和社会主义事业的兴衰成败。持续开展党的作风建设，是确保党对意识形态建设始终具有领导权的关键。

① 参见：国务院办公厅关于推进养老服务发展的意见［J］．中华人民共和国国务院公报，2019（12）：18－24．

一、以党风促政风

中国共产党作为执政党，其党风状况直接传导和影响到各级政府部门的工作作风。中国共产党是否始终坚持以人民为中心的价值取向，是否始终代表最广大人民群众的根本利益，是否始终保持党同人民群众的血肉联系，是否始终以真抓实干、较真碰硬、善作善成、刀刃向内的精神和气魄来领导中国特色社会主义事业，是否能不断加强反腐倡廉的制度建设，持之以恒深化改革、转变职能，直接影响到各级政府部门对法治、规范、纪律和情怀的认知，直接关系到各级政府部门和国家机关能否以“为民、务实、清廉”的要求真心服务群众，也直接影响到广大人民群众对党的形象和党的威信的判断。

“打江山、守江山，守的是人民的心。”① 新发展阶段背景下，农村主流意识形态建设需要通过广大农村党员干部切实增强理想信念，带头遵守中央八项规定，带头遵纪守法，带头反对“四风”问题，“干”字当头、“实”字为先，牢固树立正确的权力观和政绩观，自觉接受组织和群众的监督，以合格的党员要求自己来实现。各级党组织也需要严肃党内政治生活，强化党的纪律建设和作风建设，加大对党内贪污腐败分子的查处力度和惩戒力度，坚持老虎苍蝇一起拍，坚决打击微腐败，以过硬的党风推动政风的持续好转，确保各级党委政府部门、各级意识形态工作部门，以及广大基层干部牢固树立全心全意为人民服务的宗旨意识，增进对群众的感情，想群众所想，急群众所急，办群众所需，主动接受社会和舆论监督，带头守契约讲诚信，从而促进国家治理现代化的稳健发展。

二、以党风促家风

身修而后家齐，家齐而后国治。广大党员干部能否自觉坚持正己修身、以身作则、率先垂范、严于律己，严格遵守党纪国法，能否自觉履行家庭义务，做到尊老爱幼、夫妇和睦、持家以德，将直接影响到整个社会家风的好坏，也直接影响到整个社会的和谐。党员领导干部作为关键少数，能否守得住清贫，耐得住寂寞，经得住考验，自觉管好身边的亲戚家人朋友，自觉抵制封妻荫子、公权私用等腐朽思想和不良风气，直接影响到党在人民群众心中的形象和

---

① 习近平. 在庆祝中国共产党成立100周年大会上的讲话［M］. 北京：人民出版社，2021：11.

威望，影响到党的领导力和号召力。

在广大农村社会，干部带头干，群众跟着干，各级党员干部带头遵纪守法、带头修身齐家、带头廉洁自律、重德好学、勤勉诚恳，带头抵制社会不良风气，为家庭成员树立榜样，为社会大众树立标杆，对农村广大群众的思想观念和行为举止将起到重要的示范引领作用，能有效促进新发展阶段农村主流意识形态建设的深入开展。

党的十八大以来，在党中央的高度重视下，弘扬优良家风，以党风促家风已成为增强党的领导力、号召力的重要抓手。在《关于新形势下党内政治生活的若干准则》《中国共产党廉洁自律准则》《中国共产党纪律处分条例》等管党治党的重要法规制度中，对广大党员干部，特别是党员领导干部的家庭、家风、家教提出了具体要求，对个人私德、家庭美德等方面提出了明确规定，对不重视家风建设、违反廉洁自律准则、忽视对身边人的约束和教育、配偶子女失管失教等行为明确了处理细则和“硬规定”。同时，通过对违反家风家教典型案例进行公开批判和曝光，以及组织开展各类好家风、好家庭的评选表彰等“软治理”，有效引领了整个社会公序良俗的营建，推动了社会风气的持续好转。

三、以党风促民风

民风通常指的是社会广大群众待人接物、言行举止的习惯、风格和态度，是老百姓思想观念、价值导向、行为偏好的集中体现。民风向善、民风淳朴，或是民风好斗、民风乖张、民风狡诈，都是其具体呈现形态。

官德如风，民德如草，官风正则民风纯。中国共产党作为执政党，其党风对民风和社会风气的影响是直接的。党的纪律是否严明、作风是否正派、行事是否规范、决策是否科学、态度是否谦恭、目标是否清晰、奖罚是否分明，以及是否能保持锐意进取、求真务实、开拓创新、兼收并蓄、大公无私的良好品质，直接影响着党在广大人民群众中的形象和威望，也影响着社会群众是否具有遵纪守法、遵守规则、爱岗敬业、先公后私、积极进取、开拓创新等行为习惯和行事风格。

正因为党风对民风具有直接的影响，中国共产党历来非常重视以党风促民风。邓小平曾着重强调：“只有搞好党风，才能转变社会风气，才能坚持四项基本原则。”[①] 新发展阶段农村主流意识形态建设，需要以优良党风带动社会风气进步，以好的党风持续推动广大农村移风易俗。

一方面，应充分发挥党员干部的带头示范作用。广大党员干部要坚持以更高的标准、更严的要求来遵守党纪国法，严格按照党内政治生活和准则办事，切实做到忠诚、干净、担当，为群众做好榜样。农村党员要在致富奔小康、致富创业、遵纪守法、为民奉献、公道处事、修身齐家、敬老尊贤、睦邻友好等方面起好带头模范作用，让农村群众能找到身边的榜样，能看到模仿的目标，能感受到实实在在的熏陶和鼓舞。

另一方面，应扎实推进社会风气教育和整治。良好的党风是推进社会不良风气治理和扭转的关键。在一些农村地区还客观存在着重利轻义、走后门拉关系、封建迷信、好争好斗等不良风气。在推进新发展阶段农村主流意识形态建设中，需要发挥党攻坚克难、协调各方、激浊扬清的核心作用，切实发挥马克思主义政党在引领社会思潮、代表群众利益、弘扬先进文化、凝聚社会共识、培育社会风气等方面的关键作用。

党的十八大以来，各级党政机关和意识形态工作部门还加强了对发生在广大农村社会的微腐败现象的曝光、查处力度。对利用职权向农村群众吃拿卡要，通过设置障碍逼着群众去进贡和“孝敬”，否则就百般刁难、拖延不办的现象，给予了严肃的处理和及时的曝光，对骗取国家低保、骗取各种补贴、挤占扶贫资源的恶劣行为，按照党纪国法进行严肃查处，增强了广大群众与发生在自己身边的腐败现象进行斗争的勇气，也促进了广大群众对自己是否在不觉间参与到各种潜规则中形成了正确认识和正确判断，从而培育了强大的舆论场能，增强了农村社会的正能量传播。

以四川为例，据统计，党的十九大以来，中共四川省纪委、四川省监察委员会公开曝光的扶贫领域腐败和作风问题就多达上百起，其中有 5 起典型案件被中央纪委通报（见表 6－1）。

表 6－1 中央纪委公开通报的涉及四川扶贫领域腐败和作风问题典型案例

案名	具体案情
四川省喜德县民政局救灾救济股原股长程鹏菲骗取高海拔农牧民特困群众生活救助资金问题	2016—2017 年，程鹏菲等人先后 6 次骗取高海拔农牧民特困生活救助资金 209 万余元

① 邓小平．邓小平文选：第 2 卷［M］．北京：人民出版社，1994：178.

续表6－1

案名	具体案情
四川省宜宾县双龙镇双龙社区党支部书记梁刚祖等人优亲厚友问题	2016 年 12 月，梁刚祖等人对不符合低保条件人员不予及时清退，导致 14 人违规领取低保资金共计 5.79 万元
四川省理县民政和扶贫移民局原党组书记、局长何尔乓，副局长张利等人因对扶贫资金监管不力被问责	2015 年 8 月至 9 月，理县泰康养殖专业合作社理事长施某某通过虚报种猪数量，骗取财政专项扶贫资金 10.8 万元，并挪用扶贫资金用于个人养殖基地建设。张利等人在验收时未清点种猪数量、未测量圈舍改造提升情况，失职失责
四川省叙永县民政局工作人员刘国成篡改五保户、低保户补贴名单，涉嫌贪污社会救助资金问题	2016 年 4 月至 11 月，刘国成在办理补发低保户、五保户救助资金工作时，多次篡改部分救助对象信息，涉嫌贪污社会救助资金 1.5 万元
四川省乐至县中天镇原党委副书记、镇长陈德勇协助他人骗取以工代赈建设资金等问题	2014 年，发展改革部门安排中天镇天灯村以工代赈建设项目，涉及资金 200 万元（含劳务报酬 41 万元）。2016 年 2 月，陈德勇等人虚构劳务关系，骗取项目补助资金 41 万元

资料来源：中国共产党四川省纪律检查委员会和四川省监察委员会网站（www.scjc.gov.cn）。

对这些发生在扶贫领域和农村民生领域的腐败案件和作风问题典型案例的通报，使基层党员干部受到了很好的警醒教育和震慑作用。不过，需要客观认识到的是，民风改进，党风向好，绝非朝夕之功，必须充分发挥党的作风和威信在促进和引领广大农村社会民风改进上的特殊作用，以踏雪留痕、抓铁留印的毅力持续不懈推进以党风促民风、促政风的进程，唯有常抓不懈，方能久久为功。

第七章 不断增强新发展阶段农村主流意识形态的管理权

毛泽东指出："掌握思想教育，是团结全党进行伟大政治斗争的中心环节。如果这个任务不解决，党的一切政治任务是不能完成的。"[①] 这里所言的掌握思想教育的实质就是掌握意识形态建设管理权。学界一般认为，意识形态管理权指的是占统治地位的阶级和阶层基于特定利益，通过对意识形态领域各种资源和要素进行有效的统领和使用，通过加强意识形态导向管理、阵地管理、资源管理和队伍管理，达到实现和维护阶级利益的目的。[②]

在新发展阶段农村主流意识形态建设过程中，需要通过凝聚社会广泛共识、巩固意识形态阵地、提升社会道德规范、增强意识形态掌控力等必要途径来实现农村和谐稳定繁荣、坚定农村社会发展的社会主义道路、提升农村群众满意度和幸福感的目的。笔者认为，增强新发展阶段农村主流意识形态管理权的关键在于抓好导向、管住阵地、优配资源、管控风险四个方面。四者既相互制约又相互促进，彼此联系、缺一不可，形成了共生共进的整体格局（图 7-1）。

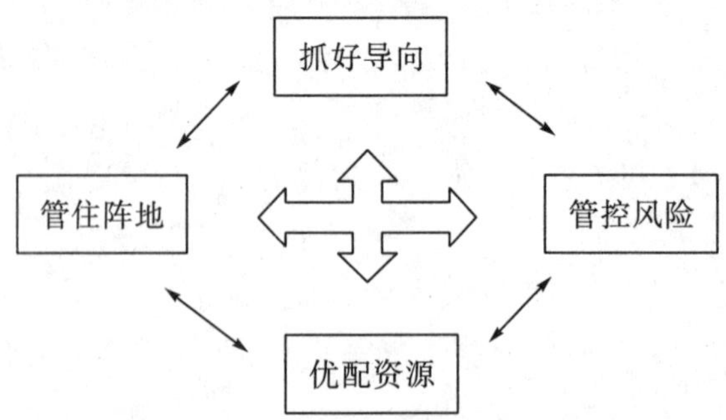

图 7-1 增强意识形态管理权的四个关键环节简图

① 毛泽东. 毛泽东选集：第 3 卷 [M]. 北京：人民出版社，1991：1094.

② 参见：胡凯，杨竞雄. 论新形势下党的意识形态工作管理权的巩固 [J]. 思想政治教育研究，2014 (1)：98-99.

第一节　坚定农村主流意识形态建设正确导向

促进和发展广大农村群众的民主意识、权利意识、公民意识，加强农村民主政治建设，引导农村群众依法依规地行使权利、履行义务，维护农村群众的各项政治权利，确保在党的领导下积极参与村民自治等各项政治活动，是牢固新发展阶段农村主流意识形态导向，增强农村主流意识形态建设的内在要求。

一、落实新时代党管农村工作的总要求

办好中国的事情关键在党。同样，农村主流意识形态工作开展的关键也在党。抓紧抓牢新发展阶段农村主流意识形态的管理权，关键在于全面落实和体现新时代党管农村工作的总要求，全面贯彻落实党的农村工作条例，推进农业农村治理现代化。

2019 年 6 月，中共中央出台《关于加强和改进乡村治理的指导意见》，对新时代乡村治理的指导思想、总体目标、主要任务、组织实施进行了详细部署。该指导意见还明确了包括完善村党组织领导乡村治理的体制机制、发挥党员在乡村治理中的先锋模范作用、规范村级组织工作事务、增强村民自治组织能力、丰富村民议事协商形式、积极培育和践行社会主义核心价值观、实施乡风文明培育行动、发挥道德模范引领作用、加强农村文化引领、支持多方主体参与乡村治理等在内的 17 项主要任务。该指导意见对加强各级党组织在改进乡村治理中的作用发挥也进行了明确，强调要确保党组织全面领导村民自治组织、集体经济组织、村务监督组织、农民合作组织和其他经济社会组织，要全面落实“四议两公开”制度和村“两委”换届候选人县级联审机制等重要制度，更加明确了县乡党委抓农村基层党组织建设和乡村治理的主体责任，对村党组织集体决定村级重要事项和重要问题，村党组织书记担任村委会主任和村级集体经济组织、合作经济组织负责人、村“两委”班子成员交叉任职等重要环节和关键举措进行了明确规定，为确保党对新时代农村社会治理的全面领导进行了顶层设计并打下实践基础。

2019 年 8 月发布的《中国共产党农村工作条例》是对 1999 年 2 月印发的《中国共产党农村工作条例》的一次重大修订，文字增加了一倍多，内容增加

了两章，把“乡村治理”和“领导和保障”独立成章写进了该条例，对提高新时代党全面领导农村工作的能力和水平作出了最新指导。其中，明确了党的农村工作六大原则和六大任务（见表7-1和表7-2）。

表7-1　《中国共产党农村工作条例》明确的六大原则

序号	具体原则
1	坚持党对农村工作的全面领导
2	坚持以人民为中心，尊重农民主体地位和首创精神
3	坚持巩固和发展农村基本经营制度，夯实党的农村政策基石
4	坚持走中国特色社会主义乡村振兴道路
5	坚持教育引导农民听党话、感党恩、跟党走
6	坚持一切从实际出发，分类指导，循序渐进

表7-2　《中国共产党农村工作条例》明确的六大任务

序号	主要任务
1	加强党对农村经济建设的领导
2	加强党对农村社会主义民主政治建设的领导
3	加强党对农村社会主义精神文明建设的领导
4	加强党对农村社会建设的领导
5	加强党对农村生态文明建设的领导
6	加强农村党的建设

修订的《中国共产党农村工作条例》内容涵盖广泛，抓住了农村工作的重点，明确了五级书记抓落实的农村工作领导体制，体现了党对“三农”工作主要方面的系统性、结构性、整体性认识。

从其重要性而言，《关于加强和改进乡村治理的指导意见》是新发展阶段农村社会治理的行动纲领，是对党管农村的落实和对乡村振兴战略的重要配套，是对当前和今后一段时期全国乡村治理工作的全面部署安排，直接关系到农村群众的获得感、幸福感和安全感，以及党在农村群众中的威信和执政地位的巩固。修订的《中国共产党农村工作条例》是新发展阶段农村工作的总依据，体现了社会主义农村发展的根本价值遵循，是新发展阶段农村主流意识形态发展的行动指南。两者互为促进，前者侧重党在农村工作的具体化，后者则在更广的层面对党的农村工作开展提供了行动指南。两者都是促进和发展农村党的建设、巩固和发展农村主流意识形态的重要遵循。

二、推进农村政治文明建设

新发展阶段农村主流意识形态建设必须紧紧依靠群众，坚持走群众路线，从群众中来，到群众中去。其中最核心的是确保广大农民群众通过各种途径和形式参与农村各项事务管理，促进基层有效自治，以此应对信息化时代所带来的社会参与碎片化、脱域化等问题，避免“有序的社会表达可能滑落成混乱的情绪宣泄，公共生活可能在民粹影响下失序或在集权压力下僵化，而最糟糕的情况无疑是在看似丰富的公共活动中，真实的社会问题却被悬置一旁”[①] 的情况蔓延。

改革开放以来，通过持续推进农村政治文明建设，鼓励和保护广大农民群众有序参与社会治理，依法保障广大农民群众享有和行使各项民主权益，调动了广大农村群众的积极性和创造性，确保了改革开放事业蓬勃发展。村民自治作为我国一项重要的农村政治参与制度，其开展情况直接关系到党对农村社会的有效领导和基层社会政治生态的正常运行。

新发展阶段农村主流意识形态建设，需要针对当前村民自治中依然存在的外出务工人员选举投票难、村民选举积极性不高、村干部履职缺钱少物、村委会承接上级转移和下达的工作太多、村民自治章程和村规民约执行不到位等突出问题，加强对村民自治重要意义的广泛宣传和教育，加强对农村群众依法选举、依法投票的方法和程序的教育引导，提高对退伍军人、退休教师、退休干部、返乡创业人员等群体参选村“两委”的宣传引导，加强对村“两委”履职的教育培训并提高其履职综合保障水平，让广大农村群众真正理解和有效参与村民自治，确保村民自治实践生动开展，持续焕发村民自治体制机制的活力。

三、提升群众民主协商能力和水平

民主协商的核心是不同主体之间的理性对话和协商共识。作为社会治理体系现代化的重要体现，民主协商是各政治参与主体通过制度化、规范化的平台和渠道对政治生活予以关切、进行讨论和共同协商，以达到政治参与主体之间集思广益、形成共识，确保公共利益最大化和决策科学的政治活动。当前我国

---

① 贾文娟．与时俱进：中国社会参与的变迁［J］．探索与争鸣，2019（6）：35.

一些农村群众的民主协商意识和能力还不足，自发性的、维权性的政治参与难以达到现代民主协商的要求，社会组织、群众组织在政治协商中的作用发挥还不够充分，党委政府部门与群众的意见沟通机制和信息交流机制还需完善和调整。笔者基于工作原因，最近几年曾多次参加村民代表会议，也参与了两次村委换届工作，对当前一些地区农村群众政治权利意识较低、政治协商沟通意识不强有较深体会，而且也见到过村委换届时少数候选人私下拜票拉票的行为。针对这些不良现象，需要通过以下做法予以矫正。

一是大力加强农民群众民主协商意识的培养。加强对我国社会主义协商民主制度优越性的宣传，加强对群众通过合法渠道和合法程序来表达意愿和诉求的重要性、必要性和实际操作办法等方面的教育宣传和引导，加强对尊重权利和理性表达的教育宣传，加大对民主选举、民主协商、民主监督、民主决策、民主管理等方法和途径的教育引导，重视培育发展公民社会，支持和协助农民群众成立专业合作社、文化社团等组织，以此促进形成科学决策、民主管理、理性参与、普遍共识、社会和谐的良好局面。

二是努力构筑农民群众的共同价值观和良好的心理预期。成功的民主协商一方面需要对话和协商双方有共同的价值基础和行为规则，另一方面还需要对话和协商双方能建立起或能有效调整心理预期。离开两者，对话和协商将陷入无休止的扯皮、诋毁、攻击和低效的境地。因此农村的协商民主，需要通过筑牢社会参与方之间的契约、原则和价值观，有效培育协同双方对社会公共活动参与的认同度，建立完善村民议事规则和村务表决机制，发挥好村监委会对议定事项的监督和执行情况的检查作用，切实增强村民参与公共事务的功效感来实现，并着力避免公共参与的形式主义和议而不决、决而不行等情况发生。

三是充分利用好农民群众的相对闲暇时间。随着近年来农业机械化和农机装备的大量使用，农民群众用于农业生产的劳动时间得到大幅下降，闲暇时间越来越多，这给农村公共事务的发展创造了有利条件。而如何引导群众在闲暇时间更加积极地参与到村社公共事务中来，以便更好地教育引导农民群众，则又是显现出来的另外一个问题。

由于我国广袤农村不同地区的地域文化、自然禀赋、公共资源等存在较大差异，不少农村地区的群众在现实生活中主要还是通过电视、网络、麻将等来消耗闲暇时间，或通过外出务工、兼职等来打发空闲。引导农民群众走出自己封闭的生活小圈子，提高参加农村公共文化活动的积极性，增强其行使管理村社公共事务的权利意识，对于农村民主政治的发展具有重要意义。

一方面，综合推进基层党委政府职能改革，扭转基层党委政府在农村公共事务上大包大揽，唱“独角戏”的尴尬局面，有计划有步骤地把村社组织能接住、能办好的涉农事务交给村社，放手让人民群众来管理自己能办好、能管住的事情。另一方面，建立激励机制，对积极参与政治协商和公共事务管理的村民予以一定的奖励和表彰，激发他们的参与热情。此外，稳步开展模拟协商活动，普及民主协商知识，让农民群众增强主体意识，提升协商实践能力及技巧；建立和完善协商制度，创新协商方式，通过积极运用网上讨论、云上协商等新途径新办法让在外群众更加便捷高效地进行意见表达和民主协商。

四、维护社会公平正义与和谐安宁

法乃公器，奉法者强则国强。农村社会的稳定繁荣、公平正义离不开法治的支撑。新发展阶段农村主流意识形态建设，需要围绕依法治国、提高群众法纪观念、建设社会主义法治国家来下功夫。既要确保国家机关公务人员带头守法，依法办事，严格执法，公正司法，又要确保全民守法，提高群众法律意识，维护法律尊严，自觉依法办事，履行法律义务，还需要完善人大监督、民主监督、行政监督、司法监督、群众监督、舆论监督、审计监督、统计监督，以科学、严密、有效的中国特色社会主义权力监督体系来维护社会公平正义。

在广大农村地区，针对依然存在的漠视法律、信访不信法、重权利轻义务、重人情轻规则等法治薄弱环节，还需加强对农村群众，以及基层干部法律知识的宣传和普及，提高农村群众依法办事、依法监督、依法维权的意识和能力。并且通过加强村级警务建设、提高村级法律援助水平、优化对刑满释放人员和社区矫正人员等重点监管对象的管理、巩固扫黑除恶专项斗争成果，以及保持对农村涉黑涉恶涉赌等犯罪行为的严打态势，保持对农村宗族势力、黑恶势力侵蚀基层政权的高度警惕，来切实维护广大农村社会的公平正义和安全。

应该指出，这里不是指简单地用法治来保障农村主流意识形态建设，更不是指将法律仅仅作为简单的工具予以运用，而是指在法治保障下的社会治理在农村主流意识形态建设各方面的综合运用。要做到这一点关键在于三个方面：

其一，牢固树立法治理念，夯实法治基础。以法治破解意识形态“悬浮”与“假寐”的弊病，根除“权威稀释”和“制度阙如”① 顽疾，通过促进农村主流意识形态建设各参与主体的自治、法治、德治相互融通与衔接，提升村民自治、社区自治的有效性和规范性。

---

① 参见：王勇. 构建乡村治理法治保障机制［N］. 中国社会科学报，2019-04-03（5）.

其二，坚持和完善中国特色社会主义法治体系。推进“形成完备的法律规范体系、高效的法治实施体系、严密的法治监督体系、有力的法治保障体系，形成完善的党内法规体系”①，促进法治国家、法治政府、法治社会的一体化建设，将农村社会生活全面纳入法治轨道，实现农村主流意识形态建设参与各方在法律规范下的有效交往，确保法治体系对社会生活各个领域的全面有效介入和统辖。

其三，在完善法治建设、厚植法治精神的同时，注重夯实广大农村群众共同遵守的思想共识和行动共识。发挥社会主义核心价值观、社会主流舆论、中华传统美德和礼仪、传统家风家训和德行修养等对农村主流意识形态建设的重要调节作用，在德法相依、德法并举的综合举措下，推进农村主流意识形态建设稳健发展。

比如近年来，四川省达州市针对当地存在的人情礼金、大操大办、讲排场等问题，通过推进地方立法，发挥舆论引导和传统道德的约束作用，较好地推动了民间公序良俗的营造。2020 年 6 月，达州市第四届人民代表大会常务委员会第三十二次会议通过《达州市文明行为促进条例》，并经四川省第十三届人民代表大会常务委员会第二十次会议批准后，于 2020 年 9 月 1 日起正式施行。这是达州市第一部关于促进文明行为提升的地方法规。作为促进型立法，该条例以法律制度的形式对人情债问题作出了规范性回应。如其中第十二条明确了遵守村规民约，杜绝黄赌毒，破除大操大办、人情攀比、封建迷信、厚葬薄养等陈规陋习。该条例还对实行分餐制、使用公勺公筷、在公共场所咳嗽打喷嚏时遮掩口鼻、不食用野生动物、垃圾分类投放等做了相应的规定。该条例出台后，通过调动全市各级宣传部门持续开展宣传活动，号召各级机关单位、群众组织、学校社区、工厂企业带头示范，组织村社群众大会现身说法，树立先进、批评落后，取得了引领社会风尚积极发展的良好效果。

五、树立农民群体积极正面形象

社会学和心理学的研究证明，标签式、刻板化的社会群体认知不利于群际交往发展，当某一群体被污名化或被消极暗示时，会产生所谓的“刻板印象威胁”。社会群众对农村、农民、农业的刻板印象和消极认知，也将在一定程度上影响认知客体对自身的积极态度，导致“三农”问题向反方向发展。引导和

① 中共中央关于全面推进依法治国若干重大问题的决定［M］. 北京：人民出版社，2014：4.

巩固广大城乡社会树立对农民群体的积极、正面、健康的认识和评价，扭转对农民群体的负面刻板印象，不但很有必要，而且是坚定主流意识形态建设导向的重要体现。

当前城乡社会对农民群体的负面刻板印象，主要集中在农民群体文化素质情况、收入情况、卫生习惯、规则意识、时间观念、市场意识、性别歧视等方面，如果不加以重视和解决，这些问题就有可能会造成一定的舆情风波和社会风险。

一方面，可以从国家层面制定出台《中华人民共和国反歧视法》，对包括种族歧视、职业歧视、性别歧视、地域歧视、教育歧视等在内的歧视予以严正关切和及时介入，以此维护社会的公平正义和公民的普遍尊严。另一方面，各级宣传部门和党政机关注重引导社会舆论，对传媒单位、文化单位、网络平台提出明确的工作要求，宣讲法律责任，督促其贯彻落实行业规范，对标签式舆论传播、新闻泛标签化等不良现象明确说不，对社会公众人物、党员干部、网红大V等具有较大话语权的群体发布明显带有歧视和偏见、煽动群际仇恨和社会对立的不负责言行，依法依规予以惩处。此外，可通过开展农民工职业技能培训、新落户居民社区教育学习、群众文艺活动、乡村生活体验活动，以及发展志愿者队伍、社会公益组织、群众休闲娱乐组织，来有效促进城乡之间的群际沟通和跨社群交往。

第二节　巩固和发展农村主流意识形态阵地

农村的思想阵地，如果社会主义思想不去占领，落后的、错误的思想就必然会去占领。对于广大农村的意识形态阵地而言，除各类广播电视、新闻媒体、图书音像出版物、文艺作品，以及农村中小学校和职业学校、各类演艺场所、展览馆、陈列馆、文化室、新时代文明实践中心、农家书屋之外，与农村群众日常生活紧密联系的娱乐软件、购物软件、政务服务APP、宗教活动和民俗活动，以及各类涉农学会协会组织和社科研究活动等，也都应被纳入当代农村意识形态建设阵地管理范畴，应全面落实意识形态阵地建设综合要求，确保管好用好这些意识形态阵地。

一、建优建强新时代文明实践中心

建优建强新时代文明实践中心，是做好基层宣传思想工作的战略举措，是各级党委政府需要高度重视的一项重要工作内容。党的十九大以来，作为打通宣传教育群众、关心服务群众“最后一公里”的关键所在，新时代文明实践中心承担着提高广大人民群众思想道德与文明素质、提升广大农村群众的社会主义觉悟和共产主义信仰、提升广大农村社区文明程度的重要职能和使命。经过近几年的大力推进，新时代文明实践中心在实践层面上已取得了显著成效，但依然存在一些需要解决的问题。例如，一些新时代文明实践中心所提供的服务与群众的实际需求还有一定差距，活动形式有待进一步丰富，志愿者队伍功能发挥还不充分，志愿服务内容还比较单一，以党建引领促进基层社会治理实际效果还有待进一步提升，一些农村社区所推行的信用积分制、好人榜、道德银行等活动的覆盖面还不高，对农村道德实践的影响力还不够，等等。这些都要求进一步深化新时代文明实践中心建设。

一是着力创新推进党的理论传播。要按照2018年7月中央全面深化改革委员会第三次会议审议通过的《关于建设新时代文明实践中心试点工作的指导意见》要求，着眼于凝聚群众、引导群众，以文化人、成风化俗，用好中华优秀传统文化和“四史”鲜活素材，发现和运用农村群众身边的先进人物和典型实例，巧用化用民间习俗和传统禁忌，通过创新形式、创新内容、创新载体，面向不同群众分众化、多样化、高质量开展党的理论宣讲活动。与此同时，还应特别注重加强和促进志愿者队伍建设，通过改善志愿者队伍结构，扩充志愿者队伍来源，提高志愿者队伍功能发挥综合保障水平，将志愿者队伍打造成广大农村群众信得过、靠得住、找得着的重要队伍，培养成宣传党的创新理论、传播党的最新声音、宣讲党的最新政策的主干力量。

二是进一步突出实践性和参与性导向。通过弘扬团结互助、邻里守望、同舟共济的优良风尚，建立灵活多元的义工使用和调配机制，强化综合保障水平，组织好、培育好、使用好各类义工组织、社区工作组织、志愿者服务组织，发挥好各地文明办、民政系统、团委系统等牵头部门在提供差异化、专业化服务上的重要作用，积极引导群众参与到赈灾济困、生活生产互助、应对自然灾害、维持乡村治安、举行农村节日庆典等日常群体性实践活动之中，以群众的积极参与和持续实践来促进社会主义核心价值观的广泛弘扬。

三是大力提升平台整合力。新时代文明实践中心的建设，需要“克服各划各的拳”“各吹各的号”的弊端，通过加强对已有各种资源的整合、利用和优化，将广播、电视、网络、移动平台等媒介统一起来，将科普宣传、健康卫生、文化教育、体育娱乐、旅游交通、治安稳定、消费理财等内容综合起来，利用现代信息手段，将事关群众生产生活各方面的资源集约化、平台化、可视化，构建起集理论传播、社会宣传、教育服务、交友休闲、文化科普、乡风文明、消费指导、法律咨询、理财保险等重要内容和板块为一体的综合性服务平台、响应平台。

二、巩固提升农村传统思想文化阵地

2017 年 12 月，习近平总书记在徐州马庄村调研时强调：“农村精神文明建设很重要……特别要注重提升农民精神风貌。”[①] 包括农家书屋、图书阅览室、农村剧场、农村礼堂、农村电影放映室、广播室、文化活动室、村史陈列馆，以及农村各类教育教学机构、各类村民文娱组织、各类村民自治组织等在内的传统文化阵地，是推进新发展阶段农村主流意识形态建设的重要载体和有效形式，是推进农村精神文明建设、提升农民精神风貌、改变农村发展面貌的重要力量。新发展阶段农村主流意识形态的发展，需要用好用活、巩固提升农村传统思想文化阵地。

一是大力发展农村教育事业，提高农村教育质量。《中国农村统计年鉴（2021）》数据显示，2020 年，我国农村居民家庭户主中只有初中及初中以下文化程度的占比为 87.5%（2013 年为 88%），高中文化程度的占比为 11.2%（2013 年为 10.7%），大学专科及专科以上文化程度的占比仅为 1.8%（2013 年为 1.4%）。[②] 虽然近年来农村居民家庭户主平均受教育程度略有提高，但整体受教育程度偏低的情况依然非常明显。特别是当前，面对农村义务教育规模逐渐萎缩、越来越多农村学生到城市学校读书等实际情况，需要更加重视农村基础教育，切实扭转一些地区轻视农村基础教育、不重视农村师资队伍建设、单纯从经济角度看待农村教育等思想认识误区，以更加有力的举措来提高乡村教师扎根农村、专心农村教育的思想认识和实际动能，提高广大农村群众对教育的重视程度和对家门口教育事业的满意度、接受度，让农村孩子能在家乡享有优质的义务教育。

---

① 习近平. 论“三农”工作［M］. 北京：中央文献出版社，2022：231.

② 参见：国家统计局. 中国农村统计年鉴（2021）［M］. 北京：中国统计出版社，2021：33.

此外，还应提高对新型职业农民培养的重视程度和支持力度，要立足于推进乡村振兴战略，巩固拓展脱贫攻坚成果的目标，站在建设更高质量小康社会的认识高度，以更大的决心和毅力，聚集更多的资源，加强对有文化、懂技术、会经营、能创新的新型职业农民队伍的培养。要通过坚持办好农民夜校、农民技校、空中课堂等课程，发挥好当代网络教学、光盘教学、“三下乡”等活动的综合作用，逐步提高农村群众的科学文化素质。

二是用好用活各类传统阵地。针对我国农村社会群众文化素质、兴趣爱好等存在较大群体差异的情况，以及当前我国农村老龄人口比例较高的特点，应充分发挥广播、电视、报纸、杂志等各类传统媒介覆盖面广、作用突出、方便快捷的突出特点，以及在教育引导、舆论引导、文化熏陶等方面的综合作用。此外，还应发挥以下两个方面传统阵地的积极作用。

其一，发挥社会主义文艺服务主流意识形态建设的积极意义。促进小说、戏剧、诗歌、传记文学、舞蹈、电影、电视剧、音乐、书画美术、广告、雕塑等社会主义文艺形式在讲好中国故事、弘扬中国精神、展示中国形象，展示当代广大农村群众昂扬奋发的精气神和幸福美好生活场景中的重要作用，发挥社会主义文艺在体现生活、服务人民、促进交流等方面的积极意义。其二，积极发挥各类草根组织在推进农村移风易俗上的重要作用。按照 2019 年 9 月中央发布的《关于进一步推进移风易俗　建设文明乡风的指导意见》的具体要求，大力发展农村敬老助残志愿者队伍，发展婚恋交友、旅游休闲、营养保健、青少年教育和素质拓展、家政服务等社会公益组织，为广大农村群众提供必要的志愿服务、慈善服务和公益服务，让农村群众在互帮互助、互敬互爱、人人为我、我为人人的良好社会氛围中逐步提升精神面貌和思想觉悟水平。通过建立和用好农村红白理事会、老年人协会、道德评议会等群众组织，组织开展群众精神文明建设活动和文化艺术活动，有针对性地对利用婚丧嫁娶敛财、铺张攀比、虐待老人等不良行为开展社会舆论批评，切实增强对农村不良行为和歪风邪气的干预和调节力度。

三是有效提升农村公共服务供给能力。面对农村公共服务供给不平衡不充分的现实问题，新发展阶段在进行农村主流意识形态建设时，需要注重从提升农村社区公共服务供给能力和水平的角度精准发力。

一方面，继续加强农村地区的民生投入，发挥财政投入的杠杆作用和民间资本的重要补充作用。通过财政、税务、土地等综合支持政策来助力涉农资本适当营利，推进涉农资金和项目有效落地，促进解决农村养老卫生文化等基础设施不完善、治安力量薄弱、安防水平较低等问题。特别是要根据信息化、网络化的时代特点，加快智慧乡村建设，不断提升农村社区网络服务质量，满足群众小事不出村、大事不出乡、手机能办理的便捷生活需求。

另一方面，加强民生服务供给方式的创新，确保好钢用在刀刃上。随着时代的发展，一些原有的工作方式方法已不能很好地适应当前农村生活的发展和群众的需求，应通过借用市场化渠道、调动群众参与积极性、用好公共服务采购等思路和办法，来提高农村公共服务供给能力。如当前各级政府和文化单位仍在广大城乡社区开展的“坝坝电影”“公益电影下乡”活动，已明显显示出其难以很好满足人民群众对优质观影需求的问题。

在驻村帮扶工作期间，笔者在几个乡镇看到了这种现象：“坝坝电影”虽然如期举办，但观众寥寥无几，有时甚至会遇到只有放映员，没有观众的尴尬局面。其中的原因不难分析：大多数影片半新不旧，缺乏吸引力，观影场地简陋，画面和音响效果不佳，群众体验感不强，农村群众不愿赶远路来观看，特别在农忙时候，更是如此。笔者认为，在“坝坝电影”或送电影下乡的实际效果欠佳的情况下，可以考虑将经费直接用来向地方电视台购买最新的影视作品，同时，通过向群众发放观看码、开通视频网站 VIP 权限，或者联系院线直接把电影胶片安排在符合条件的村文化室、活动室来放映，以此来解决目前“坝坝电影”放映过程中存在的问题。

三、建好用好涉农互联网和新媒体

网络空间具有的虚拟性、及时性、互动性、开放性、平等性、分享性的特征，对消除城乡隔阂、消弭现实生活场域差异、弥补个体条件不足等具有积极意义。当前农村社会已全面触网，农村网络已基本实现了城乡融合、城乡同速，网上聊天交友、网购、网上娱乐等都基本实现了城乡无差别化发展。随着网络空间管理制度的不断健全和发展，保护隐私、尊重规则、自由表达、合理发声等已渐成普遍共识。管好用好网络空间和新媒体，能有效地传播正能量，促进农村主流意识形态建设。

一是运用网络空间提升公众民主素养。网络技术的发展，为外出务工人员便捷参与村社事务、行使民主权利创造了更大的可能。通过网络投票、视频会议、在线讨论等，可以提升外出务工农民群体的村社事务参与度，促进村务事项的充分讨论和意见表达。与此同时，网友基于共同的网络规则和虚拟身份对社会事务进行广泛交流和协商，其本身就是民主进步的表现。而基于网络大数据，依托现代云端技术和数据集成技术，用好文化教育平台、政务服务系统等，能有效地拓展农村民主运用场景，提升农村社会综合治理和社会服务的专业化、科技化水平，加快推进平安农村、文明农村、健康农村、幸福农村建设，进而提升广大农村群众获得感、幸福感、安全感，促进农村主流意识形态建设。

二是通过网络提高农村群众的文化素质。互联网具有推广各类农业科技、普及良种良法，以及非遗传承展示、带动乡村旅游等在内的强大功能，是服务“三农”发展的重要渠道。通过科技创新和“互联网+”来推进新型农业生产经营主体发展，促进农业新品种、新装备、新产品、新技术、新模式的运用和推广，既能很好地促进农业产业化和农业集群化，也能有效地促进农村群众增强网络意识和文化素质，推进乡村现代文明进步。

三是构建网络共同社区，形成网络共同生活圈。“三微一端”有着强大的线上社区功能，抖音、快手等头部社交软件有着圈粉的重要社区属性。一些重要话题、社会热点问题通过网络共同社区得到及时传递和讨论，网友通过一个个点赞、一条条转发实现了对话题或热点问题所蕴含的观点及价值的认同，以及对社会热点事件的关注。

通过紧贴群众生活，挖掘当前社会网络社交需求，正面引导网络社区力量，努力构建和形成群众共同的网络社区。广大网民群众对发生在身边的社会灾害事件和一些困难家庭的持续关注和捐款捐物、加油助力等实际行动，是传承中华民族扶危救困、乐善好施传统美德的重要体现，能凝聚和激发整个社会向上向善的磅礴力量。2016 年、2018 年和 2021 年，民政部先后公布了三批共计 30 家（目前存续 29 家）慈善组织互联网募捐信息平台，通过完善申报备案、项目审查、资金监管、规范退出等必要环节，有效引导了广大网民群众的爱心传递，推进了社会良好风气的形成。

四是展示美丽乡村田园生活，拉近人心距离。互联网和新媒体是展示乡村魅力、消融空间隔阂、拉近心灵距离的有效途径。近年来涌现出一大批农村网红，如四川理塘县的丁真、四川绵阳的李子柒、江苏东海县的王小乔等，通过抖音、快手、微博等互联网平台来销售优质农产品、展示乡村美丽生活、分享农村美食美景、传播乡村好人好故事的行为，获得了社会的广泛好评，既满足了广大人民群众的乡愁记忆，又促进了城市居民对农村生活的生动了解，还提升了农村居民对农村生活的自豪感和幸福感，以及对农民职业的满意度，从而促进了社会的广泛认同。

四、切实做好农村宗教工作

近年来一些农村地区在一定程度上存在着宗教热的现象，信教人数的增多，导致了宗教领域的矛盾纠纷和宗教乱象相应增多，一些地方还出现了乱建寺观教堂、滥塑露天佛像、私设传教点等问题。少数群众在信教时法治观念不强，辨识能力不强，将信教与治病、得永生等联系起来，沉迷于迷信活动之中。还有一些群众从众心理明显，随大流参加宗教活动。在处理以上问题时，一些基层干部政治站位有待提高，工作能力也有待加强，特别是要及时转变将宗教信仰自由等同于宗教活动自由的思想观念，从思想上和方法上解决对非法宗教活动不愿管、不会管、管不了的问题。

在新发展阶段，加强农村主流意识形态建设的一个重要环节就在于管住、管好农村宗教活动，有效引导农村群众的正常宗教活动，确保农村宗教文化沿着正确轨道发挥出积极作用，维护我国的宗教安全。

一是贯彻落实党的宗教政策，正确开展新时代宗教工作。虽然宗教是唯心主义的体现，与党的工人阶级先锋队性质和唯物主义立场根本对立，但宗教在人类社会发展的历史进程中扮演着重要角色，具有对广大群众进行心理抚慰、情绪宣泄、凝聚共识、弘扬善道，以及促进社会公益发展、促进社会稳定、促进家庭幸福等诸多方面的积极作用。应客观认识和准确把握当前我国广大农村群众对信教仍有着较大需求，我国广大农村信教行为或宗教活动主要出于朴素唯心主义的国情民情，以及我国历来有着多神崇拜的文化传统。在此基础上，将党的宗教工作自养、自治、自传的“三自”方针，以及“保护合法、制止非法、遏制极端、抵御渗透、打击犯罪”的原则全面贯彻和科学运用到新时代宗教工作具体实践中来，教育好、引导好广大信教群众和宗教人士，提高信教群众的法律意识、奉献精神、爱国情怀，营造和维护我国宗教和谐的良好局面。

二是加强对农村党员干部的培训辅导。掌握宗教工作主动权的关键，在于提高基层党员干部依法管理宗教事务的认识水平和工作水平。要通过干部轮训、集中培训、案例分析等多种形式，向广大基层党员干部系统培训我国宗教政策、宗教管理法律法规、宗教发展历史和宗教工作情况，以及对宗教问题的具体处理办法和处理技巧，以此有效提高县、乡、村三级党组织对宗教工作的管理能力，有效防范和打击各种反动势力借宗教问题对我国社会主义制度和文化进行攻击的企图，及时制止和果断处理宗教势力向校园、向机关、向医院等阵地蔓延的苗头。

三是依法保障农村广大信教群众合法权益。新发展阶段农村主流意识形态建设，需要全面贯彻党的宗教工作基本方针，尊重群众的信仰差异和信教自由，提高党的宗教工作法治化、科学化、规范化水平。毛泽东曾形象地说："菩萨是农民立起来的，到了一定时期农民会用他们自己的双手丢开这些菩萨，无须旁人过早地代庖丢菩萨。"① 要以足够的耐心和热心、绝对的信心和决心来引导群众信教活动。对于广大农村社会而言，在依法保障信教群众权益的同时，还需统筹安排好资金土地等资源，建好村社的宗教场所，提高宗教活动的质量，提升宗教的现代化水平，促进各宗教之间的平等交往和交流。还需注重做好宗教人士的统战工作，注重调动信教群众参与社会主义现代化建设、促进文化交流交往、开展社会公益活动的积极性，推进实现人的心灵平静和社会风气的持续好转。

四是依法保障宗教安全。当今世界正进入新的动荡变革期，一些西方国家和人权组织打着宗教自由的幌子对我国进行攻击的趋势进一步增强，国内一些别有用心者也在打着宗教的幌子进行破坏活动。在认真贯彻党的宗教方针和《宗教事务条例》，规范广大农村群众的信教行为和确保广大农村群众宗教自由的同时，相关部门需要依法取缔非法宗教传播活动、加强对信教群众的思想政治教育和社会主义法治教育。而且针对农村各种宗教活动特征突出、区别明显、复杂共存的现实，不搞一刀切，不搞一锅烩，对农村地区佛教、道教、伊斯兰教、基督教等不同的宗教形态采取不同的对应举措，抓住共性问题，处理好个性问题，切实维护好宗教安全。

第三节　加强农村主流意识形态建设的资源管理

新发展阶段农村主流意识形态建设，需要高度重视完善综合保障措施。其中，既要注重人的因素，也要注重制度的因素，还要注重物的保障。

---

① 毛泽东．毛泽东选集：第1卷［M］．北京：人民出版社，1991：33.

一、优化制度和政策保障

制度和政策是影响意识形态建设的重要因素。新发展阶段农村主流意识形态建设的制度和政策保障，需要坚持以人民为中心，体现社会主义核心价值观的具体要求，体现基层治理现代化的发展方向。

一是促进社会主义法治建设。制度建设是管方向、管长远、管根本的所在，维护农村主流意识形态安全、促进主流意识形态发展，有赖于制度的完善和制度的有效执行。

其一，把党的领导贯彻落实到依法治国全过程和各方面。坚定不移走中国特色社会主义法治道路，完善以宪法为核心的中国特色社会主义法律体系，建设中国特色社会主义法治体系，建立健全完备的法律规范体系、高效的法治实施体系、严密的法治监督体系、有力的法治保障体系、完善的党内法规体系，建设社会主义法治国家。

其二，持续深化和完善意识形态制度建设。坚持马克思主义在意识形态领域指导地位的根本制度，健全用党的创新理论武装全党、教育人民工作体系，完善党委（党组）理论学习中心组等各层级学习制度，建好用好网络学习平台。深入实施马克思主义理论研究和建设工程，坚持以马克思主义为指导并将其全面落实到思想理论建设、哲学社会科学研究、教育教学各方面。加强和改进学校思想政治教育，建立全员、全程、全方位育人体制机制。落实意识形态工作责任制，明确广大人民群众维护国家意识形态安全的权利和义务，明确宣传部门、组织部门、公安部门、党的群团组织、社会团体等在促进意识形态安全过程中的不同职责和各自功能。

其三，创新推进农村意识形态建设制度实践。把坚持以人民中心、坚持依法治国和以德治国相结合、坚持推进国家治理现代化的理念和具体要求融入加强意识形态风险防控、优化农村社会民生动态监测、促进现代乡风文明等各个方面的制度建设和政策制定等实践之中，以制度和政策的深入推进来不断促进新发展阶段农村主流意识形态建设。

二是确保政策和制度的有效实施。政策的生命在于执行。农村空间地域广袤，农村生活形态相对简单，生活节奏相对较慢，各项政策在农村的实施效力客观上存在逐层消解的问题，从而也导致制度和政策资源在农村地区存在一定的稀释现象，在一些偏远农村更加严重。

一方面，提升县级党委政府政策和制度的执行效力。郡县治则天下安，通过配优建强县级党委政府的职能设置，深化县域提质扩权，提升县一级党委政府制度和政策制定的科学性、针对性、有效性，确保政策和制度实施的执行力，以此增强农村意识形态建设制度和政策的有效供给。

另一方面，促进政策制度与农村社会传统相结合。通过综合举措和有效途径，促进社会主义先进文化与中华优秀传统文化、传统农耕文明相结合，在农村地区协调推进社会主义政法工作、宣传工作、教育工作、民族工作、民政工作、卫生防疫工作、文化艺术工作等各项工作，推动实现社会主义意识形态建设与农村群众的宗教活动、自发的祭拜活动、传统禁忌和民俗活动等的包容共生、兼收并蓄，共同致力于农村社会的繁荣发展和文明进步，达到政策制度与农村社会生活实践相得益彰的效果。

此外，注重提高社会主义法治建设的质量和效果，实现并确保新时代农村土地制度、社会保障制度、文化教育制度、基层社会治理和网络信息管理等重要制度得到及时更新和有效发展，以满足时代变化发展的迫切需要。

三是深入实施宣传工作条例。2018 年 5 月出台的《中国共产党宣传工作条例》，明确了党委的 7 项主要职责和党委宣传部的 16 项工作职责，明确了企业、农村、机关、学校、科研院所、街道社区、社会组织等基层单位的宣传工作重点。该条例还规定乡镇（街道）党组织在编制力量上，要安排 1 名党委（党工委）委员负责宣传工作，村（社区）党组织也要配备宣传员；在阵地建设上，要加强新时代文明实践中心、县级融媒体中心建设，加强基层公共图书馆、文化馆、博物馆、广播电视机构、乡镇（街道）综合文化站、村（社区）综合文化中心、文体广场等文化设施的建设、管理和使用；在经费保障上，要促进农村文化建设经费保障机制、促进基层文化设施建设和群众性文化活动多样化开展、加大公共文化服务购买力度、增强优质文化产品和服务供给。这些具体明确的规定，为指导新发展阶段农村主流意识形态建设提供了重要指南。

新发展阶段农村主流意识形态建设，需按照《中国共产党宣传工作条例》的规定和要求，明确努力方向，找准工作切入点，加强队伍建设，完善资源配备，着力形成党委、政府、意识形态工作部门和党群部门、社会组织的工作合力，提升新时代宣传工作的全面性、协调性、规范性。

二、提高人财物的综合保障水平

党的十九届五中全会指出，要“推动社会治理重心向基层下移，向基层放权赋能，加强城乡社区治理和服务体系建设，减轻基层特别是村级组织负担，加强基层社会治理队伍建设”①。按照中央精神，加强和创新社会治理，尽快提升农村主流意识形态建设的综合保障水平，具有现实迫切性。

一是有效统合几支农村工作队伍。充分发挥“一村一大”“三支一扶”、第一书记和驻村帮扶工作队等干部队伍在促进乡村振兴、提高农村组织领导力量上的积极作用。通过健全选拔任用、晋升奖惩、轮换交流等工作机制，提高这几支队伍的工作效能。在实际工作中，还需要有效预防和解决上级部门过度抽调（借调）基层干部、长期挤占基层人手的问题，以避免削弱和冲击这几支队伍的情况发生。

很长一段时间以来，市级部门向县区借人、县级部门向乡镇借人的现象比较普遍，不少乡镇都有在编人员被长期借调到县级部门的情况。由于借调人员大多是相对学历高、相对年轻、相对能力出众的干部，长期借调，自然就加剧了乡镇党委政府人手短缺的问题。党的二十大以来，中共中央组织部和各地组织部门已加大了对长期借调、非必要借调等问题的清理力度，并明确要求县以上机关一般不得向乡镇借调工作人员，从目前情况来看，清理工作已取得了较好成果，如何常态化巩固成效，值得进一步期待。

二是选优配强基层意识形态工作队伍。一方面，将更多的人力资源向基层倾斜，特别是要加强乡镇一级干部队伍建设。通过优化县级党政机关和事业单位机构职能设置，合并或裁撤职责不清、业务交叉、效率不高的部门，把精简出来的编制用于加强乡镇“七站八所”建设，特别是司法所、民政所、派出所、农技站、卫生防疫站等服务群众生活生产的机构建设，从而提高农村群众的生活满意度和社会安全感。此外，注重加强乡镇和村社的工会组织、共青团组织、妇女组织等党的群团组织的建设力度，解决好基层群团组织软弱涣散、实质作用发挥受限等问题，切实推进基层意识形态工作队伍建设。

另一方面，注重加强乡村教师队伍建设。乡村教师队伍是乡镇、社区重要的教化力量。要通过逐步提升乡镇中小学校教职工的编制保障水平和综合福利待遇，为乡镇教师提供更多的学习交流、业务培训、职称认定、荣誉获得等机会，增强乡村教师的职业获得感和归属感，以此确保乡村教师队伍教书育人、引领风气作用得到更好发挥。

此外，加强农村文化队伍建设和人才培养。注重发展基层专业和业余两支文化队伍，引导农民群众开展丰富多彩的文化艺术活动，办好“中国农民丰收

---

① 中共中央关于制定国民经济和社会发展第十四个五年规划和二〇三五年远景目标的建议［M］．北京：人民出版社，2020：36．

节”等节日活动，挖掘传统节日和习俗活动的时代内涵，指导开展农民自演自赏、自娱自乐文化活动，推进乡村院落建设、文化院落建设、农村校园建设、农村文化普及等工作，扩大农村群众的参与面，丰富人民群众的精神文化生活。

三是加大经费投入力度。新发展阶段农村主流意识形态建设，需要更好解决缺钱少物的问题。要着力转变一些部门和领导同志只重视见效快看得见的短期投入，轻视见效慢周期长的长期投入，只算经济账不算政治账，单纯以市场经济思维来看待农村学校、医院和文化馆所建设及投入的错误思想和不良导向，切实从政权巩固的高度来提高农村主流意识形态阵地建设的综合保障水平。

应进一步优化乡村义务教育学校、乡村卫生院（站）、乡村文化场馆等重点公共文化设施的建设和布局，突出基本公共服务设施的公益性和普惠性定位，突出兜底功能。在加大对农村民生基础设施、农村文化教育事业、农村公共安全保障等领域的财政投入的同时，更要加强基层党的建设必要投入，切实保障农村党的阵地建设经费，提高对党员干部的教育培训投入，建强基层党的队伍。

还应加强对与农村主流意识形态建设息息相关的社科理论研究、科学技术普及、新闻图书出版、网络技术开发、影视剧作编导、文艺作品创作、环境卫生、对外人文交流等各方面的投入力度和工作力度，以齐抓共进、配合协调的态势推进意识形态建设。

四是促进社会治理共同体建设。有效促进主流意识形态建设主体的协同互动，提高人、财、物的综合保障能力，发挥聚集效应。

一方面，增强农村群众的民主意识和公民意识。唯有人民群众真正提高当家作主的认识，提高依法依规管理自己身边事务的能力，才能有效推进乡村治理现代化和促进乡村和谐稳定与发展。因此需要通过教育、宣传、示范、引导等多种途径，持续强化农村群众的民主意识和公民意识，切实维护群众的民主权利，保障群众的知情权、参与权和监督权，调动群众参与社会协同和互动的积极性。

另一方面，加快政府职能转变，打造服务型政府。政府部门在我国经济社会生活中有着重要作用，通过发挥好、保障好政府部门统筹协调、综合保障、平台搭建和监督检验的重要作用，深化服务型政府建设，促进政府职能转变，让包括企业组织、社会服务机构、志愿者组织、半公益组织、民间自治组织等在内的各类社会组织有序承接政府职能转移，丰富和提高社会公共服务产品的供给渠道和供给能力，是促进新发展阶段农村主流意识形态建设主体协同的内在要求。

此外，应善于借用民力，整合社会资源。如果光靠党委政府来推动农村主流意识形态建设，势必会大量增加财政负担，而且会降低综合效能。在新发展阶段，要按照构建社会治理共同体的要求，积极发挥好市场主体、群团组织、社会组织、新社会阶层、志愿者队伍等多元主体的积极作用，撬动社会资金，盘活社会资源，多方参与、协调共进。

同时，还应在全社会厚植普遍遵守和广泛适应的法规法纪和公序良俗，推进社会主义核心价值观化育于无形，促进依法治国进程的生动开展，以此强化社会各群体基于共同规则和价值观进行实践的普遍遵循。

三、用好用活意识形态教育资源

农村主流意识形态建设的各类教育资源包含广泛，涵盖文艺、教育、社科、道德、历史等多个范畴。用好用足用活这些资源，对于促进农村主流意识形态建设具有重要意义。

一是用好中华优秀传统文化资源。中华优秀传统文化积淀着中华民族5000年来最深沉的精神追求，包含着中华民族最根本的精神基因，代表着中华民族独特的精神标识，是中华民族生生不息的丰厚滋养，是中华民族的“根”与“魂”。将丰富的传统文化资源以广大人民群众喜闻乐见的形式和生动鲜活的语言进行呈现，善用活用中华优秀传统文化，大力弘扬传统文化中生生不息的爱国主义和民族精神，传承弘扬勤劳勇敢、崇文重礼、讲信修睦、中庸致和、自强不息、以民为本、求同存异等核心思想理念，以及节用爱物、扶危济困、见义勇为、孝老敬亲、以文载道等传统美德和人文精神，始终保持对历史虚无主义、狭隘民族主义、盲目排外思想等的高度警惕和提防，确保将中华优秀传统文化资源正确地运用于新发展阶段农村主流意识形态建设之中。

二是用好“四史”教育资源。中国共产党党史、新中国史、改革开放史、社会主义发展史浓缩了近代以来中华民族救亡图存、自强不息的精神面貌，见证了一穷二白、任人宰割的旧中国，实现从站起来、富起来到强起来的伟大飞跃。深入开展党史、新中国史、改革开放史、社会主义发展史宣传教育，是引导广大人民群众特别是青少年明白中国共产党为什么“能”、马克思主义为什么“行”、中国特色社会主义为什么“好”的重要资源；是厚植爱党、爱国、爱社会主义情感，确保红色基因、革命薪火代代相传的重要举措。

在新民主主义革命时期形成的红船精神、井冈山精神、苏区精神、长征精神、延安精神、红岩精神，在社会主义建设时期形成的抗美援朝精神、红旗渠精神、大庆精神、“两弹一星”精神，在改革开放新时期形成的特区精神、抗震救灾精神、奥运精神等伟大精神，共同形成了当代中国社会独特的精神谱系，是每一位中华儿女最能感同身受、最能同频共振的思想政治教育资源。

广大农村群众尤其对从当牛做马、饥寒交迫、脚无立锥之地的旧社会到翻身做主人、实现丰衣足食的新中国，有着切身的感受和强烈的共同记忆，对领导广大贫苦群众闹革命的毛泽东、周恩来、刘少奇、朱德、邓小平、陈云等老一辈革命家，以及对改革开放以来领导和团结全国各族人民克服各种艰难险阻谋幸福开新路的党中央历任主要负责人，有着深厚的情感，这是我国爱国主义教育的宝贵财富，是新发展阶段农村主流意识形态建设的重要力量源泉，是促进广大农民群众形成正确历史观、民族观、国家观的强大精神力量。整理好、传播好并运用新平台、新技术、新方法、新形态展示好这些宝贵的“四史”资源，能起到增进广大农村群众政治认同、思想认同、理论认同、情感认同的良好效果，是抓紧落实农村主流意识形态建设管理权的重要体现。

三是用好中国特色社会主义文化资源。习近平总书记指出：“文艺是时代前进的号角，最能代表一个时代的风貌，最能引领一个时代的风气。”① 包括小说、戏剧、诗歌、报告文学、电影、电视剧、音乐、绘画等各种形态的文艺作品，在展示新时代广大农村社会朝气勃勃、积极奋进的良好面貌，体现农村群众对美好生活的追求，提高广大农村地区文化服务水平，丰富人民群众精神生活方面具有重要意义。

巩固马克思主义在文艺领域的主导地位，确保社会主义文艺始终坚持“二为”方向和“双百”方针，充分发挥社会主义文艺针砭时弊、鼓舞士气、凝聚共识、升华精神、促进民风改善的积极作用，是掌握新发展阶段农村主流意识形态建设领导权的重要环节。通过各种形式和途径用好各种社会主义文化资源，对于培育“四有”社会主义公民，提高广大农民群众的思想觉悟和文化素质，引导农民群众树立正确的世界观、人生观和价值观，具有突出的实践价值。

① 习近平. 在文艺工作座谈会上的讲话［M］. 北京：人民出版社，2015：5.

第四节 有效应对农村主流意识形态的风险挑战

从根本上讲，新发展阶段农村主流意识形态的安全，源自马克思主义中国化时代化的不断创新发展、第二个百年奋斗目标的如期实现、农业农村现代化的稳健前行、广大人民群众美好生活的实现和发展，以及农民群众获得感、幸福感、安全感的不断提升。而从其外在表象而言，农村主流意识形态的整体安全取决于是否形成了开放包容、良性互动的意识形态交融格局，是否守住了不发生系统性风险的底线，是否做到了有效预防农村意识形态风险的发生。

一、促进形成意识形态交融互动的格局

意识形态工作是做人思想的工作，需要围绕人来做工作。习近平多次强调，各级干部“要适应分众化、差异化传播趋势，加快构建舆论引导新格局”①，要善于运用媒体宣传政策主张，要善于和媒体、学者打交道，要善于了解社情民意，发现矛盾问题。美国经济学家道格拉斯·C. 诺思（Douglass C. North）也认为，“大凡成功的意识形态必须是灵活的，以便能得到新的团体的忠诚拥护，或者作为外在条件变化的结果而得到旧的团体的忠诚拥护”②。诺思的论断抓住了一个基本事实，那就是一个社会的主流意识形态需要融合、迎合、呼应、容纳各方，获得最广泛人群的普遍接受。

社会主义初级阶段的基本国情决定了我国意识形态领域斗争的复杂性和长期性，社会广大群众的利益诉求、立场观点、价值追求等也是同中有异、异中有同的客观存在。各级党委政府在具体工作中，既不可将意识形态扩大化和泛化，也不可忽视意识形态领域的暗流和逆流，更不能任其滋长蔓延。在实际生活中，意识形态斗争中的“左”和“右”都是不对的。在大多数情况下，意识形态领域的分歧属于个体在私人生活空间内的不同意见表达，以及部分群体之间无伤大雅的市井之争和意气之争。只有在极端和特殊情况下，才会上升到对

① 习近平. 习近平谈治国理政：第 2 卷［M］. 北京：外文出版社，2017. 333.

② 道格拉斯·C. 诺思. 经济史中的结构与变迁［M］. 陈郁，罗华平，等译. 上海：上海人民出版社，1994：58.

中国特色社会主义道路、理论、制度和文化的攻击，对社会主义核心价值观的否定，以及对中国共产党执政地位、执政历史、执政成绩的否定。面对意识形态领域的各种挑战，需要体现出高度的道路、理论、制度和文化自信，以开放包容、兼收并蓄的态度对待各类非主流意识形态和各种社会思潮，有效吸收中西方各类社会思潮的有益成分，促进彼此的良性互动。

一是用民主批评、教育说服的方式对待不同的社会思潮。当前我国广泛存在的各类社会思潮（除了极少数一些具有极端性和破坏性的社会思潮，如民族分离主义），从本质上讲，是属于人民内部对社会某些问题的不同认识和主张。

对于人民内部的思想问题，不能用强制的、压服的方法去解决。一些群众基于思想认识水平、个人社会经历不同等原因，对我国社会主义价值体系、政治观点、社会理想认识不够，这是应该被理解和接受的客观存在，应该首先用民主的、讨论的、批评的、说服教育的方法来解决，在此过程中促进这些群众实现思想转化和态度转变。缺乏整合力、回避竞争的主流意识形态是没有生机和活力的意识形态，最终只会落入教条主义和形式主义的地步。只有将主流意识形态置于开放竞争中接受考验，与不同意识形态之间进行交流和碰撞，才能实现主流意识形态的视野拓展、内容变化、形式更新，以此保持其旺盛的生命力。

一方面，广大党员干部要更加注重提高意识形态工作能力和水平。应综合采取民主、批评、讨论、教育说服的方式，通过群众评议、法治宣传、文明创建、典型示范、文艺熏陶等多种形式，耐心细致地做群众工作，努力促进群众思想意识的转变。

另一方面，以最大的包容和尊重对待固执己见的群众。通过发展农村经济文化教育等民生事业，提高农民群众的生活水平和生活质量，用不可辩驳的事实来维护党和政府的威信，增强中国特色社会主义道路、理论、制度、文化的说服力和感召力。

此外，要以开放包容、兼收并蓄的态度整合不同的社会思潮，在与不同类型社会思潮进行碰撞和对话时，要善于抓住有利时机、主动设置话题、做好热点引领和舆情疏导，与之进行友好平等的碰撞和交流，注重汲取有益成分，切实增强引领社会思潮发展、促进社会思潮向主流意识形态转型的能力和水平。

二是以统一协调和差异化开展相结合的方式推进农村主流意识形态建设。一方面，将农村主流意识形态纳入全国意识形态工作整体布局进行通盘考虑和统筹开展。在我国城市化率不断提高、产业结构深度转型的情况下，农村工作有被弱化的风险。特别是在经过多年的脱贫攻坚工作，我国农村实现了全面小康之后，有些农村地区的发展出现了一定程度的松劲懈怠的问题，包括意识形态建设在内的各项工作可能面临一定程度弱化的风险。如果不将农村主流意识形态建设纳入全国整体布局中进行统一部署和统一开展，将会降低农村主流意识形态建设的社会关注度，降低农民对国家政策的支持度，最终会阻碍要素的集中并制约农村主流意识形态工作的开展。

另一方面，坚持城乡之间主流意识形态建设的差异化发展。农村相比于城市，生活节奏要慢得多，行政干预力度也要小得多，生活空间及话语体系也存在较大区别，人与人之间交往方式有较大差异。当前不少农村地区，熟人社会特征依然明显，群际之间互帮互助依然频繁，群众的信息传播方式和信息接收偏好也有自己的特点。开展农村主流意识形态建设时，既要充分把握主流意识形态建设的普遍性要求，又要根据农村方方面面的特点，坚持普遍性与特殊性相结合，抓住城乡之间的区别，确保农村主流意识形态建设的科学性、针对性和灵活性。

三是确保意识形态领域论争和争锋的可控可防。不同意识形态的正常论争和交锋，不能以危害国家安全和国家主权、危害社会主义制度、损害国家形象和人民群众利益、损害社会公序良俗、损害群际正常交往为代价。各类媒体、互联网平台上的争论，也不能以造谣谩骂、恶意攻击、歧视偏见为手段，更不能允许借论争之名来行传播错误思想和反党反人民反社会主义之实的情况发生。

一方面，善于精准甄别，区别对待。在有效区分“红色”“灰色”“黑色”的基础上，包容正常的、良性的论争，保持对别有用心者的高度警惕和必要制裁。对于肆意攻击我国社会主义制度和人民政权、极力抹黑党的形象、全面否定党的发展历史和执政成绩，大搞意识形态颠覆的行为，还有披着言论自由、信仰自由、学术自由、结社自由等外衣，进行颠覆人民政权、危害国家安全、侵犯人民利益的行为，以及散播各类负面信息、虚假信息、破坏社会公序良俗、严重违反社会主义核心价值观的行为，要敢于亮剑，重拳出手，坚决打击，确保打赢意识形态这场无硝烟的战争。

另一方面，善于利用好两大武器。一种是宣传的武器，通过完善各类新闻宣传媒体的舆论导向和回应机制，用及时而有力的宣传来正视听、明是非、树新风、促团结。另一种是法律的武器，以法律法规来维护我国社会主义政治、经济、文化、社会、生态等各方面的安全，对披着各种外衣，打着人权幌子，借助互联网和新媒体、非政府组织、慈善组织、宗教组织等进行意识形态渗透和颠覆的行为，予以及时的打击和惩治，维护社会主义意识形态领域的安全。

二、守住不发生系统性风险的底线

构建新发展阶段农村主流意识形态整体安全体系的重要一环，就是提高风险防控能力，守住不发生系统性风险的底线。当前，我国不少农村地区客观存在着利益和价值观念更加多元、拜金主义和个人主义仍然盛行、治安状况还需改善、去崇高化和去中心化趋势明显等问题，这些都给确保农村的安全、稳定、繁荣带来了现实挑战。近年来一些农村地区遇到的灾难性地质灾害、气象灾害、生物灾害等，也增添了农村社会的稳定风险。

一是防范政治风险。一方面，防范和警惕西方“颜色革命”和民主社会主义、自由主义等逆潮，要提高农村党员干部群众的政治风险防范意识，尽早识别和防范“蝴蝶效应”、“黑天鹅”事件、“灰犀牛”事件，有效化解重大政治安全和意识形态风险。另一方面，加强党的建设，坚持党的政治纪律、组织纪律、廉洁纪律、群众纪律、工作纪律、生活纪律一体推进、全面加强，以自我革命精神全面推进从严治党，坚持反腐败无禁区、全覆盖、零容忍，持续下最大气力、毫不松懈地防范和克服消极腐败危险，坚决同不作为、不担当、推诿塞责的消极腐败，以及各类形式主义、官僚主义、享乐主义、奢靡之风作斗争，推进反腐败斗争的深入推进。

对关键民生领域、扶贫领域的腐败问题，以及发生在群众身边的微腐败问题，更应予以彻查清理和严厉惩治。2021 年，甘肃省各级纪检监察机关查处巩固拓展脱贫攻坚成果同乡村振兴有效衔接方面问题 737 件，处理 1444 人，党纪政务处分 620 人；开展“一卡通”专项整治，通过扶贫（民生）领域监督信息平台数据比对，收缴追缴违规使用资金 7779 万元，纠正了一大批优亲厚友、虚报冒领、截留挪用扶贫资金等突出问题。① 2023 年上半年，全国共查处民生领域不正之风和腐败问题 3.6 万余个，批评教育帮助和处理 5.2 万余人。②

二是防范经济风险。防范的关键在于坚守土地公有制性质不改变、耕地红线不突破、农民利益不受损这三条底线，为我国农村社会稳定奠定基础。同时，要注意防范化解农村规模经营风险、农村供应链风险、粮食稳增长风险、

---

① 参见：甘肃省纪委监委课题组．坚持系统思维深化作风建设［N］．中国纪检监察报，2022－05－12（7）．

② 参见：陆丽环．上半年全国共查处民生领域不正之风和腐败问题 3.6 万余个［N］．中国纪检监察报，2023－08－28（1）．

土地流转违约风险，以及农村的金融风险，依法解决民间高利贷、非法融资、地方债务等问题，确保政府性融资担保基金在“三农”领域的安全运用，切实维护广大农民群众的经济利益不受损、正常经济生活不受大的冲击、农村生活秩序不发生大的变动。

就业是头等民生大事。在党中央的坚强领导和全国广大人民群众的齐心协力下，我国经济承受住了三年疫情的冲击，依然保持了总体增长态势。但受逆全球化趋势等因素影响，我国经济增长基础还不够牢固，经济结构调整正在加剧，全国就业总量压力较大，“招工难”“就业难”并存的结构性就业矛盾比较突出。在新发展阶段，要始终贯彻就业优先政策，在确保经济持续向好发展、政策红利综合释放的同时，进一步健全和完善就业需求调查和失业监测预警机制，千方百计稳定扩大就业，加强困难群体就业兜底帮扶力度。

三是防范道德风险。广大人民群众对民生领域发生的冲击社会道德底线的事情非常敏感，处理不好就可能会转化为社会舆情的爆发点。

一方面，高度重视特殊人群的生计生活问题。要重视和加强对农村留守儿童、农村孤寡老人、农村残疾人员等特殊人群的民生保障和常态跟踪帮扶，防止出现农村留守儿童、监护缺失儿童、残疾人员、孤寡老人饿死困死等事件发生，确保不发生冲击社会道德底线的事件。还要高度重视农民工的欠薪扣薪问题，进一步扎紧制度篱笆，夯实根治欠薪扣薪的制度基础，切实保障农民工合法权益。同时，注重加强农民工技能培训和就业指导，防止大规模失业情况的发生。

另一方面，明确社会公众人物的社会责任和必要约束。注意防范体育明星、歌星、影星、文化名人、知名企业家等社会公众人物因文凭造假、发表不当言论、醉驾毒驾、偷税漏税、天价代言、私德败坏等问题对社会民众带来心理冲击和伤害，对问题名人采取有效制裁措施，以此维护社会大众对道德、公理、正义、法治的广泛认同。

对冲击社会公平正义、诚信法治的事件，要依法依规予以及时果断处理。对此类问题和事件的制度化、机制化预防和依法依规严肃解决，能有效保障意识形态建设的开展。

四是防范网络风险。一方面，切实提高网络安全技术保障水平，避免病毒、木马和后窗程序等对农村电网、银行网点等重要基础设施进行恶意攻击从而导致相应社会问题出现。另一方面，提高舆情跟踪和监控能力，整合公安、统计、工商、税务、运输、教育、医疗等各部门的大数据信息，建立区域热点问题和民生热点问题长期跟踪和定期分析报告机制，对生活物资、能源供应、教育投入、空气质量等重要指数进行大数据分析和科学研判，以此有效预防潜在的社会风险，提前避免因一般的社会经济和民生问题而引发舆情事件或向意识形态事件演化。另外，还应着力提高舆情风险防控能力，对突发社会舆情，要着力建立和健全舆情收集、整理、辨识、核查、发布的工作机制，综合运用舆情应对工作方法，调动各类舆情资源，准确把握受众心理特点，抢占舆情发布的有利时间点，下好信息公开的先手棋。通过及时公开、有效发声、有力辟谣，快速、深入、全面、客观、权威地进行舆情应对，避免出现大的意识形态事件和舆论旋涡，确保取得舆情导引和舆情反转的胜利。

当前，农村地区涉及信息安全的各类新型网络犯罪行为高发频发，网上贷款、刷单、“杀猪盘”、虚假投资理财、虚假购物等各类诈骗犯罪行为让人防不胜防，非法买卖电话卡、银行卡等违法犯罪活动依然猖獗，一些诈骗分子利用广大农村地区反诈防骗宣传力度不足、预警设施和资金技术投入滞后、农村群众反诈防诈意识和依法维权能力较低的状况，大肆对农村群众进行诈骗，电信网络诈骗犯罪行为已切实成为危害广大城乡居民财产安全和人身安全的重大社会治安问题。本书根据公安机关和媒体部门梳理的类型进行整理，概括出当前在农村易发易见的10种诈骗类型（见表7—3）。

表7—3　农村常见诈骗犯罪类型

序号	类型	主要表现
1	链接、APP应用型诈骗	利用农村群众网络风险防范意识不足的现状，诱骗被害人按照短信提示的方式，点击链接地址或下载某APP，通过木马病毒入侵，导致被害人手机上的网上银行或网上支付账号出现故障，从而将受害人的钱财转走
2	交友婚恋型诈骗	利用农村大龄未婚男女婚恋心理，以求子或者婚恋为名，通过虚构的身份化名与人交往，以支付押金、购物、家庭事故等理由，骗取对方财物，实施诈骗
3	借用型诈骗	在取得信任后，便向受害人骗借钱财或借取手机等物件
4	招聘用工型诈骗	利用农村群众希望兼职获取收入的心理，通过网上招聘兼职员工、网上发展网络刷单、购物返款等行为，以及实地招工收取兼职费用、保证金、押金等，进行诈骗
5	冒充型诈骗	利用农村群众社会经验不足，思想相对单纯的特点，通过冒充警察、教师、医生等国家工作人员，或冒充其家属及朋友等方式，利用拨打电话、发送信息，谎称家中人员突遇灾难、本人突遇官司、购物退税、办理社会福利、借钱等理由实施诈骗

续表7－3

序号	类型	主要表现
6	医疗养生型诈骗	利用农村老年群众疾病多和医药开销大的特点，通过上门免费体检诱骗受害人购买保健品，或诱骗村民虚构病历到新农合办理报账，骗取手续费和押金等
7	中奖型诈骗	利用部分农村群众求财贪财心理，以电视台抽奖、遗失奖券，透露某彩票中奖号码等方式，套取受害人支付保证金、押金
8	散播迷信型诈骗	利用部分农村群众封建迷信心理，打着算命、卜卦、相面等幌子，冒充尼姑、道士、阴阳师等，骗取钱财
9	调包型诈骗	多是以购物为由，或是以整钱换零钱、零钱换整钱的方式，通过分散受害人注意力，将钱财调包
10	古玩收藏型诈骗	利用农村地区消息闭塞的状况，通过到村民家中收购所谓古玩字画瓷器等，在博取信任后，以迷惑受害人的方式实施诈骗

在中央的高度重视下，近年来公安、政法、电信、网信、金融、教育、民政等各部门加大工作合力，联手严厉打击网络犯罪行为，市、县、乡各级部门和村“两委”大力推进防范网络诈骗的宣传，各地通过挂标语、树警示牌、发传单、发提醒短信、上线防诈骗软件、制作防诈骗视频、搞防诈骗演习示范，有效提高了广大农村群众的防电信诈骗意识，各地公安部门和相关媒体也梳理了大量的典型诈骗案例，通过以案说法，有效维护了人民群众的人身财产安全，有效遏制了电信网络犯罪的蔓延势头。2022 年 4 月 14 日，国新办举办新闻发布会，对 2021 年 4 月至 2022 年 4 月间全国各部门联合打击电信网络诈骗犯罪的成果进行了公布，这充分体现了党和国家打击电信网络诈骗等犯罪活动的坚强意志和坚定决心。其中部分成效如表 7－4 所示。

表 7－4　全国打击治理电信网络诈骗犯罪举措成效（部分）[①]

序号	成效
1	破获电信网络诈骗案件 39.4 万起，抓获犯罪嫌疑人 63.4 万名，同比分别上升 28.5%和 76.6%
2	打掉非法出境团伙 1.2 万个，抓获偷渡犯罪嫌疑人 5.1 万名
3	打掉“两卡”违法犯罪团伙 4.2 万个，查处违法犯罪嫌疑人 44 万名

① 参见：张天培．打好反诈人民战争　维护群众财产安全［N］．人民日报，2022－04－15（7）．

续表7－4

序号	成效
4	集中排查处置涉诈高风险电话卡 9700 多万张，清理关联互联网账号 5700 万余个
5	紧急止付群众被骗款 3291 亿元，累计拦截 102 万个资金账户 148 亿元，追缴返还人民群众被骗资金 120 亿元
6	2021 年，全年依法处置涉诈码号 4.5 万个、域名网址 104 万个，拦截涉诈电话 19.5 亿次、涉诈短信 21.4 亿条
7	2021 年，全国检察机关共起诉近 4 万人，全国法院一审审结电信网络诈骗犯罪案件 2.5 万余件，6.1 万余名被告人入刑

三、实现对意识形态危机的科学评估与预警

对农村主流意识形态进行有效评估和科学预警，主要存在以下四个方面的现实困难。

一是对风险非客观和非理性判断的干扰。农村主流意识形态风险具有社会稳定风险的一般特征，它“既是主观的，又是客观的；既是现实性的，又是非现实性的”①。对农村社会意识形态风险的预警和评估，容易受到主体非理性和非客观判断的影响，如基层政府部门会由于对当地民风民俗、村社传统、社群关系、经济发展水平等的不同认识导致对农村群体斗殴、村民集体上访、农地规模性弃耕、村“两委”拉票贿选、农村天价彩礼等问题的严重性或普遍性做出不同判断。而且，对于因农村生产生活的季节性变化而引发的矛盾和冲突，如夏季时候由抗旱灌溉、排涝等引起的邻里纠纷，秋季焚烧秸秆带来的环境污染问题，冬季农闲时候增多的偷盗事件、赌博事件和砍伐毁林事件，春节假期前后集中爆发的邻里矛盾以及生产事故等，也会因掌握信息量的多少、群众反应的激烈程度、社会舆论关注度的高低，以及决策参与者对这些问题的心理承受度和忍耐度、党委政府部门对现有法律法规和现有科层结构应对危机的自信程度的不同，而产生不一致甚至迥异的判断，从而影响对意识形态风险的有效防范和及时处理。

二是对风险累积性难以把握的干扰。九层之台，起于累土；冰冻三尺，非

① 徐亚文，伍德志. 论社会稳定风险评估机制的局限性及其建构［J］. 政治与法律，2012（1）：72.

一日之寒。意识形态风险由萌芽到爆发大多会有一个积累的过程，意识形态防线的溃堤也是风险累积到一定程度，由量变引发质变的结果。农村社会主流意识形态风险由内到外的显露，也是风险积累到一定程度的外溢显现。

在实际生活中，对意识形态风险临界点的把握，以及对网络舆情量级传播的有效引导和必要技术处理，就目前的理论、技术和实践层面来说，都具有不少的难度。而且，社会群体之间彼此信任的受损和认同基础的削弱，也是一个渐进的过程，在亮起黄灯那一刻之前，都将处于一个相对安全的区域。正因为有这种特殊情况，不论是当前还是今后较长一段时期，各级党政机关和意识形态部门要想基于对风险累积程度的科学把握进行及时有效的风险预警和果断处理，都将是一个现实的难题。

三是对风险扩散性难以把握的干扰。农村主流意识形态危机和风险的根源，不仅仅在于农村，更有可能源自城市，也不仅仅来自农业，更有可能来自科技、金融、政治、文化、教育、民生等多个领域。如在经济不景气的情况下会出现农民工群体大规模失业返乡而造成的社会问题，再如由于城乡数字鸿沟的客观存在，农村群众特别是老年人在信息科技生活中的极端弱势处境，在现代社会生活中滋生的被排斥、被抛弃、被欺凌感，都容易转化为广大社会民众对我国经济社会发展质量和社会公平公正的质疑。因此，在对风险来源、风险扩散和风险延伸方向难以把握的情况下，要实现对意识形态领域风险的科学预判，难免存在一定的实际困难。

四是突发性风险的干扰。在农村社会中由某些偶发情况而导致交通问题、自然灾害问题、生态污染问题、治安问题、学生安全问题、食品卫生问题、瘟疫灾害问题、民族矛盾问题等的突然爆发，并借助网络迅速发酵和扩散，这些也是难以进行提前预防的。

对农村主流意识形态危机的预警，需要按照实事求是、客观理性的总体原则，在以下五个方面予以加强。

一是坚持以辩证的、发展的思维来应对农村主流意识形态存在的潜在危险。下好先手棋，打好主动仗，是意识形态风险防控攻坚战取得胜利的必然要求。“所谓主动，是指在意识指导下，通过认识活动和实践活动形成事物发展的向好趋势和有利局面。”[①] 对农村社会存在的各种不良现象，要以高度的政治敏锐性和政治鉴别力来重视和应对苗头性、倾向性问题，抓早抓小抓经常，

① 曹萍．把握文化主动的科学内涵、重大意义和实践伟力［J］．中国高校社会科学，2023（5）：18−19.

通过长期不懈的教育、宣传、引导、演练等方式，防患于未然。对已经发生的舆情事件或意识形态问题，在坚持快速反应、精准研判、冷静应对、科学疏导的同时，要坚持闭环处理、举一反三，及时复盘事件的来龙去脉和总结应对过程中的经验教训，在具体案例中提高实战能力，积累宝贵经验，锤炼干部队伍，确保赢得未来更大意识形态斗争的主动和胜利。

二是始终坚持系统的、全面的思维来对待农村主流意识形态存在的危险。当前，引发农村意识形态风险的因素是多元的、具体的，广大农村群众对农村地区治安状况、文明程度等的担忧，对农业政策、农业生产等发展前景的不看好，以及对农村教育、农村医疗、农村食品安全、农村交通、农村自然灾害预防等民生短板的焦虑，都可能影响和制约到农村群众安全感的提升。

新发展阶段农村主流意识形态建设，需要按照 2019 年 6 月中央印发的《关于加强和改进乡村治理的指导意见》精神，坚持联系的、发展的、全面的思维，准确把握当代农村社会开放融合特点和城乡一体化发展趋势，通过统筹城乡融合发展，实现乡村政治、经济、文化、社会、生态等方面的全面进步来推进农村意识形态的巩固和发展。

同时，不能头疼治头脚疼治脚，不能就意识谈意识，就风险谈风险。应通过切实推进平安乡村建设，完善农村社会治安防控体系、技防系统，以及通过稳定农村土地政策、稳定农业发展预期、稳定农村就业等，确保农村基本民生得到持续改善，确保粮食安全、能源安全和农业产业链供应链持续稳定，确保农村基层高效运转，农村社会安全稳定发展，广大农村群众的安全感得到巩固和提升。

三是抓好风险防控人的建设。农村意识形态风险防控关键在人。通过加强广大党员干部和农村基层骨干的理想信念教育和业务素质培养，提高党的执政能力建设；通过实现城乡教育、文化、科技、信息等的融合发展，不断提高农村群众的思想素质和文化素质；通过加强城乡群众对城乡一体、文明和谐、共同富裕、自由平等、公平正义等理念的灌输和培养，提高城乡群众的心理归属感；通过综合运用法律、民约、群议等各种办法对思想偏执、行为极端的人员予以纠偏，对极少数严重触犯社会主义道德和法律底线，甚至危害人民政权的人员、组织或行为，及时运用法律武器和专政手段予以必要弹压。依托以上切实举措，确保农村主流意识形态的安全。

四是抓好风险防控的制度建设。通过建立健全确保“三农”持续稳定发展的各项法律法规和制度，完善农村社会舆情信息的收集、整理、跟踪和反馈机制，以更加完善和科学的制度建设推进农村群众政治经济生活各方面权益的保障和发展，确保农村经济社会发展有法可依、有章可循。

五是抓好风险防控的技术建设。党的二十大强调，要“坚持安全第一、预防为主，建立大安全大应急框架，完善公共安全体系，推动公共安全治理模式向事前预防转型”①。新发展阶段下，需要通过提高互联网、人工智能、现代通信技术、现代监控技术等在农村风险防范工作中的普及应用能力，提高农村社会综合治理、环境保护、自然灾害预警、交通指挥、网络监控等的技术运用水平，构建起现代技术防护综合屏障，以先进、高效、集约的风险防控技术有力支撑农村意识形态的整体安全。

---

① 习近平. 高举中国特色社会主义伟大旗帜　为全面建设社会主义现代化国家而团结奋斗——在中国共产党第二十次全国代表大会上的报告［M］. 北京：人民出版社，2022：54.

第八章　全面提升新发展阶段农村主流意识形态的话语权

社会个体的日常语言表达，具有追求客观性、体现价值性和合乎规则性的内在要求，是高度社会化的个体在潜移默化各种社会规则、制度、价值观念、行为准则后所实现的表意、行事、取效三者相结合的表达。历来中外学者普遍认为，谁掌握了话语，谁就掌握了秩序和规则。正因为话语是人类社会交往和信息传播必不可少的工具，且具有召唤权力的强大内在动能，所以从意识形态的视角来对话语权进行分析，就必然要求其不同于一般科学和哲学意义上的话语权，而是突出强调其能体现和维护特定的政党、阶级所代表的思想观念体系和利益关系功能，要求其"以共识的达成和认同的确立作为话语权实现的标志"①。

对于任何一个社会的主流意识形态而言，其都需要占据意识形态工作的话语权，也都要求通过特定的话语宣传来维护其在社会思想领域的一元主导地位，并维持其作为制度化的观念形态在国家机器和社会生活中的主导地位，从而有效地"将自身的世界观、价值观和政治信仰进行传播，通过控制社会舆论，以影响和控制他人的意志和行为"②。

优化和提升农村主流意识形态建设的话语体系，自然也是巩固主流意识形态的重要方面和应有之义。而其中，增强农村主流意识形态的吸引力、说服力、浸染力，以及加强农村网络工作的引领力，是提升话语权的关键。

---

① 甄红菊. 马克思主义话语权理论内涵与实现路径探析——基于意识形态视角 [J]. 中国特色社会主义研究，2015 (2)：66.

② 谢晓娟，刘世昱. 论马克思主义意识形态话语权建设的国际比较优势 [J]. 马克思主义研究，2018 (4)：105.

第一节　提高农村主流意识形态建设的基础力

农业农村工作，说一千、道一万，增加农民收入是关键。农村主流意识形态的巩固和发展，最终要通过人民群众获得感、幸福感、安全感更加充实、更有保障、更可持续来实现。同样，要牢牢掌握新发展阶段农村主流意识形态的话语权，也得通过夯实“三农”发展基础、促进农业农村现代化发展、提升广大农民群众生活质量来达成。

一、全面推进乡村振兴战略

实现全面小康继而进入新发展阶段后，解决发展不平衡不充分问题的关键在农村，增强新发展格局的后劲，更好应对国内外风险挑战的基础也在农村。围绕乡村振兴，2018—2022 年，我国先后制定出台了《乡村振兴战略规划（2018—2022 年）》《乡村建设行动实施方案》《乡村振兴责任制实施办法》等多个重要文件，并且在 2021 年 6 月正式实施了《中华人民共和国乡村振兴法》，为坚持农业农村优先发展、深化农业供给侧结构性改革、建立健全城乡融合发展体制机制和政策体系、统筹推进农村“五位一体”和党的建设、创新推进乡村治理体系和治理能力现代化奠定了坚实的基础，提供了立体支撑。立足新发展阶段，需要在新的起点上乘势而上，全面推进乡村振兴战略，努力实现农业农村现代化发展。

一是克服思想上小富即安、麻痹自满的问题。在当前的一些农村地区，特别是一些刚刚脱贫摘帽的欠发达地区，有不少干部群众还客观存在着精神松懈的问题，歇歇脚、喘口气的思想较为普遍，一些党员干部还存在着小富即安的心理，满足于现有脱贫攻坚战果，陶醉于既有成绩，以为脱贫之后就再无贫困。这些思想认识对于巩固拓展脱贫攻坚成果，防止规模性返贫现象发生是不利的。有学者研究认为，虽然我国在反贫困的历史进程中不断取得重大成就，但“贫困家庭的代际传递机会基本表现为上升趋势。同时，贫困代际传递机会的城乡差异性无明显变化，说明农村贫困代际传递机会大于城市的现状无改善的迹象”[①]。一旦思想放松、力度放松、政策放松，农村地区就极易发生规模性返贫，城乡收入差距则将进一步拉大。

因此，需要更好地教育和引导广大农村党员干部深化对农情、国情、世情的认识，要教育党员干部群众认识到现行标准下脱贫摘帽标准较低，从长远来看，势必难以满足广大农村群众，特别是刚实现脱贫摘帽的群众对更高生活质量、更高收入水平、更完善综合保障服务的期盼。要通过深入宣传《乡村建设行动实施方案》《乡村振兴责任制实施办法》《中华人民共和国乡村振兴法》等重要政策和法律文件，帮助广大干部群众克服厌战、松劲、懈怠、自满等不利思想，将广大农村党员干部群众的思想统一到中央的战略决策上来，贯彻落实好脱贫不脱政策、将脱贫攻坚与乡村振兴战略相结合的精神，稳定帮扶队伍，创新帮扶方式，使广大农村党员干部保持模范带头、干事创业、服务群众、发展农村的斗志和热情，坚决打好建设农村更高水平、更高质量小康社会的“持久战”。

二是推进农村集体经济更高水平发展。农村集体经济是我国农村社会稳定的压舱石。虽然农村集体经济在脱贫攻坚战役中被作为贫困村“一低五有”摘帽的硬性指标予以强调，但在现实中仍存在一些问题。农村集体经济底子薄、基础差、后劲不足、持续盈利能力不强的面貌还没有得到根本改变，农村集体经济虚多实少的局面还未得到根本好转，农村群众的集体主义观念和对村集体经济重要性的认识也还有待提升。

一方面，应加强对农村集体经济重要性的宣传教育。其一，教育引导农民群众对参与村集体经济发展的认识。要针对当前部分群众对村集体“三资”管理和监督不热心，对发生在身边的侵占和破坏村集体利益事情不关心的状况，加强宣传教育和实践引导，增强农民群众的集体主义观念，让群众更好地参与到村集体经济的发展规划、监督管理、分红筹资等重大活动中来。其二，加大对错误思想的批评力度。对部分群众带有的农村集体经济已经过时、农村集体经济发展不起来、农村集体经济没必要发展等错误认识，以及主张将农村集体所有的土地、森林、草原、荒地、设备、村办企业、集体房屋等一分了之，甚至主张土地私有化等错误思想，加大教育批评力度，用鲜活的历史和生动的事实来讲清楚农村集体经济对于巩固农村家庭联产承包责任制、保障农村社会公共事业和福利事业开展、增强农业发展后劲、促进形成农村健康文明生活方式

---

① 马文武，杨少垒，韩文龙．中国贫困代际传递及动态趋势实证研究［J］．中国经济问题，2018（2）：22.

和优良社会风尚、确保农村实现共同富裕等方面具有的重要意义，讲清楚发展农村集体经济对于克服农村小农经济弊端，有效应对农村人口空心化、产业空心化等问题的重要意义，教育和引导广大农村群众树立对农村集体经济重要性的全面认知观。

另一方面，更加注重促进农村集体产权制度改革。要切实推进 2016 年 12 月中央发布的《关于稳步推进农村集体产权制度改革的意见》等政策的教育宣传和落地落实，针对一些地区农村集体经营性资产归属不够清楚、收益分配不够科学等问题，应教育引导农村群众提高对集体财产的保护意识。并且通过推进经营性资产确权、发展股份合作制改革、探索建立集体经济运行和实现的有效机制，推动资源变资产、资金变股金、农民变股民，提高村集体资源性资产、经营性资产，以及非经营性资产的利用效率，提高群众从集体经济中的获利水平，切实提升群众对发展村集体经济的满意度和认可度。

此外，还要深入推进农村集体经济的科学管理。其一，加强村集体资产财产管理。通过建立健全集体资产综合管理制度、完善村级财务管理制度、会计委托代理制度等，推动集体资产财务管理制度化、规范化、信息化。其二，建立和完善村集体决策制度机制。通过加强对村集体经济的权力监督，保障村民代表大会制度、职工代表大会制度、工会制度等在村集体经济重大项目立项、重大人事调整、重大合同签订、集体收益分红等方面的参与权和表决权，提高农民群众参与村集体事务的意愿和能力。其三，建立和规范村集体选人用人机制。通过实行村集体经济负责人任期制、负责人公开述职制、负责人离任经济审计制度、任职回避制度等，推进解决村集体产业负责人腐败、专制、不称职等问题，维护广大农村集体经济组织成员的经济权利和民主权利。

三是实现巩固拓展脱贫攻坚成果同乡村振兴的有效衔接。脱贫摘帽不是终点，而是新生活、新奋斗的起点。在打赢脱贫攻坚战的基础上，中央高度重视并明确提出要坚决守住防止规模性返贫的底线，推动减贫战略和工作体系平稳转型，实现全面脱贫与乡村振兴有效衔接，建立长短结合、标本兼治的体制机制，这突出体现了中央紧抓脱贫攻坚后半篇文章，推进乡村振兴战略的坚定意志。

一方面，提高人民群众将脱贫攻坚和乡村振兴战略两者结合的思想认识水平。要通过广泛宣传，用生动的语言、鲜活的形式、典型的事例向人民群众讲清楚推动乡村振兴战略与脱贫攻坚紧密结合的必要性和必然性，让广大人民群众真正理解中央的战略意图，真心感受到强大的国家意志。并且，使广大群众充分认识和了解脱贫攻坚与乡村振兴战略之间的关系和渊源，两者之间所具有的战略安排时序性、协同性和延续性的密切关系，以及两者作用要素的高相似性、实现路径的高重叠性的现实特点，有效解决广大干部群众对两者关系模糊界限、割裂看待、被动执行的问题。

另一方面，形成全社会关心支持乡村振兴的良好氛围。要针对当前部分社会群众对乡村振兴的重大意义认识不足，特别是对乡村振兴战略对于我国构建新发展格局、实现高质量发展、推进城乡一体化建设、推进基层社会治理现代化、确保粮食安全等方面所具有的重要意义还认识不到位的现实情况，通过加强全媒体运用和多方式参与，在全社会形成普遍知晓、广泛支持的良好舆论氛围，以此有效引导群众心理和行为选择，形成积极正面的社会整体预期。

此外，更加重视巩固脱贫攻坚战役成果。要高度重视条件艰苦、环境恶劣地区，特别是“三区三州”地区的巩固脱贫问题，要以群众的实际生活质量的小康为根本标准，用超常举措，取得非常之功。对还处于贫困线临界点的群众、刚刚脱贫的群众，以及外出务工人员、农村民宿业从业人员、休闲观光农业从业人员、农村民办幼儿园教师等群体，加强政策倾斜力度，通过引导产业转型、鼓励灵活就业、组织职业培训、补贴社会保险费用、发放失业补助金、降低贷款利率、协助减免租金等措施，把中央关于“六稳”“六保”的工作部署落实到位，突出稳就业、稳预期、保基本民生、保基层运转的实际效果，避免大规模返贫问题发生。

四是切实协调推进乡村五大振兴战略。习近平强调：“中国要强，农业必须强；中国要美，农村必须美；中国要富，农民必须富。”① 乡村振兴战略是新发展阶段做好“三农”工作的总抓手，是一个系统工程，需要从方方面面予以加强，既要科技兴农、质量兴农、绿色兴农、品牌兴农，还要思想强农、组织强农、文明育农、文化惠农，坚定走中国特色社会主义乡村振兴之路。

在乡村五大振兴战略中，产业振兴是基础，要把实现乡村产业振兴摆在突出位置，促进农村一、二、三产业融合发展，确保农民持续增收和农村繁荣发展。人才振兴是关键，要根据经济社会发展需要，加快培养新型职业农民，提高农民职业认同感和农民职业的含金量。文化振兴是乡村塑形铸魂的关键，是涵养乡村文化根基、促进乡村文化觉醒、构建百姓心中家园的必经之路。生态振兴是践行“两山”理论、建设美丽乡村，提高农村群众幸福感的实际需要。组织振兴是乡村振兴的政治基础，是推进农村社会治理现代化的关键所在，是确保农村社会安定有序和充满活力的主心骨。五大振兴，各有侧重，需要共同

① 习近平．论“三农”工作［M］．北京：中央文献出版社，2022：70．

促进，协调共进，方能确保乡村振兴战略达到预期效果。

二、持续深化农村综合改革

学者刘少杰在调查中发现，人民群众对经济发展和改革的信心越低，“对社会持续稳定性的评价也会随之降低”①，并会产生不安全感、消极生活态度、选择某种冒险等行为，从而形成社会不稳定的隐患因素。新发展阶段农村主流意识形态建设，需要围绕广大农村群众关心的热点和难点问题，持续深化农村综合改革，大力破除制约我国“三农”发展的体制性、机制性问题，以改革促发展，以发展促共识。

一是增强改革定力，保持改革韧劲。当前，我国农村改革开放事业已进入“深水区”，“三农”问题也面临更加复杂的形势。新型城镇化面临着农民落户意愿和农民户籍迁移意愿下降、逆城市化现象抬升、农村“三块地”制度有待完善等问题；农村产业化面临适度经营规模水平仍需提高、耕地面积缩减、部分农民利益在城市资本下乡过程中受到损害、农村局部生态环境恶化等问题；城乡公共服务均等化面临农村基本公共服务水平逐步提高，但农村群众入城就医就学娱乐意愿更加强烈，导致农村公共服务设施和资源相对浪费的问题。这些具体问题，都需要通过切实提高广大社会群众的改革共识、坚定新时代中国特色社会主义的改革发展方向来逐步解决。而其中的关键，就在于坚定党的十八届三中全会以来深化农村改革的系列战略部署，推进农业农村深化改革综合路线图和时间表的落地落实。

党的十八大以来，中央高度重视农业农村的改革发展。党的十八届三中全会明确提出要“形成以工促农、以城带乡、工农互惠、城乡一体的新型工农城乡关系，让广大农民平等参与现代化进程、共同分享现代化成果”②。2020年5月出台的《中共中央　国务院关于新时代加快完善社会主义市场经济体制的意见》，明确农村第二轮土地承包到期后再延长30年，强调要深化农村“三块地”改革试点，深化户籍制度改革，加强农村、社区等基层防控能力建设，多措并举促进城乡居民增收，缩小收入分配差距，优化医疗卫生资源投入结构等。

党的十八大以来，中央颁布了多项重要政策条例，实施了多项重要举措，

① 刘少杰. 当代中国意识形态变迁［M］. 北京：中央编译出版社，2012：111.

② 改革开放以来历届三中全会文件汇编［M］. 北京：人民出版社，2013：191.

对农村“三块地”制度改革、农村社会治理和村民自治、农村产业融合与新型职业农民培养、农民工户籍制度和务工制度、农民工劳务维权、农村教育医疗文化卫生事业等重要方面做了系统的政策建构和有效指导，有力推进了新时代“三农”问题的持续向好发展。相关举措如表 8−1 至表 8−7 所示。

表 8−1 党的十八大以来深化农村“三块地”改革的相关举措（部分）

类别	文件名	发布时间
农村“三块地”改革类	《深化集体林权制度改革方案》	2023 年 9 月
	《国务院办公厅关于同意建立第二轮土地承包到期后再延长三十年试点部际联席会议制度的函》	2020 年 11 月
	《中共中央 国务院关于保持土地承包关系稳定并长久不变的意见》	2019 年 11 月
	《中共中央 国务院关于稳步推进农村集体产权制度改革的意见》	2016 年 12 月
	《中共中央办公厅 国务院办公厅关于完善农村土地所有权承包权经营权分置办法的意见》	2016 年 10 月
	《农业部 中央农办 国土资源部 国家工商总局关于加强对工商资本租赁农地监管和风险防范的意见》	2015 年 4 月
	《国务院办公厅关于引导农村产权流转交易市场健康发展的意见》	2014 年 12 月
	《中共中央办公厅 国务院办公厅关于引导农村土地经营权有序流转发展农业适度规模经营的意见》	2014 年 11 月
	《中共中央办公厅 国务院办公厅关于认真做好农村土地承包经营权确权登记颁证工作的意见》	2014 年 11 月

表 8−2 党的十八大以来促进乡村社会治理现代化的相关举措（部分）

类别	文件名	发布时间
促进基层社会治理现代化类	《中共中央办公厅 国务院办公厅关于规范村级组织工作事务、机制牌子和证明事项的意见》	2022 年 8 月
	《中共中央 国务院关于加强治理体系和治理能力现代化建设的意见》	2021 年 7 月
	《国务院办公厅关于全面推进基层政务公开标准化规范化工作的指导意见》	2019 年 12 月
	《中共中央办公厅 国务院办公厅关于加强和改进乡村治理的指导意见》	2019 年 6 月

续表8—2

类别	文件名	发布时间
促进基层社会治理现代化类	《中共中央办公厅　国务院办公厅转发〈中央农办、农业农村部、国家发展改革委关于深入学习浙江“千村示范、万村整治”工程经验扎实推进农村人居环境整治工作的报告〉》	2019 年 3 月
	《中央全面深化改革委员会关于加强县级融媒体中心建设的意见》	2018 年 11 月
	《中共中央办公厅　国务院办公厅关于建立健全村务监督委员会的指导意见》	2017 年 12 月
	《国务院关于探索建立涉农资金统筹整合长效机制的意见》	2017 年 12 月
	《中共中央　国务院关于加强和完善城乡社区治理的意见》	2017 年 6 月

表 8—3　党的十八大以来促进城乡融合及新型城镇化的相关举措（部分）

类别	文件名	发布时间
促进城乡融合及新型城镇化类	《中共中央办公厅　国务院办公厅关于构建优质均衡的基本公共教育服务体系的意见》	2023 年 6 月
	《中共中央办公厅　国务院办公厅关于推动城乡建设绿色发展的意见》	2021 年 10 月
	《中共中央办公厅　国务院办公厅关于在城乡建设中加强历史文化保护传承的意见》	2021 年 9 月
	《中共中央　国务院关于建立健全城乡融合发展体制机制和政策体系的意见》	2019 年 5 月
	《中共中央办公厅　国务院办公厅关于深入推进经济发达镇行政管理体制改革的指导意见》	2016 年 12 月
	《国务院办公厅关于支持返乡下乡人员创业创新促进农村一二三产业融合发展的意见》	2016 年 11 月
	《国务院办公厅关于印发推动 1 亿非户籍人口在城市落户方案的通知》	2016 年 10 月
	《国务院关于深入推进新型城镇化建设的若干意见》	2016 年 2 月
	《国务院关于整合城乡居民基本医疗保险制度的意见》	2016 年 1 月

表 8-4　党的十八大以来促进农村社会事业发展的相关举措（部分）

类别	文件名	发布时间
农村社会事业类	《中共中央办公厅　国务院办公厅关于进一步深化改革促进乡村医疗卫生体系健康发展的意见》	2023 年 2 月
	《国务院办公厅转发国家发展改革委等部门〈关于加快推进城镇环境基础设施建设指导意见〉的通知》	2022 年 1 月
	《国务院办公厅关于印发“十四五”城乡社区服务体系建设规划的通知》	2021 年 12 月
	《农村人居环境整治提升五年行动方案（2021—2025 年）》	2021 年 12 月
	《国务院办公厅关于加快农村寄递物流体系建设的意见》	2021 年 8 月
	《国务院办公厅关于深化农村公路管理养护体制改革的意见》	2019 年 9 月
	《数字乡村发展战略纲要》	2019 年 5 月
	《国务院关于同意设立“中国农民丰收节”的批复》	2018 年 6 月
	《国务院办公厅关于全面加强乡村小规模学校和乡镇寄宿制学校建设的指导意见》	2018 年 5 月
	《国务院办公厅关于创新农村基础设施投融资体制机制的指导意见》	2017 年 2 月
	《国务院办公厅转发民政部等部门〈关于做好农村最低生活保障制度与扶贫开发政策有效衔接指导意见〉的通知》	2016 年 9 月
	《国务院关于统筹推进县域内城乡义务教育一体化改革发展的若干意见》	2016 年 7 月
	《国务院办公厅关于加快推进广播电视村村通向户户通升级工作的通知》	2016 年 4 月
	《国务院办公厅转发国家发展改革委〈关于“十三五”期间实施新一轮农村电网改造升级工程意见〉的通知》	2016 年 2 月
	《国务院关于加强农村留守儿童关爱保护工作的意见》	2016 年 2 月

表 8–5　党的十八大以来确保粮食安全与农业安全的相关举措（部分）

类别	文件名	发布时间
确保粮食安全和农业安全类	《中共中央办公厅　国务院办公厅关于全国高标准农田建设规划（2021—2030 年）的批复》	2021 年 9 月
	《中共中央办公厅　国务院办公厅关于深化生态保护补偿制度改革的意见》	2021 年 9 月
	《国务院办公厅关于防止耕地“非粮化”稳定粮食生产的意见》	2020 年 11 月
	《国务院办公厅关于坚决制止耕地“非农化”行为的通知》	2020 年 9 月
	《国务院办公厅关于农业综合行政执法有关事项的通知》	2020 年 5 月
	《农作物病虫害防治条例》	2020 年 3 月
	《国务院办公厅关于加强农业种质资源保护与利用的意见》	2020 年 2 月
	《国务院办公厅关于切实加强高标准农田建设提升国家粮食安全保障能力的意见》	2019 年 11 月
	《国务院办公厅关于加快推进农业供给侧结构性改革大力发展粮食产业经济的意见》	2017 年 9 月
	《国务院关于建立粮食生产功能区和重要农产品生产保护区的指导意见》	2017 年 4 月
	《农田水利条例》	2016 年 5 月
	《国务院办公厅关于推进农业水价综合改革的意见》	2016 年 1 月
	《中共中央　国务院关于加大改革创新力度加快农业现代化建设的若干意见》	2015 年 2 月

表 8–6　党的十八大以来促进农民工权益保护的相关举措（部分）

类别	文件名	发布时间
农民工权益保护类	《国务院办公厅关于印发〈保障农民工工资支付工作考核办法〉的通知》	2023 年 9 月
	《保障农民工工资支付条例》	2019 年 12 月
	《国务院办公厅关于全面治理拖欠农民工工资问题的意见》	2016 年 1 月
	《国务院关于进一步做好为农民工服务工作的意见》	2014 年 9 月

表 8-7　党的十八大以来加强农村基层党建的相关举措（部分）

类别	文件名	发布时间
基层党建类	《中国共产党农村工作条例》	2019 年 8 月
	《中国共产党农村基层组织工作条例》	2018 年 12 月
	《中共中央办公厅关于党的基层组织任期的意见》	2018 年 7 月
	《中共中央办公厅关于加强基层服务型党组织建设的意见》	2014 年 5 月

以上中央制定出台的政策文件和条例，覆盖面广、针对性强、操作性强，其中的一些已经得到了较全面实现，一些已经在实践中得到了积极运用，还有一些正处于积累经验、逐步推进的过程之中。在今后一段较长时期内，以上这些政策和举措都需要以足够的定力和相当的毅力予以持续性的坚持和推进。

二是切实提高广大农村党员干部对深化改革的整体认知水平。1938 年 10 月 14 日，毛泽东在党的六届中央委员会扩大第六次全体会议上所作的《论新阶段》的政治报告提出了一个带有普遍规律性的重要论断："政治路线确定之后，干部就是决定的因素。"① 广大农村党员干部对新发展阶段农村社会综合改革的价值目标、发展方向、政策举措等的掌握情况和执行程度，事实上决定了农村改革事业的成效。因此要高度重视提高广大农村党员干部对深化改革的整体认知水平。

其一，加强干部队伍培训。按照《干部教育培训工作条例》的具体要求，通过创新方式方法，优化培训内容，加强机构、师资、课程、教材等资源保障建设，严格培训考核评估和纪律监督，确保新发展阶段面向广大农村干部队伍进行的党的理论教育和党性教育、党务和业务培训、现代信息技术培训、农业现代化培训得到高质量开展。

其二，深化理论政策宣传。既要注重创新开展党的最新理论的宣传教育，又要注重对政策法规的学习掌握和消化运用，还要注重对新时代好干部标准的宣传。通过长期、深入、广泛的理论政策宣传，确保广大农村党员干部普遍增强法治观念，强化法纪意识，自觉遵守党纪党规，按照"信念坚定、为民服务、勤政务实、敢于担当、清正廉洁"的新时代好干部标准，在工作中做榜样，在生活中做表率，自觉维护党和政府在群众中的良好形象，对新时代农村各项改革发展事业做到肩上有责、心中有数、手上有招、行动有力。

其三，注重实践引导。通过典型示范、案例研讨、实战演练等多种方式，

① 毛泽东．毛泽东选集：第 2 卷［M］．北京：人民出版社，1991：526．

教育引导广大农村党员干部坚定人民立场，树立正确的权力观、政绩观、事业观，提高服务群众的工作能力和工作意识，勇于承担起教育引导人民群众的任务。对农村改革中涉及的利益调整问题，能教育群众发扬集体主义和社会主义精神，发扬邻里守望、团结互助的光荣传统，能从国家和集体利益出发，从长远发展出发，引导人民群众克服自私自利、只顾眼前、斤斤计较等思想不足，推进农村综合改革深入开展。

三是努力凝聚广大农民群众深化改革的广泛共识。改革不可能一蹴而就，也不可能一劳永逸，更不是敲锣打鼓、轻轻松松就能完成的。持续深化“三农”改革，首先要凝聚人心汇聚民心，增强人民群众对深化改革的信心，促进形成对深化改革的共识。这就必须做到始终秉承以人民为中心的发展理念，始终坚持以人民高不高兴、答不答应、赞不赞成为改革的出发点和评价标准，以增进人民的利益和福祉为落脚点，以广大农民群众对美好生活的向往作为深化改革的动力，充分尊重农民意愿，维护农民利益，确保农村的各项改革事业紧紧围绕为民谋利、为民解忧、为民办事来进行，以此获得广大农民群众对改革事业的真心支持。其次，要注重提高群众对改革的理解和接受度。改革的进程，自然也是破旧立新、突破禁区、打破桎梏、调整利益的进程，难免会给所涉及的群体带来“痛感”。要通过运用各类媒体和多种途径向人民群众就深化改革的必然性、重要性进行理论宣传、政策解释、思想动员、情绪引导，特别是要提高农民群众对深化改革艰巨性和复杂性的认识，提高对新时代农村改革事业渐进性的理解，提高对改革进程中所遇到的挫折、困难的接受度和承受度。

四是提高农村改革的风险防范能力。进入新发展阶段，农业农村改革将更加进入“深水区”，改革难度更大、改革成本更高，深层次利益调整将有可能引起更加激烈和尖锐的矛盾。在农村发展不平衡、问题构成复杂、牵涉面广的情况下，新发展阶段农村改革事业的推进，必须把推进改革同防范化解重大风险结合起来，在提高改革顶层设计能力的同时，加强形势和任务研判，科学谋划和有效掌握深化改革的时机、方式、节奏，及时发现和分析改革进程中出现的新情况和新问题，及时总结提炼和推广改革进程中探索形成的新路径、新方法、新经验，确保改革行稳致远。

一方面，教育引导广大党员干部增强“四种思维”。在深化农村改革中，要通过运用鲜活的案例、具体的事例、生动的理论来教育广大党员干部从发展全局和历史的高度来增强战略思维；从整体与关联、全局与部分的角度增强系统思维；从推陈出新、创新发展解决当下问题的角度增强创新思维；从巩固和发展中国特色社会主义制度和中国共产党的领导，确保改革节奏不乱、方向不偏、力度适当的角度，增强底线思维。

另一方面，提高制度建设的系统性和前瞻性。农村改革事业的进展，关键在于始终坚持问题意识和问题导向，提高顶层设计和制度建设的科学性、系统性和前瞻性，有效防范和化解潜在风险，增强民众对深化改革的心理预期和价值判断，构建主流意识形态的坚实基础。深化“三农”改革，应特别注意防范三种风险和解决一个问题。①

第一种风险：在中央明确第二轮土地承包到期后再延长三十年的情况下，我国广大典型意义上的农村社会有可能会由于土地承包关系的相对固化和流转收益的相对降低，导致拥有土地承包权的进城务工农民土地流转意愿降低，进而造成承包地弃耕撂荒，影响农业农村现代产业发展和国家粮食安全。

第二种风险：农村土地经营权较长时间流转到一些工商资本手中，将有可能催生形成一个新的土地垄断阶层，并有可能发生较大范围和较大规模改变耕地用途，推高耕地非农化率的问题，从而抬高我国农村社会阶层结构和主粮供应安全的风险。

第三种风险：随着土地经营权的规模化转移，以及农村劳动力结构的变化和农业科技化程度的提高，我国农村有可能出现大规模雇工劳动的场面，农户变股东、村民变员工的情况将对我国现行农村集体经济制度、农村分配制度的调整和完善带来新的考验。

需要解决的一个问题：在农村土地集体所有制情况下，农村集体中的个人和城市居民如何通过某种制度设计，有效避免当前农民向城市单向流入，而城市居民事实上却缺乏向农村流动的选择和权利的问题。该问题也是破解城乡二元结构的一个重要方面。

此外，还应注重提高农民的风险意识和风险规避能力。当前，广大农民群众面临的多重风险，既有因“三农”改革深化而引起的利益调整和格局重塑的风险，也有因农民自身权益受到非法侵占带来风险（如村集体财务被贪污、支农惠农资金被挪用等），还有因极端恶劣天气等自然灾害、物价暴涨暴跌、疫情等环境变化带来的风险，而肉贱伤农、菜贱伤农的情况则更是时有发生。面对这些风险问题，应从以下几个方面予以预防和解决。

其一，注重提高农民群众的风险防范能力和意识。通过多种途径，提高农民群众对生产生活中易发多发风险的防范能力和防范意识，提高农民群众对现

---

① 参见：崔丽．农村土地制度改革要防范三种风险［N］．农民日报，2014-03-13（3）.

有的农村最低生活保障制度、金融担保制度、临时生活救济制度等风险防范制度的了解和掌握程度，提高依法维护自身权益、依法监督村级事务的能力和意识；提高市场观念和竞争意识，提高化解市场风险、减轻经济损失、承担安全生产责任的能力和觉悟；提高种养大户科学防范常见疫情的技术能力。

其二，提高农民群众参保避险的积极性。目前，我国不少地区的农民群众存在着买农业保险划不来、现有农业保险面窄量小不实用等片面的认识①，一旦自然灾害来临，受损严重且难以弥补。如山东省寿光市，作为我国最大的蔬菜生产和集散基地，2017 年受台风“温比亚”影响，全市蔬菜温室大棚受灾量多达 10.6 万个，超过全市温室大棚总量的 2/3，但灾后统计时，仅有 120 个大棚参保。参保率低的一个主要原因是群众认为目前相关农业保险只保大棚不保蔬菜、保额过低（每个大棚仅 6000 元），在实际中发挥不了多大作用。因此，需要通过加强风险防范顶层设计，突出农业保险的公益性质，扩大中央财政补贴险种范围和补贴总额，建立保险公司和农户、地方财政和中央财政之间互相支持、多层参与的农业风险分散机制，提高理赔标准，扩大政策性农业保险覆盖面（目前主要包括牲畜保险、家畜保险、水产养殖保险，以及蜜蜂、貂、狐等经济动物保险），完善和简化理赔程序等举措，切实提高农民群众，特别是种养大户的参保积极性。

其三，深化农民群众对改革命运共同体的认识。新发展阶段农业农村的深化改革，是巩固和发展农民群众利益的必然之举，是实现“产业兴旺、生态宜居、乡风文明、治理有效、生活富裕”发展目标，确保农村长期稳定繁荣的必经之路，关涉每个人的切身利益。要通过多种途径，教育引导广大农民群众深化对推进农村改革的理解和支持，充分说明改革依然是新发展阶段农村发展最大红利的道理，准确传达中央致力于通过提高利益增量、优化利益存量、引导利益预期来减少改革阻力的政策初衷，积极引导农民群众在面对深化改革所付出的代价和暂时经受的损失时，发扬集体主义和先公后私、心怀大局等价值观，放眼长远，适当提高对个人利益受损的心理承受度。

三、加快推进城乡融合发展

2018 年 9 月 21 日，习近平总书记在中共十九届中央政治局第八次集体学

---

① 参见：江帆. 扩大农业保险覆盖率还得加把劲［J］. 农村·农业·农民（B 版），2018（9）：16.

习上指出："在现代化进程中，如何处理好工农关系、城乡关系，在一定程度上决定着现代化的成败。"① 党的十八大以来，随着城乡二元结构改革的深入推进，特别是流动人口管理的放开、进城务工人员及随迁子女融入城市进程的加快，以及农村养老和医疗等社会保障体系的发展，城乡之间就业、教育、医疗、社保等方面二元格局得到了较大的松动和较好的缓解，尤其是随着一些工业小镇、电商小镇、旅游小镇、现代农业小镇等的蓬勃发展，不少地区的农村人均收入已超过当地城市居民，生活便利化程度也丝毫不逊于城市，城市居民到农村务工的情况也更加常见。但在我国不少农村地区，还存在着明显的城乡二元结构现象，城乡一体化建设依然任重道远。加快推进城乡融合，需要以下几方面的努力。

一是树立对城乡状况的正确认识。受长期思维惯性的影响，我国不少城乡群众，以及一些领导干部对促进城乡融合发展的重要性、必要性的认识存在不足，还停留在以往以城为先、以工为主、重商轻农的认识阶段。对于不少农村居民而言，城市环境好、收入高、机会多、文明进步、交通发达，而农村环境差、收入低、机会少、愚昧封闭、交通不便的刻板印象依然深刻。一些群众对当前农村人居环境越来越受到现代都市人群的羡慕，农村"三块地"已成为农民群众一笔巨大财富等的认识还不到位。

为此，需要通过政策宣传、形势教育、文化艺术作品展示等各种方式，将农村的重要性、优势、特色、前景讲清楚说透彻，以此坚定广大党员干部促进城乡融合、更好建设新时代农村的信心和决心，让生活在农村的每个人都感觉到农村生活的幸福和环境的优美，让城市居民更乐意将乡村作为自己的度假胜地和心灵家园的情感寄托，让城乡群众都能更客观地认识到城市和农村之间各自的优势和特点，以此摒弃偏见、诋毁和鄙夷，扫清城乡融合发展的思想障碍。

二是增强城乡包容互进、共荣共存的社会共同认知。随着我国城市化的持续深入推进，一些党员干部群众悲观地认为，我国的农业就业人口将进一步降低，农村会越来越空心化，农业会越来越边缘化，农民群众会越来越看不到希望。也有一些干部群众过于乐观地认为，只要把城镇发展好了，农村自然就会好起来。甚至一些干部群众错误地认为，新时代城乡融合，就该把农民手中的"三块地"国有化或私有化，让农民能和城市居民一样自由买卖房屋、出让土地，以此获得更多的资源收益。

① 习近平．论"三农"工作［M］．北京：中央文献出版社，2022：274．

但实际上，我国新发展阶段社会主要矛盾的变化和城乡发展规律，都要求对城乡发展实行有所差别的扶持政策，而且基于农业产业的特点和确保国家粮食安全的极端重要性，更是一刻都不能放松对“三农”问题的持续关注。必须充分发挥农村的比较优势，挖掘农村的潜在价值，特别是必须守住不改变农村土地集体所有制性质、不造成乡村文化滑坡和断裂、不损害农民群众利益、不发生严重生态灾难、不突破耕地保护红线等底线，坚决不能将农村土地推向私有化，坚决避免将农村变成资本跑马圈地的猎场，坚决反对在农村出现新的地主阶层，从而避免引发各类社会风险。

还应客观认识到，即使我国将来城镇化率达到70%以上，依然会有近4亿人长期生活在广大农村地区，且数以亿计进城务工人员的根基还在农村，农村工作必须得到足够的重视和关怀。因此需要教育引导广大群众增强对城乡融合发展与加快实现国家现代化、实现中华民族伟大复兴中国梦、提高城乡公共资源配置效能等重要性的认识，确保广大人民群众树立正确的城乡包容互进、共荣共存的观念。

三是提高城乡融合的认识能力和实践能力。2019年4月，中央出台《关于建立健全城乡融合发展体制机制和政策体系的意见》，对促进城乡融合进行了全面、系统的改革设计和路径规范。该意见明确了我国新时代城乡融合发展“三步走”目标，强调了改革的总方针是坚持农业农村优先发展，改革的抓手是协调推进乡村振兴战略和新型城镇化战略，改革的目标是缩小城乡发展差距和居民生活水平差距。该意见还对城乡要素合理配置、城乡基本公共服务普惠共享、城乡基础社会一体化发展、乡村经济多元化发展、农民收入持续增长这五个方面的体制机制进行了详细布局，明确了包括健全农业转移人口市民化机制、改革完善农村承包地制度、稳慎改革农村宅基地制度等在内的29个方面的着力点。①

今后一段时期，要加大对该意见的宣传、执行、监督检查力度，确保广大基层党员干部吃透政策精神，提升对城乡融合发展趋势的认知，明确城乡融合发展的目标、路径和方向，解决好当前还存在的城乡要素流动不顺畅、公共资源配置不合理等问题，更好引导广大城乡群众积极参与到城乡统筹发展的生动实践中来。

---

① 参见：中共中央国务院关于建立健全城乡融合发展体制机制和政策体系的意见［N］. 人民日报，2019－05－06（1）（8）.

第二节　增强农村主流意识形态建设的吸引力

增强农村主流意识形态建设的吸引力，本质上就是传播学中的信息传递效果增强的问题，这需要信息传播者和发布者通过运用贴合大众、嵌入生活的方式，对受众在接收信息的过程中予以一定的心理暗示、言语提醒、行动导引、物质激励等积极干预。当前，我国农村主流意识形态建设中面临的一个突出问题就是理论在掌握群众、解释现象、阐释真理上仍存在一定不足，在运用鲜活生动的语言、时髦的手段、便捷的方式、新颖的平台来解释现象、阐释真理、吸引群众、引导认知等方面还存在一些短板。因此需要在提升语言表达力和表达的灵活性等方面下更大功夫。

一、实现语言表达的通俗化和大众化

在新发展阶段，农村主流意识形态建设的关键之一就在于提高话语表达力，用老百姓爱听、能懂的语言来达到沟通信息、促进转变、形成共识的效果。

主流意识形态特殊的动力源和目标体系，使其在充分反映和表达党委政府声音、主张、意志的同时，难以避免地受到来自政权力量的干预或管控，从而在宣传教育的方式方法、形式内容等方面，体现出一定的教条化、程式化、行政化的倾向，甚至会出现官僚化倾向。这就容易导致马克思主义的宣传、社会主义核心价值观的推广呈现出语言生硬、面目刻板、不够亲和通俗的问题，过浓的“官气”自然会导致普通群众既不想听，也不爱看，更不爱信。

（一）促进官方话语的通俗化表达

各级党政机关的工作人员在推进农村主流意识形态建设时，要注意语言表达的“接地气”，要有意识地说“普通话”、聊“家常话”，要尽可能用生活的语言、丰富的形式，向农民群众宣传党的路线、方针和政策，普及中国特色社会主义道路、理论、制度和文化知识，增强话语的亲和力和感染力。在开展农村党员教育和农村党的建设等工作中，也要避免形式主义和官僚主义的空洞说教、机械式宣讲、师爷式训话。要用生动的话语、平等的姿态，将官方话语进

行生活化表达，拉近与农村群众的心理距离，使群众愿意倾听、容易听懂、乐意接受。

需要注意的是，官方话语的生活化表述，需要的是通俗，但不是庸俗。一些党员干部在开展群众工作、宣传党的政策时，存在着另一个误区，即将庸俗化的话语当成接地气，把用俗言俚语当成贴近群众。如果用不着边际的、调侃的、粗俗的语言，乃至以哗众取宠的“内幕”“小道消息”来传播党的主张和治国理政思想，其实是以形式主义和虚无主义来消融严肃的理论和政治问题，就难免陷入空洞、片面、媚俗的泥沼。

（二）促进社会语言的大众化表达

什么是大众化？毛泽东认为，大众化“就是我们的文艺工作者的思想感情和工农兵大众的思想感情打成一片。而要打成一片，就应当认真学习群众的语言”[①]。这句话的核心要义就在于各级党委政府要与工农兵大众进行情感交融，要懂得群众语言，要能进行平等的对话和交流。实际生活中，农村群众的知识文化水平、生活行为偏好、日常话语特征，都决定了在推进农村主流意识形态建设时，不能用那种学究的、古板的、冗长的、官样的、气势凌人的、不容置疑的语言和形式来开展，这只会吓走群众，赶跑群众，只有用通俗易懂的语言，用喜闻乐见的形式来阐释深刻的道理和枯燥的条款，才能使普通老百姓听得懂、记得住、用得上。

一是促进文风的转变。各类文艺作品、文化产品、宣传作品，在面向农村群众时，必须以多样的形式、生动的内容、朴素的语言来传情达意、针砭时弊、弘扬真善美，使人民群众在通俗易懂、鲜活生动、真实自然的语言和情境中接受教育，获得启迪，实现精神升华。

二是坚决抵制庸俗、低俗、媚俗的语言表达和文化糟粕。当前，打擦边球的“软色情”或“软暴力”的商业广告和文艺作品还屡见不鲜。对类似这些风格低俗、触碰道德和法律底线、挑战公众接受度的内容和行为，相关执法部门和宣传管理机构要严明态度、及时出手、坚决打击，确保面向广大社会群众的语言通俗而不低俗，大众而不哗众，大俗而不媚俗。

（三）积极培育大众传媒

伴随着信息社会不断发展，以新闻客户端和各类社交媒体为主要载体的新

---

① 毛泽东．毛泽东选集：第3卷［M］．北京：人民出版社，1991：851.

兴媒体影响力越来越大，已成为广大农民群众的第一信息源，特别是像“人民日报客户端”“新华社客户端”“今日头条”“一点资讯”等头部大众传媒，通过编发、转载、定制、推送资讯，对广大人民群众日常生活发挥了重大影响。推动农村主流意识形态的大众化和生活化，需要借助和发挥大众媒体在提高群众科学文化素质、国家认同感、社会责任感、职业荣誉感，引导社会舆论，疏导群众心理等方面的积极作用。

在互联网技术日新月异的背景下，要掌握好网络媒体、微媒体等信息发布快捷、内容丰富、分众化突出、语言和形式生动灵活的特点，培育发展和壮大一大批国字号、省字号的传播媒介，加强县域融媒体建设，支持体现地域性、职业性、专业性等分众化特征的传播媒介建设，加强面向农村社会、服务农民生活、服务农业发展的媒体建设，巩固传统媒体高地，抢占新媒体阵地，守住自媒体阵地，提高各类传媒的有效覆盖率和融入水平，建设全媒体传播体系，促进全传媒的效应叠加，积极拓展意识形态对农村群众宣传教育、舆论引导、价值观引领的传播空间。

（四）促进通俗文艺繁荣发展

推动农村主流意识形态发展，需要发挥好通俗文艺的积极作用。一般而言，通俗文艺以市场盈利为导向，以大众市场为主体，具有紧贴群众生活、符合大众口味的特点。音乐、舞蹈、戏剧、电影、动漫、小品等通俗文艺产品如运用得当，能发挥突出的作用。

如 2019 年，在中华人民共和国成立 70 周年之际，全国城乡群众都在吟唱《我和我的祖国》《我的中国心》《今天是你的生日》《祝福祖国》等歌曲，传达了对伟大祖国的炽热感情，深刻阐释了爱国主义情怀。中央电视台在 2019 年 2 月推出的“快闪系列活动——新春唱响《我和我的祖国》”系列节目，先后在北京首都国际机场、深圳北站、三沙永兴岛、厦门鼓浪屿、成都宽窄巷子、武汉黄鹤楼、韶关乳源县新时代文明实践中心、长沙橘子洲头八个地点开展，并连续八天在央视《新闻联播》播出，单期节目平均阅览量达 5 亿余次，随后，《我和我的祖国》快闪活动在全国各地纷纷开展，起到了非常不错的推进主流意识形态建设的效果。

新发展阶段农村主流意识形态建设，需要充分发挥音乐、电影、小说等通俗文艺的作用，在抓好公益性文化事业的同时，促进经营性文化产业的发展，发掘商业文化市场潜能，提高优质文化市场的综合生产力，让群众在休闲娱乐中受到教育，得到心灵启迪和熏陶。

二、促进表现方式的灵活性与适应性

列宁指出："所有一切压迫阶级，为了维持自己的统治，都需要两种社会职能：一种是刽子手的职能，另一种是牧师的职能。"[①] 农村主流意识形态建设话语权的巩固和提升，需要统筹用好各种手段和资源，在发挥主流意识形态春风化雨、柔化万物一面的同时，还要确保主流意识形态规制引导和惩戒功能得到及时有效的发挥，确保主流意识形态建设灵活开展。

（一）促进农村主流意识形态的多元表达

既要避免各吹各的号，各唱各的调的情况出现，又要避免一家大唱独角戏，或各方配合不协调、不充分的情况出现。党政机关和各级部门在制定政策法规、深化改革开放、促进民生发展和提升管理服务水平时，普通群众在参与各种社会事务时，市场主体在进行经营生产活动时，社会主体在组织开展各类经济文化社会活动时，都需要遵守共同的价值基础、行为准则和法治规范。在此基础上，各主体才能立足本元、多元表达、共同参与、互进共生，共同推进新时代中国特色社会主义实践向前发展。

（二）拓宽主流意识形态的作用领域

从理论上讲，人在现实生活中的各个领域，都应该是主流意识形态建设的着力点。作为鲜活的实践个体，每个社会个体的思想意识既具有作为个体的鲜明差异性，又具有作为社会成员的普遍共性，这就决定了意识形态工作在明确反对将意识形态泛化的同时，应积极强调主流意识形态在每个社会个体所须臾离不开的文化生活、医疗卫生、教育科技等领域的作用发挥，使主流意识形态像空气一样无处不在、日用而不觉。只有切实做到立足生活、真于生活、巧于生活，在不同中找到共同点，在共同要求中体现个性差异，方能确保主流意识形态的话语和思想传得开、叫得响、进得了、落得下。

如 2019 年 4 月开播的美食短纪录片《早餐中国》，通过镜头把湖南长沙肉丝粉、贵州凯里酸汤粉、广东汕头猪血汤、福建福安水煎包、陕西西安油茶麻花、我国台湾地区的台北筒仔米糕、四川成都红油抄手、内蒙古赤峰对夹、福

---

① 中共中央马克思恩格斯列宁斯大林著作编译局. 列宁选集：第 2 卷 [M]. 北京：人民出版社，2012：478.

建宁德洋中拌水粉、福建福州锅边糊、新疆吐鲁番烤包子、宁夏银川羊杂碎等地方早餐美食展现出来，更是把那些全国各地和各民族起早贪黑、勤劳坚韧、诚信经营早餐美食店的普通商家用写实的手法细腻地展现了出来，让各地群众看了后，既能记住这些地方美食，又能受到精神的感染，还能通过美食记住乡愁，获得广泛的情感共鸣。

例如《宵夜江湖》《风味人间》《航拍中国》《大美中国》这些纪录片，展示了我国各地的美食美景，能有效激发全国各族人民的中华民族共同体意识和国家自豪感；《新国货》《他们在改变中国》《大国工匠》《制造时代》《匠心》等纪录片则体现了中国经济的发展奇迹和背后的企业家精神、工匠精神、敬业精神和创新精神，能广泛凝聚全国各族人民的普遍共识。像《乡村里的中国》《看见爱的力量》《好生活在路上》《扶贫在路上》《中国力量》《一个都不能少》《扶贫 1+1》《养老中国》《俺爹俺娘》《佳节》等这些影视作品对推进乡村巨变、坚守乡土文明、文化寻根的艺术体现，能提高广大人民群众对国家精准扶贫政策的支持度和认同感，能让更多的群众培养和厚植对坚守吾乡吾土、呵护心灵家园的广泛认同。

此外，像中国网外宣平台依托强大渠道优势推出的《记录中国》系列节目，以精品力作向全国各族人民和世界其他国家综合全面展示了中国的经济发展、社会进步、民生改善、技艺延续、精神传承，也起到了很好的意识形态浸染的效果。

（三）提高主流意识形态的结构弹性

陈秉公认为，意识形态是有着严密内在结构的价值观念系统，具有自建构的功能，能在外界环境和各种价值观的作用下，通过同化外来信息和自我反省超越这两种方式，科学吸收新因素，克服不合理因素，实现不断发展并超越自身。[1] 因此保持和提高主流意识形态的结构弹性，发挥主流意识形态在同化外来价值观念和信息、调整完善自身结构系统等方面的功能和作用，对于其保持科学性和先进性具有重要意义。

一是保持时代发展的敏锐性。流水不腐，户枢不蠹。要避免思维僵化、路径程序化、方式固定化的问题。针对新发展阶段全球新一代科技进步带来的智能化、虚拟化等显著变化，紧扣科技进步发展对人际交流、信息传播等带来的

---

① 参见：陈秉公. 论意识形态的结构、功能及功能实现方式［J］. 思想理论教育，2008（9）：4-9.

新技术新趋势新变化，以实事求是、开拓创新的态度，保持对社会思潮变化、社会热点变化、群际交往特点变化、社会语言变化等的敏锐性和熟识度，确保主流意识形态建设的思维、方法、手段和工具保持与时代同步、与发展同行。

二是坚持一元主导、多元共存的开放格局。要紧扣我国正处于并将长期处于社会主义初级阶段的基本国情，避免陷入先入为主、固步自封、自大自满的思想窠臼，彻底摒弃意识形态二元对立、非黑即白的极“左”思维认识，以及只注重体现中国特色，忽视意识形态一般规律的做法。要善于吸收借鉴西方发达国家的治国理政经验，借鉴其他社会主义国家在维护群众利益、促进社会共识、发展本国经济上的有益做法，科学借鉴和吸收宗教、民间信仰、社会习俗中的有益成分。

三是丰富和发展主流意识形态的内容构成。在对歪曲和抨击我国社会主义制度和文化的反动思潮进行有效钳制、有力回应的同时，积极主动汲取其他非主流社会思潮的有益成分，如科技主义对科学技术的思考、新保守主义对本国文化传统和民族共识的思考、生态主义对环境保护和人与自然关系的思考、自由主义对发展公民权利与完善法治体系建设的思考等。将这些有益成分辩证吸收和融入我国社会主义主流意识形态建设的理论和实践发展之中，使之成为推进我国主流意识形态理论和实践进步的有益参考和必要补充。

四是突出参与主体的主动性和积极性。我国广大城乡社会发展程度不同，各地区文化习俗差异明显，不少民族地区还保留着浓厚的传统习俗，因而要在坚持我国主流意识形态建设一般要求的同时，鼓励和支持各地党委政府和有关部门根据当地主流意识形态建设的资源禀赋情况、群众思想整体状况、群众职业构成和收入情况、当地社会矛盾呈现情况等具体实际，因地制宜、因势利导，用好用活用足地方特色资源，突出主流意识形态建设的灵活性。

如针对内蒙古地区地域辽阔、人口分散、交通不便的特点，以及广大牧民群众渴望获得知识和文化，享受优质文化精神生活的现实情况，早在1957年6月，在当地党委政府的支持下，苏尼特右旗就诞生了第一支乌兰牧骑。广大乌兰牧骑的文艺工作者扎根生活、扎根群众，蒙古包在哪里，乌兰牧骑的文艺演出团队就到哪里。60多年来，众多的乌兰牧骑以天为幕布，以地为舞台，迎风雪、冒寒暑，长期在戈壁、草原上辗转跋涉，为广大农牧民群众带来政策、文化、科技、卫生、文艺等综合知识，把党的关怀送到群众身边，成为全国文艺战线的一面旗帜、草原上的“红色文艺轻骑兵”。

三、确保功能体现的全面、综合与深刻

新发展阶段主流意识形态建设，需要立足其功能的全面有效发挥。缺乏对现实生活的阐释力和批判力的意识形态，是不足以成为主流意识形态的。同样，缺乏群众基础、远离群众生活的空洞说教和冠冕堂皇、华而不实的言辞，以及支离破碎、互为掣肘的呈现，也是发挥不了任何效果的。

一是增强农村意识形态发展的目标定力。新发展阶段农村主流意识形态建设，要坚持马克思主义指导地位，坚持党的集中统一领导，坚持人民至上，坚持中国特色社会主义发展方向。要以促进农业农村现代化、实现经济社会更高质量发展、满足人民群众对美好生活的更高要求、提升农民群众的幸福为根本目标，把握意识形态建设努力方向，有效应对各种思潮和逆流的冲击，确保意识形态建设始终依靠人民、服务人民，始终关心群众疾苦和冷暖，始终以科学理论武装人、以正确舆论引导人、以高尚的精神塑造人、以优秀的作品鼓舞人，不断开创意识形态建设新局面。

二是增强农村意识形态发展的内容魅力。要把社会主义核心价值观融入农村群众日常生活、文化教育和基层党建等全过程，以马克思主义中国化的最新理论和实践成果来促进农村主流意识形态的内容发展，用以爱国主义为核心的民族精神、以改革创新为核心的时代精神来激励群众、教育群众，以社会主义先进文化为新时代农村发展提供强大精神动力。

要注重提高群众的实际参与率，加强农村文化队伍建设和乡土人才培养，用好基层专业和业余两支文化队伍，引导农民群众开展丰富多彩的文化艺术活动，指导农民开展自演自赏、自娱自乐文化活动，组织好各类节庆活动和民俗活动，丰富农村群众的精神文化生活。

三是提高农村主流意识形态的结构张力。促进社会主义核心价值观与农村民间习俗包容共生，促进社会主义先进文化与中华农耕文明兼收并蓄，促进政法工作、宣传工作、教育工作、民族工作、民政工作、卫生防疫工作、文艺工作协调共进，共同致力于农村社会的繁荣发展和文明进步。注重及时吸收马克思主义中国化理论发展最新成果，注重转化吸收人文社会科学和自然科学最新研究成果，注重借鉴社会治理进步成果等，确保新发展阶段农村主流意识形态与时俱进、创新发展。

四是增强农村主流意识形态工作的行动魄力。

一方面，确保公民的隐私权和言论自由权不受侵犯。正确对待人民群众对

中国特色社会主义发展道路和中国共产党领导的批评议论，坚持以包容促和谐，以发展促共识，通过全面落实新时代中国特色社会主义发展的“十个明确”和“十四个坚持”的要求，持续推进中国特色社会主义事业的不断进步和发展，用实实在在的发展成果和人民群众切切实实的获得感、幸福感、安全感的提升来引领群众、赢得群众。

另一方面，对人民群众提出的批评和质疑时刻保持清醒的认识。对来自人民群众的批评和质疑，既要从我国社会主义初级阶段的国情和社会主要矛盾来认识和分析问题，又要从党面临的“四大考验”和“四大危险”来认识问题，还要从广大人民群众的切身感受来反思问题，通过加强党的自身建设，提升党的执政能力和政府的服务水平，促进国家治理现代化，发展民生事业，维护广大农村社会的稳定、团结、和谐。

另外，对于极少数越过法律红线、突破道德底线对党和政府进行大肆抨击，对我国社会主义事业进行中伤污蔑，以及挑战社会公序良俗的人，除予以及时、有力的抨击和反击外，还应充分调动各级党委政府的力量，对相关人员予以及时的教育和惩戒，对于性质恶劣、影响严重的，更应发挥国家机器的作用，予以强有力的处罚。

五是提高农村主流意识形态建设的批判和阐释力。习近平总书记指出：“要坚持建设性和批判性相统一，传导主流意识形态，直面各种错误观点和思潮。”[①] 当前一些农村地区存在的拜金主义、个人主义、享乐主义等不良思想，以及家庭观念、道德观念、诚信观念滑坡的问题，还有一些农村群众轻视农业生产，法治意识、责任意识、生态保护意识薄弱等现象，都有待于通过发挥主流意识形态对社会风气的匡正和调节作用，对不良习气和社会丑陋现象进行批判，并对社会良习善行进行褒扬。同时，新发展阶段农村主流意识形态建设需要坚持以目标为导向，以社会主义核心价值观和爱国主义、集体主义为普遍要求，以社会主义道德、法治、文化等的具体规范为基本要求，通过运用各种手段和工具，敦风化俗、激浊扬清、涤荡痼疾，确保党和国家的大政方针、国家意志在农村始终得到有效贯彻和坚定落实。

---

① 习近平．习近平谈治国理政：第3卷［M］．北京：外文出版社，2020：331．

第三节 深化农村主流意识形态建设的文化浸染力

文化浸染，至善至柔，能化育于无形，能成俗于日常。借助文化浸染之力，是掌握并体现农村主意识形态话语权的必由之路和必要依托。

一、汲取中华优秀传统文化丰富营养

凝结在中华优秀传统文化中的伦理观念、道德情操、精神追求、行为规范等，早已融入每一位华夏儿女的精神血脉之中，是每一位中国人之所以为中国人的基因密码，是团结和振奋每一位中华儿女的精神图腾。在新征程上，需要充分汲取中华优秀传统文化的丰富营养，用中华优秀传统文化滋润人心、厚植德行、促进和谐。

一是弘扬深厚的家国情怀和国家意识。中国传统社会有着家国同构、差序并存的典型特征，并形成了以五伦、五常、四维、八德为代表的社会秩序和伦理差序格局。两千多年前的《周易·序卦》中就载明："有天地，然后有万物。有万物，然后有男女。有男女，然后有夫妇。有夫妇，然后有父子。有父子，然后有君臣。有君臣，然后有上下。有上下，然后礼义有所错。"① 个人由婚姻组成家庭，家庭基于血缘构成家族，家族经由地缘构成部落，部落联合则组成国家，个人、家庭与国家的密切联系，体现为社会群体对国家的天然紧密联系。在家国同构、差序并存的特征下，我国普通民众有着浓厚的家庭观念，这表现为敬仰祖先和传统、重视亲情人伦和睦邻友善、讲究孝悌忠言和礼义廉耻，同时其还有着强烈的乡土情结，对故乡故土有着虔诚的情感。我国特有"春运"这一人类最大规模的周期性迁徙活动，所涉群众数量多年持续在30亿人次左右，人们通过"春运"返回家乡，建立起游子与故乡之间的紧密联系。早在《孟子》中就有"人有恒言，皆曰'天下国家'。天下之本在国，国之本在家，家之本在身"② 的精辟论述，这充分体现了我国自古以来家国一体、天下国家的共同认知。

---

① 阮元. 十三经注疏：上［M］. 上海：上海古籍出版社，1997：96.

② 朱熹. 四书章句集注［M］. 北京：中华书局，1983：278.

在我国农村人口老龄化和“空巢化”进一步加深，农村的家庭结构规模和类型继续发生深刻变化的情况下，各级党委部门和宣传单位都提高了对我国传统家风家训、家国情怀、人伦道德的重要性认识，更加注重培育广大群众根在农村、心系农村、记住乡愁、呵护血脉亲情的普遍认识和行动自觉。新发展阶段农村主流意识形态建设，需要各级党委政府和宣传部门通过综合举措，进一步引导广大人民群众爱国爱家爱农村，弘扬“修身、齐家、治国、平天下”的传统人文精神，促进农村社会家庭和睦、社会稳定。

二是传承崇文重教的社会文化追求。夏商周三代庠序之教、春秋战国游学之盛、汉儒精舍研经、魏晋竹林玄谈、隋唐寺院禅修、宋明清书院传习，我国崇文重教的传统一以贯之。而且我国在漫长的封建社会发展进程中，形成了从皇室贵族到官绅平民在内的六大等级，以及士、农、工、商四个阶层。完备的等级制度和严格的社会阶层划分使广大社会呈现较强凝固性的同时，也刺激了广大民众对改变自身社会地位，实现阶层上升的强烈愿望。长达 1300 多年的科举制度，一切以程文为去留，天下寒士以试入仕，为普通百姓通过勤学苦读，改变自身社会地位，实现社会阶层的转变提供了重要渠道。在这种社会风气的影响下，广大群众对读书开智的重要性形成了普遍的认识，耕读之风盛行，甚至“耕读传家”成了乡村名门望族、贤能之士所标榜的生活方式，以及教育子孙后代的行为准则。

新发展阶段农村主流意识形态建设中，各级党委政府要高度重视和充分挖掘我国重读重学的文化传统，加大教育投入、维护教育公平、提高教育质量、促进城乡教育均衡发展，想方设法调动广大农村群众投资教育、投资知识的积极性，呵护农村群众信赖教育、崇尚知识的心理认知，鼓励并保障相对贫困家庭的孩子充分享有读书学习的机会，让崇文重学的传统在广大乡村社会蔚然成风。

三是褒扬德法相依邻里守望的社会行为规范。在我国传统社会中，法理不外乎人情。历代中央政府通过制定完备的礼法制度，促进礼法制度与社会道德、习惯、人情、礼俗紧密联系，与农村的家族治权、乡村治权运行制度相结合，与乡村社会的抚幼养老、赈灾济困、宽疾安富等社会职能相结合，以此实现对乡村社会礼、乐、德、法的交织共进和有效渗透，达到促进乡村社会普遍稳定和持续发展的目的。与此同时，居住在乡村这一共同空间领域的群体，出于共同抵御灾荒、瘟疫、匪患、兵祸等天灾人祸，共同应对政府的苛捐杂税和徭役，共同关怀鳏寡孤独等弱势群体的社会需要，形成了讲信修睦、息讼罢争、守望相助、出入相友的社会生活格局，以及德法相依、注重人情的社会行为规范体系。

徒善不足以为政，徒法不能以自行。当前，我国正处于社会转型期，农村社会各种矛盾多发叠加，利益格局深刻调整，社会个体行为“失范”与心理“失衡”同时存在。在加强社会主义法治建设、弘扬社会主义核心价值观的同时，各级党委政府和意识形态工作部门还需要高度重视和充分发挥我国传统文化在约束人的行为、规范社会生活上的积极作用，重视发挥人情礼法和道德约束、舆论批评的时代价值，以现代法治文明和政治文明对农村社会的传统礼法制度予以现代性转化和时代性发展，从而更好地促进依法治国与以德治国的结合。

四是弘扬道法自然取用有度的生态文明观。相对封闭和稳定的传统农耕社会孕育了丰富的生态哲理。基于对天地万物、太阳宇宙的认识，《周易·乾卦》载言：“夫大人者，与天地合其德，与日月合其明，与四时合其序，与鬼神合其吉凶，先天而天弗违，后天而奉天时。”① 《庄子·齐物论》载言：“天地与我并生，而万物与我为一。”② 在实践层面，我国古代更是形成了丰富的道法自然、取用有度的生态文明观，并突出体现为遵从自然法则，不违背万物生长规律、讲究节用爱物，不铺张浪费，讲究因果互联、循环互用等观念。孔子“钓而不网，弋不射宿”③，墨子“量腹而食，度身而衣”④，明末清初大儒朱用纯（号柏庐）的《朱子家训》中“一粥一饭，当思来处不易；半丝半缕，恒念物力维艰”⑤ 等警句，都告诫执政者及普通群众，一定要遵从自然法则，敬畏自然，按照万物生长的自然规律开展生产活动，以实现人与自然的和谐相处。

我国古代重视用国家制度和乡规民约来保护生态环境。西周时就已设有冢宰、大司徒、虞、衡等官职，并制定了森林管理法令来保护生态，如文王伐崇，“令毋杀人，毋坏室，毋填井，毋伐树木，毋动六畜。有不如令者，死无赦”⑥。云梦睡虎地秦简《田律》规定：“春二月，毋敢伐材木山林及雍（壅）隄水。不夏月，毋敢夜草为灰，取生荔、麛鷇（卵）鷇，毋□□□□□□□毒鱼鳖，置穽罔（网），到七月而纵之。”⑦ 再如广西龙胜县金坑大寨的潘姓族规石

① 阮元. 十三经注疏：上 [M]. 上海：上海古籍出版社，1997：17.

② 郭庆藩. 庄子集译 [M]. 北京：中华书局，1961：79.

③ 朱熹. 四书章句集注 [M]. 北京：中华书局，1983：99.

④ 吴毓江. 墨子校注 [M]. 北京：中华书局，2006：737.

⑤ 《青少年必读丛书》编委会. 颜氏家训·朱子家训 [M]. 2 版. 广州：广东世界图书出版公司，2010：197.

⑥ 胡承珙. 毛诗后笺 [M]. 合肥：黄山书社，1999：1291.

⑦ 睡虎地秦墓竹简整理小组. 睡虎地秦墓竹简 [M]. 北京：文物出版社，1978：26.

碑规定："一禁高山矮山四处封禁，不许带火乱烧。如有砍山烧耕，地土各要宽扒开火路。不许乱烧出外。又清明挂青，各要铲尽坟前，烧纸不许乱烧出外。如有烧，拿获查出，众等公罚银二两二钱；一禁春、冬二笋，各管各业，不许扯挖。又有入别山捡干柴，不许带刀乱砍，如有带刀乱砍，拿获者，众等公罚银一两二钱。"①

当前，我国生态文明建设已取得了积极成效，但距离党的二十大提出的建设美丽中国，坚持山水林田湖草沙一体化保护和系统治理，推进生态优先、节约集约、绿色低碳发展的目标还有较大距离。在一些农村地区，捕捉、贩卖或食用野生动物等有违生态文明要求的情况还时有发生。新发展阶段农村主流意识形态建设过程中，各级党委政府要注重汲取和大力弘扬我国传统生态哲理和生态保护实践的有益成分，大力提倡节约资源、保护环境、爱护生命、尊重规则、敬畏自然的生态文明观，并通过硬性规范和软性约束，促进提升广大农村群众的现代文明观念。

五是继承发扬灿烂多元的民族文化。在历史长河中，经过长期的文化碰撞与相互交往，我国 56 个民族形成了各具特色、璀璨夺目的民族文化。藏族、维吾尔族、苗族、蒙古族、哈萨克族等民族在语言文字、天文历法、医药哲学、建筑服饰等方面都取得了很高成就，侗族、水族、满族、壮族、朝鲜族、瑶族、傣族等少数民族在服饰、建筑、饮食、医药、音乐、舞蹈等方面有着非凡的造诣，这些都是中华民族的文化瑰宝。

在新发展阶段，传承好、保护好各少数民族的优秀传统文化，一方面，能促进各民族群众共同富裕，实现我国经济社会高质量发展。各具特色和风情的民族文化，独具魅力的民族生活习俗，风光旖旎的大好河山，是发展民族旅游观光、促进民族交流和文化繁荣的宝贵资源。像四川阿坝的九寨沟、贵州西江的千户苗寨、新疆阿勒泰的喀纳斯湖等景点，备受中外游客的喜爱。另一方面，尊重各民族文化差异、保护民族文化遗产、促进民族文化交流交融，能让各民族群众增强民族自豪感、增强国家认同感、铸牢中华民族共同体意识，增进各民族之间的深厚友谊和血肉联系，从而为实现各民族共同发展、共同富裕，实现第二个百年奋斗目标，推进我国社会主义事业不断向前发展奠定坚实的基础。

① 参见：黄滨. 晚清中国乡村的公共道德生活探微 [J]. 伦理学研究，2008 (1)：17-18.

二、厚植人民群众的精神信仰

人民有信仰，民族有希望，国家有力量。广大人民群众对美好生活的向往、对中华民族伟大复兴的期望、对中国共产党的信赖、对中国特色社会主义事业和社会主义理想信念的坚持，最终都将汇聚成为推进新发展阶段主流意识形态建设的磅礴力量。

（一）加强农村思想政治教育

人生需要信仰驱动，社会需要共识引领，发展需要价值导航。新发展阶段农村的思想政治教育需要立足群众生活，广泛传播党的纲领、路线、方针、政策，用马克思主义中国化时代化的最新成果来教育和引领广大农村群众，调动和激发人民群众的生产积极性和创造性，为农业农村现代化建设提供强大的精神动力和思想保障。

新发展阶段农村主流意识形态建设，要紧盯当前一些农村地区存在的信仰弱化、法纪意识淡漠、社会戾气滋长，以及一些农民群众对政治生活和公共活动热情不高等问题，增强问题意识，以钉钉子的精神和灵活多样的方式推进问题解决。

一是用“四史”教育群众。新发展阶段农村主流意识形态建设，需要在坚定马克思主义立场、观点和方法的基础上，将我国独有的、丰富的、珍贵的“四史”资源，通过各种形式和渠道，转化为人民群众喜闻乐见的电影、电视、广告、动漫、音乐、戏剧等，以此向广大人民群众讲清楚中国共产党为什么“能”、马克思主义为什么“行”、中国特色社会主义为什么“好”。

如围绕庆祝中国共产党成立100周年，全国各地农村纷纷组织开展了形式多样、内容丰富的庆祝活动，有的农业合作社组织农民种出了巨幅党旗油菜花地、巨幅国旗稻田、巨幅党徽玉米地，有的村社组织开展了红歌赛、文艺表演、艺术创作，有的乡镇组织了演讲比赛、歌咏比赛、摄影比赛，有的村党支部组织了参观红色基地、分享党史学习优秀书籍和电影、开展“我钦敬的一名共产党员”分享会等相关活动，还有很多地区隆重表彰了一批优秀共产党员、优秀党务工作者、先进党支部，文艺场所、影视机构还推出了一大批优秀的影视和曲艺作品，真正把庆祝党的百年华诞办成了全体人民共同的节日，深化了党史学习教育专题活动。

二是用社会主义道德力量引领群众。道德滋养是有效应对道德失范，促进家庭和谐、社会文明的必经之路，也是培养和造就担当民族复兴大任时代新人的内在要求。

一方面，用好传统思想道德教育素材。受我国长期以来封建糟粕影响，我国农村社会难免还存在一些与当今时代发展进步不相符的小农思想，但同时也存在着许多敬老孝亲、睦邻友好、诚实守信、积德行善、勤学苦读、爱岗创业、保家卫国的生动鲜活的优秀思想道德教育典型素材。立足新发展阶段，农村主流意识形态建设需要发挥好这些具有突出作用的传统思想道德教育素材，以此促进社会和谐稳定，维护群众心态平和，协调群际交往，厚植群众道德情操。

另一方面，深入实施《新时代公民道德建设实施纲要》。该纲要强调，要“持续强化教育引导、实践养成、制度保障，不断提升公民道德素质，促进人的全面发展，培养和造就担当民族复兴大任的时代新人”①。该纲要还明确提出要把立德树人贯穿学校教育全过程、用良好家教家风涵育道德品行、以先进模范引领道德风尚、以正确舆论营造良好道德环境、以优秀文艺作品陶冶道德情操、加强网络内容建设、培养文明自律网络行为、丰富网上道德实践、强化法律法规保障、彰显公共政策价值导向、深化道德领域突出问题治理等，对新时代公民道德建设作出了全面的理论构架和实践指引，是新发展阶段农村主流意识形态建设的重要依据。

三是促进良法善治在农村地区的广泛实现。除促进《新时代公民道德建设实施纲要》在广大农村社会生长开花之外，还应按照《社会主义核心价值观融入法治建设立法修法规划》的相关精神和要求，将中华传统伦理道德精髓、人类文明进步准则等更好地融入我国推进科学立法、严格执法、公正司法、全民守法的全过程，确保我国依法治国进程能充分体现社会主义法治精神、社会主义道德要求、社会主义价值取向。

特别是要对当前存在的农村不少年轻人家庭责任感和社会责任感淡漠，老年人被信息化社会拒之门外，以及各类奇葩证明等广受群众诟病的问题，注重运用现代社会主义法治和道德来予以及时的调节和处理，确保广大社会群众在日常生活中因法治而安全、因道德而舒心、因人性而闪亮，让以人民为中心的社会主义核心价值观念能体现在群众日常生活的方方面面。

---

① 新时代公民道德建设实施纲要［N］. 人民日报，2019－10－28（1）.

（二）大力推进农村社会公序良俗的形成

当前，农村社会还存在着一些与社会主义核心价值观不符的陈规陋习，不少群众对人情开支节节上涨、大操大办婚丧嫁娶、遇事找关系的不良风气颇有怨言。要解决上述问题，需要重视以下几方面。

一是发挥党员干部的示范带头作用。干部怎么干，群众学着办。通过党员干部带头示范讲诚信、讲节约、讲道德、讲法治，带头摒弃陋习、废除恶俗，引导普通群众践行社会公序良俗。

二是开展针对性的移风易俗宣传教育。在农村群众中广泛开展和积极推进对科学文明进步的义利观、法纪观、生育观、生活观的宣传，弘扬法治精神、契约精神、自治精神、道德精神，以此涵养文明乡风、良好家风。

三是注重实践养成。通过大力推进农村移风易俗，将社会主义道德和法治的普遍要求贯穿到农村群众的社会公德、职业道德、家庭美德、个人品德等各个生活领域，在广大农村社会形成重权利明义务、办事讲规则重契约、规矩面前人人平等、法大于情的浓厚社会氛围。针对农村社会中存在的陈规陋习和违法违纪现象，既要加强道德层面的批判和谴责，也要从法治层面加以制裁和约束，对严重违反社会公序良俗、人伦道德、世俗礼法的，依法依规予以批评、教育和惩戒，以此筑牢当代农村社会主义精神文明堤坝，确保农村主流意识形态建设有力有节有序开展。

总之，要通过细致的工作、足够的耐心、多样的方式，在广大农村地区积极稳妥促进乐观自信、自尊自爱、遵纪守法、科学文明的生活态度的形成，营造全社会崇尚道德、维护公序良俗、追求公平正义、倡导团结互助、理性平和、守望相助的良好氛围，推动广大农村社会精神文明建设的蓬勃发展。

（三）广树群众身边的先进典型

认识有先后，觉悟有高低。典型示范是促进意识形态有效渗透和潜移默化的重要方式，通过树立典型、学习标杆，运用典型的人物或事例来宣传、教育、鼓舞广大人民群众，能促进形成共学共悟、互促互进的良好局面，推动社会风气的持续好转。

一是增强典型示范的时代感和鲜活感。不同时代有不同典型。在全面建成小康社会、全面推进乡村振兴战略、实现农业农村现代化的社会主义新时代，农村社会的典型示范要体现好所处时代的鲜明特色，增强典型人物和事迹的代入感，避免在树立典型时宣传语言和所述事例的呆板化。

最近几年各地涌现出来的农村网红就具有很强的时代叙事特征。这些农村网红身上所体现的时代感、潮流感、正能量，就是在树立典型示范时可以充分挖掘的好素材。最近几年，在应对西方国家经济和技术制裁、应对国内外各种风险挑战时涌现出了包括载人空间站建设团队、华为鸿蒙系统研发团队、新冠疫情中国医疗队等在内的一大批展现我国人民自强不息、坚忍不拔意志和风格的好典型好事例，也具有很好的时代感和感染力。

二是增强典型示范的生活化和平民化。所树典型是否可学习、可借鉴、可参考，是否来自生活、反映生活，以及是否人物亲切、事例典型，直接决定着典型示范的成功与否。在树立和发现典型的过程中，要避免人为拔高、过度修饰和包装，避免以“高、大、全”的完人形象来展示典型人物，避免宣传手段的过犹不及和宣传力度的过大过猛。要善于从群众身边的小事入手，抓住社会典型事件、典型人物的闪光瞬间来有效宣传和适当包装，缩小典型示范与群众之间的距离感，寓教于乐、寓教于常、寓教于新，让群众觉得典型人物和典型事例可亲、可信、可及。

如 2020 年 5 月 21 日，四川富顺县海尔服务工程师胡云川徒手爬楼救下悬在六楼窗户外的女童。事后，海尔智家做出奖励胡云川 60 万元房产一套，并授予“人单合一见义勇为奖”的决定，广大群众对胡云川的见义勇为纷纷点赞的同时，也对该公司的大方奖励普遍予以了高度的认可，从而使海尔公司获得了群众的广泛好感。在自媒体海量传播下，这一来自生活、源于普通的正能量事件，对教育和引导广大普通群众发扬见义勇为精神、乐于助人传统，对启发和促进更多企业肩负社会责任、展现良好形象，起到了积极的作用。

三是注意典型示范的人格化和层次化。人与人之间的思想观念和行为偏好有所不同，农村社会的不同年龄、不同职业群体的行为偏好和观念体系有所差异，期望通过树立一两个人物典型来促进广大农村群众思想进步、个人觉悟和境界提升是不切实际的。必须在树立典型示范时，尽可能注重典型人物的人格化和层次化。既要走心，又要走量，在树立社会群体广泛认可和普遍接受的典型之外，还要研究不同群体的心理状况，推出一些略显小众、分行业体现的典型，让群众有所选择、有所依附，切实增强典型示范的覆盖面和渗透力。

因此，新发展阶段背景下的农村主流意识形态建设，需要的不是一两个典型人物和典型形象，而是需要一大批各行各业的典型人物，而且要考虑到职业分布、年龄分布、性别分布、民族分布等各种因素。

如既要加强对农村社会中敬老孝亲、睦邻友好、诚实守信、勤学苦读、爱岗敬业的典型人物和典型事件的树立和传播，又要加强对农村年轻人具有正面影响力的杰出科学家、艺术家、慈善家、教育家，乃至德艺双馨的歌星、演员、体育明星、电竞高手、网红，以及商业领军人物、创业达人等典型人物的宣传，而且还需要加强对老一辈无产阶级革命家、老战士、老党员等群众熟悉、熟知的典型人物的宣传。通过各种形式宣传推广，将这些有血有肉、生动饱满的典型形象多元多样地呈现给广大农村群众，以此满足群众不同层次、不同方面的精神需求。而这些不同类型、不同年代、不同方面的典型，也都应基于社会主义核心价值观的共同要求和一致标准。

三、加强“三农”领域的文艺关怀

文艺具有审美、认知和教育三大功能，一部优秀的文艺作品能让人更好地看到自己、认识世界。优秀的文艺作品中所刻画的人物形象、描述的生活场景，能引起观众的情感共鸣，并产生出意想不到的效果。如 1992 年的电影《秋菊打官司》，农村妇女秋菊为维护家庭而勇敢起诉、不屈不挠告状，激发了无数农村群众用法律武器捍卫自身权利的意识，促进了农村法治建设的进步。2003 年播出的电视剧《希望的田野》，成功塑造了乡党委书记徐大地克服困难和阻力，打破乡村贪腐和内耗局面，团结带领干部群众改变农村落后、贫穷面貌的鲜活生动人物形象，激发了无数基层乡镇干部扎根基层搞改革破难题的信心和勇气，同时也很好地起到了教育农村群众依法办事、依法维权，坚定信念跟党走的效果。

当前，我国一些文艺作品中农民形象刻板化的问题依然突出，要么农民愚昧守旧、农村贫困落后、农业又苦又累，要么农民个个是好人、农村富裕像城市、环境像花园，这些简单刻板的呈现，既难以打动人心，又难以体现当代农村生动鲜活的生活，更难以起到安抚心灵、促进共识、扬清激浊、针砭时弊的积极作用。以深受广大群众喜爱的小品为例，在过去一段时间，农村题材的小品多反映的是农民迂腐愚昧、见识短、图小利、老实憨厚透着傻气的形象，如赵本山的“赵氏喜剧”就是其中典型。

而近十来年这类小品就有了不错的改变，如 2014 年春晚小品《扶不扶》，由沈腾扮演农民工郝建、马丽扮演白发老太太，将“老人摔倒了到底扶不扶”这一残酷的现实话题用小品形式予以艺术表现，直指人心和社会公德，并把农民工的善良但谨慎的形象成功刻画了出来。还有 2014 年《欢乐喜剧人》中《老人与山》这个小品，由小沈阳扮演的角色为了保护山林不被泯灭人性的开发商破坏而不惜跳崖自杀，阐释了农民对山林田园特殊的情感，也紧扣了党的十八大以来推进生态文明建设的时代主题。《欢乐喜剧人》中还有另一个反映农村生活的小品——《小城大爱》，表现的是农村两兄弟小潘、佳佳在进城圆摇滚音乐梦前，向暗恋的姑娘小斐表白，被小斐以不认真干活，性格不踏实为理由拒绝后，依然坚持自己的摇滚梦的节目内容，生动阐释了当代农民对多彩职业和多样人生的追求，一定程度上起到了转变人们对农民群众进城务工职业选择存在偏见的效果。

近十来年一些农村题材的影视作品以其高超的艺术手法和精良的剧本制作，获得了我国电视剧的“飞天奖”。如2012年的电视剧《我的土地我的家》，展现了从1978年农村土地承包制改革以来的30年间农村社会从分田到户单干、成立合作社联办、三产融合大产业的发展历程，让广大群众形象地认识到在农村坚持土地集体所有制、发展现代农业、推进土地流转的重要性。2014年播出的电视剧《老农民》，被称为中国首部“教科书”级农村发展史，编剧高满堂坚持“逼近真实、讲究扎实、崇拜厚实”的理念，把新中国成立以来农民对土地的特殊情感表现得淋漓尽致，对农民的精神世界也进行了恰如其分的展示，剧中重点刻画的人物角色如爱恨分明敢担当的牛大胆、隐忍内敛多谋的马仁礼、朴实善良而又倔强“窝囊”的赵有田，能让农民群众在剧中找到自己的影子，因而获得了农民群众的认可。

2015年的电视剧《马向阳下乡记》，则把镜头对准了扶贫第一书记，刻画了一个机关公务员在农村扶贫工作中历练成长的故事，剧中所塑造的农村人物形象立体、性格饱满，如精明执拗、心思缜密、世故圆滑的刘氏族长刘世荣，性格泼辣彪悍但又富有集体观念和大局观的留守妇女李云芳，剧情不说教不矫情，但已把农村必须发展、干部必须担当、群众必须发动、改革必然有利益冲突的道理说透彻了。

2017年的电视剧《鸡毛飞上天》，通过刻画陈江河、骆玉珠、陈金水等多个鲜活的人物形象，艺术性地体现了改革开放之初浙江义乌农村的小商小贩从鸡毛换糖开始，一步一步创业致富的艰辛过程和感人篇章，生动诠释了我国农村群众锐意改革、顽强拼搏、团结互助的精神面貌。

2018年的电视剧《大江大河（第一部）》，成功刻画了抓住恢复高考机会来改变命运、依靠过硬技术和出色人品干出一番事业的宋运辉，带领村民紧跟改革浪潮发展村集体经济，但又由于自身文化水平、眼界觉悟等限制经受苦难折磨的雷东宝，以及从卖馒头开始，在商品经济大潮中摸爬滚打，最终拥有自己产业的杨巡等多个人物形象，生动地表现了广大农村群众在改革开放浪潮中坚韧不拔、敢做敢拼的精气神。

但总体而言，这类优秀的文艺作品还相对较少，在农村群众娱乐休闲生活中的分量还不够，影响力还不强。习近平总书记在 2014 年 10 月召开的文艺座谈会上指出："生活中并非到处都是莺歌燕舞、花团锦簇，社会上还有许多不如意之处、还存在一些丑恶现象。"① 文艺服务农村主流意识形态建设的方向，就是要让更多更广泛的群众在思想观念与问题的解决过程中看到美好、看到希望、看到梦想、看到农村生活的生动变化，坚定建设富裕美丽和谐农村的信心。

一是用好用活现代文化艺术资源。要把社会主义核心价值观体现在主流意识形态建设各方面，融入国民教育、影视音乐、文艺创作、文化普及等精神文明建设的全过程，融入乡村文化建设的全过程。通过加强农村文化队伍建设和人才培养，发展专业和业余两支文化队伍，引导群众开展丰富多彩的文化艺术活动，开展好乡村院落建设、文化院落建设、农村校园建设、农村文化普及等工作，扩大群众的参与面，丰富群众的精神文化生活。通过影视、文学、诗歌、绘画等文艺形式来展示当代农村群众的精神世界和群体面貌，不断增强广大农民群众的文化自信，树立起当代农村社会的积极健康群像，为农村主流意识形态建设提供强大的精神支撑。

二是促进社会主义文艺更好发展。

一方面，以政策和平台来促进文艺繁荣。充分用好现有的文艺影视行业各项扶持政策和展现平台，发挥好中国电视金鹰奖、中国广播影视大奖、精神文明建设"五个一工程"奖、大众电影百花奖、中国电影金鸡奖、电影华表奖、金熊猫奖等国家级奖项的导向作用，为质量高、角度新、反响好的文艺作品提供更大舞台、给予更多支持、授予更高荣誉，促进社会主义文艺的高质量发展。

另一方面，通过市场支持和金融配套来促进文艺发展。发挥好现有的国家级省级影视文艺类基金会、国有龙头影视公司和大中型文艺公司的创作主体和市场主体作用，从扩大财税优惠、放宽融资条件、推进现代股权架构、创新柔性引才、畅通职称评定等方面，大力扶持涉农题材、历史题材、生活题材等多类型、多角度的文艺创作和产品开发，推进反映现代农村生活的文艺创作繁荣发展。

并且，对反映农村现代生活、体现新时代农民形象、展示乡村振兴和精准扶贫成就、反映农耕文明和优秀传统文化等的影视作品，可通过多种方式鼓励

① 习近平. 习近平谈治国理政：第 2 卷 [M]. 北京：外文出版社，2017：319.

支持，如要求在线影院、影视门户网站、地方电影电视频道加大排片、推送、展播的力度和频度，从而逐步培养壮大广大农村的受众群体。同时也以广泛的受众面和旺盛的观众需求来刺激提升涉农影视文艺作品的创作水平。

三是注重以题材创新来促进文艺发展。文艺发展，内容为王。要通过综合举措，促进反映我国当代农村生活的优质文艺作品得到更好呈现，加强对农村特殊群体的文艺关怀。近十来年，文艺界对于农村的一些特殊群体，如边疆民族群众、农村留守儿童、农村失独老人、农村社会青年、农村传统技艺传承人、农村民办教师、农村老党员、农村退伍军人、返乡第一代农民工等的关怀和展示还不够，相关作品在小说、戏剧、影视等文艺作品中还没有取得相应的位置。

如我国现有 8500 多万残障人士，其中很大一部分生活在农村，而关怀残障人士的优秀影视文艺作品的数量比较少。比较知名的除 1997 年的《黑眼睛》（盲女运动员）、2000 年的《漂亮妈妈》（听障儿童）、2007 年的《隐形的翅膀》（失去双臂少年）、2008 年的《网络妈妈》（网瘾少年）和《绽放》（失明少年）、2009 年的《海洋天堂》（孤独症少年）、2011 年的《我的少女时代》（肢体残疾）和《站起来》（核辐射致残），以及 2014 年的《推拿》（盲人）等少量文艺作品外，其他的就只有一些短视频、公益广告等。在实施乡村振兴战略、促进城乡融合发展的时代背景下，广大农村社会中的特殊群体，应该得到更及时的、温暖的文艺滋养和艺术关怀。

从近几年的影视剧作品来看，《失孤》《我不是药神》《送你一朵小红花》等电影作品，通过文艺的形式来直面生活中的不完美，艺术性传达生活中的真、善、美，引起全社会对某一社会问题的普遍关注，其社会促进作用是很明显的。如刘德华主演的《失孤》热映之后，全国各地公安机关对涉嫌拐卖儿童的案件加大了侦破力度，并完善了全国失孤基因库，建立起了全国联网的网上寻亲网站，推动了全国打击拐卖儿童行动的实际进展。再如《我不是药神》热映之后，时任国务院总理李克强专门作出批示，要求有关部门加快推进抗癌药物进医保、进口抗癌药物零关税、抗癌药物降价等利民工作。

在新发展阶段，随着广大文艺工作者更加自觉坚持以人民为中心的创作理念，应该会有更多反映农村美景、美食，反映农村群众真诚、善良，反映农村生活喜怒哀乐，艺术性地针砭时弊、昭示光明、传递希望、弘扬真善美的精品力作呈现出来。

四是注重巩固和提高“三农”领域的学术话语权。哲学社会科学是文化艺术的一个特殊方面。增强农村社会主流意识形态建设的影响力和说服力，还需要充分发挥学术中的“三农”作用。

一方面，掌握农村主流意识形态研究的话语权。没有自己的哲学社会科学体系，就没有话语权。要更加牢固和体现“三农”研究的学术自信、理论自信和文化自信，鼓励广大社会科学工作者扎根“三农”丰富实践，开展扎实的田野调研和深度的理论探索，确保以中国特色社会主义理论体系指导和实现“三农”研究话语体系、学术体系、学科体系的系统化、科学化发展。鼓励广大社会科学工作者立足中国实践和中国问题，推进核心命题、核心概念、关键范畴、基本原理的丰富和发展，确保我国“三农”理论研究边界清晰、传承有序、交叉融合，既立足当下又观照历史，既立足国情又开放包容，既立足学科又兼收并蓄，为当下中国农村发展面临的问题提供系统的、科学的理论支撑和学术解答。

另一方面，注重提升“三农”领域学术话语体系的表达力。习近平总书记指出：“一切有价值、有意义的文艺创作和学术研究，都应该反映现实、观照现实，都应该有利于解决现实问题、回答现实课题。”① 农村主流意识形态学术研究也应扎根人民群众、扎根社会生活，紧扣时代需求、回答时代之问，为农村经济社会的全面发展提供高质量学术研究智慧成果。同时要着力提升农村主流意识形态学术研究的整体水平，大力促进农村精神文明建设理论、基层社会治理理论、农村信息传播理论、农村社群交往理论，以及城乡统筹发展、乡村振兴等实践问题的学术研究创新和学术成果转化。

第四节　强化当代农村网络工作的引领力

当前，跨境电商、网络娱乐、网络教育、网络带货、在线政务服务等已深度融入城乡居民生产生活的各个方面，已成为广大群众生活密不可分的一部分。2023 年 3 月公布的第 51 次《中国互联网络发展状况统计报告》显示，截至 2022 年 12 月，我国网民规模已达 10.67 亿，全国网络购物用户有 8.45 亿，网络视频用户有 10.31 亿，网络直播用户有 7.51 亿，在线政务服务用户有 9.26 亿。就农村地区而言，农村网民规模已达到 3.08 亿，互联网普及率为

① 习近平. 习近平谈治国理政：第 3 卷 [M]. 北京：外文出版社，2020：324.

61.9%，农村电商、直播带货、远程教育、远程医疗、在线政务等蓬勃发展。[①] 面对互联网已成为农村主流意识形态建设的主阵地的现实情况，提高用网治网水平，已成为牢牢把握农村主流意识形态话语权的必然要求，也成为夺取互联网主阵地的关键所在。

一、加强县级融媒体建设

按照2018年11月中央审议通过的《关于加强县级融媒体中心建设的意见》，县级融媒体应发挥自身优势，结合新技术，统合县域内广电、党报、“三微一端”等平台和资源，将自身打造成集政务信息公布、气象预报预警、在线医疗服务、社区生活服务、交通管理服务和信息咨询、农业科技服务、旅游休闲信息咨询、农产品展销等于一体的权威信息发布平台、民生服务综合平台、农民教育平台。当前，一些县级融媒体建设还处于起步阶段，在“融”和“聚”上还做得不够，综合影响力还有待提升，而在市、县层面人员编制、资金设备等资源都有限的情况下，运用人工智能来促进县级融媒体中心的技术升级，提高基层传媒技术现代化水平是一条有效途径。

一方面，提升人工智能技术的成熟度，拓展人工智能技术的应用场景。目前，国内采用写稿机器人来完成一般性新闻稿的采、编、发工作已蔚然成风。国内一些成熟的写稿机器人价格门槛在不断降低，技术综合运用效果却得到了快速提升。时至今日，我国自主研发的写稿机器人已具有输入关键词或主题，就能瞬时爬取和聚合全网信息和热点，快速生成社会、财经、体育、科技等各个领域初稿的功能，如深圳市智搜信息技术有限公司推出的人工智能系统能在5秒钟内产出10篇字数在2000以内的原创文章，且顺达率达到80%以上。再如AI人工智能技术剪辑视频，在2019年国庆阅兵式直播中，央视新闻新媒体首次运用AI引擎自动编辑了70多个机位的画面内容，共计生成86条短视频，这些视频均被即刻发布至央视网和央视APP，可见AI技术的视频剪辑又快又好，准确率非常高。[②]

而且最近两年，受ChatGPT的影响，我国各头部互联网企业更加重视对生成式人工智能（AIGC）的研发和投入，百度推出的ERNIE Bot（文心一

---

① 参见：中国互联网络信息中心．第51次《中国互联网络发展状况统计报告》[EB/OL].(2023-03-02)[2023-12-30]. http://www.cnnic.net.cn/n4/2023/0303/c88-10757.html.

② 参见：张晓峰，程静．全媒体时代的传播趋势和创新路径［J］．传媒观察，2020（1）：5-11.

言）、商汤科技的大模型“日日新”、科大讯飞的星火大模型、北京智谱华章科技的智谱清言等大模型，都很好地实现了AI的生成式写作，而且大多具备算法迭代创新、预训练模型引发AIGC技术质变的能力，能轻松实现参数、创意、指标、素材等的快速合成。

2023年8月，真格基金与Gen World、Hugging Face、AI Vanguard和Agently共同举办了首届中文AI微小说大赛。参赛选手使用LLM（大语言模型）来创作小说，从小说的主题构思、情节设计到文字表述，所有环节都由AI完成，不做任何人工润色和加工，最后评出来的获奖微小说不论是质量还是创意都证明了当今人工智能技术和模型对一般语言文字的超强驾驭能力。

采用人工智能技术，能极大地提升市县两级新闻传媒单位对本地历史文化、传统民俗、自然风光、好人好事等的规模化组稿能力和高质量撰稿水平，并能保持对某一领域的持续宣传力度。采用人工智能技术也能有效提升市县两级新闻舆情引导水平，能实现对党政要闻、社会热点、突发事件、重大案件、民生工程等各领域的24小时全天候的跟踪报道、流量统计、热词归类和舆情分析。并且，采用人工智能技术还能对人民群众关心的、困惑的、感兴趣的问题进行及时置顶、推送和二次编辑，对不利于引导群众树立正确世界观、人生观和价值观，不利于社会公序良俗，不利于促进社会健康稳定发展的，予以信息过滤、删帖和屏蔽，对危害社会安全和政治稳定、造谣诽谤、恶意中伤的网络言论，予以及时的监控、提醒和取证，从而维护群众利益和社会稳定。

另一方面，注重人工智能技术支持和配套的现实可行性。当前，县级融媒体中心建设还存在技术能力不足、从业人员专业水平不高、软件和硬件更新跟不上等问题和短板，导致了县级融媒体中心的媒体产品原创少、同质化严重、吸引力不足等问题，从而影响到农村主流意识形态建设的实际效果。在国家有关部门的重视下，目前我国各省区正在制度化、常态化地开展融媒体高质量发展提升工作。其中，由大型传媒集团和省级新闻机构承担指导县级融媒体建设的工作职责，并且在内容共享、板块外包、平台开放等多方面进行相应扶持；依托各级高校对县级融媒体从业人员常态性开展理论和实务培训；委托技术提供方对县级融媒体从业人员进行技术指导和人员培训。这些制度性安排对县级融媒体中心的运行质量和宣传能力具有重要推动作用。

今后一段时期，县级融媒体在引入和运用人工智能时，还需要特别注意以下三个方面：一是坚守人工智能使用的道德底线和价值标准。既要防止对人工智能运用场景的迷信和对技术的过分依赖，也要“克制本能的贪婪，并达成共识去解构利益、权力、垄断、争霸等理念，避免人工智能的发展走向野蛮的暴虐”①，还要真正以人的权利和尊严的维护、人性情感的高扬、社会伦理德性的固守等社会主义核心价值标准来应对人工智能滥用、误用所带来的冲击。②二是加强技术人才的储备和培训，重视对技术人员的政治素质把关，防止从业人员对人工智能工具的滥用误用，确保人工智能工具始终掌握在可靠的人手中。三是加强对人工智能软硬件设备的管理，做好数据灾备和应急演练，及时修复安全漏洞，有效应对一般情况下的黑客攻击，防止软硬件瘫痪、服务器宕机、信息大规模泄露等极端情况发生。

二、管住用好新媒体

当今社会，网络已成为亿万群众生活交往的最大社区，网络世界在社会群众的行为驱动、价值取向、观念更新、情感寄托等众多方面发挥着越来越重要的作用。习近平总书记在谈论互联网和新媒体时曾强调，管得住是硬道理，用得好是真本事，要通过网络走群众路线，让互联网成为党群沟通交流新平台。2018 年，中共中央办公厅和国务院办公厅出台了《关于加快推进媒体深度融合发展的意见》，国务院办公厅出台了《关于推进政务新媒体健康有序发展的意见》，对促进媒体深度融合、发挥新型主流媒体积极作用、壮大主流舆论格局、构建全媒体传播体系，具有重要指导意义。

新发展阶段农村主流意识形态建设，需要以习近平新时代中国特色社会主义思想为指导，按照中央和有关部门的相关要求，以切实的举措，着力构建网上网下一体、内宣外宣联动的主流舆论格局。确保新媒体发挥好突出优势，不断增强社会主义意识形态的凝聚力和引领力，推进农村主流舆论、主流价值观、主流情感态度和审美的积极发展，“形成网上网下同心圆，使全体人民在理想信念、价值理念、道德观念上紧紧团结在一起，让正能量更强劲、主旋律更高昂”③。

一方面，打造一批新型的传播平台和主流媒体。紧扣当前传播技术飞速发展和集约度不断提升的时代特点，坚持党对新闻舆论工作的全面领导，深入推进信息生产供给侧结构性改革，打造资源集中、技术领先、覆盖面广的骨干传

① 唐代兴．从 AlphaGo 到 ChatGPT：人工智能的伦理边界何在？［J］．哲学分析，2023（6）：120.

② 参见：唐代兴．人工智能发展带动的社会公正危机［J］．人文杂志，2020（8）：19.

③ 习近平．习近平谈治国理政：第 3 卷［M］．北京：外文出版社，2020：317.

播平台，提高平台的内容吸引力、平台引领力、综合传播力。

另一方面，加强网络内容的监管力度。始终牢固掌握宣传舆论的主导权和主动权，依法治理和惩处传播负面信息、虚假信息、淫秽色情内容，煽动民族仇恨、鼓吹宗教迷信、恶意攻击党委政府、散播负能量、违背社会公序良俗等内容的网站、公众号、视频号、报纸杂志等，并对责任人进行追责和制裁，确保各类媒体传播在法治轨道上健康正常运行。

此外，提高话题和舆论引领力，把握好网上舆论引导的时、度、效。既要善于巧设话题、引导舆论，抓住当前热点，及时发声，抢先发声，促进热点讯息的快速传播和广泛影响，又要深挖冷门焦点，以专业态度和务实精神弥补舆论盲区，避免群众认知的"标签化"和"一边倒"，以强大的传播力、引导力和公信力来形成网上网下同心圆。

并且，要充分发挥大数据、云计算、区块链、人工智能、5G 等新兴技术在提高舆论宣传、新闻出版、文化艺术等领域的传播速度和效率，提高主流意识形态的渗透力、感染力和表现力等方面的突出作用。基于大数据挖掘、分析和整合，提高科学预测和评估社会舆情走向、准确把握社会公众情绪和心理趋好变化的能力，通过适度干预和有效疏导社会公众的行为偏好倾向，实现对社会舆论风险的提前介入和科学预防。

三、提高农民群众的科学用网水平

互联网时代，网络世界的开放性和公平性有效地促进了群际间的平等交往，也使农村群众获得了更多的话语表达渠道和话语表达权。抖音、快手、西瓜视频、哔哩哔哩等短视频软件，微信、QQ 等聊天交友软件，爱奇艺、优酷、腾讯视频等影视软件已成为农村群众话语表达、娱乐休闲、工作生活的重要工具。很多农村群众也乐于通过上传短视频来反映自己的生活，甚至一些农村群众在通过这些现代社交工具展示才艺和推广商品上获得了很大的成功。

与此同时，一些农民群众由于网络安全意识的淡薄、个人网络信息保护意识的不到位，以及科学用网上网意识的不足，在导致个人隐私被泄露、个人账号被攻击和盗用、被网络低俗恶俗信息淹没的同时，他们也在不自觉地参与到各类网络审丑、炫富、炒作等网络狂欢之中，甚至成为网络"暴民"而不自知，从而对当代农村的形象产生了不好的影响，对广大农民群众的健康思想观念和正确"三观"的形成也造成了一定冲击。

如 2016 年的一篇网络文章《残酷底层物语：一个视频软件中的中国农

村》，就对快手软件上一些农村视频制作者通过吃灯泡等各种异物、生吃蚂蚁等各种生物，自虐式喝酒抽烟喝油、自虐式跳冰河埋活人、自编自导黑社会黄段子江湖剧、喊麦社会摇鬼步舞来寻求精神消遣和提高社会关注度的现象进行了批判。虽然解决这些问题的根本在于彻底改变乡村教育衰败和乡村优质文化生活滋养不足等状况，但与此同时，切实提升广大农村群众的网络安全意识，引导其形成符合时代要求和社会主义道德要求的用网行为习惯，必然也是题中之义和当然之举。

一方面，依法加强对互联网平台的监管和约束。通过进行有效监管和约束，加大对短视频、聊天室的审查力度，确保及时下架违规违法、恶俗低俗内容，及时封杀明显存在重大社会危害性和煽动性的公众号、聊天室，逐渐改变农村群众的视听偏好，使他们逐步形成崇尚真善美、理性平和健康的用网习惯。

另一方面，运用技术手段加强平台监管和内容审查。应进一步发挥网信部门和宣传文化部门的干预引导作用，加强网络技术、网络系统的升级和优化，通过用好大数据和智能算法，提升网络内容自动扫描、网络安全自动提醒、网络风险自动处理的能力和水平，确保违规违法信息、网上谣言等该删的删、该封的封、该罚的罚。并且，大幅压缩不良言论、不法行为的网络空间，以此减少对人民群众正常思考和理性判断的负面干扰。

此外，加强对网络语言的规范和引导。前几年网络上的《中国放的这句狠话，美国再听不懂就要出大事了》《在这些领域，中国创下多个“世界第一”！无人表示不服》《内部人士曝东风26为何会令美国吓尿了裤》《美国iPad跪求中国芯片，全球震惊》《中国特警的超强装备，最后一个让美国网友吓尿了》等“咆哮体”“自嗨体”“吓尿体”雄文，以极其夸张、惊悚、低俗的语言表达，贻害无穷、贻笑大方，严重损害我国的国际形象。针对这种情况，人民网观点频道于2018年7月连续推出《文章不会写了吗》《中国人不自信了吗》《文风是小事吗》三篇文章，对网络上浮夸自大文风的危害性予以重点关注。借用人民网评论员林峰的话来说，这类文章实际上起到了“挑动极端情绪、肆意传播偏见的后果，容易造成公众走进夜郎自大、自吹自擂狂妄误区，导致社会陷入信息碎片化、思维程序化的认知闭环”① 的恶劣作用。群众是网络使用的主体，在鼓励和包容新生网络语言的同时，也要通过加强引导、建立规则、完善机制、干预算法，营造理性平和、文明进步的网络语境，铲除网络世界

① 林峰. 文章不会写了吗［J］. 党建文汇（上半月），2018（8）：49.

“吓尿体”等变态语言文字的生长土壤。

四、赢得信息技术优势

信息技术是一把双刃剑，既能为我国传播社会主义核心价值观、弘扬中华优秀传统文化、增进民生福祉创造更加便利的条件和最新的应用平台，同时也会被别有用心者利用进行非法活动。在当今世界国际竞争日益激烈、全球意识形态冲突加剧的情况下，信息技术在意识形态领域的运用将更加普遍，也更加具有多重性和复杂性。

一方面，信息技术在新发展阶段主流意识形态建设中将发挥更加突出的战略支撑作用。随着新一代信息通信技术的广泛运用，新兴技术被恶意利用和滥用的问题也将更加突出。人工智能技术借助网络发起自动攻击、智能攻击的风险性更大，网络智能病毒的恶意代码生成、执行、感染将更有隐蔽性，新型网络犯罪模式和行为将严重危害网络安全并传导至现实社会。如网络黑客通过入侵自动驾驶汽车的控制系统进行谋杀，在特定情况下将不难发生。而目前仍对广大城乡居民的健康有序生活构成较大威胁的网上裸聊敲诈，技术手段和犯罪手法还在继续演进迭代和更新，使得此类案件更难预防和侦破。在打击此类犯罪行为，维护公民人身和财产安全时，必须加强自身建设，通过全面的技术优势来予以克服。工业互联网、区块链、5G 等领域的数据存储方式和运算方式需要提前做好入侵检测、用户行为分析、自动防御智能攻击等技术的开发和运用，一旦技术管控失守或技术出现代差，我国主流意识形态建设就将面临严峻挑战，甚至蒙受重大损失。

另一方面，我国应对来自国外的意识形态竞争将更加呈现出信息技术与意识形态相结合的特点。面对中国的快速发展，以美国为首的西方发达国家一直在加紧利用信息化优势和信息技术优势对我国意识形态领域进行渗透。在此背景下，增强我国在新技术、新业态、新模式、新产业上的创新和推广能力，增强中国声音和中国话语的国际传播力，有效提升中国的国际形象，赢得信息技术竞争和国际意识形态斗争的主动权，是我国新发展阶段的必然选择。

当前，相对英美等发达国家，我国新一代媒体技术的优势还不明显，一些关键环节还受制于人，特别是芯片技术、关键材料、关键部件等不少方面还面临着卡脖子的问题，我国的中高端芯片制造业还处于亟待提升的阶段。最近几年，我国的一些具有全球竞争力的高科技公司，如华为、中兴、海康威视、达闼科技、冠捷科技、力神电池等，在美国等国的制裁下，遭受了重大损失。因此，需要加强以下措施：

首先，加快打造全媒体，做大做强主流舆论。打造全媒体的目的是巩固全党全国人民团结奋斗的共同思想基础。应进一步推进音视频、VR、H5等媒体丰富的表现形式，创新发展好各类电视广播杂志网站，进一步增强各类平面媒体、移动媒体、电视媒体等终端按需推送和获取信息的能力，加快推进全程媒体、全息媒体、全员媒体、全效媒体的发展，加快促进5G与4K、8K、VR技术的结合，确保掌握和引领全息媒体时代采、编、播、传等各个环节的革命性变化，提高我国对外传播的能力和水平。如最近几年，中央电视台建成的首个国家级“5G新媒体平台”和“5G媒体应用实验室”、浙江联通联合好易购打造的“5G全媒体零售联合实验室”等，就是推进媒体技术综合集成的有效举措。

其次，发挥好科技攻关的新型举国机制，确保技术领先。以切实举措，发挥我国的制度优势、人才优势、市场优势，凝聚多方力量，争取在较短时期内实现我国在关键信息技术、关键信息材料领域的突破，其中就包括及早布局6G等下一代技术，开展新一代高端芯片的研发封测。要努力掌握核心技术和增强科技原创能力，解决好“卡脖子”的技术难题，抢占全球科技的制高点，赢得技术优势和传播优势。对于农村信息网络建设而言，还应大力推动广大中小城市和农村地区5G网络基础设施建设，避免城乡出现通信技术代差，切实维护好、实现好广大农村群众对高质量美好生活的期盼。

结 语

在 2015 年召开的全国党校工作会议上，习近平总书记形象地指出："落后就要挨打，贫穷就要挨饿，失语就要挨骂。"① 新中国成立以来，经过几代人的不懈努力，我国已成功解决了"挨打"和"挨饿"这两个问题。着力解决好失语"挨骂"的问题，是新时代意识形态工作的时代要求和历史使命。新发展阶段的农村主流意识形态建设，应在确保广大农村群众过上美好生活的同时，让党和政府的主张、声音、政策得到广大农村群众的普遍信任和信赖，让社会主义核心价值体系在农村社会得到更加丰富和生动的践行，使全体人民在理想信念、价值理念、道德观念上更加紧密地团结在一起。

这需要广大宣传思想文化工作者坚定以习近平新时代中国特色社会主义思想为指导，贯彻落实习近平文化思想，坚持党对宣传思想文化工作的全面领导，不断创新和发展意识形态工作新思路、新技术、新方法，着力提升新闻舆论传播力、引导力、影响力、公信力，持续发展壮大主流价值、主流舆论、主流文化，提升宣传思想文化阵地建设整体水平，巩固全党全国各族人民团结奋斗的共同思想基础。

促进发展需要回顾历史。新中国成立以来各个历史发展时期，中国共产党领导全国各族人民在农村主流意识形态建设上走过的非凡历程，取得的辉煌成就，探索总结出来的理论、经验及方法，都为新发展阶段农村主流意识形态建设提供了坚实的理论基础和丰富的实践经验。对已有理论、经验、方法进行全面梳理、总结凝练，进而在新发展阶段农村主流意识形态建设中更加明确需要坚持什么、体现什么、发展什么，是非常必要和关键的。

实现发展需要立足现实。客观而言，在新发展阶段，制约农村主流意识形态建设的因素还有很多。比如农村人口老龄化问题、农村基层党建问题、农村公共资源投放效益问题、农村网络信息安全和农村文化生活短板问题等，这些

---

① 习近平. 在全国党校工作会议上的讲话［M］. 北京：人民出版社，2016：20.

问题的解决有赖于各级党委政府和意识形态工作部门把握发展趋势，创新工作理念和工作方式方法；有赖于乡村治理体系和治理能力现代化、乡村振兴战略的深入发展；有赖于“五位一体”总体布局和“四个全面”战略布局的整体推进。唯有切实推进和实现农业农村的高质量发展，更好地满足人民群众对美好生活的向往，才能为巩固党在农村的领导地位、巩固马克思主义在农村的指导地位奠定坚实的基础。

还应客观认识到具有政治性、历史性、社会性、变动性等固有特质，具有相对稳定、相对复杂、相对弱质和相对被动等特点的农村主流意识形态，在实际建设过程中是难以达到一劳永逸、同音同频、同步同质的理想状态的。在当今科学技术发展日新月异、新的社会思潮不断涌现、信息传播技术和传播方式不断更新的时代，要准确把握农村意识形态的整体状况和有效应对存在的问题，就必须坚持马克思主义的立场、观点和方法，以客观、平和、包容的态度来看待和认识存在的问题，以积极、乐观、科学、谨慎的态度来面对和解决存在的问题，以此促进农村主流意识形态建设行稳致远、见效见长，不断发展。

新发展阶段农村主流意识形态的整体推进，需要协同推进，久久为功。因此本书主张，应创新发展和有效提升农村主流意识形态的领导权、管理权和话语权。一方面，深入推进新时代党的建设新的伟大工程，继续深化党的政治建设、思想建设、组织建设、作风建设、纪律建设、制度建设，不断加强和提升党的执政能力建设、先进性和纯洁性建设，以党的自我革命引领社会革命，增强应对各类风险挑战的能力。另一方面，压紧压实意识形态多方主体责任，通过把牢方向、管住阵地、优配资源、防范风险等有效举措，把意识形态领导权抓在手上，把意识形态管理权落到实处。此外，还应通过提高意识形态建设话语的吸引力、提高农村发展的统揽力、增强文化的浸染力、加强网络工作的引领力等必要措施，来巩固和提升意识形态工作话语权。

当今世界并不太平，经济全球化遭遇逆流，国际合作不稳定性不确定性明显增加，俄乌冲突仍在持续，单边主义、保护主义、霸权主义已成为世界和平与发展的严重威胁，我国发展面临的国际环境严峻而复杂。而在国内方面，经济增长速度换挡期、结构调整阵痛期和前期刺激政策消化期“三期叠加”带来的风险和挑战还在持续，支持经济恢复增长的基础还不牢固，农民工等群体的就业结构和就业质量还有待提升，这些都给我国新发展阶段的农村主流意识形态建设提出了新的挑战。

习近平总书记多次指出：“发展是党执政兴国的第一要务，是解决中国所有问题的关键。”① 解决当前农村主流意识形态建设中存在的问题，关键在于搞好我们自己的建设，以中国式现代化全面推进中华民族伟大复兴。

我们坚信，在习近平新时代中国特色社会主义思想的指引下，我国广袤农村将迎来新的一轮大发展，农业基础地位将更加稳固，城乡一体化和区域协调发展水平将得到显著提升，广大农村群众的获得感将成色更足、幸福感将更可持久、安全感将更有保障，农村主流意识形态建设将实现更高质量和更高水平的发展。在全面建设社会主义现代化国家、实现中华民族伟大复兴的时代征程上，广大农村将为之提供最广泛、最深厚的基础和支撑。

① 习近平. 习近平谈治国理政：第2卷［M］. 北京：外文出版社，2017：38.

主要参考文献

一、中文著作

阿尔都塞，2003. 哲学与政治：阿尔都塞读本［M］. 陈越，编译. 长春：吉林人民出版社.

贝尔，1989. 资本主义文化矛盾［M］. 赵一凡，蒲隆，任晓晋，译. 北京：生活·读书·新知三联书店.

波朗查斯，1982. 政治权力与社会阶级［M］. 叶林，王宏周，马清文，译. 北京：中国社会科学出版社.

薄一波，1997. 若干重大决策与事件的回顾：下卷［M］. 北京：人民出版社.

邓小平，1993. 邓小平文选：第 3 卷［M］. 北京：人民出版社.

邓小平，1994. 邓小平文选：第 2 卷［M］. 北京：人民出版社.

冯宏良，2017. 国家意识形态安全与马克思主义大众化［M］. 天津：天津人民出版社.

弗洛姆，1986. 在幻想锁链的彼岸——我所理解的马克思和弗洛伊德［M］. 张燕，译. 长沙：湖南人民出版社.

葛兰西，2000. 狱中札记［M］. 曹雷雨，姜丽，张跣，译. 北京：中国社会科学出版社.

郭福昌，1998. 中国农村教育改革一百年［M］. 北京：红旗出版社.

哈贝马斯，1999. 作为“意识形态”的技术与科学［M］. 李黎，郭官义，译. 上海：学林出版社.

亨廷顿，1988. 变革社会中的政治秩序［M］. 李盛平，杨玉生，等译. 北京：华夏出版社.

侯惠勤，2010. 马克思的意识形态批判与当代中国［M］. 北京：中国社会科学出版社.

胡锦涛，2012. 坚定不移沿着中国特色社会主义道路前进 为全面建成小康社会而奋斗——在中国共产党第十八次全国代表大会上的报告［M］. 北京：人民出版社.

胡锦涛，2016. 胡锦涛文选：第2卷［M］. 北京：人民出版社.

胡锦涛，2016. 胡锦涛文选：第3卷［M］. 北京：人民出版社.

季广茂，2005. 意识形态［M］. 桂林：广西师范大学出版社.

江泽民，2006. 江泽民文选：第2卷［M］. 北京：人民出版社.

江泽民，2006. 江泽民文选：第3卷［M］. 北京：人民出版社.

拉雷恩，2005. 意识形态与文化身份：现代性和第三世界的在场［M］. 戴从容，译. 上海：上海教育出版社.

拉雷恩，2013. 马克思主义与意识形态：马克思主义意识形态论研究［M］. 张秀琴，译. 北京：北京师范大学出版社.

李德芳，杨素稳，2007. 中国共产党农村思想政治教育史［M］. 北京：中国社会科学出版社.

刘少杰，2012. 当代中国意识形态变迁［M］. 北京：中央编译出版社.

刘友女，2015. 结构视域下中国主导意识形态研究［M］. 上海：复旦大学出版社.

马尔库塞，2008. 单向度的人：发达工业社会意识形态研究［M］. 刘继，译. 上海：上海译文出版社.

毛泽东，1991. 毛泽东选集：第1卷［M］. 北京：人民出版社.

毛泽东，1991. 毛泽东选集：第2卷［M］. 北京：人民出版社.

毛泽东，1991. 毛泽东选集：第3卷［M］. 北京：人民出版社.

毛泽东，1991. 毛泽东选集：第4卷［M］. 北京：人民出版社.

聂立新，2010. 我国当代主流意识形态认同研究［M］. 北京：人民出版社.

诺思，1994. 经济史中的结构与变迁［M］. 陈郁，罗华平，等译. 上海：上海人民出版社.

斯科特，2011. 弱者的武器［M］. 郑广怀，张敏，何江穗，译. 南京：译林出版社.

王树荫，2010. 中国共产党思想政治教育史［M］. 北京：中国人民大学出版社.

王晓升，等，2009. 西方马克思主义意识形态理论［M］. 北京：社会科学文献出版社.

王艳成，龚志宏，2003. 中国共产党农民社会主义教育50年［M］. 开封：

河南大学出版社.

文森特，2005. 现代政治意识形态 [M]. 袁久红，等译. 南京：江苏人民出版社.

习近平，2014. 习近平谈治国理政 [M]. 北京：外文出版社.

习近平，2015. 在文艺工作座谈会上的讲话 [M]. 北京：人民出版社.

习近平，2016. 在网络安全和信息化工作座谈会上的讲话 [M]. 北京：人民出版社.

习近平，2017. 决胜全面建成小康社会　夺取新时代中国特色社会主义伟大胜利——在中国共产党第十九次全国代表大会上的报告 [M]. 北京：人民出版社.

习近平，2017. 习近平谈治国理政：第2卷 [M]. 北京：外文出版社.

习近平，2018. 在庆祝改革开放40周年大会上的讲话 [M]. 北京：人民出版社.

习近平，2020. 习近平谈治国理政：第3卷 [M]. 北京：外文出版社.

习近平，2021. 论把握新发展阶段、贯彻新发展理念、构建新发展格局 [M]. 北京：中央文献出版社.

习近平，2022. 高举中国特色社会主义伟大旗帜　为全面建设社会主义现代化国家而团结奋斗——在中国共产党第二十次全国代表大会上的报告 [M]. 北京：人民出版社.

习近平，2022. 论“三农”工作 [M]. 北京：中央文献出版社.

习近平. 2021. 在庆祝中国共产党成立100周年大会上的讲话 [M]. 北京：人民出版社.

姚建军，2016. 主流意识形态建设与社会整合研究 [M]. 北京：光明日报出版社.

伊格尔顿，1999. 历史中的政治、哲学、爱欲 [M]. 马海良，译. 北京：中国社会科学出版社.

袁银传，2008. 小农意识与中国现代化 [M]. 武汉：武汉出版社.

张乐天，邵泽斌，魏峰，等，2016. 新中国成立以来农村教育政策的回顾与反思 [M]. 北京：北京师范大学出版社.

赵勇，2012. 社会主义意识形态功能研究 [M]. 上海：上海人民出版社.

中共中央党史和文献研究院，2018. 习近平关于总体国家安全观论述摘编 [M]. 北京：中央文献出版社.

中共中央马克思恩格斯列宁斯大林著作编译局，1995. 马克思恩格斯全集：

第1卷［M］. 北京：人民出版社.
中共中央马克思恩格斯列宁斯大林著作编译局，2002. 马克思恩格斯全集：第3卷［M］. 北京：人民出版社.
中共中央马克思恩格斯列宁斯大林著作编译局，2009. 马克思恩格斯文集：第5卷［M］. 北京：人民出版社.
中共中央马克思恩格斯列宁斯大林著作编译局，2009. 马克思恩格斯文集：第8卷［M］. 北京：人民出版社.
中共中央马克思恩格斯列宁斯大林著作编译局，2012. 列宁选集：第1卷［M］. 北京：人民出版社.
中共中央马克思恩格斯列宁斯大林著作编译局，2012. 列宁选集：第2卷［M］. 北京：人民出版社.
中共中央马克思恩格斯列宁斯大林著作编译局，2012. 列宁选集：第3卷［M］. 北京：人民出版社.
中共中央马克思恩格斯列宁斯大林著作编译局，2012. 列宁选集：第4卷［M］. 北京：人民出版社.
中共中央马克思恩格斯列宁斯大林著作编译局，2012. 马克思恩格斯选集：第1卷［M］. 北京：人民出版社.
中共中央马克思恩格斯列宁斯大林著作编译局，2012. 马克思恩格斯选集：第2卷［M］. 北京：人民出版社.
中共中央马克思恩格斯列宁斯大林著作编译局，2012. 马克思恩格斯选集：第4卷［M］. 北京：人民出版社.
中共中央文献研究室，1982. 三中全会以来重要文献选编：下［M］. 北京：人民出版社.
中共中央文献研究室，1986. 十二大以来重要文献选编：上［M］. 北京：人民出版社.
中共中央文献研究室，1991. 十三大以来重要文献选编：中［M］. 北京：人民出版社.
中共中央文献研究室，1992. 建国以来重要文献选编：第2册［M］. 北京：中央文献出版社.
中共中央文献研究室，1993. 毛泽东文集：第2卷［M］. 北京：人民出版社.
中共中央文献研究室，1993. 十三大以来重要文献选编：下［M］. 北京：人民出版社.
中共中央文献研究室，1998. 建国以来重要文献选编：第18册［M］. 北京：

中央文献出版社.
中共中央文献研究室，1999. 毛泽东文集：第6卷［M］. 北京：人民出版社.
中共中央文献研究室，2008. 改革开放三十年重要文献选编：上［M］. 北京：中央文献出版社.
中共中央文献研究室，2014. 习近平关于全面深化改革论述摘编［M］. 北京：中央文献出版社.
中央档案馆，中共中央文献研究室，2013. 中共中央文件选集（1949年10月—1966年5月）：第11册［M］. 北京：人民出版社.
中央档案馆，中共中央文献研究室，2013. 中共中央文件选集（1949年10月—1966年5月）：第14册［M］. 北京：人民出版社.
中央档案馆，中共中央文献研究室，2013. 中共中央文件选集（1949年10月—1966年5月）：第28册［M］. 北京：人民出版社.
中央档案馆，中共中央文献研究室，2013. 中共中央文件选集（1949年10月—1966年5月）：第32册［M］. 北京：人民出版社.
朱兆中，2003. 中国社会主义意识形态建设纵论［M］. 上海：上海人民出版社.

二、中文期刊

蔡之兵，张青，2021. 中国粮食产量“天花板”的迹象判断、形成机理与应对之策［J］. 行政管理改革（2）：72－80.
曹萍，2023. 把握文化主动的科学内涵、重大意义和实践伟力［J］. 中国高校社会科学（5）：18－23＋157.
陈柏峰，2010. 去道德化的乡村世界［J］. 文化纵横（3）：93－97.
陈柏峰，2020. 基层社会治理模式的变迁与挑战［J］. 学习与探索（9）：46－53＋2.
陈秉公，2008. 论意识形态的结构、功能及功能实现方式［J］. 思想理论教育（9）：4－9.
陈燕，2007. 阿多诺意识形态理论探析［J］. 求索（2）：135－137.
程伟，2020. 我国农村主流意识形态建设面临的问题及其对策［J］. 河南社会科学（8）：37－39.
高中建，李晓峰，2020. 农民主流意识形态塑造的组织化研究［J］. 河南师范大学学报（哲学社会科学版）（6）：29－37.

高中伟，2015. 新中国初期党对城市黄赌毒社会问题的治理［J］. 深圳大学学报（人文社会科学版）(5)：140−149.

高中伟，邱爽，2017. 新中国初期新闻宣传的价值重塑与体制重构［J］. 四川大学学报（哲学社会科学版）(2)：64−73.

管秀雪，2022. 算法推荐赋能主流意识形态话语权构建的风险及应对［J］. 学习论坛（6）：69−75.

韩源，2005. 论马克思主义意识形态的结构转型［J］. 党政研究（8）：7−9.

侯惠勤，2014. 意识形态话语权初探［J］. 马克思主义研究（12）：5−12+157.

胡凯，杨竞雄，2014. 论新形势下党的意识形态工作管理权的巩固［J］. 思想政治教育研究（1）：98−102.

黄婧，纪志耿，2019. 新中国成立以来党领导农村社会事业发展的历史进程与基本经验［J］. 理论导刊（10）：4−10+51.

贾绘泽，郭学旺，2013. 论公共沟通与我国农村主流意识形态宣传［J］. 广西社会科学（5）：5−8.

贾文娟，2019. 与时俱进：中国社会参与的变迁［J］. 探索与争鸣（6）：33−35.

蒋永穆，黄晓渝，2016. 中国特色社会组织：内涵厘清与体系架构［J］. 上海行政学院学报（17）：67−75.

蒋永穆，赵苏丹，2021. 坚持与完善农村基本经营制度：现实挑战与基本路径［J］. 经济研究参考（22）：117−127.

金伟，张思嘉，2017. 当前我国非主流意识形态的传播途径与发展特点［J］. 学校党建与思想教育（2）：49−51+68.

李超民，2020. 全媒体视域下主流意识形态传播及其风险防范研究［J］. 晋阳学刊（5）：79−86.

李景治，2021. 准确把握“新发展阶段”的历史方位和科学内涵［J］. 学术界（5）：5−13.

李冉，2014. 谁之主流何以主流：主流意识形态的问题研判与建设愿景［J］. 清华大学学报（哲学社会科学版）（5）：84−89+177.

刘同舫，2010. 在应对当代各种社会思潮的挑战中发挥马克思主义的威力［J］. 马克思主义研究（3）：106−114.

刘洋，黄栋梁，2023. 文明形态的意识形态博弈及其全球效力［J］. 思想理论战线（5）：47−54.

路向峰，2012. 社会主义主流意识形态大众化的内涵与路径选择［J］. 燕山大学学报（哲学社会科学版）（1）：11－15.
马文武，杨少垒，韩文龙，2018. 中国贫困代际传递及动态趋势实证研究 [J]. 中国经济问题（2）：13－23.
牟成文，2009. 关于目前我国主流意识形态在我国农村建构的思考 [J]. 社会主义研究（6）：82－85.
唐代兴，2020. 人工智能发展带动的社会公正危机 [J]. 人文杂志（8）：19－28.
唐代兴，2023. 从 AlphaGo 到 ChatGPT：人工智能的伦理边界何在？ [J]. 哲学分析（6）：120－138＋193.
王斌，马俊峰，2020. 主流意识形态图像传播的三重逻辑 [J]. 教育理论与实践（34）：10－14.
王国敏，李玉峰，2007. 挑战与回应：坚守马克思主义在意识形态领域的主流地位 [J]. 马克思主义研究（11）：74－79＋123.
王家荣，2014. 论我国一些领域社会主义意识形态的虚化现象、成因及应对 [J]. 探索（4）：174－178.
王路坦，2018. 中国共产党意识形态管理权生成的历史考察 [J]. 新疆社科论坛（3）：43－48.
王庆卫，2018. 西方马克思主义文学批评中的意识形态批评探析 [J]. 文学评论（5）：21－28.
肖唤元，刘雨欣，2022. 新中国成立以来主流意识形态话语的历史性嬗变与新时代展望 [J]. 马克思主义理论教学与研究（1）：149－156.
谢晓娟，刘世昱，2018. 论马克思主义意识形态话语权建设的国际比较优势 [J]. 马克思主义研究（4）：105－112＋160.
徐剑雄，2021. 国家主流意识形态建设的文化生态机理、现状和路径 [J]. 江苏社会科学（5）：21－28＋241.
徐亚文，伍德志，2012. 论社会稳定风险评估机制的局限性及其建构 [J]. 政治与法律（1）：71－79.
燕连福，李婧，2019. 新中国 70 年主流意识形态传播的历史演进、主要经验及发展指向 [J]. 马克思主义理论学科研究（6）：41－52.
杨美新，郭燕萍，2021. 网络圈群中的主流意识形态认同：价值、藩篱与实现路径 [J]. 湖南科技大学学报（社会科学版）（6）：154－161.
张改凤，林伯海，2017. “给资本套上社会主义笼头”——当代中国主流意识形态网络话语权问题再审视 [J]. 理论导刊（4）：22－25.

张丽，2014. 基于受众理论的农村主流意识形态传播有效策略探究［J］. 经济研究导刊（10）：23－25.

张良，2021. 资源下乡、行动者博弈与基层治理内卷化［J］. 华南农业大学学报（社会科学版）（5）：118－129.

张晓峰，程静，2020. 全媒体时代的传播趋势和创新路径［J］. 传媒观察（1）5－11.

张秀芹，黄明理，2010. 意识形态的“泛化”、“非化”和“再化”的历史反思及其启示［J］. 求实（3）：21－25.

张要登，2014. 农村意识形态领域存在的突出问题与对策研究［J］. 中国集体经济（34）：4－6.

张志丹，2018. 历史唯物主义视阈中的意识形态功能主义批判［J］. 福建论坛（人文社会科学版）（3）：111－118.

张志丹，2018. 马克思主义意识形态学论纲［J］. 理论与评论（3）：61－72.

张志丹，2018. 新时代主流意识形态创新的方法论探微［J］. 黑龙江社会科学（2）：129－136.

张志丹，2020. 我国主流意识形态创新研究［J］. 当代世界与社会主义（5）：41－47.

赵仁青，张德化，2020. 新时代农村意识形态的日常生活化构建［J］. 重庆交通大学学报（社会科学版）（6）：12－20.

甄红菊，2015. 马克思主义话语权理论内涵与实现路径探析——基于意识形态视角［J］. 中国特色社会主义研究（2）：65－71.

三、中文报纸

薄一波，1951. 加强党在农村中的政治工作［N］. 人民日报 06－29（1）.

刘建军，2021. 把握新发展阶段的时代坐标［N］. 光明日报 04－23（11）.

倪弋，2021. 人民群众对平安建设满意度提升［N］. 人民日报 03－28（1）（2）.

王勇，2019. 构建乡村治理法治保障机制［N］. 中国社会科学报 04－03（5）.

王作安，2016. 做好新形势下宗教工作的行动指南［N］. 人民日报 08－07（5）.

张天培，2022. 打好反诈人民战争维护群众财产安全［N］. 人民日报 04－15（7）.

中共中央，国务院，2019. 中共中央国务院关于建立健全城乡融合发展体制机制和政策体系的意见［N］. 人民日报 05－06（1）（8）.

中共中央，国务院，2019. 新时代公民道德建设实施纲要［N］. 人民日报 10－28（1）（6）.

中共中央，国务院，2021. 中共中央国务院印发《关于新时代加强和改进思想政治工作的意见》［N］. 人民日报，07－13（1）（2）.

祝福恩，2013. 深刻认识一元多样思想文化格局［N］. 人民日报 10－24（7）.

四、学位论文

牟成文，2007. 中国农民意识形态的变迁［D］. 武汉：华中师范大学.

张改凤，2018. 当代中国主流意识形态网络话语权建设研究［D］. 成都：西南交通大学.

邹庆华，2014. 提升当代社会主流意识形态认同度研究［D］. 哈尔滨：哈尔滨工程大学.

后　记

本书的基础是我的博士学位论文。之所以下定决心且鼓足勇气对学位论文进行全面修改和出版，缘于导师蒋永穆教授的鼓励。2021 年 6 月，学位论文答辩顺利通过后，导师语重心长地对我说："学位论文的更大价值在于学术传播，而不是仅仅为了个人学位，抓紧时间修改完善，联系出版社出版吧。"由于平日忙于工作和生活，这一"抓紧"居然很快就过去了近三年多时间。还好功夫不负有心人。经过多轮增、删、改、查，书稿终于初定，其间的艰辛和所辜负的美好，都已落定为本书的深沉。

本书凝结了导师蒋永穆教授对我的深切关怀，从毕业论文阶段的大纲确定、问卷设计、田野调查、细节打磨，到出版阶段的修改完善、全文审读等各个环节，导师都给予了很大的帮助。

马克思曾深刻指出："主要的困难不是答案，而是问题。"① 理论创新的起点就在于问题。本书从起笔到收笔，一直自觉遵循想真问题、做真研究、求真实践的初心。经组织安排，我有一年多时间在定点扶贫村担任驻村第一书记，和乡镇干部及农民兄弟们工作生活在一起，推进并见证了全村实现整村脱贫摘帽的历史时刻，这段工作和生活经历为本书写作奠定了充足的底色。

四川大学、电子科技大学、西南交通大学、西南财经大学、西南民族大学、四川师范大学、四川旅游学院、四川省社会科学院、成都杜甫草堂博物馆等单位的多位老师为本书提出了宝贵的指导意见和修改建议。本书也凝结了很多同窗好友、社科友人的关心和支持。在本书付梓之际，谨向所有一直关心、支持、帮助我的各位领导、各位老师、各位朋友表示深深的谢意！

本书能顺利出版，得益于四川大学出版社诸位编辑深厚的学术智识和敬业精神，使本书避免了诸多错误，弥补了许多疏漏，并使表述大为增色。在此致

---

① 中共中央马克思恩格斯列宁斯大林著作编译局. 马克思恩格斯全集：第 1 卷［M］. 北京：人民出版社，1995：203.

以谢意！

默默支持着我的家人给了我无穷的力量。妻子昌小红女士与我风雨同行，为我付出了太多。女儿邓润乔的懂事体贴、儿子邓钰河的活泼可爱，使我动力十足。我敬爱的老父亲老母亲，不顾年迈体衰，予我无私支持。

笔者深知，理论是灰色的，而生活之树常青。对于一个问题的思考，一定会打上深刻的时代烙印，更会受到笔者个人学识、见识的现实制约。本书虽然力图以务实而积极的学术态度参与时代讨论，为时代发展思考，但难免存在疏漏或差错。为此，谨向本书的读者朋友致以诚挚而恳切的歉意。

最后，谨以此书礼赞我们美好、伟大的时代！

邓有根

2024 年 8 月 4 日于成都锦城湖畔